全国高等教育自学考试指定教材
汉语言文学专业

古代汉语

（附：古代汉语自学考试大纲）

（2009年版）

全国高等教育自学考试指导委员会　组编

主　编　王　宁
编写成员　（以姓氏笔画为序）
　　　　　卜师霞　王　宁　刘兴均　齐元涛
　　　　　李　索　陈淑梅　徐莉莉　凌丽君

图书在版编目 (CIP) 数据

古代汉语 / 王宁主编 . —北京：北京大学出版社，2009.4
（全国高等教育自学考试指定教材）
ISBN 978-7-301-14975-1

Ⅰ . ①古… Ⅱ . ①王… Ⅲ . ①汉语 – 古代 – 高等学校 – 高等教育 – 自学考试 – 教材
Ⅳ . ① H109.2

中国版本图书馆 CIP 数据核字 (2009) 第 027202 号

书　　名	古代汉语 GUDAI HANYU
著作责任者	王　宁　主编
责 任 编 辑	白　雪　李　凌　张弘泓
标 准 书 号	ISBN 978-7-301-14975-1
出 版 发 行	北京大学出版社
地　　　址	北京市海淀区成府路 205 号　100871
网　　　址	http://www.pup.cn　　新浪微博：@北京大学出版社
电 子 邮 箱	zpup@ pup.cn
电　　　话	邮购部 010-62752015　发行部 010-62750672　编辑部 010-62745766
印 刷 者	河北滦县鑫华书刊印刷厂
经 销 者	新华书店
	787 毫米 ×1092 毫米　16 开本　24.75 印张　542 千字 2009 年 4 月第 1 版　2025 年 3 月第 18 次印刷
定　　价	37.00 元

未经许可，不得以任何方式复制或抄袭本书之部分或全部内容。
版权所有，侵权必究
举报电话：010-62752024　电子邮箱：fd@pup.cn
图书如有印装质量问题，请与出版部联系，电话：010-62756370

组编前言

二十一世纪是一个变幻难测的世纪,这是一个催人奋进的时代。科学技术飞速发展,知识更替日新月异。希望、困惑、机遇、挑战,随时随地都有可能出现在每一个社会成员的生活之中。抓住机遇,寻求发展,迎接挑战,适应变化的制胜法宝就是学习——依靠自己学习、终生学习。

作为我国高等教育组成部分的自学考试,其职责就是在高等教育这个水平上倡导自学、鼓励自学、帮助自学、推动自学,为每一个自学者铺就成才之路,组织编写供读者学习的教材就是履行这个职责的重要环节。毫无疑问,这种教材应当适合自学,应当有利于学习者掌握和了解新知识、新信息,有利于学习者增强创新意识、培养实践能力,形成自学能力,也有利于学习者学以致用、解决实际工作中所遇到的问题。具有如此特点的书,我们虽然沿用了"教材"这个概念,但它与那种仅供教师讲、学生听,教师不讲,学生不懂,以"教"为中心的教科书相比,已经在内容安排、形式体例、行文风格等方面都大不相同了。希望读者对此有所了解,以便从一开始就树立起依靠自己学习的坚定信念,不断探索适合自己的学习方法,充分利用自己已有的知识基础和实际工作经验,最大限度地发挥自己的潜能,达到学习的目标。

欢迎读者提出意见和建议。

祝每一位读者自学成功。

全国高等教育自学考试指导委员会

2009 年 1 月

致 读 者

　　这本《古代汉语》教材,是专为自学考试的学生编写的,也可供其他有兴趣的自学者学习。教材按课编排,每课标题下是通论,紧接着是文选。两个部分一定要互相配合学习。通论讲一些最基本的古代汉语的规律,帮助自学者提高理性认识;但是提高文言文阅读能力一定要多读文章,产生初步的语感,没有文选,通论就成了一些干巴巴的条文。为了帮助自学者在通论、文选自学后进一步复习每课的内容,并自我测试自己的学习效果,每课后面我们列了思考与练习题,特别是其中有一些极短的文章或段落,每次读一读,看看自己的阅读能力是否在逐步提高,也是一件很有意思的事。

　　古代汉语既是基础理论课,又是工具课。对自学考试来说,我们更强调它的工具性。因此,在保证课程达到本科水平的前提下,这部教材不强调通论的绝对系统性,而是把急需的、适合自学的古代汉语常识分成一些知识点来指导阅读。有些过于艰深难以无师自通的内容,自学者无法顺利找到资料的内容,对提高阅读能力不太急需的内容,例如音韵、专业性太强的文化知识、使用不太普遍的工具书等,我们都不再引入教材。

　　为了减少学习者阅读古代文选入门的难度,提高阅读的兴趣,在文选的选择上,我们也下了一些功夫:首先是尽量选择较短的篇目,初学时不要读了后面忘了前面。其次是有意选了一部分普及性比较强的篇目,有利于学习者初次接触文选时,不太"眼生",能利用已有知识与新知识自然衔接。再次是考虑自学考试的连续性,这次的文选,与前一套教材的篇目也有少量重复。

　　为了方便文选的阅读,教材采用脚注的办法,把注释放在每页最后。在这里,我们需要特别强调注释的重要性。注释不仅要对文选中的难点加以解释,而且承担着提示古今汉语差异和沟通的任务,帮助学习者理解词汇和积累词汇。在注释中,对文选里反映出来的本义和引申义、假借字和分化字、主要虚词的用法、古代汉语特殊的句式、相关的文化知识等语言现象,都设计了比较明显的体例,采用易于理解的注释用语,加以提示;因此,注释又是沟通通论与文选,使语理和语感有机结合起来的重要桥梁。仔细认真地读注释,是学习古代汉语这门课的重要组成部分。

　　大家都认为古代汉语这门课很难,其实,这门课的难处在于入门的方法,只要学习得法,一旦入门,不但可以举一反三,而且也会提高兴趣。为了做到学习得法,我们要提醒大家好好阅读绪论,绪论对古代汉语的特点以及学习目标和方法的阐释十分

详尽，会对大家的学习有所启发。也许有人会担心教材更新使自己原来学习的成果再无用武之地，这种担心是不必要的。进入教材的古代汉语知识都已经总结得比较成熟了，不论教材怎样改动，基本内容不会有大的变化，以前学习的东西，只要没有错误，都可以对继续学习起到推动、加深作用。

还要告诉学习者的是，在开始学习时，要结合书后的考试大纲，将全书翻阅一遍，以便对这本教材有一个全面的了解，做到心中有数，增加学习的计划性。

祝大家学习顺利，取得好成绩！

编　者

2009 年 4 月

目 錄

緒 論 ··· 1
  一、什麼是古代漢語 ·· 1
  二、古代漢語課程的性質任務和基本內容 ······································ 2
  三、學習古代漢語的目的和意義 ··· 3
  四、古代漢語的學習方法 ··· 5
  [思考與練習] ··· 7

第一單元

第一課 漢字的結構與演變 ·· 8
  一、漢字的性質 ·· 8
  二、漢字的結構 ·· 9
  三、漢字形體的演變 ··· 14
  [文選] ·· 21
      夫子至於是邦也\21   貧而無諂\21   吾十有五而志于學\22   哀公問社\22   我未見好仁者\22   女與回也孰愈\23   顏淵季路侍\23   季氏將伐顓臾\23   子適衛\25   陽貨欲見孔子\26
  [思考與練習] ··· 26

第二課 漢字的結構與詞義的探索 ······································ 28
  一、漢字形義統一的條件 ··· 28
  二、漢字的結構與詞義的探求 ·· 30
  三、從漢字的結構探求詞義的重要參考書——《說文解字》 ··············· 32
  [文選] ·· 34
      子欲子之王之善與\34   齊人伐燕\35   桀紂之失天下\36   寡人之於國也\37
  [思考與練習] ··· 39

第三課　古書的用字 ………………………………………………………… 40
　一、通假字 …………………………………………………………………… 40
　二、異體字 …………………………………………………………………… 45
　三、分化字 …………………………………………………………………… 48
　〔文選〕 ……………………………………………………………………… 52
　　　以善先人者謂之教\52　　士君子之勇\53　　材性知能君子小人一也\53
　　　聖王之制也\54　　有亂君無亂國\55
　〔思考與練習〕 ……………………………………………………………… 56

第二單元

第四課　古代漢語詞的構成 ………………………………………………… 57
　一、單音詞 …………………………………………………………………… 57
　二、複合詞 …………………………………………………………………… 60
　三、聯綿詞 …………………………………………………………………… 62
　〔文選〕 ……………………………………………………………………… 64
　　　博學\64　　曾子寢疾\65　　大同與小康\66　　雖有佳肴\67　　子夏
　　　喪其子而喪其明\70
　〔思考與練習〕 ……………………………………………………………… 70

第五課　古今詞義的差異與溝通 …………………………………………… 72
　一、古今詞義的差異 ………………………………………………………… 72
　二、古今詞義的溝通 ………………………………………………………… 77
　〔文選〕 ……………………………………………………………………… 80
　　　齊桓公伐楚\80　　介子推不言祿\82　　子文治兵\83　　晉靈公不君\84
　　　子產論爲政\86
　〔思考與練習〕 ……………………………………………………………… 88

第六課　多義詞和詞義引申 ………………………………………………… 89
　一、古代漢語中詞的多義性 ………………………………………………… 89
　二、詞義運動的基本方式——引申 ………………………………………… 90
　〔文選〕 ……………………………………………………………………… 96
　　　楚人獻黿\96　　楚歸晉知罃\97　　祁奚薦賢\98　　晏嬰論和\99
　　　宋人獻玉\101
　〔思考與練習〕 ……………………………………………………………… 101

第七課　詞義關係 ... 102
　一、同義詞 ... 102
　二、反義詞 ... 112
　［文選］ ... 116
　　　景公所愛馬暴死\116　　景公出獵\117　　景公使晏子爲東阿宰\117
　　　晏子爲齊相\119　　景公欲更晏子之宅\119
　［思考與練習］ ... 120

第三單元

第八課　古代漢語詞類的劃分 ... 122
　一、劃分詞類的標準 ... 122
　二、實詞的分類 ... 122
　三、實詞的活用與兼類 ... 125
　四、虛詞的分類 ... 126
　［文選］ ... 127
　　　北冥有魚\127　　秋水時至\130　　惠子相梁\131　　莊子妻死\132
　　　運斤成風\133
　［思考與練習］ ... 133

第九課　動詞、形容詞、名詞 ... 135
　一、動詞 ... 135
　二、形容詞 ... 139
　三、名詞 ... 141
　［文選］ ... 146
　　　天下皆知美之爲美\146　　上士聞道\147　　其政悶悶\147　　禮法以時
　　　而定\148　　兵者詭道\149　　上兵伐謀\150
　［思考與練習］ ... 151

第十課　數詞及數量表示法 ... 153
　一、數詞 ... 153
　二、數量表示法 ... 157
　［文選］ ... 158
　　　列德而尚賢\158　　天下兼相愛\160　　義與不義\161
　［思考與練習］ ... 162

第十一課 副　詞 …… 164
一、程度副詞 …… 164
二、範圍副詞 …… 165
三、時間副詞 …… 166
四、情態副詞 …… 167
五、否定副詞 …… 168
六、謙敬副詞 …… 169
［文選］ …… 170
　　晉獻公欲假道於虞以伐虢\170　　彌子瑕有寵於衛君\171　　和氏之璧\172　　宋人有酤酒者\173　　上古之世\174
［思考與練習］ …… 177

第十二課 代　詞 …… 179
一、人稱代詞 …… 179
二、指示代詞 …… 182
三、疑問代詞 …… 183
四、特殊代詞 …… 185
五、無定代詞 …… 187
［文選］ …… 189
　　繞梁三日\189　　紀昌學射\190　　九方皋相馬\192
［思考與練習］ …… 194

第四單元

第十三課 介　詞 …… 195
一、介詞的定義及特點 …… 195
二、古代漢語常用介詞介紹 …… 197
［文選］ …… 204
　　吴起治西河\204　　奇鬼\205　　荆人欲襲宋\205　　魏文侯燕飲\206
［思考與練習］ …… 207

第十四課 連　詞 …… 209
一、連詞的定義及特點 …… 209
二、古代漢語常用連詞介紹 …… 210
［文選］ …… 221
　　蘇秦以連橫説秦\221　　觸龍説趙太后\225　　馮諼客孟嘗君\228

［思考與練習］ ·· 232

第十五課　語氣詞 ·· 234
　　一、句尾語氣詞 ·· 234
　　二、句首句中語氣詞 ·· 243
　　［文選］ ·· 246
　　　　唐雎不辱使命\246　　鄒忌諷齊王納諫\248　　展禽使乙喜以膏沐犒師\249　　臧文仲如齊告糴\250
　　［思考與練習］ ·· 252

第五單元

第十六課　判斷句 ·· 254
　　一、古代漢語判斷句的構成和基本格式 ·· 254
　　二、古代漢語判斷句的繫詞問題 ·· 256
　　三、古代漢語判斷句的表達功能 ·· 258
　　［文選］ ·· 259
　　　　鬭且廷見令尹子常\259　　召公諫厲王弭謗\262　　叔向賀貧\264
　　［思考與練習］ ·· 266

第十七課　被動句和被動表示法 ·· 267
　　一、無形式標誌的被動句 ·· 267
　　二、有形式標誌的被動句式 ·· 267
　　［文選］ ·· 271
　　　　鴻門宴\271　　即墨之戰\276　　管鮑之交\277
　　［思考與練習］ ·· 278

第十八課　語序和省略 ··· 280
　　一、古代漢語的語序 ·· 280
　　二、古代漢語句法成分的省略 ·· 284
　　［文選］ ·· 287
　　　　一鳴驚人\287　　張釋之諫孝文帝\288　　蘇武牧羊\291　　論貴粟疏\293
　　［思考與練習］ ·· 296

第六單元

第十九課　古代文獻的閱讀 ………………………………………… 297
　　一、中國古代文獻的分類 ……………………………………… 297
　　二、古書的標點 ………………………………………………… 299
　　三、古代的注釋 ………………………………………………… 302
　　四、古文閱讀工具書 …………………………………………… 306
　　［文選］ ………………………………………………………… 313
　　　　送孟東野序\313　　進學解\316　　潮州韓文公廟碑\317
　　［思考與練習］ ………………………………………………… 320

第二十課　古書的特殊表達方式 ……………………………………… 321
　　一、婉曲 ………………………………………………………… 321
　　二、互文 ………………………………………………………… 321
　　三、變文 ………………………………………………………… 322
　　四、連類而及 …………………………………………………… 322
　　五、用典 ………………………………………………………… 323
　　［文選］ ………………………………………………………… 325
　　　　《古書疑義舉例》三則\325
　　［思考與練習］ ………………………………………………… 329

第二十一課　古代文化常識 …………………………………………… 331
　　一、古代的祭祀文化 …………………………………………… 331
　　二、古代的軍事文化 …………………………………………… 334
　　三、古代的生活習俗 …………………………………………… 336
　　四、古代的名號稱謂 …………………………………………… 338
　　五、古代的天文知識 …………………………………………… 339
　　六、古代的曆法知識 …………………………………………… 342
　　七、古代的地理知識 …………………………………………… 345
　　八、古代的職官科舉制度 ……………………………………… 346
　　［文選］ ………………………………………………………… 350
　　　　王子坊\350　　白馬寺\352　　御試舉人\354　　正陽之月\355
　　　　濟水\356　　種穀\357　　水稻\358
　　［思考與練習］ ………………………………………………… 360

后　記 ………………………………………………………………… 361

古代汉语自学考试大纲
（含考核目标）

古代汉语自学考试大纲前言 …………………………………………… 365

I　课程性质与设置目的 …………………………………………………… 366
II　课程内容与考核目标 …………………………………………………… 366
  壹　基础知识及其应用 ………………………………………………… 366
    一、文字部分 ………………………………………………………… 366
    二、词汇部分 ………………………………………………………… 367
    三、语法部分 ………………………………………………………… 368
    四、古代文献阅读的基本知识部分 ………………………………… 370
  贰　古文阅读 …………………………………………………………… 370
    一、语言现象的分析解释 …………………………………………… 370
    二、文选背诵 ………………………………………………………… 372
    三、古文标点 ………………………………………………………… 372
    四、古文今译 ………………………………………………………… 372

III　指定教材与参考书 ……………………………………………………… 373
IV　本大纲使用说明 ………………………………………………………… 373
  一、关于自学应考者使用本大纲的说明 ……………………………… 373
  二、关于社会助学者使用本大纲的说明 ……………………………… 374
  三、关于考试命题者使用本大纲的说明 ……………………………… 374

附录一　背诵段落 …………………………………………………………… 375
附录二　本课程考试参考样卷 ……………………………………………… 376

后　记 …………………………………………………………………… 382

緒　論

一、什麼是古代漢語

古代漢語是古代漢族人所使用的語言。因爲口頭語言無法超越時間、空間的限制，所以，我們現在所說的古代漢語，都是指被記錄下來的書面語，也就是古代文獻語言。

古代漢語屬於歷史語言，一般把漢語的歷史發展分成四期：

第一期，上古漢語：秦漢以前

第二期，中古漢語：魏晉至唐代

第三期，近古漢語：宋代至民國

第四期，現代漢語：民國以來（確切定爲1919年五四運動以來）

古代漢語作爲歷史語言是與現代漢語相對而言的，既然現代漢語是指1919年五四運動以後所形成的、漢民族通用的、口語與書面基本一致的語言，古代漢語應當囊括第一期到第三期的漢語。但是，並不是1919年以前的漢語都是我們這部書裏要教學的古代漢語。

一般認爲，古代漢語的書面語有兩個系統：一個是以先秦口語爲基礎而形成的上古漢語書面語，如《詩》《書》《禮》《春秋》《老子》《論語》《荀子》等所使用的語言，以及後來歷代作者仿古文章中所使用的語言，如兩漢詩文歌賦、唐宋散文等；另一個是自唐宋以來逐漸形成的口語實錄，這種語言的詞彙、語法與現代漢語接近。前一種，我們稱作文言；後一種，我們稱作古白話。高等院校古代漢語課學習和研究的對象，是文言而不包括古白話。這是由文言的特點決定的。

文言是與先秦口語一致的書面語。人類的口頭語言，是隨着社會生活的變化和人們思維的發展而發展變化的。過了幾百年、上千年或更長的一段時間，漢語的口頭語不論在語法上還是詞彙上、語音上都發生了很大的變化。

但是，在長期的古代社會裏，口語雖然發生了變化，書面語却一直在模仿儒家經典使用的先秦文獻語言。把這種模仿的語言規定爲正統的書面語言，在政治領域和正統教育中，凡提筆屬文，仍要保持先秦文獻語言的語法和詞彙，這便形成了中國文化史、教育史上的一種非常特殊的現象，叫做言文脫節。

這樣，我們便可以認識文言的兩大特點：

第一，它是脫離口語的，因此帶有超方言性。不論是哪個方言區的人，都不可能把自己的方言詞彙和方言語法帶進這種文言；而且，文言既是目治的書面語，漢字又不是拼音文字，那麼，方音的差異就更不會影響人們用文言來交流思想。

第二，它帶有人爲的仿古性，因此是超越時代的。要想把一種距今久遠、脫離當代生

活的歷史語言長期使用下去，就勢必要着力模仿，而且，按照古代正統文學和文章學的評論標準，越是模仿得惟妙惟肖的，就越被認爲是語言修養高；這樣一來，文言雖然不可能不增加一些反映後代生活的新詞語、產生一些與先秦略有不同的新句式，但總的面貌沒有多少變化。如果研究文言發展史，很難給它劃分歷史階段，也很難探究它在不同歷史時期的特點。

這兩個特點，決定了文言在歷代語言生活中十分特殊的地位：從口語交際的社會職能來說，由於它失去了日常生活中的使用價值，變得凝固僵化、脫離現實，所以，就祇能被少數士大夫和受過正統教育的知識分子所掌握，多數的普通民眾並不把它當作交流思想的工具。從這個意義上說，在更爲廣闊的口語交際領域裏，文言已經是"死語言"。但是，由於文言是上層文化和正統教育使用的書面語言，具有超越時代、超越方言的特性。因此，它成爲兩千多年記載中華民族燦爛文化的主要工具。我國歷史悠久，文化遺產豐富，用文言記錄的典章制度及史料，用文言撰寫的文學作品，多到不可計數。最能反映文言原貌的，莫過於先秦兩漢的作品，其次是唐宋以後的仿古文言文。所以，古代漢語課的學習對象，應以先秦兩漢作品爲主，兼及唐宋以後的仿古文言文。

二、古代漢語課程的性質任務和基本內容

古代漢語課是高等學校中文系的主幹課程之一。它既屬基礎理論課，又屬工具課。一方面，它要較系統地講授關於古代漢語的基礎理論知識，闡述有關古代漢語的語言規律，通過對這一具體語言的學習，提高學習者的語言科學理論素養。另一方面，它要在這些基礎理論的指導下，閱讀一定數量的文言作品，培養學生閱讀文言文的能力。

針對上述第一個目的，古代漢語的通論首先要考慮理論體系。本書首先採用歷史語言學的框架，分爲詞彙與語法兩個部分，因爲漢語詞彙的識別與辨認離不開漢字，所以把文字與詞彙結合在一起討論；詞彙的核心是意義，本教材重點討論意義。這就是第一單元和第二單元的內容。語法部分分爲詞法和句法，詞法又分實詞和虛詞，這就是第三單元到第五單元的內容。這五個單元，主要體現語言學的理論體系。祇有瞭解了這個理論體系，纔能在理性的基礎上提高閱讀能力並形成正確的語感。

古代漢語同時還是工具課，爲了使古代漢語的課程真正能培養學生的文言文閱讀能力，還需要瞭解古代文獻的狀況和閱讀古代文獻時會遇到的一些特殊問題，這就是第六單元的內容。

提高古代漢語也就是文言文的閱讀能力，不是學一點理論就能解決問題的，還必須閱讀足夠量的文言作品，以積纍語言材料和產生語感，要理論與材料並重。本教材採用通論與文選相結合的方式，選擇古代漢語寫成的短文，與通論相配合，使理論與閱讀實踐相結合。在教學中，通論和文選部分是交叉進行的。

三、學習古代漢語的目的和意義

1. 文言文閱讀與歷史遺産的繼承

　　一個有着三千多年有文字記載歷史的民族,對自己的文化遺産一律排斥,而要中斷自己的歷史,完全由國外來"進口文化",這不僅是愚蠢的,也是行不通的。認識自己本民族的歷史,清理和總結古代文化成敗得失的經驗教訓,是發展民族新文化的需要,也是提高民族自尊心和自信心的需要。任何一個民族要想對世界文化做出貢獻,必須首先發展自己的民族文化。因爲,衹有由具有自身特色民族優秀文化組成的世界文化纔是豐富多彩的。從這個意義上説,越具民族性的文化,其國際性越强。民族文化是歷史的積澱,是否割斷歷史、是否接受和發展本民族優秀的文化遺産,這不僅關係到民族的存亡,也關係到世界文化的進步與發展。

　　應當看到,中國的漢字大約有六千多年的歷史,也就是説,中國有典籍記載的歷史應當有六千多年;即使從現在能夠看到的甲骨文算起,也有三千四百多年了。在這樣漫長的歷史長河中,相當一部分粗糙、簡單、平庸、低俗的作品,已經被歷史淘汰。能夠存留下來的文言文文獻,多是經過大學問家、大思想家、大文學家詮釋和發展的。那些作者不但有豐富的人生閲歷、深刻的思想,而且有極爲高超的駕馭文言的能力。他們所作的詩文在思想性和藝術性上都堪稱佳作,極有魅力,值得我們去欣賞和學習。學習這些文言文,可以使我們更瞭解自己民族的歷史和文化,對中國的發展更有信心。

　　我們不能割斷歷史,因爲歷史孕育了我們的現在,歷史是現代賴以存活的基石。很多前人的思想,對今天仍然有借鑒和吸取的價值。例如,中國古代十分精粹的辯證觀點,對今天發展自然科學和人文科學,建立科學的方法論,有十分重要的借鑒價值;中國古代崇尚自然的審美意識,對發展中國具有民族特色的文學藝術、對現代高品味文學藝術鑒賞能力的形成和文學藝術教育也有獨特的作用;中國古代的經典注釋和精闢的語言理論,不但爲今天的漢語研究提供了重要的觀點和方法,而且完全有資格與國外語言學比較和對話。如果我們沒有直接閱讀文言文的能力,看不懂古代的典籍和文章,如何去接受這份寶貴的遺産!

　　固然,在中國古代文化裏,確有封建糟粕。例如特權等級、專制獨裁、愚忠愚孝等等,不論在政治、經濟還是思想領域裏,這些封建糟粕至今還在無形中對社會發展起着消極的作用,繼續深入地批判它們,是刻不容緩的。沒有這種批判,建設新的文化必然受到阻礙。但是,在古代的典籍中,精華和糟粕並不是涇渭分明、一看就能理清辨明的,現在的問題是要把工作做得更細緻,更切中要害而有説服力。要做到這一點,必須首先對古代的歷史進行深入的研究。古代的著作,寫成於一定的歷史時期,有着當時特有的歷史背景。囿於作者的特殊性格與特殊環境,品評其優劣,必須有一個細緻的研讀、分析、發掘、理解過程。很多著名的詩文典籍,經過歷代的評論、介紹,限於當時的歷史背景和評論家的自身認識,大多仁者見仁,智者見智。當我們參考這些已有的評論時,如無自己的定

見,也常會莫衷一是、左右搖擺。衹有讀了原著,並具有正確的觀點,纔可能形成自己的成熟看法,避免"好就絶對的好,壞就絶對的壞"的簡單化。

歷史的清理與反思是繼承的前提,典籍的閱讀是清理和反思歷史的基本工作。我們應當把文言文閱讀能力的培養,提高到民族文化建設和保持中國特色的政治建設需要的高度來認識。

2. 學習古代漢語是深入瞭解現代漢語的需要

學習文言同時也是我們深入學習現代漢語的需要。古代漢語、近代漢語、現代漢語是一脈相承的,它們之間有很多共同的成分。現代漢語的句式,大部分來自古代漢語。有些古代漢語的特殊短語和句式,雖然在現代漢語句法中不存在了,但在構詞法中還有所保留。例如古代漢語中名詞可作狀語,現代漢語中普通名詞不再具有這種句法功能,但雙音合成詞的結構中還存在這些形式。以下就是"名詞＋動詞、形容詞"構成的偏正式雙音詞或成語:

> 筆談、舌戰、珠算、囤積、耳聞、目擊、冰釋、龜裂
> 煙消雲散、土崩瓦解、鬼哭狼嚎

略有古代漢語常識的人,都會理解上述雙音詞的結構特點。把"煙消雲散"解釋作"像煙雲一樣地消散",把"鬼哭狼嚎"解釋作"像鬼似地哭,像狼似地嚎",而不會把它們理解為主謂結構。

又如,現代漢語中有這樣一類短語:

> 熱飯、鬆綁、鬆鬆褲帶、紅了櫻桃、綠了芭蕉、飽了私囊

"熱""鬆""紅""綠""飽"都是較典型的形容詞,而從它們的重疊式("鬆鬆")和後面出現時態助詞"了"來看,已經具有動詞性。學過古代漢語的人一看就能知道這是形容詞使動用法的遺存。

拿詞彙來說,古代漢語單音詞的不少義項,在現代漢語裏已經不再單獨使用,似乎已經消亡,但是却保留在詞素裏。例如:

"志"在現代漢語裏衹有"志向""意志"的意思,而在古代漢語裏,它與"記""識"同源並且通用,有"記憶""記錄""記號"的意思,這個意思後來寫作"誌",簡化漢字又簡成"志",反而是古字了。明白這個古義,纔能懂得"標誌"(標記)"日誌""雜誌"(記載、記錄)等雙音詞的確切含義。

"失"在現代漢語裏衹有"丟掉"的意思,如"丟失""流失""喪失""損失""消失""失血""失明""失密""失信"中的"失"。但現代漢語裏還有一組用"失"構成的雙音詞,與"丟掉"没有關係,如"失聲""失態""失手""失神"中的"失"都不能當"丟失""失掉"講,掌握了古代漢語的詞義,就會知道這裏用的倒是"失"的本義。"失"的古字从"手"从"乙","乙"是一種鳥,"失"像鳥從手中放出,《説文解字》解釋作"縱也",它的本義是"放縱",也就是無法控制,後面一組雙音詞中的"失"都當"無法控制"講。

在這些詞素義裏,古義並沒有消亡,祇是不能在單音詞裏使用。所以,理解現代漢語詞彙,有古代漢語知識與沒有古代漢語知識是大不相同的。白話從文言裏直接吸收了大量的詞語,成語就是從文言裏直接吸收的。例如:

　　"比比皆是","比比"與"皆"都是文言。"比"有"接近"之義,"比比"是一個挨一個,"皆"是"都"。

　　"無出其右","無""其"都是文言詞,"出""右"都用的古義。"出"當"超過"講,"右"當"優越"講,是因爲古人尚右而引申來的意義。這個成語的意思是"沒有比他更優越了"。

　　"妙趣橫生""才華橫溢","橫"用了古義。"橫"的本義是頂門的橫杠,引申有"逆向""不順""不整齊""零亂""方向不定"的意思,這裏的"橫"是形容衆多的樣子,與"江水橫流"的"橫"同義,形容趣味、才華無法掩蓋,時時處處冒出來的情狀。魯迅詩"橫眉冷對千夫指,俯首甘爲孺子牛"中的"橫眉",意思是"凌亂"的眉,也就是"皺起來的雙眉",這纔與"冷對"相應。

　　"馬首是瞻""唯利是圖""惟命是聽"都是用的文言句式,用代詞"是"複指,將賓語提前。

　　在現代漢語裏,使用頻率極高的古詞語絕非少數。一個古語詞一旦被有影響的文學著作或政治報告所採用,一時之間,可以家喻户曉、人人皆知。例如:"撥亂反正""實事求是""有的放矢""拈輕怕重""奴顏媚骨""是可忍孰不可忍""以其昏昏,使人昭昭",如果没有文言文閱讀的基本素養,人們未必能準確理解它們的含義。例如,很少有人考慮"撥亂反正"的"撥"應寫"癹"或"茇",當"治理"講;"實事求是"的"是"是形容詞,當"正確"講;"是可忍"的"是"則是代詞,當"這個"講。

　　文言與白話的這種千絲萬縷的聯繫,決定了學習現代漢語不能一點也不涉及文言。有没有文言知識,直接影響到對現代漢語理解的深入程度和應用的準確程度。所以,學習文言是學習漢語的一個部分,而且從較高的要求上來説,是十分重要、不可或缺的一個部分。

四、古代漢語的學習方法

1. 處理好語感與語理的關係

　　著名語言學家、語文教育家吕叔湘先生説:"學習文學作品還可以學一篇算一篇,接受文化遺產就非具有自由閱讀古書的能力不可,也就是非有基本訓練不可。"(《關於語文教學的兩點基本認識》,見《吕叔湘語文論集》)"自由閱讀古書"是一個較高的目標。這個目標的實際內容是:形成文言文閱讀能力。具有這種能力的人拿起文言作品就可以憑着自己的語感自由閱讀,也可以運用自己已知的知識對其中的現象加以解釋。也就是説,在這兒學的知識,可以自由地遷移到那兒去用。碰見什麼文章都能讀懂、理解、鑒別、欣賞、吸收。

　　這種能力不是一天兩天能夠形成的,形成這種能力需要多方面的積纍:一種是關於

文言知識的積纍,一種是實際閱讀量的積纍和語感的形成。這兩方面的積纍都要達到足夠的數量,纔能轉化爲能力。

提高文言文閱讀能力需要的是比較系統的知識,雜亂無章的知識轉化不成能力。知識體系不是主觀的構想,而是知識結構客觀規律的體現。

在學習文言的過程中,初學者最先遇到的是詞彙和詞義的積纍問題,這類問題固然要逐個理解和記憶,同時也要從理論上總體地認識。用理論來指導積纍,既可以加快積纍的速度,又可以保證積纍的品質——也就是準確性。由於漢字是表意系統文字,字形與它所記錄詞的意義有着密切關係。古代漢語單音詞佔多數,所以很多單字,也就是單音詞,字義和詞義直接關聯。因此,學習文言文必須具有文字學的知識,以便依據造字方法和造字意圖瞭解字義、詞義。在學習文言文過程中,還常常遇到這樣的情況:一句話中的所有字都認識,字義也都知道,就是不明白這句話的意思。這往往由於不懂古代漢語語法所致。爲此,必須瞭解古代漢語不同於現代漢語的語法特點,以便解決由於語法不通而誤解句意的問題。要讀懂文言文,修辭、古注、句讀、工具書等與古書閱讀有關的常識,也是不可缺少的。

前面説過,文言文閱讀能力的提高,不能祇靠理性知識,還要靠大量閱讀來培養語感。知識與語感相輔相成,纔足以達到培養基本閱讀能力的目的。

2. 處理好分解與綜合、微觀與積纍的關係

從理性知識的學習、文言作品的閱讀轉化爲應用能力,要經過多次反復、不斷增多的鞏固與積纍過程,多方面知識綜合應用的過程,情感的陶冶與豐富過程,文化和思想素質的提高過程。這些過程可以通過學校教育、集中一段時間來完成;也可以細水長流,通過自學來逐步完成。不論如何完成,都應遵循一定的規律,採用有效的方法。能力是知識通過積纍與應用訓練而形成的,而且,知識和能力既有分解的與局部的,又有整體的與綜合的,那麽,談應用與能力培養,就必須從分解的、局部的知識出發,最後達到整體的、綜合的應用。在閱讀時,要通過每一篇短文的學習,積纍詞彙、詞義和句式,最終達到熟練和形成語感。

3. 處理好古代與現代的關係

古代漢語通論含文字、詞彙、語法以及其他有關閱讀的知識。因爲古代漢語與現代漢語有淵源關係,大同而小異。所以,應當着重學習古今差異較大、現代漢語涉及不到的知識。比如語法中的虛詞,有些用法可以直接翻譯成現代漢語:"之"可以等於"的","於"可以等於"在","與"作連詞、介詞現代漢語還保留着,這些都可以借助現代漢語的知識去理解,比較簡單。而有些用法現代漢語是絶對沒有的,例如"之"取消句子獨立性的用法,"莫""或"作無定代詞,"是"在判斷句裏不當繫詞用等,這些就要着力去弄懂和記憶。又如語法中的實詞,名詞、動詞、形容詞的分類及語法功能,現代漢語已經學過,古代漢語大同小異,因此,實詞的重點就要放到詞類活用上。活用自然要涉及本用,學習活用也就帶動了對實詞特點及功能的學習。其他諸如語序、省略等都要把古今差異大的弄懂並

記住。

学習古代漢語詞彙，積纍詞義，既要注意古今漢語的差異，也要注意古今漢語的溝通。重視溝通，可以起到利用已知來認識未知的作用。

4. 處理好一般與重點的關係

首先要把左右通達、可以提綱挈領的概念當作重點掌握。例如，詞彙部分有一個新概念"本義"，它既連着漢字形體結構分析，又連着引申義與引申系統，還關係到同義詞辨析。因此，就需要先弄懂這個概念，並理清它與其他概念的關係。

其次要把不易分辨的現象、概念當作重點，從理論上弄清它們，並且在實踐閱讀中加以區別。例如："以"字作介詞和作連詞的用法不易分清，分化字與通假字容易混淆等。這些都應下功夫去弄清。

總之，古代漢語是一門與生活、文化關係極爲密切的課程，又是一門很有趣味的課程，儘管有一些難度，但在學習過程中，難度會逐步減少，收穫會逐步增加，一旦有了閱讀古書的能力，我們將能夠與古人對話，那是一種多麼神奇的境界！

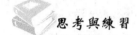 思考與練習

一、讀完"緒論"，你對"學習古代漢語到底有什麽用處"這一問題是否有了較明確的答案？

二、在學習本課程之前，你在學習、工作和平常的閱讀中是否已經遇到了一些文言的成語、典故、引文等語料？試舉兩例，説明文言在現代語文生活中也是不可少的。

三、在學習古代漢語這門課之前，你都學過哪些文言文？讀懂的程度如何？能背誦多少？這些就是你學習本課程的起點，你應當從這裏開始，進入對古代漢語課的自學。

第一單元

第一課　漢字的結構與演變

一、漢字的性質

　　漢字是世界文字大家庭中的重要一員。

　　世界上有多種文字。文字是應記錄語言的需要而產生的，文字的形體如何記錄語言，即用什麽方式或手段、從怎樣的角度去記錄語言，則是認識文字性質最重要的依據。口語的要素有兩個：語音和語義。要記錄語言，祇能從兩個方面入手：或者通過拼寫語音，或者通過體現語義。根據這兩個角度，則採取相應的兩種記錄語言的方式或手段：拼音與構意。因此，根據記錄語言的主要角度或主要方式、手段的不同，可以將世界上的文字分爲兩大類：拼音文字和構意文字，也就是通常所説的表音文字和表意文字。

　　漢字屬於構意文字，一般也稱表意文字，它的形體結構是通過描寫事物的外形或勾畫事情、動作的情境來反映詞義。

　　表意文字的造字手段即構意的手段是不斷完善的。在表意文字發展的初期，通過描摹事物形體的外部特點或輪廓來構形的字爲數很多。例如漢語中的"門"，通過描摹"門"的輪廓外形造出"門"字來作爲這個詞的記錄符號。這就是早期的象形字。

　　在文字的發展過程中，構意文字的構意手段不斷增多，由主要描摹事物的外形輪廓來反映詞義，發展爲用圖形或符號的組合來反映詞義。這就是漢字中的指事字、會意字。以漢字甲骨文爲例：

　　　　指事字：　二(上)　二(下)　𠚣(刃)　夨(亦)　朱(朱)

　　　　會意字：　莫(莫)　吹(吹)　啓(啓)　祝(祝)　折(折)

　　構意手段的最高階段是用義符和聲符拼合的方式構造字形。這就是漢字中的形聲字：

　　　　皇　煌　篁　惶　蝗　徨　湟　隍　遑
　　　　江　河　湖　海　淮　遊　泳　泗　渡

　　聲義拼合是表意文字最完善的構意手段，它形成了同聲字以義符相區別，同義或同類字以聲符相區別的格局，漢字的部件在不增加數量的前提下隨着記錄語言的需要造出新字，以適應漢語的發展，出色地完成記錄漢語的職能。

　　正因爲漢字是因義構形的，這就使漢字與它所記錄的詞的意義直接發生了聯繫：漢字的字形可以直接用它的意義來解釋；反之，漢語單音詞的詞義，可以從記錄它的漢字形體中來探求。這就是漢字的形義統一規律。

漢語中的詞絕大多數都是多義的,其中有一個義項與記錄這個詞的字形最爲貼切,可以直接解釋字形構造的理念,我們把這個義項稱作本義。語言的起源階段比較久遠,因此不能斷定本義是詞的最原始的意義。但是,完全可以斷定,本義是造字最初階段的詞義,也就是在現有的書面語言材料中可以追溯的最早詞義。

二、漢字的結構

漢字是因義構形的表意體系的文字,有着複雜而發達的構形系統。但是,漢字的構形系統雖然複雜,却並非没有規律可循。掌握了漢字的構形規律,纔能通過字形分析本義,幫助我們理解古書。

分析漢字的構形,需要掌握傳統文字學的"六書"。在講"六書"之前,我們需要先掌握一個概念"造意"。"造意"是漢字形體中可分析的意義信息,來自原初造字時的一種造字意圖,例如:"初"字從"衣"從"刀",它的造意是"用刀裁衣",裁衣是製衣的開端,這個形象用以表現"開端""開始"的詞義,"開端""開始"就是"初"的本義。

"六書"就是漢代人根據對小篆的形體分析而歸納、總結出來的分析造意的方法。"六書"一詞,最早見於《周禮·地官·保氏》,但是直到東漢許慎作《説文解字》時,纔在《説文·叙》中給六書的名目加以界説,並舉例字加以説明。下面我們來分别説明"六書"的具體内容。

(一) 象形

象形是一種通過勾勒事物的輪廓來構擬字形的造字方法。許慎説:"象形者,畫成其物,隨體詰詘,日月是也。"詰詘猶言直、曲,是説象形的造字方法是描繪物體的輪廓圖形,隨着物體外部的輪廓而確定綫條的直與曲。例如①:

人 大 女 又 目 耳 口 齒

日 月 草 木 水 戈 户 門

牛 羊 犬 豕 馬 鹿 弓 矢

---

① 字形摘自王鳳陽《漢字學》,吉林文史出版社,1985年。

由於象形字是用"畫成其物"的方法來構造的,所以凡是有"物象"可"畫"的實物多可以採用這種方法來造字。因此,大凡用象形字記錄的詞,多是表示具體實物的名詞。但是也有少數象形字例外,它所表示的並非所象的具體實物,而是這種實物所具有的某種性質或狀態。例如:

高,甲骨文作髙,本象臺觀之形,由於上古人爲的建築最高的莫過於臺觀了,所以這個字所表示的不是臺觀,而是臺觀所具有的"高"的性質或狀態,以便用臺觀之高,泛指一切事物之高。

大,甲骨文作大,本象成人正面站立之形,出於古人"天大地大人亦大"的觀念,用正面站立的人來表示"大",記錄凡"大"之稱。

這種象形字所記錄的詞,其本義往往不再指具體的事物而是事物所具有的某種性質或狀態,其詞性也不再是名詞而是形容詞了。

爲了加深人們對造意的理解,往往要在被描繪的事物本體之外加上一些背景,這些字也是象形字。例如:

向(向),本義是窗子,如果衹畫一個方口,人家就容易誤認爲是人的嘴巴或別的什麽窟窿,衹有把宀(宀,表示房子)字加上,纔容易讓人明白這是指房屋牆上的方洞。

眉(眉),下面如果沒有"目"字起襯托的作用,就難以看出上面所象是眉毛之形。

栗(栗),沒有"木"字陪襯也很難知道上面所象是帶刺的果實。

血(血),沒有"皿"作容器,"血"無法表示,古人歃血爲盟,所以用滴在器皿裏的形象表示"血"。

通常這類象形字也被稱爲"合體象形"。

(二) 指事

許慎說:"指事者,視而可識,察而見意,上下是也。"指事是用形體簡單的符號記錄詞義,如"上、下、一、二"等;或是在象形的基礎上加抽象的指事符號或區別符號以構成新字。所謂指事,含有標識事物、指明事物的意思。指事字所記錄的詞義無法用單純的象形手段構擬字形,因此用指事性或區別性符號來提示。例如:

刃(刃),"視而可識"似刀,但仔細觀察又比刀字多了一點,這多的一點即是標識性的指事符號,指明這個新造字所表示的意思不是整把刀,而是刀的利刃。

亦(亦,即"腋"字),从"大",即一個正面的人形,用兩個點指示腋下的部位。

從結構上看,大多數指事字都是在一個象形字上增加指事性或區別性的筆畫(多是點和橫)構成的,在漢字結構形式中,指事字是爲數最少的。

(三) 會意

會意是根據事物間的某種關係而組合兩個或兩個以上的獨體字來構成新字的造字

方法。許慎説:"會意者,比類合誼,以見指撝,武信是也。""類"指事類,"誼"同"義","指撝"的意思是"旨意"。會意就是會合兩個或兩個以上字的意義合成一個新義的造字法,這種組合造字,在造字法上是一種進步。會意字有兩種類型:第一種是形合會意字。

早期會意字大多是通過部件的象物性的組合來表示新意構成新字的,属於會意字中的形合字。例如:

从(从),由兩個"人"構成,表示一人在前,一人在後緊緊跟隨。

牧(牧),从攴从牛,會以手執鞭放牧之意。

莫(莫),从日从艸,日在草艸之中,會太陽已落,夜幕降臨之意。

舂(舂),从白从午(杵本字)從廾,會雙手執杵而舂米之意。

形合字是人的行爲或客觀現象的直觀摹寫,幾個構件所"會"之意具有直觀性,人們從字的構形上即可領悟。甲骨文、金文中的會意字基本上是形合會意字。由於形合會意字是具體的意義、具體情境的直觀摹寫,因此字中構件擺放的位置往往也成爲區別構意的手段,不能隨意擺放。第二種是義合會意字。也就是會意字的造字方式從構件物象的組合發展爲構件意義的組合,義合會意字的字義是由幾個構件語義的組合而不是其物象的組合。例如:

臭,从自从犬。自是鼻的象形字。臭的本義是氣味的總稱。氣味無形,可是古人憑狩獵生活的經驗知道,狗鼻子的嗅覺對於氣味最爲敏感,故以"犬、自"會意,引起人們從有形到無形的聯想。

息,从自从心。人和許多動物的呼吸都發於心臟而行於鼻腔,故"自、心"會意,表示氣息和呼吸。

灋(即法字),从廌从去从水。傳説廌爲獨角神獸,能分辨是非曲直,在法庭上能"觸不直者而去之",從而使決訟得以公平如水。此字最早見於西周金文,反映了當時人們對公平執法的美好願望。

朙,从囧(窗户)从月,囧中見月,會"明亮、光明"之意。

義合會意字中構件的位置祇照顧字形的均衡變化,可以是左右結構,也可以是上下結構,與物象關係無關。

總之,會意字"比類合誼"的方式有多種,内容很豐富,決定會意字字義的因素也很複雜,分析會意字往往會得到一些古代文化的知識,對閱讀古書有很重要的作用。

會意字是合體字,可以進行結構分析。會意字結構分析的結果是兩個或兩個以上的成字構件。

(四) 形聲

許慎説:"形聲者,以事爲名,取譬相成,江河是也。"所謂"以事爲名",即根據事類(指意義)而造或選取一個字作爲義符,再取一個讀音相同或相近的字來標聲,即取譬相成,構成新字。"江""河"二字,原本是爲專指長江和黄河而造的字,由於江河均屬水類,所以都用"水"來作義符,然後又根據口語中"江""河"的發音分別選取了讀音相當的"工""可"來作聲符。

1. 形聲字的類型

最早的形聲字是在原有象形字上增加聲符構成的。原有的象形字本來已經是形音義的結合體,增加聲符,是對原字的讀音起一種強化作用。例如:

"星"字,甲骨文有作 的,是幾個圓形符號的組合。爲了與記錄同類或同形的事物的詞的符號進行區別,爲它增加"生"字作爲聲符,來提示它不是"水果、雞蛋"等其他圓形物的符號,而是"星"的符號。

"雞"字,甲骨文作 ,象公雞形。由於與公雞同形的禽類非常多,便在原字上追加"奚"做聲符,提示該字是"雞"這個詞的記錄符號,而不是其他的鳥。

這種用增加聲符來強化和區別象形字的方式,很快就失去能產性,不再用來構字了,因此在漢字中通過增加聲符構成的形聲字非常少。

後來的形聲字是爲了分化詞義而增加義符構成的。例如:

舍,本義是"房舍",假借爲"捨棄"義,造成"舍"字一字記二義的現象,追加義符"扌"作"捨",表示"捨棄"義,原字仍然專門表示"房舍"義。

止,有"腳"的意思,又有"停止""地址"義,於是追加義符"⻊"作"趾"來表示"腳"義,追加義符"土"作"址"表示"地點"義,"止"專門作"停止、制止"義的記錄符號。

無論借義分化還是引義分化,大都是在原字(多是獨體字)的基礎上追加義符,使原字成聲符,從而形成形聲字。從記詞功能上看,原字和分化字是同一個詞在不同時代的記錄符號。例如,"躲避"義在《左傳》中用"辟"字記錄,後代用"避"字記錄。也有極少部分分化字是脫離古字形體另造的,如"喜悅"義在先秦中常用"説"字記錄,後代則用"悦"記錄。

又到後來,形聲字的格局形成了,有些本來不是形聲字的字,受同類字的影響也加上了義符。例如,"示"部形聲字形成後,"禮""福""祭"等字因類化而加上了義符"示"。而且逐漸產生了用義符和聲符進行拼合造形聲字的方法。不過,這已經是很晚的事了。絕大多數形聲字並不是拼合而成的,而是追加義符構成的。

2. 形聲字義符的表義特點

形聲字的義符祇能表示字義即詞義所屬的範圍,而不能標明這個字所記錄的詞的具體詞義。例如,"項、題、顏、顛"等字,均以"頁"爲義符,"頁"的本義是"人頭",作爲構字的義符,祇表明這些字所記錄的詞義都與"頁"(人頭)有關,並不能具體表示這些形聲字字符所記錄的"脖子、前額、臉面、頭頂"等詞義。

義符既然祇是表示詞義的範疇,那麼範疇可以有大小寬窄之別,因而同用一個義符的諸多形聲字,其具體含義雖然彼此相關聯,但是這種關聯可能是相同、相近、相通,也可能是相逆、相反。例如從"日"的形聲字"昭、晴、晞、昕"等含有"明亮"之意;"晚、昧、暗、晦"等則含有昏暗之意。因爲日頭是自然最大的光源,明與暗都與"日"有關。再如,"阜"

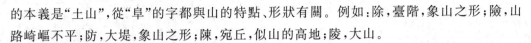

第一課　漢字的結構与演變

的本義是"土山",從"阜"的字都與山的特點、形狀有關。例如:除,臺階,象山之形;險,山路崎嶇不平;防,大堤,象山之形;陳,宛丘,似山的高地;陵,大山。

3. 義符和聲符在形聲字中的位置分佈

在形聲字的結構中,義符和聲符的位置是多種多樣的。例如:

　　左形右聲:如"錢、材、消、熔"等,這是最常見的結構樣式;
　　右形左聲:如"放、鴨、刎、頸、錦、欽、蝕"等;
　　上形下聲:如"茅、簡、空、罡、盂"等;
　　下形上聲:如"柴、醬、盆、甕、幕、恭、築"等;
　　內形外聲:如"聞、問、閩、齋、贏、辯、辨、瓣、哀、隨"等;
　　外形內聲:如"闥、匪、匐、固、裹、衷、戚"等;
　　形在一角:如"穎(从禾頃聲)、脩(从肉攸聲)、賴(从貝剌聲)、勝(从力朕聲)、騰(从馬朕聲)、佞(从女仁聲)、疆(从土彊聲)"等;
　　聲在一角:如"徒(从辵土聲)、徙(从辵止聲)、旗(从㫃其聲)"等。

因此,在對形聲字進行結構分析時,一定要注意找准聲符和義符。

4. 省聲字和省形字

爲了字形結構的勻稱或出於簡化的目的,省去字的形符或聲符的一部分,這類字被稱爲省形字或省聲字。例如:

　　省聲字:産,从生,彥省聲;夜,从夕,亦省聲;雷,从雨,畾省聲。
　　省形字:弒,从殺省,式聲;考,从老省,丂聲。

從漢字發展的角度來看,形聲造字法突破了象形、指事、會意等造字方法的局限,使許多詞義無形可象、有意難會的詞也能夠造出記錄符號,使漢字體系具有無限的自足能力,以適應記錄不斷發展的漢語的需要。同時,形聲字所形成的半音半義的構形格局,加強了漢字與漢語的語音和語義的聯繫,爲漢字的識別、理解和記憶提供了方便。從上古漢語發展到現代漢語,漢語發生了非常大的變化,但是,漢字適應了漢語的各種變化,仍然出色地承擔着記錄漢語的任務。漢字體系之所以一直適應漢語的發展,形聲字的產生是其重要的原因。

(五) 轉注

許慎說:"轉注者,建類一首,同意相受,考老是也。"由於許慎對"轉注"的解釋過於簡單,因此人們對許慎這段話的理解可謂衆說紛紜,莫衷一是。學術界通常認爲"轉注"指的是漢字孳乳的一種方式。即某一個字由於意義的引申而產生分化字,分化字之間就是轉注的關係。"建類一首",是指源字與分化字義類相同,用同一部首;"同意相受"指兩個字的意義具有引申關係。

不過,許慎的"轉注"到底是什麽含義,已經無法證實。我們完全沒有必要糾纏這些概念的含義,祇要認識到"轉注"與前"四書"性質不同,並不是一種漢字結構的類型就可

以了。

（六）假借

許慎說："假借者，本無其字，依聲託事，令長是也。"假借和轉注一樣，也不是漢字結構的類型。祇是補足早期字不足的一種手段，或者因爲有些虛詞無法造字，祇好借用一個與該詞同音的字來記錄。例如：

其，本來是給"簸箕"的"箕"造的字，語氣詞、代詞"其"没有造字，便借用"其"來記錄。如甲骨卜辭中的"其自東來雨，其自西來雨"的"其"就是語氣詞。

莫，是給"日暮、暮色"造的字，被借來記錄否定副詞、否定代詞。如《左傳》中的"過而能改，善莫大焉"的"莫"即是否定代詞。

在六書中，前四書很明顯談的是漢字的結構形式，後兩書與漢字的結構沒有關係。但"六書"是一個總體，所以我們也需要大致瞭解一下"轉注"和"假借"這兩個概念。

三、漢字形體的演變

漢字起源距今大約有六千多年，可證實的形成體系的時間也有三四千年。在這漫長的歷史長河中，隨著社會的進步和漢語的發展，作爲記錄漢語的漢字符號系統，形體發生了很大的變化。漢字形體的演變過程，總的趨勢是向便於識記、易於書寫演變，也就是從象形性向符號化演變。漢字形體的發展可以分爲兩大階段：古文字階段和今文字階段。古文字階段包括以甲骨文爲代表的殷商文字、以金文爲代表的西周文字、書寫載體多種多樣和結構體系紛紜複雜的戰國文字、以小篆爲代表的秦代文字；今文字階段包括以東漢文字爲代表的隸書和孕育於漢末、通行於魏晉時期並一直通行到現代的楷書。其中，各個階段的文字，又由於構形元素象形性的程度和書寫元素性質的不同，形成了漢字形體上的各種差異。

古文字時期的漢字，包括殷商甲骨文、西周金文、戰國文字和秦系小篆。

（一）殷商甲骨文

"甲骨文"是以漢字的書寫載體命名的字體稱謂，指刻在龜甲、獸骨上的文字。商代和周代都有甲骨文，但現已發現的甲骨文大部分屬於殷商時期，因而學術界把甲骨文視爲殷商文字的代表（見圖一）。

甲骨文記錄的內容相當豐富，但絕大部分是關於占卜的記錄，所以甲骨文又因其所書寫的主要內容而稱作"卜辭"。

甲骨文字大部分是用刀刻的，堅硬的書寫材料、刀刻這種書寫方法，決定了甲骨文的形體特點：筆畫瘦削，多有方折，刀筆味很濃。

從構意手段上看，甲骨文主要是象形文字，即通過部件的象物性及其組合來表示語言中的語義，以達到記錄語言的目的。因此，甲骨文中的象形字都是"畫成其物，隨體詰詘"的,絕大多數的指事字都是在象形字的基礎上加區別或標示符號構成的,會意字則是兩個或幾個象形部件象物性的組合,甲骨文字中形聲字很少,僅占 24% 左右。即使是形聲字,其聲符和形符仍然保留着生動的象物性。因此,甲骨文的構形理據是最清楚的,通過分析其構形理據,便能够瞭解該字形所記錄的詞的詞義。例如:

象形: ̍(女) ̍(豕) ̍(門) ̍(矢) ̍(齒)

指事: ̍(亦) ̍(甘) ̍(肱) ̍(上) ̍(下)

會意: ̍(伐) ̍(及) ̍(牧) ̍(逐) ̍(獲)

形聲: ̍(新) ̍(星) ̍(難) ̍(賣) ̍(杞)

殷商甲骨文雖然已經是成系統的文字,但畢竟還處在漢字發展的初級階段,在許多方面還帶有明顯的早期漢字的特點:許多字書寫置向不定。或朝左,或朝右;或向上,或向下;或正面,或側面。例如:

卜: ̍ ̍ ̍ ̍ 龜: ̍ ̍ ̍ ̍

字形結構不固定,異構字較多。有些字採用了不同的部件,如"牢"字;有些字部件的位置不同,如"物""祝"字;有些字部件的多少不同,如"鳳"字;有些字繁簡的程度不同,如"奚"字等。

牢: ̍ ̍ ̍ ̍   物: ̍ ̍ ̍ ̍

祝: ̍ ̍ ̍ ̍ ̍ 鳳: ̍ ̍ ̍ ̍

奚: ̍ ̍ ̍ ̍

有少數字形混同現象。如"山"和"火"寫作 ̍ ̍,"甲"和"七"寫作 ̍ ̍ 等。雖然原則上講"山"爲平底、"火"爲圓底,"甲"豎略長、"七"豎略短,但其構形區別度過小,因此在實際材料中是很難分清的。

圖一　商代武丁時期的《祭祀狩獵塗朱牛骨刻辭》　　圖二　西周晚期的《師兌簋》銘文

（二）西周金文

"金文"也是根據文字書寫的載體而命名的，指鑄刻在青銅器上的文字。鐘、鼎是青銅器中樂器、禮器的代表，故金文又叫鐘鼎文。鐘鼎上的文字有陰文和陽文兩種，陰文叫款，陽文叫識，故金文又叫鐘鼎款識。青銅器常被用作祭器，祭禮古代叫吉禮，故青銅器又叫吉金，其上的文字又叫吉金文字。祭器又稱彝器，故金文又有彝器銘文、彝器款識的別稱。金文在殷商時期就已經出現了，但是，目前發現的絕大多數金文都是西周時期的文字，因此一般把金文作爲西周文字的代表（見上頁圖二）。

西周金文是直接繼承殷商甲骨文而來的。與殷商甲骨文相比，西周金文有了明顯的進步。金文中新的象形字很少出現，而形聲字却大大增加。如"走"部、"言"部、"金"部、"厂"部的字在甲骨文中很少或幾乎沒有，而西周金文中則大量出現，並且多爲形聲字。形聲字的大量增加，是漢字構形系統走向成熟的一個重要標誌。金文的異構字相對減少，結構漸趨定型。義符因意義相近而混用的現象已不普遍，如"辵"部的字，在甲骨文中往往有從"彳"、從"止"、從"辵"三種寫法，而西周金文則基本固定爲從"辵"。某些部件的置向及位置已不再隨意改變，如從"彳"之字已基本將"彳"固定在左邊，"及""方"等字的反書現象已很少出現。

這說明，西周金文比殷商甲骨文更爲成熟了。

（三）戰國文字

"戰國文字"是根據文字的通行時代而命名的，是對戰國時代周王室和各諸侯國所有品類文字的統稱。它不像甲骨文、金文那樣是對某一特殊載體上的文字的專指，也不像小篆、楷書那樣是對某一定型字體的專稱。我們之所以根據時代定稱，是因爲這一時期文字的載體和構形體系多種多樣，無論哪一種文字，都不能成爲該期所有文字的代表。

目前所見的戰國文字可分兩個系統：一是見於後代文獻上的戰國文字，如《說文》中的古文和籀文、三體石經中的古文和宋郭忠恕《汗簡》中的古文等；一是見於各類出土文物上的戰國文字，如用毛筆寫在竹簡上的竹簡文、寫在絲帛上的帛書、寫在玉片上的盟書，以及鑄刻在金屬器上的金文（包括符節文和貨布文）、刻在石頭上的石刻文、刻在印章上的古璽文和刻在陶器上的古陶文等。文獻上的戰國文字幾經傳抄，往往失去了原來的真面目；而文物上的戰國文字則是當時的真跡，是研究戰國文字最可靠的資料。

經過春秋時期的動盪，戰國時期已經形成了諸侯割據的局面。正如東漢許慎在《說文解字·敘》記載，當時"諸侯力政，不統於王，惡禮樂之害己而皆去其典籍"。對典籍的輕視，使得人們做事沒有了共同的依據，寫字沒有了共同的標準，這樣，便出現了"田疇異畝，車塗異軌，律令異法，衣冠異制，言語異聲，文字異形"的局面，各國文字之間的結構和形體特點各不相同，具有明顯的地域性差異。人們往往把戰國文字分作兩大派系，即秦系文字和六國文字。

秦系文字上承西周金文，下啟小篆，是漢字發展主綫的一個重要環節，是戰國文字的主流。六國文字偏離了正統文字發展的軌道，未能引導當時漢字發展的方向，因而是戰國文字的支流。

目前所能見到的戰國秦系文字的資料很少。其中最重要的應該是保留着戰國秦文字原貌的石鼓文(見圖三)。

圖三　石鼓文

圖四　戰國秦杜虎符

石鼓文是刻在十個鼓形石頭上的文字,故稱石鼓文。這些文字,結構端莊嚴謹,大小一致,筆形佈局極有法度,偏旁部首的寫法和位置也都基本定型;筆道粗細均勻,已基本實現綫條化;字體風貌已與小篆十分近似,明顯處於西周晚期金文向小篆的過渡階段。

1979年在西安市郊發現了一個《秦杜虎符》(見圖四),根據上面所說的"兵甲之符,右在君,左在杜",可知是秦始皇後來統一天下改稱皇帝以前的兵符。其上的文字綫條勻稱,字體長圓,已是典型的小篆了。這說明,真正的小篆戰國末即已形成,並不是秦始皇統一後由李斯等人創制的。

與秦系文字相比,六國文字顯得十分雜亂。總的來說,六國文字地域性分歧較大,同一國家和地域的異寫異構現象也很普遍;字形變化隨意性過大,無規律可循,許多字形省變嚴重,已很難看出前後的傳承關係,也無法從構形理據上去解釋;簡化傾向十分明顯。這也許是因爲當時的正統文字不便於快速書寫,無法滿足日常事務的需要,於是便對之大幅度簡化。

由於六國文字對漢字亂加改造,破壞了漢字的構形理據,違背了漢字自身的發展規律,因而隨着六國的相繼滅亡,六國文字也逐漸退出了歷史舞臺。

(四) 小篆

小篆是秦始皇統一中國後實行"書同文"政策所規定採用的標準字體。

"小篆"的得名,不同於甲骨文、金文的以書寫載體命名,而是得名於其形體特點。《說文解字·竹部》:"篆,引書也。""引"就是牽引拉長,就是要使蜿曲的綫條延展勻稱。"篆"書這個名稱正反映了小篆逐漸脫離"畫成其物,隨體詰詘"的象物性而走向符號化的形體特點。

小篆成爲正統文字,一方面得益於秦朝利用國家權力進行推廣,另一方面也是漢字自身發展規律的必然結果。

秦始皇統一中國後,爲了便於對六國遺民進行統治,統一文字便成了當務之急。許慎《說文解字·敘》說:"秦始皇帝初兼天下,丞相李斯乃奏同之,罷其不與秦文合者,斯作《倉頡篇》,中車府令趙高作《爰歷篇》,太史令胡母敬作《博學篇》,皆取史籀大篆,或頗省改,所謂小篆者也。"可見,當時規定,統一文字的標準是"秦文",凡是不與秦文相一致的,一概廢除;而秦文的標準,則是由史籀大篆省改而來的小篆。

所謂"史籀大篆",是指收錄在《史籀篇》中的文字,稱"大篆",又稱"籀文"。一般認爲《史籀篇》是周宣王時的史官籀編寫的一部童蒙識字課本。如果此說成立的話,其上的文字應爲西周晚期金文。西周晚期金文已與小篆形體非常接近,小篆正是在其基礎上省改而來的。因此,小篆來源於"史籀大篆",是殷商甲骨文、西周金文發展的產物。早在戰國末年,小篆就已經基本定型了。李斯等人對小篆進行了一番整理和加工,使之更爲定型化、標準化,然後書寫出標準字樣(如《倉頡篇》等)加以推廣。

小篆的流行,雖然帶有一定的政治成分,但也是符合漢字發展的自身規律的。小篆在保存漢字構形理據的基礎上,使漢字構形進一步簡明化、系統化,而不像六國文字那樣爲了簡化而任意破壞漢字的構形理據,因而小篆最終取代六國文字而一統天下,是歷史發展的必然結果。

目前所能見到的秦朝小篆也可分文物文字和文獻文字兩類。文物上的秦朝小篆比較少,其中較有代表性的有《泰山刻石》和《嶧山刻石》(見圖五、圖六)。其中《泰山刻石》據說是李斯手跡,可謂是標準的小篆。

圖五　泰山刻石(局部)

圖六　嶧山刻石(局部)

文獻上的秦朝小篆主要見於東漢許慎的《說文解字》。這是保存小篆最系統的一部書,共收錄小篆字頭 9353 個,加上書中保存的一些籀文和六國古文,共計 10516 字。

小篆已形成一個相當嚴密的構形系統。在甲骨文階段,象形字佔有很大比例,到了小篆階段,象形字在參與構字時大部分已經義化;形聲字大量增加,約占 87% 左右。形聲字的表義部件的類化過程也已基本完成,代表同類事物的形聲字多數採用了同一表義部件。這樣,字與字之間的聯繫加強了,整個漢字體系顯得系統而有條理。《說文解字》關於 540 個部首的歸納,正體現了小篆構形的系統性。

小篆比較全面地保存了漢字的構形理據。小篆是承西周的正統文字而來的,它雖然對古文字階段的漢字形體作了系統的規整,卻沒有破壞漢字的構形理據。許多象形字,經過類化以後,象形部件演變爲表義部件,雖然字形已不能反映其實際形象,但其表意部件仍能體現所構字的意義類別,字的結構理據仍具有可解釋性;而且這種系統化的理據比原先那種孤立的理據更符合漢字發展的要求,且更易於掌握。

小篆象形性減弱,符號性增強,甲骨文、金文的"畫成其物,隨體詰詘"的象物性綫條被非象物性的純美術化綫條所代替。小篆的綫條粗細均勻,分佈均衡,由象物性的綫條到符號化綫條演變,是漢字書寫元素所發生的重要變化,是漢字符號化進程中的質的飛躍,爲漢字向筆畫文字的發展奠定了基礎。正因如此,小篆以後,漢字便進入了今文字時期。

今文字階段的漢字包括以東漢隸書爲代表的隸書和從魏晉時期一直使用到今天的楷書。

(五) 隸書

隸書是起源於戰國晚期、到漢代趨於成熟的一種新型字體。隸書有秦隸、漢隸之分。秦隸又叫古隸,漢隸又叫今隸。

"隸書"因最初的用途(即徒隸所用)而得名。隸書是因爲事務繁多,需要提高書寫速度而產生的,早在戰國時期的秦系文字裏,隸書就已經出現。當時秦國的正統文字是小篆,綫條講究圓轉勻稱,某些筆順不符合手寫的自然習慣,嚴重影響了書寫的速度。而社會事務的日益繁雜,對快速書寫的需求越來越迫切。於是書寫人爲了簡便快捷,往往將篆文的圓轉筆道改爲方折筆畫,有時還略加省改,已略具隸書的風味,在當時形成了一種俗書體。此即古隸,又叫秦隸。

漢字由篆文向隸書的演變過程叫隸變。隸變的基本內容,在構形元素上是變象形部件爲表義部件;在書寫元素上是變圓爲方,變曲爲直,變圓轉爲方折,變綫條爲筆畫。隸變的結果,是徹底顛覆了漢字的象形性,使漢字體系由古文字跨入今文字,完成了符號化進程中關鍵性的飛躍。

秦隸是隸變初級階段的形態,還祇是篆文的草率速寫體,它祇是在筆形和態勢上改變篆文的面貌,在結構上並沒有太大的區別,處於篆文向漢隸的過渡階段。

秦朝統一後,雖然將小篆定爲標準文字,但日常事務中,秦隸却得到了廣泛的應用。1975年在湖北雲夢縣睡虎地出土的大量秦簡,就是很好的證明(見圖七)。

圖七　睡虎地秦簡(局部)

圖八　史晨碑(局部)

圖九　醴泉銘(局部)

漢隸是隸變徹底完成的字體形態。它直接承秦隸而來,最初與秦隸並沒有多大區別。經過二百多年的發展,到東漢時期,漢隸逐漸形成了自己獨特的風格。筆勢發揚舒展,筆畫蠶頭雁尾,有波勢挑法;字體扁方平整,佈局穩重勻稱。如東漢中期的《史晨碑》(見圖八)就是此期漢隸的代表。漢隸這種獨特風格的形成,標誌着隸書已經走向成熟。

成熟的隸書在結構和態勢上已與小篆有了很大差異。

在書寫筆法上將小篆圓勻的綫條改成點畫,從而徹底實現了漢字的筆畫化。漢隸的徹底筆畫化,使小篆所保留的那點象形意味喪失殆盡,漢字的符號性從此佔據了絕對地位。這種變化,也使得漢字的書寫難度大大降低,書寫速度大大提高。

漢隸對小篆的結構體系作了全面的調整。這次調整不像小篆那樣是爲了使漢字體系更爲系統、更爲嚴密,而主要是在簡化動力的驅使下進行的。所以,在調整的過程中,更多的是照顧書寫的方便和字體的佈局,對漢字的部件系統進行了合併、分化及省變,使得漢字符號化程度更高,書寫更爲方便快捷。

從篆書到隸書的轉變,是漢字史上的一大飛躍,從此,漢字完全失去了古文字階段的象形意味,擺脫了古文字蜿曲綫條的束縛,開始步入今文字階段。隸變對漢字的簡化,是符合漢字發展自身規律的,是漢字符號化進程中的必然。

但是,漢隸仍然不是成熟的今文字,這是因爲,漢隸的筆畫系統中仍然存在着非符號化的因素,這就是筆畫形態的過分講究。漢隸用筆要講究波磔挑法,講究蠶頭燕尾,這些都是藝術化的要素,而非符號化的要素,即它還不是真正的符號化的筆畫——像後來楷書的筆畫那樣。這些藝術化的要素勢必要影響書寫速度,對於記錄語言的符號系統來說,是一種羨餘,影響書寫的快速和便捷。這也正是漢字還要繼續演變,向漢字符號化的終極階段——楷書邁進的根本原因。

(六) 楷書

楷書本名真書或正書,後因其結構嚴謹,堪爲楷模,故改稱楷書。

楷書萌芽於東漢,流行於魏晉南北朝,完全成熟於隋唐,一直沿用至今。楷書產生的動因,同樣是爲了書寫的方便。因爲隸書的蠶頭雁尾和波勢挑法,仍然是影響書寫速度的障礙。楷書則徹底擺脫了隸書的筆法,形成了符號化的筆畫,書寫起來更加方便。

由漢隸演變爲楷書的過程,叫做楷化。楷書直接從漢隸發展而來,它同漢隸在結構上基本相同,祇是稍有簡省。二者的區別主要表現在筆法和字體的態勢上。楷化體現爲漢字書寫元素的演進,與漢字的結構系統關係不大。楷化的過程,就是消滅漢字的書寫元素中的非符號化因素的過程,使之完全走向符號化。楷化的具體內容,就是把漢隸筆畫的"蠶頭燕尾、一波三折、波磔挑法"等形態特點完全去除,變成"橫平豎直"的完全符號化的筆畫,漢字的筆畫系統符號化的演變過程到此最終完成。

楷書變隸書的扁方字體爲正方,顯得剛正典雅,端莊大方(見圖九)。作爲構意文字體系,作爲漢語的記錄符號體系,漢字構形系統的最後定型是隸書階段,它的書寫元素的最後定型是楷書階段。到了楷書,漢字形體的演變已告最終完成,這也正是楷書自魏晉時期最後形成之後,一直使用到今天而不再發生字體演變的根本性原因。我們可以預言,在不改變漢字的性質的前提下,除了人爲的結構簡化之外,漢字的形體已經完全定型,不會再發生大的演變。

瞭解漢字形體的演變,對學習古代漢語有很重要的作用。前面說過,由於漢字是表意文字,我們可以根據對漢字形體結構的分析來瞭解古代文獻詞彙的意義。但是漢字經過隸變，形體向符號化發展，原始的構字理據有一些已經喪失，所以，有一部分漢字，按照隸書和楷書來分析結構，往往不能得到構字理據，需要向上追溯到古文字，恢復較早的結構。所以，學習古代漢語的詞義，需要對漢字形體演變有一些瞭解，以免在通過字形瞭解詞義時產生誤差。

文　選

夫子至於是邦也①

子禽問於子貢曰②："夫子至於是邦也，必聞其政。求之與？抑與之與？③"子貢曰："夫子溫、良、恭、儉、讓以得之④。夫子之求之也，其諸異乎人之求之與⑤？"

貧而無諂⑥

子貢曰："貧而無諂，富而無驕，何如？"子曰："可也。未若貧而樂，富而好禮者也。"子貢曰："《詩》云：'如切如磋，如琢如磨。'⑦其斯之謂與⑧？"子曰："賜也⑨，始可與言《詩》已矣⑩。告諸往而知來者⑪。"

---

① 本篇選自《論語·學而》。題目爲後加。《論語》是我國第一部語錄體論說文集，主要記載了孔子的言行，約成書於戰國初期。《論語》共20篇，是儒家學說的經典著作。《論語》通行的注本有魏·何晏《論語集解》、宋·朱熹《論語集注》、清·劉寶楠《論語正義》、今人楊伯峻《論語譯注》。孔子（前551—前479），名丘，字仲尼，春秋時期魯國陬（Zōu）邑（今山東曲阜）人。他是儒家學派的創始人，我國古代的思想家、教育家。本篇記載了子禽向子貢詢問孔子參與政事的途徑。

② 子禽：孔子弟子，姓陳名亢（Gāng）。子貢：孔子弟子，姓端木，名賜。

③ "與之"的"與"表示"給與"，動詞；另兩個"與"是表揣度的疑問語氣詞，多用在選擇問句後，可譯爲"呢"，後作"歟"。抑：轉折連詞，可譯爲"還是……"。

④ 溫、良、恭、儉、讓：溫和、善良、恭謹、節儉、謙遜。

⑤ 其：句首語氣詞，表示委婉語氣。諸：補充音節，無義。乎：介詞，引進比較的對象，相當於"於"。

⑥ 本篇選自《論語·學而》。題目爲後加。本篇記載了孔子教育弟子在人格上應該安貧樂道，在學習上應該能夠舉一反三。諂（chǎn）：奉承巴結。

⑦ 切、磋、琢、磨：分別是加工骨器、象牙、玉器、石器的過程的名稱。《詩經·衛風·淇奧》毛傳："治骨曰切，象曰磋，玉曰琢，石曰磨。"治：治理，加工。

⑧ 斯：代詞，此。本句爲賓語前置，"斯"作"謂"的前置賓語，用代詞"之"複指。

⑨ 賜：子貢的名。子貢是孔子弟子，故孔子稱其名。在《論語》中，孔子稱其弟子皆稱名。

⑩ 與：介詞，同，跟，省略了賓語"之"。

⑪ 諸："之於"的合音。之，代詞，這裏指子貢。於，介詞，引進動作涉及的對象。

吾十有五而志于學①

子曰："吾十有五而志于學,三十而立②,四十而不惑,五十而知天命,六十而耳順③,七十而從心所欲,不踰矩④。"

哀公問社⑤

哀公問社於宰我。宰我對曰："夏后氏以松,殷人以柏,周人以栗⑥,曰,使民戰栗。"子聞之,曰："成事不說,遂事不諫⑦,既往不咎⑧。"

我未見好仁者⑨

子曰："我未見好仁者,惡不仁者⑩。好仁者,無以尚之⑪;惡不仁者,其爲仁矣⑫,不使不仁者加乎其身⑬。有能一日用其力於仁矣乎?我未見力不足者。蓋有之矣,我未之見也⑭。"

---

① 本篇選自《論語·爲政》。題目爲後加。孔子談自己在每個年齡段所達到的境界。
② 立:指學問品行達到一定的境界,能在社會上立足。
③ 惑:迷惑,糊塗。耳順:聽見什麼都覺得習以爲常了,不再感到什麼話會逆耳了。
④ 不踰矩:不會超越法度。矩,法度,常規。
⑤ 本篇選自《論語·八佾》。題目爲後加。本篇記載了魯哀公問宰我,祭祀土地神時,用什麼木料做牌位的事情。古代立社,各用適合在其土地上栽培生長的樹木作爲社主,宰我的"使民戰栗"說牽強附會,因此孔子批評他。宰我:姓宰,名予,字子我,孔子學生。社:土地神,這裏指社主,即社神的牌位。
⑥ 周人以栗:周朝人用栗子樹製作社主的牌位。
⑦ 遂事:已爲既成事實的事情。遂,成。諫:下級給上級提意見。
⑧ 既:副詞,表已然狀態,已經。往:過去的(事情)。咎:責備。
⑨ 本篇選自《論語·里仁》。題目爲後加。本篇記載了孔子談"好仁"與"惡不仁"應該達到的境界,慨歎當時致力於仁的人難得一見。
⑩ 好:喜歡,喜好。惡:討厭。者:特殊代詞,指代"……的人"。
⑪ 無以:沒有什麼用來……。尚:動詞,加在……之上,即超過。之:代詞,指代"好仁者"。
⑫ 矣:語氣詞,相當於"也"。
⑬ 加:凌越,超越。
⑭ 蓋:句首語氣詞,表示揣度,可譯作"大概"。我未之見也:賓語前置,否定句中代詞"之"作賓語,置於動詞"見"前。之,代詞,指沒有足夠的力量行仁義之事的人,孔子的意思是,人人都有能力做仁義之事。

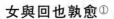

女與回也孰愈①

子謂子貢曰:"女與回也孰愈②?"對曰:"賜也何敢望回③?回也聞一以知十,賜也聞一以知二。"子曰:"弗如也。吾與女弗如也。"

顏淵季路侍④

顏淵季路侍。子曰:"盍各言爾志⑤?"子路曰:"願車馬衣輕裘與朋友共⑥,敝之而無憾⑦。"顏淵曰:"願無伐善,無施勞⑧。"子路曰:"願聞子之志。"子曰:"老者安之,朋友信之,少者懷之⑨。"

季氏將伐顓臾⑩

季氏將伐顓臾。冉有、季路見於孔子⑪,曰:"季氏將有事於顓臾⑫。"孔子

---

① 本篇選自《論語•公冶長》。題目爲後加。在孔子心目中好學生能夠"聞一知十",他慨歎一般人難以達到。

② 女(rǔ):你,第二人稱代詞。孰:疑問代詞,誰,哪一個。愈:勝過。

③ 也:句中語氣詞,表示提頓。賜:子貢自稱。

④ 本篇選自《論語•公冶長》。題目爲後加。孔子借讓學生談論個人志向的機會,表達了自己的志向和對理想社會的看法。顏淵、季路:孔子弟子。顏淵,名回,字子淵。季路,名由,字子路或季路。侍:恭敬地侍候,侍立。

⑤ 盍(hé):"何不"的合音。爾:第二人稱代詞。古代漢語中代詞單、複數同形,此爲複數,你們。

⑥ 願:希望。"輕"字是衍文,即古文在傳抄過程中誤增的字。裘:皮衣。共:共用。

⑦ 敝:形容詞使動用法,使……破舊。之:代詞,指代車馬和衣裘。憾:抱怨,不滿。

⑧ 無:與"毋"通用,不要。伐:自誇,自我表白。施:誇大。勞:功勞。

⑨ 安:形容詞使動用法,使……安逸。信:動詞使動用法,使……信任。懷:歸附。

⑩ 本篇選自《論語•季氏》。題目爲後加。孔子通過與弟子的對話,責備弟子沒有盡到阻止季氏討伐顓臾的責任,同時表達了他反對戰爭,建立理想社會,以"文德"來使"遠人"歸附的思想。孔子主張通過"均貧富"來達到社會的安定。季氏:即季孫氏,當時魯國最有權勢的貴族,文中指季康子。顓臾(Zhuānyú):魯國境內的一個小國,是魯國的附屬國,在今山東費縣附近。

⑪ 冉有:名求,字子有,他和子路都是孔子弟子,當時是季氏的家臣。見(xiàn):請求接見,求見。

⑫ 有事:指採取軍事行動。古代把祭祀和戰爭稱爲"國之大事"。《左傳•成公十三年》:"國之大事,在祀與戎。"於:介詞,引進動作行爲涉及的地點,可譯作"在,到"。

曰："求！無乃爾是過與①？夫顓臾，昔者先王以爲東蒙主②，且在邦域之中矣，是社稷之臣也。何以伐爲③？"冉有曰："夫子欲之④，吾二臣者皆不欲也。"孔子曰："求！周任有言曰：'陳力就列，不能者止。'⑤危而不持，顚而不扶，則將焉用彼相矣⑥？且爾言過矣。虎兕出於柙，龜玉毁於櫝中，是誰之過與？⑦"冉有曰："今夫顓臾，固而近於費⑧。今不取，後世必爲子孫憂。"孔子曰："求！君子疾夫舍曰'欲之'而必爲之辭⑨。丘也聞：有國有家者⑩，不患寡而患不均，不患

---

① 求：冉有的名。無乃……與：由情態副詞"無乃"與疑問語氣詞"與"構成的固定格式，是委婉的反問句，可譯作"恐怕……吧"。爾是過：賓語前置，"爾"作動詞"過"的前置賓語，用代詞"是"複指。爾，第二人稱代詞，你。過，動詞，責備。

② 夫(fú)：句首語氣詞。東蒙主：東蒙山的祭主。東蒙，山名，即蒙山，在今山東蒙陰縣南。主，祭主，即被祭祀者(死者)的替身。

③ 是：指示代詞，用在判斷句中作主語，指代顓臾。社稷之臣：國家的臣屬。何以……爲：表示反問的一種固定格式，意思是"爲什麼……呢"。爲，句末語氣詞，表示反問語氣。

④ 夫子欲之：夫子想要(做)這件事。夫子，指季氏。之，代詞，指代季氏想做的事。

⑤ 周任：古代的一位史官。陳力：擺出力量，即量力。陳，陳列，擺出來。就列：走向職位。就，靠近，走向。

⑥ 危：本義是"高"，引申爲"不穩定"，這裏指盲人走路不穩。顚：跌倒。相：扶助盲人走路的人，助手。焉：疑問代詞，哪裏。彼：遠指代詞，可譯作"那"，也可不譯。這三句以盲人走路需要人攙扶、輔佐打比方，批評冉有作爲季氏的家臣沒有起到勸諫、輔佐的作用。

⑦ 兕(sì)：犀牛。柙(xiá)：關猛獸的木籠子。於：介詞，引進動作發生的地點，與"柙"組成介賓結構作補語。龜：指龜版。玉：指瑞玉。二者在古代都被奉爲寶物，故珍藏在匣子中。櫝(dú)：匣子。是：指示代詞，作主語，可譯作"這"。

⑧ 固：指城牆堅固。費：季氏采邑，在山東費縣。

⑨ 疾：厭惡，討厭。夫：遠指代詞，可譯作"那種"。舍：舍去，在此可譯爲"回避"。爲之辭：雙賓語，替自己想做的事找個藉口。之，代詞，指代"欲之"，即想做的事，作直接賓語。辭，託辭，藉口，作間接賓語。

⑩ 丘：孔子的名。古代自稱其名是謙稱的一種表達方式。也：句中語氣詞，用在主語後表示提頓。有國有家者：指諸侯和大夫。國，諸侯的封地。家，大夫的封地，也叫采邑。者，特殊代詞，指代"……的人"。

貧而患不安①。蓋均無貧,和無寡,安無傾②。夫如是,故遠人不服,則修文德以來之;既來之,則安之③。今由與求也,相夫子,遠人不服而不能來也,邦分崩離析而不能守也,而謀動干戈於邦內④。吾恐季孫之憂,不在顓臾,而在蕭牆之內也⑤。"

子適衛⑥

　　子適衛,冉有僕⑦。子曰:"庶矣哉⑧!"冉有曰:"既庶矣,又何加焉⑨?"曰:"富之⑩。"曰:"既富矣,又何加焉?"曰:"教之。"

―――――――――

　　① 根據上下文,"寡"和"貧"應該互換位置,因抄寫而致誤。貧:財物少。寡:人口少。患:擔憂,憂慮。全句大意是:不擔憂財物缺乏,而擔憂分配不均;不擔憂國家人口少,而擔憂社會不安定。

　　② 蓋均無貧,和無寡,安無傾:財物分配均勻,就無所謂貧窮;國家上下和睦團結,就無所謂人口少;國家安定,就沒有傾覆的危險。蓋,語氣詞,表示一種論斷語氣,可不譯。

　　③ 如是:如此。是,指示代詞,指代"均無貧,和無寡,安無傾",作動詞"如"的賓語。來(lài):動詞使動用法,使……來(歸附)。之:代詞,指代"遠人"。安:形容詞使動用法,使……安定。

　　④ 相:輔佐。分崩離析:四個同義詞連用,均指分裂。干:盾牌。戈:用於刺殺的一種長柄武器。"干戈"連用是修辭上的借代,指戰爭。

　　⑤ 蕭牆:國君宮門內的矮牆,借指宮廷內部。

　　⑥ 本篇選自《論語·子路》。題目爲後加。孔子闡述了治理天下的方法:先使百姓富裕起來然後進行教化。

　　⑦ 適:動詞,到……去。僕:駕車。

　　⑧ 庶:衆,指人多。矣哉:陳述語氣詞"矣"和感歎語氣詞"哉"連用,句子語氣的重點在感歎語氣上。

　　⑨ 何加焉:對他們增添些什麼?賓語前置,疑問代詞"何"作賓語,置於動詞"加"前。焉:兼詞,相當於"於是"。於,引進動作涉及的對象;是,指代百姓。

　　⑩ 富:形容詞使動用法,使……富。

陽貨欲見孔子①

陽貨欲見孔子,孔子不見,歸孔子豚②。孔子時其亡也③,而往拜之,遇諸塗④。謂孔子曰:"來!予與爾言。曰:懷其寶而迷其邦⑤,可謂仁乎?曰:不可。好從事而亟失時,可謂知乎⑥?曰:不可。日月逝矣,歲不我與⑦。"孔子曰:"諾,吾將仕矣⑧。"

 思考與練習

一、漢字的性質是什麼?為什麼我們可以通過分析漢字的字形來幫助理解詞義?

二、有一種分析漢字的方法,把漢字分為獨體字和合體字。你認為前四書中,哪一類是獨體字,哪一類是合體字?舉例說明。

三、分析下列漢字的結構,指出它們是前四書的哪一種;並試着用這些字說明漢字形與義的統一。

期、禮、磨、琢、社、力、心、惑、問、間、閣

---

① 本篇選自《論語·陽貨》。題目為後加。陽貨用激將法想迫使孔子出來從政。孔子不願意與陽貨合作,但表示自己將要出仕。

② 陽貨:又叫陽虎,季氏的家臣。季氏在魯國專權,陽貨又是季氏家臣中最有權勢的人。欲見孔子:想使孔子拜見自己。見(xiàn),求見,拜見,動詞使動用法,使……見,第二個"見"是一般用法,仍讀 jiàn。歸:"饋"的借字,改讀 kuì。豚:小豬,這裏指做熟了的小豬。

③ 時:"伺"的借字,改讀 sì,窺視,探查。亡:外出。當時的禮俗,"大夫有賜于士,不得受於其家,則往拜其門"(見《孟子·滕文公下》)。陽貨利用這一禮俗,趁孔子不在家時"歸孔子豚",迫使孔子回拜自己。孔子不想見他,也打聽到他不在家時登門回拜。

④ 遇:出乎意料的相遇。諸:"之於"的合音。之,代詞,代陽貨。於,介詞,引進動作發生的地點。塗:路途,後作"途"。

⑤ 這一段除了最後一句是孔子的回答之外,都是陽貨在自問自答。寶:寶物,這裏喻指才能。迷其邦:聽任自己的國家陷於混亂狀態。迷,動詞使動用法,這裏是"聽任"的意思。此處的"曰"和下面兩個"曰:'不可'"都是陽貨的自問自答。

⑥ 好(hào):動詞,喜歡。從事:從政。事,指政事。亟(qì):屢次。時:時機,機會。知:聰明、智慧,後作"智"。

⑦ 日、月、歲:時光,歲月。歲不我與:賓語前置,否定句中代詞"我"作賓語,置於動詞"與"前。與,給予。

⑧ 諾:應答之辭。仕:出仕,出來做官。

四、閱讀下面短文,並翻譯成現代漢語。

  陳仲舉言爲士則,行爲世範,登車攬轡,有澄清天下之志。爲豫章太守,至,便問徐孺子所在,欲先看之。主簿白:"群情欲府君先入廨。"陳曰:"武王式商容之閭,席不暇暖。吾之禮賢,有何不可!"(《世說新語·德行》)

第二課 漢字的結構與詞義的探索

　　在古代漢語課中，我們學習有關漢字的性質和結構的知識，除了掌握漢字科學的結構規律之外，主要目的是在探求詞義的過程中，學會通過字形結構的分析來瞭解詞義，掌握詞義。

　　漢字是因義構形的，這就使漢字與它所記錄的詞義直接發生了聯繫。早期漢字是形義統一的，即漢字的字形可以直接用它的意義來解釋；反之，漢語單音詞的詞義可以通過記錄它的字形結構來探求。因此，我們在探求詞義特別是古代漢語的詞義時，可以通過分析漢字的字形結構找到本義，通過本義解讀文獻，或以本義爲核心，探求引申義，總結漢語詞義引申規律和詞義系統。

　　但是，漢字經過了幾千年的形體演變，在符號化的進程中，字形的規整化和書寫元素的筆畫化，使得字形與字義的聯繫已經不再是直觀的，即漢字的造字意圖有些已經很難辨識；或者在用字過程中，假借字的出現，使一些字除了本義之外，還有了假借義。這兩種情況都造成了字形與字義的脫節。形義脫節的字形是不能作爲探求詞義的依據的，必須恢復到能夠體現造意的字形（即復形），對假借字必須追溯到本字（即溯本），然後纔能通過字形的結構分析來探求詞的本義。

一、漢字形義統一的條件

（一）衹有早期漢字和有規律演變的字形纔是形義統一的

　　我們知道，早期漢字例如甲骨文、金文，還保留着漢字的構形理據，是形義統一的，我們可以直接根據字形來探求詞義。小篆已經是符號化程度很高的漢字體系，其書寫元素的美術化已經顛覆了漢字的象形特點，許多小篆字體已經脫離了象形表意的階段，構形理據已經模糊或者消失。但是，小篆畢竟還處於古文字階段，其書寫元素仍然是綫條的，因此，小篆還保留了許多古文字的特點，許多字形的構形理據還是很清楚的，可以作爲以形索義的依據。例如：

　　　　祝，甲骨文作🕉，象一個人對着牌位張嘴禱告之形；小篆作祝，雖然字形規整，已經不是禱告之情景的描寫，但是構形理據仍然很清晰。

　　　　閒，甲骨文作🈳，象門中見月之形，會"門縫"之義。小篆作閒，"門"和"月"仍然具有象形的特點，理據仍然保留。

　　漢字經過隸變，進入今文字階段，書寫元素演變爲筆畫，漢字的象形性徹底消失。但是，大多數漢字的演變是有規律的，符合演變規律的字形，其構形理據仍然保留。例如：

第二課　漢字的結構與詞義的探索

秉,甲骨文作✦,小篆作✦,隸書作秉,"又"與"禾"的演變具有規律性,因此理據得以保留。

元,本義是"人頭",甲骨文作✦✦,上象突出的人頭,下面是"人"字之形;小篆作✦,隸變作元,人頭的符號演變爲"二",人形演變爲"儿",是一種規律性演變。

見,甲骨文作✦,象人睜大眼睛之形,會"看見"之意。小篆作✦,楷書作見。在隸變過程中,眼睛之形演變爲"目",人形演變爲"儿",是規律性演變,理據保留。

水,甲骨文作✦,小篆作✦,字形理據的演變非常清楚。到了隸楷階段,水在作左偏旁時全部演變爲"氵",雖然與甲骨文、小篆形體相差甚遠,但是由於是有規律的演變,因此容易被認同,不會影響構形理據的分析。

漢字構形系統中絕大多數構件都是這種規律性的變化,因此,雖然漢字的形體從古到今發生了巨大的變化,但是,其表意文字的性質並沒有改變,絕大多數字形仍然保留着構形理據,祇是理據的顯現形式發生變化罷了。這就使我們得以通過分析字形結構來探求詞義。這在訓詁學上叫做"以形索義"。

漢字在形體演變過程中,也有一些非規律性的變化,我們稱之爲"訛變"。訛變之後的字形,其構形理據部分或全部消失。例如:

春,甲骨文作✦ ✦ ✦等,在結構上分別是从林从日从屯(草芽)、从日从屯、从草从日从屯,以陽氣上昇,草木發芽,會"春季"之意。小篆作✦,保留了甲骨文的構形理據。隸楷變爲"春",字的上半部分發生了不規律演變,導致構形理據部分喪失。

爲,甲骨文作✦,上部是"又"(人手),下面是大象的象形字,象人以手馭象之形,會"作爲"之意。楷書字形已經訛變,失去理據。

對於發生了訛變的字形,在探求詞義的時候,筆形追溯到能夠顯現構形理據的早期字形,如甲骨文、金文,或者小篆,而不能根據訛變了的形體探求詞義,否則就會做出錯誤的解釋。追溯早期字形的過程,訓詁學上叫作"復形"。

(二) 祇有本字本義總是形義統一的

1. 本字是對借字而言的。本字是指專爲記錄某個詞所造的字,它的形體是以這個詞的某一義項爲根據而造的。例如,"亦"是"腋窩"的本字,"汝"是"汝水"的本字,"莫"是"暮色"的本字。

本字是據詞義而造的,是形義統一的。但是,文字在使用的過程中,同音借用的現象很多。如把"亦"用爲副詞,用的就不是本字,而是因爲讀音相同借用的字,我們稱這種字爲同音借用字。也就是許慎所說的"本無其字,依聲託事"。由於文字假借而使某字具有了與字形完全無關的意義,稱作假借義或借義。

漢語早期文獻中有大量的假借字。借義與其所用字形是脫節的。那是因爲這個字本來就是借來的。用本字去講借義,必然會出錯。因此,在遇到文獻中的假借字時,必須根據借字的語音追溯本字,訓詁學上稱爲"溯本"。然後按照本字的形義關係探求詞義。

例如:

《詩經·豳風·七月》:"八月剝棗,十月穫稻。"剝,本義是剝皮、剝開。按"剝"的本義解釋,則是"剝開了棗""給棗剝皮",與事理不符。"剝"是"撲"的借字,應該按照"撲"的詞義解釋。"撲"是敲打、敲擊義,"八月剝棗",即八月打棗。

《詩經·周南·汝墳》:"未見君子,惄如調飢。"毛傳:"調,朝也。"即"調"是"朝"的借字,要按照"朝"的本義解釋爲"早晨"。

如果是假借字,就不能根據字形探求詞義,而必須溯本,即根據假借字的語音綫索找到本字,然後纔能以形索義。如"剝、調"在上述語境中都是借字,找到它們的本字"撲、朝",纔能探求本義,得到確解。

2. 本義是對引申義、假借義而言的。漢語的詞彙絕大多數是多義的,其中有本義,有引申義,有假借義。本義是與字形相貼切的、可以用文獻來證實的詞的義項。本義是衆多引申義產生的起點,它與字形的關係最爲密切,早期漢字形義統一的"義"指的就是本義。所以,講解字形一定要用本義來講,纔能合乎原來的造字意圖,如果用引申義特別是遠引申義講字形,就會牽強附會。

詞在應用過程中,會從本義出發,沿着本義的特點所決定的方向,按照民族心理和習慣,不斷引申出很多新的意義,這就是引申。如"監"由"察看"義引申出"監牢"義,"間"由"門縫"義引申出"中間、間隔、間歇、秘密地、參與、離間"等義,以及"宿"由"住宿"義發展爲"宿怨""宿仇"等詞中的"舊時"義。近引申義與字形的關係尚能間接看出,遠引申義,如"宿"的"舊時"義,"間"的"秘密"義,與字形的關係則已變得模糊不清了。一個詞衹有一個本義,但可以有多個引申義,引申義與字形的關係比較疏遠,分化形聲字就是因爲某些引申義與字形發生脫節之後,爲了達到新的形義統一而產生的。例如,《說文·角部》,"解,判也"。本義爲"用刀分割動物或人的肢體",引申爲"剖開""分裂""離散""融化""排解""解開""解脫""解釋""鬆懈"等義,"鬆懈"義是"解"的遠引申義,與字形的關係已經很難辨識,語音也發生了演變,於是便在"解"字上追加了與"鬆懈"義相關的義符"心",代表心情懈怠之義,分化出"懈"字。"田",本義指"田地",引申出"種田""田獵"義,故在"田"字上分別追加義符"人""攵",分化出"佃""畋"字。

引申義雖然與字形關係疏遠,但畢竟是有聯繫的,這種聯繫是可以追溯的;而假借義則與字形沒有任何聯繫。例如上文所舉例中"剝"與"撲打"義,"調"與"早晨"義,字形與詞義沒有任何關係。

綜上所述,漢字的"形義統一"是有條件的,衹有在滿足一定的條件下,纔能運用以形索義的方法,通過字形探求詞義。

二、漢字的結構與詞義的探求

1. 純表意字與詞義的探求

人們一般把沒有示音符號的象形字、指事字和會意字稱爲純表意字。在通過分析字

形結構探求詞義時,純表意字通過整體構形與詞的本義發生聯繫,而形聲字則是通過義符與本義發生聯繫。例如:

豆:《孟子·告子上》:"一簞食,一豆羹,得之則生,弗得則死。""豆"與"簞"相對,顯然不是糧食類。豆,本義是高腳盤子,是盛放肉類等的食器,甲骨文作⾖,象器身和底座之形,直觀地再現了"豆"的形制。

番:《左傳·宣公二年》:"宰夫胹熊蹯不熟。"番是蹯的古字。《說文·采部》:"番,獸足謂之番。""熊蹯"即"熊番",指熊掌。番,《說文》古文作⿱,正象獸掌之形。

亦:"腋"的古字,甲骨文作大,一個正面的人形,兩臂下有兩個點,指示"腋下"的部位。

刃:甲骨文作刀,象形字"刀"上加一點,指示刀刃的部位。

蓺:《孟子·滕文公上》:"后稷教民稼穡,樹蓺五穀。""樹"與"蓺"同義連用,"蓺"也是"種植"義。蓺,甲骨文作𣎫,象人手持秧苗作栽種狀,形象地體現了種植義。

伐:《左傳·莊公十年》:"十年春,齊師伐我。""伐"指攻打。《說文·人部》:"伐,擊也,从人持戈。"甲骨文作𢦏,象以戈擊人,會"殺伐"之義。

由上可見,象形字(豆、番)、指事字(亦、刃)和會意字(蓺、伐)這些純表意字,與它們所記錄的詞義具有直接的關係。

2. 形聲字與詞義的探求

形聲字是通過義符與詞的本義發生聯繫,因爲大多數形聲字的義符都能夠標示本義所屬的意義範疇。因此,義符可幫助我們識別詞義的大體範疇,也可幫助我們在某詞的衆多義項中找出本義。例如:

頁:本義是人頭。甲骨文作𩑒,小篆作頁,上部分是人頭的形象,下部分代表人身。凡是由"頁"作義符的字,其本義都與頭部或頭的行爲、頭部特徵等有關。例如:

題:从頁是聲,本義是前額。漢·司馬相如《大人賦》:"赤首圜題。"因額在頭的前部,故引申指文章的標題、題目。

領、頸、項:都以頁作義符,其詞義都與頭部相關。領,指整個脖子。《孟子·梁惠王上》:"天下之民皆引領望之矣。"項,指脖子的後部。《後漢書·左雄傳》:"項背相望。"頸,指脖子的前部,如"刎頸自殺"。

顛:从頁真聲,本義是"頭頂"。《說文·頁部》:"顛,頂也。"《詩經·秦風·車鄰》:"有車鄰鄰,有馬白顛。"即馬腦門的正中有塊白毛。

頒:从頁分聲,本義是大頭。《詩經·小雅·魚藻》:"魚在在藻,有頒其首。"

頓:从頁屯聲,本義是以頭叩地。明·馬中錫《中山狼傳》:"因頓首杖下,俯伏聽命。"

頗:从頁皮聲,本義是頭偏。《說文·頁部》:"頗,頭偏也。"引申爲一般的偏。《尚書·洪範》:"無偏無頗,遵王之義。"

當需要在某個詞的多個義項中確定本義的時候,正確的方法是看哪個義項與該字的義符所標示的義類相同,或關係最近。相同或相近的是本義,其他是引申義,或是假借義。例如,下列各句都用了"發"的不同的義項:

① 打開。《史記·刺客列傳》:"秦王發圖,圖窮而匕首見。"
② 射箭。馬中錫《中山狼傳》:"一發飲羽,狼失聲而逋。"
③ 發跡。《韓非子·顯學》:"宰相必起於州部,猛將必發于卒伍。"
④ 派發,派出。《戰國策·齊策》:"王何不發將而擊之?"
⑤ 發揮。《論語·爲政》:"退而省其私,亦足以發。"

上述義項中,參照字形分析,可知"射箭"是本義。發,从弓癹聲,義符是弓,與射箭的行爲有關。

再如"弛"的各個義項:

① 鬆弛。柳宗元《捕蛇者説》:"視其缶,而吾蛇尚存,則弛然而卧。"
② 鬆開弓弦。《韓非子·揚權》:"毋弛而弓。"
③ 放下。《左傳·莊公二十二年》:"免於罪戾,弛於負擔。"
④ 摧毀。《國語·魯語》:"文公欲弛孟文子之宅。"

弛,从弓,也聲,本義是鬆開弓弦,與"張"(拉滿弓弦)是反義詞。

三、從漢字的結構探求詞義的重要參考書——《説文解字》

前面説過,由於漢字是表意文字,因此,我們可以通過分析漢字的結構,瞭解漢字的造意,也就是造字理據;瞭解了造意,就可以進一步分析漢語詞的本義。但是由於漢字的演變,隸變以後的今文字有些已經符號化,看不出造字的意圖了,而中國的傳世文獻多半是用今文字書寫印製的。爲了分析這些字的結構,必須向上追溯,找到能夠反映漢字構造意的較早的字形。做這個工作,離不開一部重要的參考書《説文解字》。

《説文解字》是我國語言學史上第一部分析字形、説解字義、辨識聲讀的文字學著作。這部書是東漢經學家、文字學家許慎爲了證實漢字的構意性質和形義統一規律而作的文字學著作。

《説文解字》收録漢字的原則是"今敘篆文,合以古籀",即以小篆爲字頭,也收録一些古文、籀文字形。小篆是秦代的文字,古文、籀文是戰國時期的文字。許慎生活在東漢,通行的是隸書,他不以隸書爲字頭而以早已退出了書面交際領域的小篆爲字頭,是因爲小篆是古文字的最後階段,漢字的構形理據保留得還比較充分,基本上能夠顯現漢字形義統一的規律。古文、籀文也都保留了大量的構形理據。

《説文解字》全書共十五卷,每卷分上下。第一卷至第十四卷是正文,第十五卷上是《敘》和部首表,卷下是《後敘》。據《後敘》載,該書收篆文字頭9353字,另收重文1163字(即附在篆文字頭下的古文、籀文和篆文。重文就是異體字)。全書以小篆爲正體字,小

第二課　漢字的結構與詞義的探索

篆之下再列古文、籀文。

　　許慎對所收錄的漢字的字形運用"六書"理論進行結構分析，證明漢字絕大多數都是由聲符和義符（形符）組合而成的形聲字，而象形字、指事字、會意字又是形聲字的義符和聲符的基礎。許慎從9353個小篆的字形結構中分析出540部，用540個部首來統屬和排列漢字，使千萬個字形編排井然有序。

　　"六書"是漢代及其以前的學者們在長期的造字和用字過程中總結出來的分析漢字結構和講解漢字造意的方法。"六書"的名稱戰國時代已經出現，漢代已經有了細目，許慎根據對小篆體系的分析給"六書"下了定義，這些定義前面已經說過，應當理解並記住。

　　下面我們舉一些例子說明《說文解字》如何分析漢字的結構，又如何在分析結構的基礎上講解字義：

　　象形字：《說文解字》用"象形""象某某之形""从某，象某某之形"分析象形字，也有些直接解釋造字根據的物象。例如：

　　　《刀部》："刀，兵也。象形。"（說明"刀"象兵器之形，本義是兵器）

　　　《齊部》："齊，禾麥吐穗上平也。象形。"（說明"齊"用三個禾苗上面一樣齊，來表示它的本義是平齊）

　　　《木部》："果，木實也。从木，象果形在木上。"

　　指事字：絕大多數指事字都是在象形字的基礎之上添加指示性或區別性符號構成的，因此，《說文解字》多用"从某，象某某之形"分析指事字。例如：

　　　《大部》："亦，人之臂亦也，从大，象兩亦之形。"（"亦"的本義是人的腋下，"大"象一個張開兩臂的正面人形，兩邊的點指腋下的位置）

　　　《木部》："本，木下曰本，从木，一在其下。"（"本"的本義是樹的根，木下面加的一橫，表示根的位置在樹的下面）

　　會意字：多用"从某从某""从某某"分析會意字。例如：

　　　《口部》："名，自命也，从口从夕。"（古人的名常作自我稱謂，別人稱呼用字或號。上从"夕"表示晚上，下从"口"，表示開口稱謂。晚上看不見人，需要回答別人的詢問，以此表示"名"的本義）

　　形聲字：用"从某，某聲""从某，某亦聲"來分析形聲字。例如：

　　　《示部》："祥，福也。从示，羊聲。"

　　　《禾部》："穎，禾末也。从禾，頃聲。"（"穎"的本義是麥芒，也就是禾麥的末端，所以从禾）

　　有些形聲字出於字形結構的勻形或簡化的需要，被省去了聲符或義符的一部分，成為所謂省聲或省形字，《說文》即用"从某省，某聲""从某，某省聲"來分析字形。例如：

　　　《老部》："考，老也。从老省，丂聲。"

《示部》:"齋,戒,潔也。从示,齊省聲。"

許慎的字義解釋是以古代文獻爲依據的,因此,在解釋古代文獻意義的時候,常常會提到《説文解字》的説法。下面舉兩個例子説明怎樣利用《説文解字》解決文獻的詞義問題:

《詩經·邶風·柏舟》:"微我無酒,以敖以遊。""敖游"後來成爲現代漢語的雙音詞。《説文·出部》:"敖,游也,从出从放。"從《説文》中可以知道,"敖"是"游"的同義詞,"出"和"放"都是旅行於外的意思,正好反映"敖"的本義。

《左傳·成公二年》:"不介馬而馳之……驂絓於木而止。""不介馬"怎麽講?《説文·馬部》:"馻,系馬尾也,从馬介聲。"本義是在馬尾上打一個結,防止馬快跑時甩起來礙事。《左傳》的"介"的本字就是這個"馻",因爲没有繫住馬尾巴,纔使旁邊的驂馬掛在樹上。

在追溯古代文字構形理據的時候,一般有《説文解字》就可以了,因爲《説文解字》的每個字都是形義統一的,是專門講本字本義的,而且有充足的文獻語言作依據,又有系統性。《説文解字》也有個别講錯的地方,可以再追溯到金文和甲骨文那些更早的漢字。不過我們還要説明,那些古文字也是通過《説文解字》的小篆纔考證出來的,所以追溯到它們,也要通過《説文解字》。

文　選

子欲子之王之善與①

孟子謂戴不勝曰②:"子欲子之王之善與③?我明告子。有楚大夫於此,欲其子之齊語也,則使齊人傅諸④?使楚人傅諸?"

曰:"使齊人傅之。"

曰:"一齊人傅之,衆楚人咻之⑤,雖日撻而求其齊也⑥,不可得矣;引而置

---

① 本篇選自《孟子·滕文公下》。題目爲後加。《孟子》是孟軻與其門人所著的一部政論集,記録了孟子的思想和政治主張。《孟子》分七篇,後人整理時將每篇分上下。《孟子》通行的注本有東漢·趙岐《孟子章句》(收《十三經注疏》中)、宋·朱熹的《四書集注》和清·焦循的《孟子正義》以及今人楊伯峻的《孟子譯註》。孟子(約前372—前289),名軻,字子輿,戰國時鄒(今山東鄒縣)人,是繼孔子之後儒家學派重要的代表人物。孟子用學習語言打比方,説明了環境對人的影響,指出君王能否成爲做好事的賢君,取決於他身邊的大多數近臣對君王具有怎樣的影響。

② 戴不勝:宋國的臣子。

③ 第二個"之":動詞,本義指"到……地方去",這裏指學習。

④ 傅:傳授,教。諸:"之乎"的合音,其中"之"代指"楚大夫之子"。

⑤ 咻(xiū):喧嘩,這裏指打擾。

⑥ 日:名詞作狀語,每天。撻:鞭打。

第二課　漢字的結構與詞義的探索

之莊、嶽之間數年①,雖日撻而求其楚,亦不可得矣。子謂薛居州,善士也,使之居於王所。在於王所者,長幼卑尊皆薛居州也②,王誰與爲不善③?在王所者,長幼卑尊皆非薛居州也,王誰與爲善?一薛居州,獨如宋王何?"

齊人伐燕④

齊人伐燕,取之。諸侯將謀救燕。宣王曰:"諸侯多謀伐寡人者,何以待之?"

孟子對曰:"臣聞七十里爲政於天下者,湯是也;未聞以千里畏人者也。《書》曰:'湯一征,自葛始。'⑤天下信之,東面而征,西夷怨;南面而征,北狄怨,曰:'奚爲後我⑥?'民望之,若大旱之望雲霓也⑦。歸市者不止,耕者不變。誅其君而弔其民⑧,若時雨降。民大悦。《書》曰:'徯我后,后來其蘇⑨。'今燕虐其民,王往而征之,民以爲將拯己於水火之中也,簞食壺漿以迎王師⑩。若殺其兄父,係累其子弟,毁其宗廟,遷其重器⑪,如之何其可也⑫?天下固畏齊之

---

① 莊:齊國街名。嶽:齊國里名。
② 薛居州:人名,名詞用作動詞,像薛居州那樣的好人。
③ 王誰與爲不善:王與誰做不好的事呢?誰與,介賓結構,賓語前置,疑問代詞"誰"作賓語,置於介詞"與"前。
④ 本篇選自《孟子·梁惠王下》。題目爲後加。孟子認爲,祇要對百姓施行仁政,就會獲得百姓的支持,就會無敵於天下,在諸侯兼併戰爭中獲勝,達到一統天下的目的;而如果不顧及百姓死活,就得不到百姓的支持,祇能招致失敗。
⑤ 湯一征,自葛始:《尚書》逸文。一,第一(次),開始。葛,葛伯,湯時部落首領。
⑥ 奚爲後我:爲什麼把征伐我們放在後面?或譯:爲什麼後征伐我們?言湯征伐無道,不驚擾百姓,受到百姓歡迎。奚,疑問代詞,作賓語,置於介詞"爲"前。後,方位名詞用作動詞,放在後面。
⑦ 雲霓:霓是彩虹,虹霓早晨出現在西方是下雨的徵兆,晚上出現在東方則雨止天晴。
⑧ 弔:撫恤,慰問。
⑨ 徯(xī)等待。后:君主,王。蘇:復活,蘇醒。
⑩ 簞(dān)食壺漿:名詞性詞組用作動詞,用竹筐裝着食物,用壺裝着水。簞,圓形竹器。
⑪ 係累:束縛,捆綁。重器:寶器,這裏指燕國的故鼎。
⑫ 如之何:也作"若之何",慣用短語,或稱凝固結構,用在句首,可譯爲"怎麼能"。其:句中語氣詞,表示委婉語氣。

疆也,今又倍地而不行仁政①,是動天下之兵也。王速出令,反其旄倪②,止其重器,謀於燕衆,置君而後去之,則猶可及止也。"

桀紂之失天下③

孟子曰:"桀紂之失天下也,失其民也;失其民者,失其心也。得天下有道:得其民,斯得天下矣④;得其民有道:得其心,斯得民矣;得其心有道:所欲與之聚之,所惡勿施⑤,爾也⑥。民之歸仁也,猶水之就下,獸之走壙也⑦。故爲淵敺魚者,獺也;爲叢敺爵者,鸇也⑧;爲湯武敺民者,桀與紂也。今天下之君有好仁者,則諸侯皆爲之敺矣。雖欲無王,不可得已⑨。今之欲王者,猶七年之病求三年之艾也⑩,苟爲不畜⑪,終身不得。苟不志於仁,終身憂辱,以陷於死亡。《詩》云:'其何能淑,載胥及溺⑫。'此之謂也⑬。"

---

① 倍:擴大了一倍。

② 旄倪:老人和小孩子。旄,"耄"的借字,八十、九十歲的老人稱耄。

③ 本篇選自《孟子·離婁上》。題目爲後加。孟子認爲,得天下與失天下的關鍵,在於得民心還是失民心。祇有施行仁政纔能得到民心,纔能得到天下。

④ 斯:副詞,就。

⑤ 所欲、所惡,主語都是"民"。與之聚之:爲他們聚積。與,介詞,給,爲。施:施加。

⑥ 爾也:如此而已。爾,指示代詞,如此,這樣。

⑦ 之:連詞,用在主謂結構之間,取消句子獨立性。就:走向,趨向。走:奔跑。壙:"曠"的借字,空闊。

⑧ 敺(qū):"驅"的異體字。爵:"雀"的借字,改讀què。

⑨ 雖欲無王:即使想不稱王。雖,連詞,即使,表假設。無,與"毋"通用,不要。已:語氣詞。

⑩ 猶七年之病求三年之艾也:譬如害了七年的病要用放置了三年的陳艾來灸治。艾,一种可以治病的草,針灸時使用,晾乾保存,放置越久,療效越好。

⑪ 苟:如果。畜(xù):積蓄,積攢。

⑫ 《詩經·大雅·桑柔》文,可譯爲:那如何能辦得好,不過全都落水淹死了。其,句首語氣詞,表示委婉的語氣。淑,美,善,好。載,虛詞,無實義。胥,相互。及,動詞,到達。

⑬ 此之謂也:"此"作"謂"的前置賓語,用代詞"之"複指。

第二課　漢字的結構與詞義的探索

寡人之於國也①

梁惠王曰："寡人之於國也,盡心焉耳矣②。河內凶,則移其民於河東,移其粟於河內③。河東凶亦然④。察鄰國之政,無如寡人之用心者。鄰國之民不加少⑤,寡人之民不加多,何也?"

孟子對曰："王好戰,請以戰喻⑥。填然鼓之,兵刃既接⑦,棄甲曳兵而走⑧,或百步而後止,或五十步而後止⑨。以五十步笑百步,則何如⑩?"曰："不可。直不百步耳,是亦走也⑪。"曰："王如知此,則無望民之多於鄰國也⑫。不

----

① 本篇選自《孟子·梁惠王上》。題目爲後加。孟子以"五十步笑百步"作比喻,説明祇有實行真正的仁政,纔能使百姓歸附,使國家興盛。寡人:諸侯對自己的謙稱。之:連詞,用在名詞"寡人"和介賓結構"於國"之間,構成一個偏正詞組,作全句的主語。

② 梁惠王:即魏惠王,名罃(Yīng)。他在位時,把國都由安邑(故址在今山西運城西)遷到大梁(今河南開封),故魏國又稱梁國,魏王又稱梁王。焉:相當於"於是",其中"是"代指"國"。耳矣:句末語氣詞連用。耳,相當於"而已",有"不過如此"的意思,可譯爲"罷了"。矣,表示報導一種新情況。兩個以上句末語氣詞連用時,句子的語氣重點落在最後的語氣詞上。

③ 河內:指黄河北岸魏地,今河南濟源市一帶。河東:指黄河以東魏地,今河南延津市、開封市一帶。凶:收成不好;遭饑荒。其:代詞,第一個"其"指代"河內的",第二個"其"指代"河東的"。粟:穀子,這裏泛指糧食。

④ 然:指示代詞,如此,這樣。

⑤ 加:副詞,更。

⑥ 此段孟子通過"五十步笑百步"的比喻,指出梁惠王治國與鄰國之政相比,沒有本質的區別。請:表敬副詞,是請求對方允許自己做某事,而不是讓對方做某事。

⑦ 填:擬聲詞,鼓聲。然:詞尾,可不譯。鼓:動詞,擊鼓。兵刃既接:兵器已經相互碰撞上了,指戰爭已經開始。

⑧ 甲:鎧甲。曳:拖着,拉着。走:跑,這裏指逃跑。

⑨ 或:肯定性無定代詞,有的(人)。百步:名詞性詞組用作動詞,跑了百步。

⑩ 笑:嘲笑,恥笑。何如:賓語前置,可譯爲"怎麼樣"。

⑪ 直:範圍副詞,僅僅,祇。是:指示代詞,此,這,指代逃跑了五十步的行爲。

⑫ 無:與"毋"通用,不要。下文的"無失其時""王無罪歲"的"無"同此。

違農時，穀不可勝食也①。數罟不入洿池②，魚鱉不可勝食也。斧斤以時入山林③，材木不可勝用也。穀與魚鱉不可勝食，材木不可勝用，是使民養生喪死無憾也④。養生喪死無憾，王道之始也⑤。

"五畝之宅，樹之以桑，五十者可以衣帛矣⑥。雞豚狗彘之畜，無失其時⑦，七十者可以食肉矣。百畝之田，勿奪其時⑧，數口之家可以無飢矣。謹庠序之教，申之以孝悌之義⑨，頒白者不負戴於道路矣⑩。七十者衣帛食肉，黎民不飢不寒⑪，然而不王者，未之有也⑫。狗彘食人食而不知檢，塗有餓莩而不知

---

① 違：違背，違反，這裏指耽誤。時：季節。穀：糧食的統稱。勝（shēng）食：吃完。勝，盡。這句話的意思是在農忙季節不應該讓農民扔下農活爲公家服勞役，即不應該擾民。

② 數（cù）：密。罟（gǔ）：魚網。古代曾經規定，網眼在四寸（合現在兩寸七分多）以下的爲密網，禁止下池沼內捕魚。洿（wū）池：池沼，池塘。

③ 斧斤：同義詞連用，斧子。以時：按照季節。指在草木凋落、生長期已過的季節纔能進山砍柴伐木。以，介詞，按照。

④ 是：指示代詞，指代"穀與魚鱉不可勝食，材木不可勝用"。養生：供養活着的人。喪死：爲死者辦喪事。生、死，都是不及物動詞，在此用作名詞，指"活着的人"和"死了的人"，分別作養、喪的賓語。

⑤ 王道：孟子理想的政治局面，與"霸道"相對，其核心是以仁義治天下。

⑥ 五畝：合現在一畝二分多。下文的"百畝之田"以此類推。一夫一婦有五畝宅、百畝田，是當時儒家的社會理想。樹：動詞，種植。衣（yì）：名詞用作動詞，穿。

⑦ 豚（tún）：小豬。彘（zhì）：大豬。畜（xù）：養，飼養。失：失去，這裏指耽誤。時：季節，這裏指家禽、家畜等繁殖的時期。古代曾經規定："魚不長尺不得取，彘不期（jī）年不得食。"（見《淮南子·主術訓》）

⑧ 奪：奪去，這裏指耽誤。其：代詞，它們的，指農業的（季節）。

⑨ 謹：謹慎，這裏指認真從事。庠（xiáng）序：學校，殷代稱序，周代叫庠。申之以孝悌之義：以孝悌之義申之，即反復進行孝悌的教育。孝敬父母爲孝，敬愛兄長爲悌。第一個"之"：代詞，指代"庠序之教"。義，道理。

⑩ 頒白：（鬢髮）花白，半白半黑，此爲借代的手法，指代老年人。負：背着（重物）。戴：頂在頭上。這句指百姓得到教化，尊老成爲社會風尚，看不到老年人做重活的現象。

⑪ 黎民：百姓。黎，衆。

⑫ 然而：如此，但是……。然，指示代詞，如此，這樣，指達到了"七十者衣帛食肉，黎民不飢不寒"的社會境況。而，轉折連詞，但是。未之有也：還沒有出現過這種情況，賓語前置，否定句中代詞"之"作賓語，置於動詞"有"前。王（wàng）：稱王。

發①。人死,則曰:'非我也,歲也。'是何異於刺人而殺之②,曰:'非我也,兵也'?王無罪歲,斯天下之民至焉③。"

思考與練習

一、如何通過分析字形來探求詞的本義?舉例說明。
二、解釋下列句中"益"的詞義,指出哪個義項是"益"的本義。
 1. 少益嗜食,和於身。(《觸龍説趙太后》)
 2. 如此者,其家必日益。(《呂氏春秋・貴當》)
 3. 澭水暴益,荆人弗知,循表而夜涉,溺死者千有餘人。(《荆人欲襲宋》)
 4. 滿招損,謙受益。(《尚書・大禹謨》)
 5. 如水益深,如火益熱。(《孟子・梁惠王下》)

三、翻譯下列句子,解釋加着重號的詞。
 1. 得其民,斯得天下矣。(《桀紂之失天下》)
 2. 民之歸仁也,猶水之就下,獸之走壙也。(《桀紂之失天下》)
 3. 雖欲無王,不可得已。(《桀紂之失天下》)
 4. 填然鼓之,兵刃既接,棄甲曳兵而走。(《寡人之於國也》)
 5. 曰:"不可。直不百步耳,是亦走也。"(《寡人之於國也》)
 6. 五畝之宅,樹之以桑。(《寡人之於國也》)
 7. 謹庠序之教,申之以孝悌之義,頒白者不負戴於道路矣。(《寡人之於國也》)
 8. 狗彘食人食而不知檢,塗有餓莩而不知發。(《寡人之於國也》)
 9. 王無罪歲,斯天下之民至焉。(《寡人之於國也》)
 10. 誅其君而弔其民,若時雨降。(《齊人伐燕》)

四、閱讀下面短文,並翻譯成現代漢語。
  屈平既嫉之,雖放流,睠顧楚國,繫心懷王,不忘欲反,冀幸君之一悟,俗之一改也。其存君興國而欲反覆之,一篇之中三致志焉。然終無可奈何,故不可以反,卒以此見懷王之終不悟也。人君無愚智賢不肖,莫不欲求忠以自爲,舉賢以自佐,然亡國破家相隨屬,而聖君治國累世而不見者,其所謂忠者不忠,而所謂賢者不賢也。懷王以不知忠臣之分,故內惑於鄭袖,外欺於張儀,疏屈平而信上官大夫、令尹子蘭。兵挫地削,亡其六郡,身客死於秦,爲天下笑。此不知人之禍也。(《史記・屈原賈生列傳》)

---

 ① 檢:約束,限制。塗:道路,後作"途"。餓莩(piǎo):餓死的人。發:打開(糧倉)。
 ② 歲:年成,年景。是何異於……:這和……有何異?是,指示代詞,指百姓餓死却歸因於收成。於,介詞,引進比較的對象,即殺了人却歸罪於兵器。
 ③ 斯:連詞,則,就。焉:兼詞,相當於"於是","在這裏"。"是"指代梁國。

第三課 古書的用字

在利用漢字記錄漢語的過程中，存在因爲詞的聲音相同而臨時借用字形的情況，這就是通假字。通假字會造成一個字記錄多個詞的情況，而異體字的情況則相反，是多個字形記錄同一個詞。由於詞義的發展和字形的借用，一個字形會記錄多個意義，爲了使表義更爲明確，人們將一個字的職能用多個字來分擔，這就是分化字。漢字字形與漢語的詞和詞義的非一一對應關係會造成文獻閱讀障礙，溝通漢字在使用中的關係是學習古代漢語的基本功。

一、通假字

（一）通假字的定義

文字承擔着與它的字形相一致的本義，也承擔着由本義引申出的引申義，這些都是本字的職能。文字在使用過程中，還存在着因聲音相同相近而被借用的情況，也就是說，有時不寫本字而用一個音同或音近的字來代替。我們把借來記錄同音詞的字叫通假字，簡稱借字。例如：

寤—牾。《左傳·隱公元年》："莊公寤生，驚姜氏，故名曰'寤生'，遂惡之。""寤"的本義是睡醒，以本義來解釋《左傳》的這句話，不合事理。此處的"寤"是借字，本字應是"牾"。"牾"的意思是"逆"，"牾生"即"逆生"，也就是難產。《史記·鄭世家》："（武姜）生太子寤生，生之難。"即以"寤生"爲難產。《左傳》没有用本來該用的"牾"字，而用了意思毫不相干祇是聲音相同的"寤"字來代替。

信—伸。《孟子·告子上》："今有無名之指，屈而不信。""信"是"誠信"義的本字，而《孟子》這句話的"信"和"屈"相對，是"伸展"的意思，這裏的"信"是借字，本字應該是"伸"。

脩—修。《左傳·襄公三十一年》："敝邑以政刑之不脩，寇盜充斥，無若諸侯之屬辱在寡君者何。""脩"的本義是"乾肉"，《說文·肉部》："脩，脯也。从肉，攸聲。"用"脩"的本義來解釋《左傳》的這句話顯然是不通的，這裏"脩"的意思是"整治""治理"。但"治理"義既與"脩"的字形結構不合，也與本義"乾肉"没有聯繫，因此判斷"脩"是借字。根據聲音，其本字應爲"修"。《說文·彡部》："修，飾也。从彡，攸聲。"段玉裁《說文解字注》："引申爲凡治之稱。""不修"就是治理得不好。

裁—才。《聊齋志異·促織》："覆之以掌，虛若無物；手裁舉，則又超乎而躍。"這裏的"裁"當"剛剛"講，與"裁"的本義"剪裁"無關，"剛剛"義的本字應是"才"。《說文·才部》:"才,草木之初也。"引申爲"剛纔""剛剛"義。

(二) 借義

借字所承擔的詞義,稱爲假借義或借義。例如:

"耳"在古文字中象人的耳朵之形,本義是"耳朵"。《左傳·僖公二十七年》:"子玉復治兵于蔿,終日而畢,鞭七人,貫三人耳。"這裏的"耳"用的就是本義。《戰國策·齊策》:"狡兔有三窟,僅得免其死耳。"這裏的"耳"是語氣詞,意思是"罷了",這個意義和"耳"的本義没有聯繫,是"耳"的假借義。

"而"的古文字形是象形字,《説文》:"而,頰毛也。"但在後來的使用中,"而"經常用作連詞,例如在"近者説服而遠者懷之"(《禮記·學記》)這句話中的"而"就是連詞。"而"的連詞意義與"而"的本義無關,是"而"的借義。

"蚤"的本義是"跳蚤"。《孟子·離婁下》:"蚤起,施從良人之所之。"這裏的"蚤"是"早"的借字,是"早晨"的意思。"早晨"義與"跳蚤"義無關,是"蚤"的借義。

"謝"的本義是"道歉"。《荀子·王霸》:"臺謝甚高。"這裏的"謝"指建築在高臺上的敞屋,是"榭"的借字。"高臺上的敞屋"這個意義與"謝"的本義"道歉"毫無關係,是"謝"的借義。

(三) 通假字的辨識

在文獻閱讀中,遇到某一個字不能用其本義或引申義去解釋時,就應考慮是否存在通假的問題。通假字是借字記詞,以音同音近爲前提,所以辨識通假字主要是以聲音爲綫索,同時注意確定本字需要有充分的證據。

1. 通假字的聲音關係

(1) 上古的聲紐和韻部

通假字之間的音同音近是就古音而言的,不是指今音。古今語音變化很大,古代音同音近的字,到現在不一定仍舊音同音近,有的可能變得完全不同了;而原本讀音不同不近的字,又有可能變得相同相近。當我們以聲音爲綫索去辨認假借時,千萬不可衹據今音作準則。

人們把古代漢語語音歸納爲聲紐和韻部。聲紐相當於現代漢語的聲母,韻部是指能在一起押韻的若干個韻母。現代人用漢語拼音記錄現代漢語語音,中國古代没有漢語拼音,古人就選用漢字作爲聲紐和韻部的代表,這種對上古音的記音方式一直沿用至今。

根據王力的研究,上古漢語有聲紐 33 個。下表的 33 個聲紐,同一横行的發音部位相同,同一直行的發音方法相同。

喉		影 ø						
牙		見 k	溪 k'	群 g	疑 ŋ		曉 x	匣 ɣ
舌	舌頭	端 t	透 t'	定 d	泥 n	來 l		
	舌面	照 ȶ	穿 ȶ'	神 ȡ	日 ȵ	喻 j	審 ɕ	禪 ʑ
齒	正齒	莊 tʃ	初 tʃ'	牀 dʒ			山 ʃ	俟 ʒ
	齒頭	精 ts	清 ts'	從 dz			心 s	邪 z
唇		幫 p	滂 p'	並 b	明 m			

上古漢語有韻部29個,它們的代表字及現代擬音如下:

之 ə	支 e	魚 a	侯 ɔ	宵 o	幽 u
職 ək	錫 ek	鐸 ak	屋 ɔk	沃 ok	覺 uk
蒸 əŋ	耕 eŋ	陽 aŋ	東 ɔŋ		
微 əi	脂 ei	歌 ai			
物 ət	質 et	月 at			
文 ən	真 en	元 an			
緝 əp		盍 ap			
侵 əm		談 am			

(2)古音相同相近的標準

字音在什麼條件下算是相同或相近呢?

對於聲紐來說,聲音相同是指雙聲,聲音相近是指準雙聲、旁紐、準旁紐、鄰紐。

雙聲是指兩個字的聲紐相同。如:"剛"和"堅"的聲紐都是"見"母,它們屬於見母雙

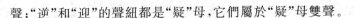

聲;"逆"和"迎"的聲紐都是"疑"母,它們屬於"疑"母雙聲。

準雙聲主要是指舌音與齒音發音方法相同的聲紐。如:"著"的聲紐是"端"母,"彰"的聲紐是"照"母,它們的關係是端照準雙聲;"乃"的聲紐是"泥"母,"而"的聲紐是"日"母,它們的關係是泥日準雙聲。

旁紐是指發音部位相同的聲紐。如:"勁"的聲紐是"見"母,"强"的聲紐是"群"母,它們的關係是見群旁紐;"太"的聲紐是"透"母,"大"的聲紐是"定"母,它們的關係是透定旁紐。

準旁紐指舌頭音與舌面音、正齒音與齒頭音發音方法不同的聲紐。如:"它"的聲紐是"透"母,"蛇"的聲紐是"神"母,它們的關係是透神準旁紐;"跳"的聲紐是"定"母,"躍"的聲紐是"喻"母,它們的關係是定喻準旁紐。

鄰紐指喉音與牙音、舌音與齒音、鼻音與邊音之間的聲紐關係。如:"順"的聲紐是"神"母,"馴"的聲紐是"邪"母,二者的關係是神邪鄰紐;"令"的聲紐是"來"母,"命"的聲紐是"明"母,二者的關係是來明鄰紐。

對於韻部來説,聲音相同是指叠韻,聲音相近是指對轉、旁轉、旁對轉、通轉。

叠韻是指兩個字屬於同一個韻部。如:"買"和"賣"都屬於"支"部,它們的韻部關係是"支"部叠韻;"旁"和"房"都屬於"陽"部,它們的韻部關係是"陽"部叠韻。

對轉是指兩個字的主要元音相同,韻尾不同,但韻尾的發音部位相同。如"逆"屬"鐸"部,"迎"屬"陽"部,它們的韻部關係是鐸陽對轉;"闊"屬"月"部,"寬"屬"元"部,它們的韻部關係是月元對轉。

旁轉是指兩個字的主元音相近,韻尾相同(或無韻尾)。例如:"叩"屬"侯"部,"考"屬"幽"部,它們的韻部關係是侯幽旁轉;"逼"屬"職"部,"迫"屬"鐸"部,它們的韻部關係是職鐸旁轉。

旁對轉是指主元音相近,韻尾不同,但韻尾的發音部位相同。如:"柔"屬"幽"部,"弱"屬"沃"部,二者的關係是幽沃旁對轉;"回"屬"微"部,"還"屬"元"部,二者的關係是微元旁對轉。

通轉是指主元音相同,收尾音的發音部位不同。例如:"在"屬"之"部,"存"屬"文"部,二者的關係是之文通轉;"吾"屬"魚"部,"我"屬"歌"部,二者的關係是魚歌通轉。

(3) 通假字之間聲音關係的判定

確定通假字之間的聲音關係,可以通過今人所作的上古音表來查證,如《上古音手册》《古韻通曉》《漢字古今音表》等;也可以利用通假字之間的形體關係。如果借字和本字都是形聲字的話,那麽它們大都具有相同的聲符,例如前邊的"謝"和"榭"都從"射"得聲,"脩"和"修"都從"攸"得聲,根據相同的聲符,可以推斷它們的古音相同相近。

從聲音上看,借字和本字具有雙聲、叠韻或雙聲叠韻的關係。例如:

畔—叛。《孟子·公孫丑下》:"寡助之至,親戚畔之。""畔"的本義是"田地的界限",這裏是"叛"的借字,義爲"背叛"。在上古"畔"屬並母元部,"叛"屬並母元部,二者屬雙聲叠韻通假。

崇—終。《詩經·衛風·河廣》："誰謂宋遠,曾不崇朝。"鄭玄對這句話的注釋是"崇,終也。行不終朝,亦喻近"。"崇"的本義是"高",這裏是"終"的借字,義爲"終了"。"不崇朝"就是用不了一個早晨。"崇"屬牀母侵部,"終"屬端母侵部,牀母、端母鄰紐雙聲,侵部疊韻。

嬌—驕。《漢書·西域傳》:"有求則卑辭,無欲則嬌嫚。""嬌嫚"即驕橫傲慢。王先謙補注:"嬌,驕之借字。""嬌""驕"同屬見母宵部,二者屬雙聲疊韻通假。

彫—凋。《論語·子罕》:"歲寒,然後知松柏之後彫也。""彫"從"彡","周"聲,本義是"紋飾",這裏是"凋"的借字,意思是"凋謝""凋零"。"彫"和"凋"同屬端母幽部,二者屬雙聲疊韻關係。

錫—賜。《春秋公羊傳·莊公元年》:"王使榮叔來錫桓公命。錫者何?賜也。""錫"是一種金屬,這裏的"錫"是"賜"的借字,是"賜予"的意思。"錫"和"賜"同屬心母錫部,屬雙聲疊韻通假。

豪—毫。《商君書·弱民》:"今離婁見秋豪之末,不能以明目易人。""豪"本義是"豪豬",這裏是"毫"的借字,指"動物身上的細毛"。"豪"和"毫"同屬匣母宵部,屬雙聲疊韻關係通假。

考—拷。《詩經·唐風·山有樞》:"子有鍾鼓,弗鼓弗考。""考"的本義是"老",這裏的"考"是"擊打"的意思,與"老"沒有關係,"考"是借字,本字應爲"拷"。"考"和"拷"都是溪母幽部,屬雙聲疊韻關係。

管—館。《儀禮·聘禮》:"管人布幕于寢門外。"鄭玄注:"管猶館也。館人謂掌次舍帷幕者也。""管"的本義是樂器,這裏是"館"的借字,館人是負責館舍的人。"管"和"館"都是見母元部,屬雙聲疊韻關係。

溢—鎰。《戰國策·秦策》:"黃金萬溢。""溢"的本義是"水滿而外流",這裏的"溢"是"鎰"的借字。"鎰"是古代計量單位,二十四兩爲鎰。"溢"和"鎰"同屬喻母錫部,二者是雙聲疊韻關係。

2. 判定通假字的文獻證據

判定某字借用爲某字,除了聲音關係之外,還要有充分的文獻證據,在沒有旁證的情況下,不可祇據音同音近而輕言通假。

例如,《論語·陽貨》:"陽貨欲見孔子,孔子不見,歸孔子豚。"這一句中的"歸"字作何解釋呢?若依《説文·止部》,"歸"的本義是女子出嫁,用在本句顯然不通;若用"歸"的引申義"歸還"似乎可通,但孔子並未借豚給陽貨,又何言歸還?聯繫上下文意,是陽貨想通過送豚給孔子,好讓孔子依禮回拜時見到孔子,句中的"歸"字是"贈送"的意思,但"歸"字的本義和引申義中都沒有"贈送"這一義項。"饋"在古代專門指"贈送食物",並且"饋"與"歸"音近,"歸"屬見母微韻,"饋"屬群母微韻,見母、群母爲旁紐,微部疊韻。據此可以初步確定"歸"是"饋"的借字。那麼有沒有其他例證呢?《論語·微子》有"齊人歸女樂,季桓子受之,三日不朝",這裏的"歸"同樣爲"饋"的借字,在其他書中我們也可以看到"歸"借爲"饋"的情況,這說明"歸"借爲"饋"已沿用成習,並非偶然。另外,同一件事,在不同的書中可能會用不同的字來記錄,這也是我們辨明通假現象的證據。"歸孔子豚"一句,鄭玄注本作"饋",這是異文例證。有了這些同類例證和異文例證,"歸"爲"饋"的借字就可以確定無疑了。

再如,《呂氏春秋·過理》:"糟丘、酒池、肉圃、爲格。"高誘注:"格以銅爲之,布火其下,以人置上,人爛墮火而死。"這裏的"格"怎麽理解?《說文·木部》:"格,木長貌。從木,各聲。"而從高誘的注來看,"格"是用銅做的,並且下邊還有火,這與"格"字從"木"的字形是不相符的,我們初步確定這裏的"格"是通假字。通過聲音綫索,我們找到一個"烙"字。"烙"是古代的一種刑法,指用燒熱的銅器灼燒,《呂氏春秋·順民》"願爲民請炮烙之刑",用的就是這個意思。將《呂氏春秋·過理》中的"格"置換爲"烙",正合文意。那麽借"格"爲"烙"有沒有其他例證呢?《史記·殷本紀》有"請除炮格之刑",此處的"格"即爲"烙"的借字。

二、異體字

(一) 異體字的定義

異體字是指在某一歷史時期音義完全相同、記詞職能也完全一樣,祇是形體不同的字。例如:

① 執其干戚,習其俯仰。(《禮記·樂記》)
② 以彊爲弱,在俛卬之間耳。(《漢書·鼂錯傳》)
③ 聚酒千鍾,積麴成封,望門百步,糟漿之氣逆於人鼻。(《列子·楊朱》)
④ 更招竹林人,枕藉糟與麯。(陸游《秋懷十首》)

上述①中的"俯"與②中的"俛",③中的"麴"與④中的"麯",雖然構形不同,但每一組字的音義和記詞職能完全一樣,在任何情況下都可互換,像這樣的字就是異體字。

異體字是漢字構造或書寫過程中產生的形體冗餘現象,造成一詞多字的局面,在閱讀文獻時,需要將異體字進行認同。另一方面,有些異體字的不同形體可以提供不同的構意信息,在閱讀文獻時又可以爲因形求義提供不同的綫索。

有些同音字雖然可以記錄同一個義項,在一定的場合也可以互用,但記詞職能並不完全一樣,這種字不能視爲異體字。比如:

置—寘。"置"是從"网"從"直"的會意字,本義是"赦免"。"寘"是從"宀""真"聲的形聲字,本義是"放置"。"置"和"寘"祇在"放置"義上相通,可以換用。"置"所記錄的"赦免"等義,兩者不能換用,因此不能視爲異體字。

游—遊。"游"的常用義是"游泳","遊"的本義是"遨遊"。在"遊玩""交遊"等許多意思上兩字均可換用,但"游泳"義古代祇用"游"不用"遊",因此兩字不能視爲異體字。

贊—讚。這一組字祇在"稱讚"義上相通,可以互用。"贊拜""贊助"這些詞中所

用的"進見""支持"義,在古代祇用"贊"不用"讚",因此兩者也不是異體關係。

這些例子顯示,有些同音字的記詞職能既有相同的部分,又有不同的部分,並不完全重合,像這樣的字不能看作異體字而將它們認同,以免造成對文獻意義的誤解。

(二) 異體字的類型

根據異體字在構造和書寫方面的差異,我們將異體字分成不同的類型。

1. 造字方法不同

韭—韮。"韭"小篆作"𦰢",是象形字。"韮"是从"艸","韭"聲的形聲字。

丘—坵。"丘"甲骨文作"𠀒",是象形字。"坵"是从"土","丘"聲的形聲字。

傘—繖。"傘"是象形字,象車蓋形,本義爲車蓋,引申指擋雨或遮陽的用具。"繖"是从"糸","散"聲的形聲字。

床—牀。"床"从"广"从"木","广"與房屋居處有關,"床"是會意字。"牀"是从"木","爿"聲的形聲字。

岳—嶽。"岳"是从"丘"从"山"的會意字,"嶽"是从"山","獄"聲的形聲字。

泪—淚。"泪"是从"水"从"目"的會意字,"淚"是从"水","戾"聲的形聲字。

磊—礧。"磊"从三"石",是會意字,"礧"是从"石","畾"聲的形聲字。

羴—羶。"羴"从三"羊",是會意字,"羶"是从"羊","亶"聲的形聲字。

2. 造字方法相同、構件不同

(1) 同爲會意,所取義符不同。如:

災—灾、塵—尘、葬—塟、明—朙

绵—緜、御—馭、棄—弃、罰—罸

(2) 同爲形聲,所取義符不同。如:

雞—鷄、杯—盃、溪—谿、暖—煖、燈—鐙

阱—穽、坑—阬、歡—懽、咏—詠、粃—秕

(3) 同爲形聲,所取聲符不同。如:

猿—猨、僊—仙、礼—禮、逹—达、麯—麴

仿—倣—、時—峕、杆—桿、線—綫、柏—栢

(4) 同爲形聲,所取義符和聲符都不同。如:

村—邨、迹—蹟、猿—蝯、霉—黴、糍—餈

妆—粧、愬—訴、穄—糜、粳—秔、椀—盌

3. 造字方法相同、構件相同、寫法不同

(1) 構件所處的位置不同。如:

够—夠、峰—峯、鵝—鵞、秋—秌、襍—雜

鞍—鞌、群—羣、略—畧、慚—慙、裏—裡

(2) 筆道形態略有不同。如：

土—圡、決—决、況—况、亞—亜、册—冊

污—汙、宂—冗、竝—並、冰—氷、皂—皁

(三) 識別異體字要注意的問題

異體字在歷史上不僅爲數衆多，而且還隨着社會用字的發展而變化，所以要用歷史的、發展的眼光看待它們。

1. 在歷史上的某個時期曾經是異體字，但後來記詞職能有了分工，變成了兩個不同的字。對這類字，我們在閱讀古代文獻時要作歷史的考察，不要以今律古，誤解文意。

咳—孩。它們在歷史上曾是一對異體字。《說文•口部》："咳，小兒笑也。从口，亥聲。孩，古文咳从子。"例如：《潛夫論•德化》："正表儀於咳笑之後。"《顏氏家訓•教子》："子生咳嗁。"《孟子•盡心上》："孩提之童，無不知愛其親者。"在這些文句中，"咳"與"孩"用的都是"小兒笑"的本義。二者可以換用，後來這一對異體字發生了分化。"咳"記錄"咳嗽"的咳，"孩"用爲幼童之稱，"咳"和"孩"變成了完全不同的兩個字。

份—彬。原本是一組異體字，意思是"文質具備的樣子"。《說文•人部》："份，文質備也。从人，分聲。《論語》曰'文質份份'。彬，古文份，从彡、林。"《說文》所引的《論語》寫作"文質份份"，而流傳到今天的《論語》版本寫作"文質彬彬"，說明二者是可以換用的。後來這兩個字產生分化，"彬"仍表本義，而"份"用作量詞。

訝—迓。這本是一對異體字，本義是"迎接"。《說文•言部》："訝，相迎也。从言，牙聲。《周禮》曰：'諸侯有親訝也。'訝，或从辵。"兩者在文獻中同義，可以換用。例如，《儀禮•聘禮》："厥明，訝賓於館。"鄭玄注："以君命迎賓謂之訝。訝，迎也。"《左傳•成公十三年》："迓晉侯于新楚。"杜預注："迓，迎也。"後來這兩個字產生分化，"迓"記錄"迎接"義，"訝"記錄"詫異"義。

2. 在歷史上意義或用法不同的兩個字，後來爲了精簡漢字，在作異體字整理時把它們視爲異體字加以認同。對這類字，我們在閱讀古代文獻時切不可將它們視爲異體字，要分辨它們在不同場合的不同意義和用法。

炮—砲。"炮"本是一種烹調方法，把帶毛的肉用泥裹住放在火上燒烤。《禮記•禮運》："以炮以燔。"注："炮，裹燒之也。""砲"是古代一種兵器，戰爭中用機械之力抛石來殺傷敵人，故字从"石"。後來拋的東西從石灰、硫磺發展到投擲火藥包，人們就用"炮"來記錄這種兵器。"炮"與"砲"原本並非一字異體，現在把它們當作異體字合併，"炮"行而"砲"廢。

偷—媮。"偷"在古代可以記錄"苟且""怠惰""盜竊"義。"媮"可以記錄"苟且""巧黠""安樂"義。在"苟且"義上，"偷"和"媮"相同，在其他意義上它們的用法有差

別,例如"媮"在記錄"安樂"義時,讀音、用法和"愉"是一樣的,而"偷"則不具有這樣的用法。後來在整理異體字時,把"媮"當作"偷"的異體字來認同,就忽視了歷史上二者的差別。

霓—蜺。"霓"是"虹"的一種,古人把"彩虹"分爲雌雄,雄的色彩鮮明,叫"虹",雌的色彩幽暗,叫"霓"。"蜺"本義是"寒蟬",比一般蟬小,青赤色。"蜺"也用作"虹霓"之"霓"。後來把"蜺"當作"霓"的異體字予以認同。

三、分化字

(一) 分化字的定義

由於詞義的引申和文字的假借等原因,一個字往往承擔着多項記詞職能或承擔着一個詞的多個義項。爲了使文字更爲明確地記錄語言,人們就使用更多的字形來分擔文字的記錄職能,這就是文字的分化。我們把用來分擔漢字記錄職能的字形稱爲分化字,把原先兼有多個記錄職能的字形稱爲源字。例如,"共"字在上古兼有多個記詞職務,分別表示不同的意思:

① 父之讎,弗與共戴天。(《禮記·曲禮》)
② 行李之往來,共其乏困。(《左傳·僖公三十年》)
③ 爲政以德,譬如北辰居其所而衆星共之。(《論語·爲政》)
④ 民未知禮,未生其共。(《左傳·僖公二十七年》)

"共"的意思,例①是"共同",例②是"供給",例③是"拱揖",例④是"恭順"。一個"共"字身兼四職,分別記錄了四個不同的意義。字的兼職過多,就會造成表義的模糊。爲了增強表義的明確性,後來人們造了"供""拱""恭"三個新字來分別承擔"供給""拱揖""恭順"這三個意義,這樣"共"字就祇承擔"共同"這個意義了。在這個文字職能的分化過程中,"共"是源字,"供""拱""恭"是分化字。

在分化之前,源字記錄多個詞或多個義項,分化之後,源字祇承擔原來的部分職能,我們在閱讀文獻時,要瞭解源字職能的變化纔能準確理解文意。

(二) 分化文字職能的方法

分化文字職能的方法,主要有三種:假借其他字分化職能,異體字職能分工,造新字承擔部分職能。

1. 假借其他字分化職能

爲了分化一個字的多個記錄職能,有時人們會借用其他字來進行分擔,使表義更爲明確。例如:

何—荷。"何"的甲骨文字形作"ᷧ",是一個人有所擔荷之形,其本義就是"擔荷"。"何"被假借疑問代詞"何",並且這個借義成爲它的常用義。人們借"荷花"的

第三課　古書的用字

"荷"來記錄"擔荷"義,將"何"的本義分化出去。

指—旨。"指"本義是"指示",引申而有"意旨"之義,"旨"的本義是"味美",後來人們假借"旨"字來分化"指"的引申義"意旨"。

女—汝。"女"的本義是"女子",也被假借記錄第二人稱代詞。"汝"的本義是"汝水",後來,爲了分化"女"的記錄職能,人們又假借"汝"來記錄第二人稱代詞。

被借來分化職能的字,通常它們的本義跟要表示的假借義很少發生混淆。有些字的本義詞性與借義詞性不一樣,在句中所處的語法位置不相同,有些字的本義或借義不常用,這些都降低了本義和借義產生混淆的可能性。否則,一方面降低了源字多個意義存在混淆的可能,另一方面又會增加借字使用義的含混。

2. 利用異體字分化職能

異體字是造字或書寫過程中產生的形體冗餘,爲了減少字量的目的,可以在異體字認同之後把多餘的字形取消。利用異體字分化文字職能,則爲異體字的不同字形賦予不同職能,使原本冗餘的形體各司其職,各得其所。例如:

猷—猶。"猶"和"猷"是因爲構件位置不同而形成的異體字,本義是獸名,猴屬,假借記錄"謀略""猶豫"和"猶如"等義。在記錄這些意義時,"猶"和"猷"是通用的。例如,記錄"謀略"義,《爾雅》用"猷",《爾雅·釋詁》"猷,謀也",《詩經》用"猶",《詩經·小雅·小旻》"謀猶回遹"。後來二字職能分化,"猷"記錄"謀略"等義,"猶"記錄"猶豫""猶如"等義。段玉裁《説文解字注·犬部》:"今字分猷謀字犬在右,語助字犬在左,經典絶無此例。"

亨—享。"亨"和"享"本是一字異體,用法没有區别,它們的本義是"進獻",引申指"享用""亨通"。"享用"的"享"可寫作"亨",如《易·大有》"公用亨于天子";"亨通"的"亨"也可寫作"享",如《易·乾卦》"元亨利貞"的"亨"在馬王堆漢墓帛書和東漢時代的張公神碑都作"享"。後來兩字的職能有了分工。"享"記錄"享用"義,"亨"記錄"亨通"義。

箸—著。"箸",小篆从"竹","者"聲,本義是"筷子"。"箸"也記錄"明顯"義,如《荀子·王霸》"箸仁義",就是"使仁義明顯"的意思。由小篆發展到隸書,"箸"出現了"箸"和"著"兩種不同寫法。人們利用異體字來分化職能,"箸"記錄本義"筷子","著"記錄"明顯"等意義。

3. 造新字分化職能

分化源字職能最常見的方法是造新的字形。造新字的方式包括在源字基礎上增加構件、在源字基礎上更換構件或對源字作形體改造。例如:

其—箕。"其"的甲骨文字形作"⊠",是簸箕的形象,"其"的本義就是"簸箕"。"其"被借用去記錄第三人稱代詞,並且這個借義成爲"其"的常用義,於是人們另造新的字形"箕"來記錄本義"簸箕"。

49

赴—訃。"赴"的本義爲奔赴，引申記録奔告喪事。《國語·周語》："魯宣公卒，赴者未及，東門氏來告亂。"這裏的"赴"就是"奔告喪事"的意思。後來，人們造了"訃"這個新的字形，專門用來記録"奔告喪事"這個意義。

母—毋。"母"的本義是"母親"，假借記録否定詞"毋"。後來，人們對"母"稍作改造，將"母"的兩點連起來造出新的字形"毋"，將借義分化出去。

(三) 分化字的類型

分化字承擔的可能是源字的本義，引申義或假借義，也可能是源字廣義中的一部分。根據分化字所承擔的意義，我們將其分爲四種類型。

(1) 分化本義

有些字被常用的假借義或引申義佔用後，會另造一個新字來承擔它的本義。例如：

孰—熟。"孰"本義是把食物煮爛，又被借用作疑問代詞，當"誰"講，且借義常用，於是人們另造"熟"來將本義分化出來。

然—燃。"然"的本義是"燃燒"，《孟子·公孫丑上》："若火之始然，泉之始達。"用的就是本義。後來"然"字被借用去記録指示代詞，本義另造"燃"字來分擔。

莫—暮。"莫"的古字形爲日落草莽之中，本義爲"昏暮"，如《詩經·齊風·東方未明》"不夙則莫"。"莫"又被借作否定性無定代詞，《國語·周語》："國人莫敢言，道路以目。"後來新造"暮"字專表本義。

暴—曝。"暴"的本義是"曬"，《荀子·勸學》"雖有槁暴不復挺者"，用的就是本義。"暴"引申有"暴露"等多個義項，後來又造"曝"字專門記録本義。

益—溢。"益"本義是水滿溢出，引申有"增益""好處""更加"等義。《左傳·僖公三十年》："若亡鄭而有益於君，敢以煩執事。"就是"好處"的意思。後來用"益"記録引申義，新造"溢"字專表本義。

要—腰。"要"本義是"腰部"，引申而有"要害"等義。後來"要"記録引申義，其本義另造"腰"來承擔。

禽—擒。"禽"本義是"擒拿"，《左傳·成公二年》："齊高固入晉師，桀石以投人，禽之。"用的就是本義。"禽"引申指擒拿的對象"鳥禽"。後來"禽"記録引申義，另造"擒"字記録本義。

類似的還有：原—源、州—洲、止—趾、責—債。

(2) 分化引申義

當引申義與本義的距離較遠時，有時會爲引申義造新字，將引申義分化出去。例如：

昏—婚。"昏"本義是"黄昏"。古人結婚在黄昏時舉行，因此"昏"又引申指"結婚"，《左傳·僖公二十七年》："楚始得曹而新昏於衛。"這裏的"昏"就是"結婚"。後來造新字"婚"專門記録引申義。

坐—座。"坐"的本義是"坐立"，"座位"是其引申義，後來造新字"座"字分化引申義。

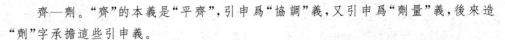

齊—劑。"齊"的本義是"平齊",引申爲"協調"義,又引申爲"劑量"義,後來造"劑"字承擔這些引申義。

尉—慰。"尉"的本義是"將織物熨平",引申有"安慰"義,後來造"慰"字記錄引申義。

竟—境。"竟"的本義是"樂曲終了",引申爲"疆土的邊界",後來造"境"字記錄引申義。

解—懈。"解"从"角"从"牛"从"刀"會意,本義爲"分解",引申有"鬆懈""懈怠"義,如《史記·李將軍列傳》"胡虜益解",即爲"懈怠"義。後來加"心"旁造"懈"字記錄"鬆懈""懈怠"這些引申義。

賈—價。"賈"的本義是做買賣,引申義爲買賣貨物的價錢,如《孟子·滕文公上》:"從許子之道,則市賈不貳。"用的就是引申義。後來爲引申義"價錢"造了"價"字。

説—悦。"説"本義是"説明""解釋",引申有"喜悦"義。《論語·學而》"學而時習之,不亦説乎?"用的就是引申義。後來引申義"喜悦"另造"悦"字來記錄。

類似的還有:知—智、被—披、没—殁、反—返、食—飼、振—賑、張—帳。

(3) 分化借義

原來本義與借義共用一字,後來爲了區別,用新的字形將借義分化出去。例如:

舍—捨。"舍"的本義是"屋舍",也經常被借用去記錄"捨棄"義,例如:《荀子·勸學》:"鍥而舍之,朽木不折。"這句話中的"舍"用的就是假借義。後來人們造了新的字形"捨",專門記錄"捨棄"這個意義。

象—像。"象"的本義是長鼻動物的名字,借去記錄"像似"義,兩義共用一字,後來另造"像"字將借義分化出去。

辟—避、闢、譬、僻。"辟"从"尸"(義同"人")从"口"从"辛"會意,本義爲"法",在文獻中"辟"經常被借用記錄"躲避""開闢""譬如""乖僻"等義,例如:《左傳·隱公元年》:"姜氏欲之,焉辟害?"用的是"躲避"義;《左傳·宣公二年》:"晨往,寢門辟矣。"用的是"打開"義;《禮記·中庸》:"辟如行遠必自邇。"這裏"辟"是"譬如";《漢書·鼂錯傳》:"使主内亡邪辟之行,外亡騫汙之名。"這裏"辟"是"乖僻"。爲了使表義明確,人們分别造了"避""闢""譬""僻"等分化字記錄"辟"的各個假借義。

采—彩。"采"从爪从木,本義是摘取。假借記錄"色彩"義,如《孟子·梁惠王上》"采色不足視於目與?"用的就是"色彩"義。後來造新字形"彩"專門記錄假借義。

牟—眸。"牟"的本義是牛的叫聲。《説文》:"牟,牛鳴也。从牛,象其聲氣從口出。"假借記錄"眼眸"義,如《説文》:"盲,目無牟子也。"因假借義與眼睛有關,就在"牟"上加"目"造新字"眸"專門記錄假借義。

(4) 分化廣義

源字的表義很廣,後來這個意義的一部分由分化字承擔,源字和分化字的意義都變得更具體。例如:

受—授。"受"金文作🖐,象兩手交接物品,《說文》訓爲"相付"。"授予"和"接受"本是一個事物的兩個方面,古代施受同辭,"授予"和"接受"均由"受"字表示。韓愈《師説》:"師者,所以傳道受業解惑也。"這裏的"受"是"傳授"的意思。後世造分化字"授"記錄"授予"義,源字"受"字記錄"接受"義。

祝—咒。"祝",甲骨文作"🧎",象一人跪於神位之前張口致辭。祈禱於神,可求賜福於己,也可求降禍於人,是"祝"字有"祝福"和"詛咒"兩方面的意思。《論衡·言毒》:"南郡極熱之地,其人祝樹樹枯,唾鳥鳥墜。"這裏的"祝"是"詛咒"的意思。後來新造分化字"咒"記錄"詛咒"義,源字"祝"記錄"祝福"義。

文 選

以善先人者謂之教①

以善先人者謂之教,以善和人者謂之順②;以不善先人者謂之諂,以不善和人者謂之諛。是是、非非謂之知,非是、是非謂之愚③。傷良曰讒,害良曰賊。是謂是、非謂非曰直。竊貨曰盜,匿行曰詐,易言曰誕④。趣舍無定謂之無常⑤,保利棄義謂之至賊。多聞曰博,少聞曰淺。多見曰閑⑥,少見曰陋。難進曰偍,易忘曰漏⑦。少而理曰治,多而亂曰秏⑧。

---

① 本篇選自《荀子·修身》。題目爲後加。《荀子》是一部個人論文集,戰國末年荀況著。《荀子》現存23篇,通行注本有清·王先謙的《荀子集釋》,彙集了各家之説。今人梁啓雄的《荀子簡釋》,注釋簡要,便於初學。荀況(約前313—前238),戰國末年趙人。荀子的思想學説以儒家爲本,被稱爲儒家思想的集大成者,同時又兼採道、法、名、墨諸家之長。本篇荀子用義界(即下定義、立界説)的訓詁方式,通過對比的方法,爲23個詞作了釋義,開辨析同義詞之先。先:在人的前面,可譯作"引導"。

② 和:附和。順:順應。

③ 是是:把對的看成是對的。第一個"是"是形容詞意動用法,把……看成對的。非非:把錯的看成是錯的。第一個"非"是形容詞意動用法,把……看成錯的。知:智慧,後作"智"。非是:把對的看成是錯的。非,形容詞意動用法,把……看成錯的。是非:把錯的看成是對的。是,形容詞意動用法,把……看成是對的。

④ 貨:財物。易言:輕易地亂説。誕:荒誕,狂妄。

⑤ 趣舍:拿取和放棄。趣,"取"的借字,改讀 qǔ,獲取,拿取。

⑥ 閑:嫺熟,熟練,後作"嫺"。

⑦ 難進曰偍(tí):難以進展叫做遲緩。偍,遲緩。

⑧ 少而理曰治:措施簡少而有條理叫政治清明。治,政治清明。秏(mào):"眊"的借字,(眼睛)昏花,引申指混亂不明。

士君子之勇①

有狗彘之勇者,有賈盜之勇者,有小人之勇者,有士君子之勇者。爭飲食,無廉恥,不知是非,不辟死傷②,不畏衆彊,牟牟然惟利飲食之見③,是狗彘之勇也④。爲事利,爭貨財,無辭讓,果敢而振⑤,猛貪而戾,牟牟然惟利之見,是賈盜之勇也。輕死而暴⑥,是小人之勇也。義之所在,不傾于權⑦,不顧其利,舉國而與之不爲改視⑧,重死持義而不橈⑨,是士君子之勇也。

材性知能君子小人一也⑩

材、性、知、能,君子小人一也⑪;好榮惡辱,好利惡害,是君子小人之所同也;若其所以求之之道則異矣:小人也者,疾爲誕而欲人之信己也⑫,疾爲詐而欲人之親己也,禽獸之行而欲人之善己也;慮之難知也,行之難安也,持之難立也,成則必不得其所好,必遇其所惡焉⑬。故君子者,信矣,而亦欲人之信己

---

① 本篇選自《荀子·榮辱》。題目爲後加。"勇"是古人追求的道德之一,荀子卻將"勇"分爲"狗彘之勇、賈盜之勇、小人之勇、士君子之勇"四類,闡釋了每一種"勇"的特徵,表明了他對各種"勇"的態度,提倡"士君子之勇"。士君子:有操守和學問的人。

② 辟:逃避,後作"避"。

③ 牟牟然:一本作"恈恈然",迫切想要的樣子。牟,後作"恈"。然,形容詞詞尾,……的樣子。利:衍文,當刪除。惟飲食之見:賓語前置,"飲食"作"見"的前置賓語,用代詞"之"複指。

④ 是:指示代詞,指代上文"爭飲食,無廉恥……"的情況。

⑤ 果敢而振:行動果敢而振奮。

⑥ 輕死而暴:輕視死亡而行動暴怒。輕,形容詞意動用法,把……看得很輕,認爲……不值得重視。

⑦ 不傾于權:不向權勢傾倒,即不屈服於權勢。傾,傾倒。

⑧ 與:動詞,給與。

⑨ 橈(náo):彎曲。

⑩ 本篇選自《荀子·榮辱》。題目爲後加。荀子在此文中分析了君子和小人追求"材、性、知、能"和"榮、利"的不同途徑及其不同的結果。

⑪ 材、性、知、能,君子小人一也:資質、本性、智慧、才能,君子和小人是一樣的。一,數詞用作動詞,是一樣的。

⑫ 疾爲誕:肆意妄言。疾,急。誕,荒誕的(言論)。之:連詞,用在主謂結構之間,取消句子獨立性。

⑬ 成則必不得其所好,必遇其所惡焉:結果就一定得不到他們所喜好的(榮譽和利益),而一定會遭受他們所厭惡的(恥辱和禍害)。

也;忠矣,而亦欲人之親己也;修正治辨矣①,而亦欲人之善己也;慮之易知也,行之易安也,持之易立也,成則必得其所好,必不遇其所惡焉。是故窮則不隱,通則大明②,身死而名彌白③。小人莫不延頸舉踵而願曰④:"知慮材性,固有以賢人矣⑤。"夫不知其與己無以異也。則君子注錯之當⑥,而小人注錯之過也。故孰察小人之知能⑦,足以知其有餘,可以為君子之所為也。譬之越人安越,楚人安楚,君子安雅⑧。是非知能材性然也,是注錯習俗之節異也。

聖王之制也⑨

聖王之制也:草木榮華滋碩之時⑩,則斧斤不入山林,不夭其生,不絕其長也。黿鼉、魚鱉、鰍鱣孕別之時⑪,罔罟毒藥不入澤,不夭其生,不絕其長也。春耕、夏耘、秋收、冬藏,四者不失時⑫,故五穀不絕⑬,而百姓有餘食也。汙池、淵沼、川澤⑭,謹其時禁⑮,故魚鱉優多,而百姓有餘用也。斬伐養長不失其時,故山林不童⑯,而百姓有餘材也。

---

① 辯:"辦"的借字,改讀 bàn,治理。
② 窮則不隱,通則大明:仕途不順的時候,他們的名聲也不會被埋沒;通達的時候,名聲就會十分顯赫。窮,仕途不順。通,仕途順利、通達。
③ 彌:副詞,更加。
④ 莫:否定性無定代詞,沒有人。延:伸長。舉:抬起。踵(zhǒng):腳後跟。
⑤ 賢人:賢於人。賢,形容詞用作動詞,勝過。
⑥ 注:投。錯:安排處理,後作"措"。當:合適,適宜。
⑦ 孰:詳細,後作"熟"。知:智慧,後作"智"。
⑧ 雅:"夏"的借字,華夏,指中原地區。
⑨ 本篇選自《荀子·王制》。題目為後加。荀子闡釋了根據萬物生長的自然規律取用自然資源的道理,由此可見荀子是我國歷史上最早提倡保護環境和可持續發展的學者之一。
⑩ 榮華:草本植物開花叫"榮",木本植物開花叫"華"。滋:生長。碩:大。
⑪ 黿(yuán):大鱉,背青黃色,頭有疙瘩,俗稱癩頭黿。鼉(tuó):揚子鱷,俗稱豬婆龍。鱣(shàn):"鱔"的異體字。別:指離別母體,即生育。
⑫ 耘:鋤草。時:季節。
⑬ 五穀:指黍、稷、豆、麥、稻。一說指黍、稷、豆、麥、麻。這裏泛指糧食作物。
⑭ 汙池:蓄水的池塘。汙,停積不流動的水。淵:深水潭。沼:水池。川:河流。澤:湖泊。
⑮ 謹其時禁:嚴格遵守每個季節的禁令。
⑯ 童:禿。

有亂君無亂國①

有亂君,無亂國②;有治人,無治法③。羿之法非亡也,而羿不世中④;禹之法猶存⑤,而夏不世王。故法不能獨立⑥,類不能自行⑦;得其人則存⑧,失其人則亡。法者,治之端也;君子者,法之原也。故有君子,則法雖省,足以徧矣⑨;無君子,則法雖具,失先後之施,不能應事之變,足以亂矣。不知法之義,而正法之數者⑩,雖博,臨事必亂。故明主急得其人,而闇主急得其埶⑪。急得其人,則身佚而國治⑫,功大而名美,上可以王,下可以霸;不急得其人,而急得其埶,則身勞而國亂,功廢而名辱,社稷必危。故君人者⑬,勞於索之,而休於使之⑭。書曰:"惟文王敬忌,一人以擇⑮。"此之謂也。

---

① 本篇選自《荀子·君道》。題目爲後加。荀子認爲,國家治理得好壞,人的因素是最重要的,"法"衹是工具,關鍵在於執法的人。衹有明主纔能使天下大治。明主與闇主的區别在於:明主懂得人的重要性,因此急於得到人才;闇主則急於獲得權勢。

② 有亂君,無亂國:有搞亂國家的君主,没有自行混亂的國家。

③ 有治人,無治法:有治理國家的人才,没有自行治理的法制。

④ 羿(yì)之法非亡也,而羿不世中:后羿射箭的方法並没有失傳,但后羿並不能使後世的人們都百發百中。羿,夏代東夷族有窮氏的部落首領,故又稱夷羿、后羿,善於射箭,後世多以羿作爲善射箭者的代稱。亡,失傳。

⑤ 禹:傳説中的賢君,夏后氏部落的首領,夏王朝的創始者,善治水。禹之法:大禹的治國之法。

⑥ 法不能獨立:法制不可能(離開人的執行)而單獨有所建樹。立,建樹。

⑦ 類不能自行:律例不可能自動被實行。類,與"法"同義。

⑧ 其人:指上文提到的"治人",即治理國家的人才。

⑨ 則法雖省,足以徧矣:法律即使簡略,也足夠用在一切方面了。徧,"遍"的異體字。與下文"亂"相對,指普遍得到治理。

⑩ 不知法之義,而正法之數者:不懂得法制的原理而衹是去修訂法律條文的人。義,道理,原理。法之數,法律條文的數量。

⑪ 闇:昏聵,糊涂。埶(shì):權勢,後作"勢"。

⑫ 則身佚而國治:就會自身安逸可是國家却很安定。佚,安樂。

⑬ 君人者:統治者。君,名詞用作動詞,統治。

⑭ 勞於索之,而休於使之:在尋覓人才時勞累,而在使用人才後就會得到休息了。索之,搜索人才。休,休息,休止。

⑮ 惟文王敬忌,一人以擇:要想想文王的恭敬戒懼,親自去選擇人才。忌,語氣詞,無義。

思考與練習

一、指出下列加着重號的字與括號中的字的字際關係。

1. 莊公寤生,驚姜氏,故名曰"寤(啎)生",遂惡之。(《左傳·隱公元年》)
2. 敝邑以政刑之不脩(修),寇盜充斥,無若諸侯之屬辱在寡君者何。(《左傳·襄公三十一年》)
3. 樂正子春坐于牀(床)下。(《曾子寢疾》)
4. 反(返)席未安而没(殁)。(《曾子寢疾》)
5. 公叔禺人遇負杖入保(堡)者息。(《禮記·檀弓下》)
6. 近者說(悦)服而遠者懷之。(《雖有佳肴》)
7. 道(導)而弗牽,強而弗抑,開而弗達。(《雖有佳肴》)
8. 夏(榎)楚二物,收其威也。(《雖有佳肴》)
9. 今有無名之指,屈而不信(伸)。(《孟子·告子上》)
10. 寡助之至,親戚畔(叛)之。(《孟子·公孫丑下》)

二、指出下列句子中加着重號的字用的是本義、引申義還是假借義。

1. 人無於水監,當於民監。(《尚書·酒誥》)
2. 選賢與能,講信脩睦。(《大同與小康》)
3. 雖有佳肴,弗食不知其旨也。(《雖有佳肴》)
4. 比年入學,中年考校。(《雖有佳肴》)
5. 蛾子時術之。(《雖有佳肴》)
6. 陽貨欲見孔子,孔子不見,歸孔子豚。(《陽貨欲見孔子》)
7. 彫題黑齒。(《楚辭·招魂》)
8. 澭水暴益,荆人弗知,循表而夜涉,溺死者千有餘人。(《荆人欲襲宋》)

三、閱讀下面短文,並翻譯成現代漢語。

　　晉國苦盜。有郄雍者,能視盜之貌,察其眉睫之間,而得其情。晉侯使視盜,千百無遺一焉。晉侯大喜,告趙文子曰:"吾得一人,而一國盜為盡矣,奚用多為?"文子曰:"吾君恃伺察而得盜,盜不盡矣,且郄雍必不得其死焉。"俄而群盜謀曰:"吾所窮者郄雍也。"遂共盜而殘之。晉侯聞而大駭,立召文子而告之曰:"果如子言,郄雍死矣!然取盜何方?"文子曰:"周諺有言:察見淵魚者不祥,智料隱匿者有殃。且君欲無盜,莫若舉賢而任之;使教明於上,化行於下,民有恥心,則何盜之為?"於是用隨會知政,而群盜奔秦焉。(《列子·說符》)

第二單元

第四課　古代漢語詞的構成

　　詞的構成可以從詞的形式和內容兩個角度來認識。詞的形式是語音，內容是語義。因此，我們從語音和語義分析漢語詞的構成問題。

　　從語音結構上來認識詞的構成，詞具有固定的語音形式。根據構成詞的音節多少，可以把詞分爲單音節詞、雙音節詞和多音節詞。

　　從語義結構上來認識詞的構成，有單純詞和複合詞。

　　複合詞在音節上主要是雙音節的；單純詞中，主要是單音節的，也有一部分雙音節的單純詞，即聯綿詞。

　　古代漢語以單音詞爲主，同時包含少量的雙音詞。雙音詞中，既有複合詞，也有少量的單純詞即聯綿詞。聯綿詞是漢語詞彙中特殊的詞彙現象。

一、單音詞

　　單音節詞由一個音節構成，簡稱單音詞。

　　古代漢語特別是上古漢語中，絕大多數是單音節詞。許多在現代漢語中不能單獨使用的語素，在古代漢語中都是能夠獨立運用的單音詞。

（一）單音詞與漢語的字、詞關係

　　古代漢語以單音詞爲主，它與漢字所記錄的語言單位絕大多數情況下是一致的。在古代漢語書面語中，一個字基本上記錄一個單音詞。因此，在古代語言學家筆下的"字"，相當於單音詞。實際上，字和詞並不是等同的。詞是語言中可以獨立運用的最小表意單位，它以音爲義的載體，音和義在約定俗成的原則下結合起來，便形成口語的詞。字是詞的記錄符號，它用字形來記錄詞，從詞那裏承受到音與義，因而形成一個形音義的結合體。正因爲字和詞並不等同，因此在古代漢語中，字與詞的關係是比較複雜的。

　　第一，在一般情況下，一個漢字記錄一個詞。例如，《史記·陳涉世家》："若爲庸耕，何富貴也？"這兩句話是八個字，也是八個詞。"朝令夕改"，四個詞構成一個短語，也是四個字。也就是說，在多數情況下，字和詞在單位上是統一的。因此，古人從來都把一個字當作一個詞。古代的注釋書和字書、韻書上所說的"字"，實際上指的就是詞；而他們所說的"詞"，則專指虛詞。這樣，在閱讀文言文時，字和詞常常會不自覺地變成了同一個概念。

　　第二，雖然漢字是爲了記錄詞而產生的，但是，由於語言和文字各有其發展規律，就漢字與單音詞的對應關係來說，字和詞並不是一一對應的。儘管漢字的造字初期是一詞造一字,字詞的對應關係應當是很整齊的,然而到了後來,由於詞的分化派生、字的孳乳借用,異詞同字和異字同詞現象漸漸多起來。

異詞同字現象:即一個字記錄意義完全不同的兩個詞。例如:

① A. 今臣至,大王見臣列觀,禮節甚倨。(《史記·廉頗藺相如列傳》)
  B. 予觀夫巴陵勝狀,在洞庭一湖。(范仲淹《岳陽樓記》)
② A. 形貌昳麗。(《戰國策·齊策》)
  B. 麗土之毛。(徐光啟《甘藷疏序》)
③ A. 逝將去女,適彼樂土。(《詩經·魏風·碩鼠》)
  B. 不聞機杼聲,唯聞女歎息。(《木蘭詩》)

以上三例,①A的"觀"指的是宗廟或宮廷大門外兩旁的高建築物。而①B的"觀"則當"觀看""觀賞"講。兩義同寫"觀"字,顯然並非一詞。②A的"麗"義爲"華美",②B的"麗"爲"附著",也是兩個詞。至於③A的"女"其實是第二人稱代詞"汝",與③B的"女"更是沒有什麼關係了。

異詞同字現象的產生主要有兩個原因。一是詞義引申的結果。詞義經過輾轉引申,一些間接引申出來的遠引申義與本義的關係越來越疏遠,有些甚至語音發生了變化或者有了自己的記錄符號,成爲獨立的詞。如"觀",從見雚聲,本義是觀看,讀 guān,動詞;引申出"用來進行觀看活動的建築物"之義,名詞,並且語音發生了變化,讀 guàn,已經成爲新詞。第二個原因是字用過程中的同音借用,這是造成異詞同字即一字記多詞現象的主要原因。如"女",本義指女子,假借爲第二人稱代詞;"麗",本義是美麗,假借爲"附麗"義。因假借而造成的異詞同字現象很多。

異字同詞現象,即一個詞有不祇一個記錄符號,各個符號間多是異體字關係,也有的是分化字關係。例如:

① A. 旦辭爺娘去,暮宿黃河邊。(《木蘭詩》)
  B. 至莫夜月明,獨與邁乘小舟至絕壁下。(蘇軾《石鐘山記》)
② A. 將軍身被堅執銳。(《史記·陳涉世家》)
  B. 公受珠,內所著披襖中。(崔銑《洹詞·記王忠肅公翱事》)
  C. 遂開門納衆。(《資治通鑑·唐紀》)
③ A. 纍官故不失州郡也。(《資治通鑑·赤壁之戰》)
  B. 然則予固不幸而遇張乎,生固幸而遇予乎。(袁枚《黃生借書說》)

以上三例,①A的"暮"與①B的"莫"是同一個詞。"莫"的字形是日在叢草中之狀,《說文》:"莫,日且冥也。"就是"日暮"的"暮"的本字,後來"莫"字用作了否定詞,而標誌時間的字都加"日"字,就把這個本來已有"日"的字重加了一個"日"變成"暮",所以"莫"與"暮"雖寫兩形,卻記錄同詞,是分化字關係。②A的"被"與②B的"披"、②B的"內"與②C的"納"、③A的"故"和③B的兩個"固"也都反映異字同詞現象。"被"與"披"都當"穿"講,二字古代通用,至於作爲副詞當"本來"講的"固",更是常常寫成"故"字來代替。

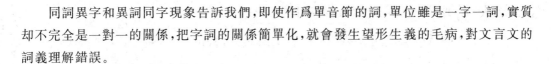

第四課　古代漢語詞的構成

同詞異字和異詞同字現象告訴我們，即使作爲單音節的詞，單位雖是一字一詞，實質却不完全是一對一的關係，把字詞的關係簡單化，就會發生望形生義的毛病，對文言文的詞義理解錯誤。

（二）單音詞與古代漢語中的雙音短語

在上古漢語書面語和後代仿古的文言文中，單音詞一直占主導地位。即使有些雙音節單位與現代漢語中的雙音詞同形，很容易被作爲雙音詞看待，但實際上並不是雙音詞，而是單音詞的組合。這些組合，許多與現代漢語中的雙音詞同形，因此，很容易被誤解爲雙音詞。例如：

① 所以遣將守關者，備他盜之出入與非常也。（《史記·項羽本紀》）

句中的"所以、出入、非常"與現代漢語雙音詞同形，但並不是雙音詞，而是兩個單音詞的組合，因爲其中的兩個音節各有其詞性與詞義。"所以"，所，特殊代詞；以，介詞；應譯爲"所用來……的原因"。"出入"指出關和進關。"非常"指不尋常的。非，否定副詞；常，形容詞。

② 屈原既放，游于江潭，行吟澤畔。顔色憔悴，形容枯槁。（《楚辭·漁父》）

形，指形體；容，指容貌。

③ 葉徒相似，其實味不同。（《戰國策·齊策》）

"其實"，它的果實。其，指示代詞，它的；實，名詞，果實。

④ 問今是何世，乃不知有漢，無論魏晋。（陶淵明《桃花源記》）

無，否定副詞；論，動詞。

古代漢語中還有一些雙音結構，與現代漢語中的雙音連詞同形，非常容易被誤解爲雙音虛詞。實際上，這些雙音結構並不是雙音詞而是兩個有各自的詞性和作用的單音詞。這些常見的雙音結構有：

然而：然，代詞；而，轉折連詞。應譯爲"（雖然）如此，但是（却）"。如：

汝穎以爲險，江漢以爲池，限之以鄧林，緣之以方城。然而秦師至而鄢郢舉，若振槁然。（《荀子·議兵》）

然則：然，代詞；則，承接連詞。應譯爲"（既然）如此，那麼"。如：

湯武之王也，不修古而興；殷夏之滅也，不易禮而亡。然則反古者未必可非，循禮者未足多是也。（《商君書·更法》）

雖然：雖，讓步連詞；然，轉折連詞。應譯爲"雖然（如此），但是"。

王曰："善哉！雖然，公輸盤爲我爲雲梯，必取宋。"（《墨子·公輸》）

且夫：且，連詞；夫，遠指代詞。應譯爲"況且，（那）"。例如：

且夫水之積也不厚，則其負大舟也無力。（《北冥有魚》）

若夫：若，連詞；夫，遠指代詞。應譯爲"至於那……"。

若夫乘天地之正，而御六氣之辯，以遊無窮者，彼且惡乎待哉？（《北冥有魚》）

今夫：今，連詞，表示提示語氣；夫，遠指代詞。應譯爲"至於（那）……"。

今夫水，搏而躍之，可使過顙；激而行之，可使在山。（《孟子·告子上》）

因此，在古代漢語中遇到貌似現代漢語雙音詞的語言單位，大多是兩個單音詞的臨時組合，不要輕易地看成是雙音詞，否則便會誤解詞義。

二、複合詞

古代漢語單音詞占主導地位，但並不是說沒有複音詞，祇是與單音詞相比數量非常少而已。古代漢語的複音詞以雙音詞爲主，三音節以上的詞極少，因此我們祇講雙音詞。

從結構上看，雙音詞有單純詞和複合詞兩類。單純詞是由一個語素構成的雙音詞，複合詞大多數是由兩個語素按照一定的構詞法組合而成的。

（一）複合詞的結構

1. 並列結構

由兩個意義相同、相近的語素並列構成的複合詞。這兩個語素之間的關係是並列的，沒有修飾、限制、補充、說明等關係。例如：

　　倉廩　干戈　膏腴　賓客　祭祀　傾覆　斟酌　謹慎　和睦

這種由兩個同義語素構成的複合詞在古代漢語雙音詞中占大多數。也有個別複合詞是由兩個反義語素並列構成的，例如"緩急"。

2. 偏正結構

兩個語素之間有修飾和被修飾關係的複合詞。例如：

　　布衣　東宮　天子　諸侯　百姓　錦衾　狐裘　羌笛

"布衣"本指布料衣服，後轉指穿布衣的人，即平民。

　　臣本布衣，躬耕南陽。（諸葛亮《出師表》）
　　今秦王欲吞天下，稱帝而治，此布衣馳騖之時而遊說者之秋也。（《史記·李斯列傳》）

"東宮"本指東邊的宮殿。因爲太子住東宮，所以轉指太子。

　　東宮之妹，邢侯之姨。（《詩經·衛風·碩人》）

"東宮"指的是齊國太子得臣。

3. 支配結構

兩個語素之間有支配和被支配關係的複合詞，又叫動賓結構。例如：

執事　將軍　當道　持戟　敗績
知府　司寇　司馬　拾遺　稽首

"執事"意思是執掌事務,以後執掌事務的人也稱"執事"。先秦時常用"執事"尊稱別國國君,以此表示不敢直稱其君。例如《左傳·成公三年》:"雖遇執事,其弗敢違。"這裏的"執事"是晉臣知罃稱楚共王。

像"執事"這樣由動賓結構形成的指人的名詞還有一些。例如:"將軍"的"將",本來讀 jiàng,是率領的意思。"將軍"即"率領軍隊",以後轉指率領軍隊的高級武官。"當道"本比喻身居要位,後用來指"當權者"。"持戟"本指拿着武器,後借指"戰士"。不少職務名稱,如"司寇""司馬""拾遺"等也都是由動賓短語變成的。

4. 主謂結構

兩個語素之間有說明與被說明關係的複合詞。例如:

地震　日食　霜降　夏至　月食

"地震""日食"等詞,最早見於《春秋》等史書。《國語·周語》:"陽伏而不能出,陰迫而不能蒸,於是有地震。"這是對地震現象所作的最早的解釋。《左傳·昭公七年》:"四月甲辰朔,日有食之。晉侯問於士文伯曰:'誰將當日食?'"這是以日食附會人事變化的記載。

(二) 複合詞的形成過程及其特點

複合詞的形成是漢語由單音化向雙音化發展的結果。最初是兩個單音詞的臨時組合,是短語,後來纔形成專指義,成爲複合詞。例如:

國家:

"國"指諸侯統治的政治區域,"家"指卿大夫統治的政治區域。如果"國家"連用,指的仍然是"國"和"家"的概念,那麼"國家"是短語,如果"國家"連用祇泛指"國",不再指"家",那麼"國家"是複合詞。在相當長的時間內,"國家"做爲短語和複合詞並存。

從單音詞的臨時組合到凝固成一個複合詞,常常伴隨着意義的變化。也就是說,複合詞的意義不再像短語一樣,是兩個單音詞的簡單相加,而是另外有了專指義。例如:

春秋:

原指季節,凝固成複合詞以後就變爲泛指"時間",進而指"年齡"。如《漢書·蘇武傳》:"且陛下春秋高,法令亡常。"

社稷:

本指土地神與穀神。古人專門爲此二神立廟進行祭祀。如《禮記·王制》:"天子祭天地,諸侯祭社稷。"句中的"社稷"還是短語。後來,由於"社""稷"是國家的重要標誌,因而"社稷"結合在一起,表示"國家"的意思。在"是社稷之臣也"(《論語·季氏》)中,"社稷"已經是詞而非短語了。

尋常：

原來爲長度單位：八尺爲"尋"，倍"尋"爲"常"。如《韓非子·五蠹》中的"布帛尋常"。後泛指一般的長度，有了專指義，已經是詞了。如唐·劉禹錫《烏衣巷》"舊時王謝堂前燕，飛入尋常百姓家"中的"尋常"，與"長度"無關，是"普通""平常"的意思，已經是引申義了。

俊傑：

本是分開用的兩個詞。《説文·人部》："俊，材千人也。"《説文繫傳·人部》："傑，才過萬人也。"《楚辭·九章·懷沙》："非俊疑傑兮，固庸態也。"王逸注："千人才爲俊，一國高爲傑也。"由於"俊""傑"經常連用，儘管注釋者有時還拆開來分別作解釋，但是實際上意義已經渾然一體，不再分別，祇泛指才智出衆的人。例如："尊賢使能，俊傑在位"（《孟子·公孫丑上》）、"其賓客廝役，莫非天下俊傑"（《史記·張耳陳餘傳》），句中"俊傑"已經都是複合詞。

上古漢語以單音詞爲主，雙音複合詞很少，祇有那些組合以後意義不等於兩個單音詞意義的簡單相加，而產生了新的意義的詞，纔可以認爲是雙音複合詞。古代漢語中還有一些雙音單位還處於詞組向詞的過渡階段。因此在古代漢語學習中，對雙音複合詞的認定要謹慎，避免把詞組理解爲複合詞。例如：

① 天下雲集而響應，嬴糧而景從。（賈誼《過秦論》）
② 城東有甲乙同學者，一硯，一燈，一榻。（同容《芋老人傳》）
③ 今欲以先王之政治當世之民，皆守株之類也。（《上古之世》）
④ 一之日於貉，取彼狐狸，爲公子裘。（《詩經·豳風·七月》）

例①中的"響應"，不是贊同支持某種號召和倡議，而是一個狀動結構，"像回聲那樣應和"。例②中的"同學"是詞組，指"一起學習"，不是雙音詞。例③中的"政治"連短語都不是，是兩個詞："政"指政治，"治"是治理。例④中的"狐狸"是兩個詞，指狐狸和狸貓。

三、聯綿詞

（一）聯綿詞的結構特點

聯綿詞是漢語中特殊的詞彙現象。爲了更全面地瞭解聯綿詞，可從靜態和來源兩個方面進行認識。

對聯綿詞進行靜態分析，聯綿詞是由一個語素構成的雙音單純詞，因此沒有結構問題，祇有形式上的特點。從形式上看，聯綿詞由兩個字記錄，這兩個字不是語素，而僅僅是音節的記錄符號，因此，聯綿詞不能拆開來講，如果拆開來得到的是兩個不能獨立表示意義的音節。即，記錄聯綿詞的兩個字僅僅是記音符號，它們本身所具有的意義已經失去，祇有兩個字組合在一起纔有詞義，因此，不能把聯綿詞拆成兩個字的意義的組合。例如：

A. 於是焉河伯始旋其面目,望洋向若而歎。(《秋水時至》)
B. 陟彼高岡,我馬玄黃。《詩經·周南·卷耳》)
C. 計猶豫,未有所決。(《漢書·高后紀》

"望洋"並非是望着海洋,"洋"在《説文》中本訓水名,直到宋朝纔有"海洋"的意義。"望洋"又寫作"望羊""望陽",意思是"仰視"。

"玄黃"也是聯綿詞。《爾雅·釋詁》:"瘨瘏、玄黃……,病也。"

"猶豫"又寫作"猶與""由與""尤與""猶夷"等,都是遲疑不決的意思。

但是,從聯綿詞的形成過程或來源上看,聯綿詞是有結構問題的。主要有三個類型:

1. 義合式。這類聯綿詞本是兩個單音詞,本可以單獨解釋和運用,凝固後成爲一個不可分割的雙音結構,成爲聯綿詞。例如,"綢繆"中的"綢"與"繆"在上古文獻中都曾經單獨使用過,均是"捆綁"義,引申有宛轉騰繞之義,凝固成聯綿詞後保留了此義。

2. 衍音式。這類聯綿詞是由一個單音詞向前或向後衍化出一個表音音節,衍化出的音節雖然用漢字書寫,但没有表義作用。向前衍化的如"參差""囫圇"等,向後衍化的如"趑趄(zījū)""菡萏"等。

3. 摹聲式。摹擬聲音而產生的聯綿詞。摹擬自然爆破聲的"霹靂",摹擬動物鳴叫聲的"蟋蟀",摹擬人類情緒發聲的"噓唏"等。

古代漢語中有一些從外族語言中音譯過來的詞,一般稱之爲"譯音詞"。譯音也是一種"摹聲",即摹擬外族詞的語音。例如:

駃騠。《説文·馬部》:"駃騠,馬父贏子也。"《淮南子·齊俗訓》:"六駃騠,四駃騠。"注:"北翟之良馬也。""北翟"即"北狄",非華夏區域。"駃騠"爲北翟之語,摹擬其音而成詞。

駒駼。《説文·馬部》:"駒駼,北野之良馬也。""北野"亦華夏之外地域。《漢書·揚雄傳》:"前番禺,後陶塗。"顏師古注:"駒駼馬出北海上,今此云後陶塗,則是北方國名也。"可見"駒駼"因其國名"陶塗"而得稱。

(二) 聯綿詞的語音特點

聯綿詞在語音上多有雙聲疊韻的關係。

雙聲聯綿詞:指兩個音節古音聲母相同的聯綿詞。例如:

　　參差　彷彿　憔悴　躊躇　倉促　流連　忐忑　伶俐

疊韻聯綿詞:指兩個音節古音"韻"相同的聯綿詞。例如:

　　從容　爛漫　逍遥　蹉跎　彷徨　窈窕　輾轉

疊韻的"韻",與"韻母"不同。韻母包括一個音節除去聲母的所有部分——介音、主要母音和韻尾,而"韻"則祇包括主要母音和韻尾,不包括介音。因此,疊韻聯綿詞是指兩個音節的韻即主要母音和韻尾相同,介音不一定相同,如"輾轉、崔嵬、嬋媛"等。

由於古今語音的演變,聯綿詞的語音關係也有可能發生變化。例如,上文講到的"望

陽"古音疊韻,"玄黃"古音雙聲,"猶豫"古音雙聲,按今音讀的話,"望陽"仍是疊韻,"玄黃"不是雙聲了,"猶豫"仍是雙聲。再如:

"倉庚、芣苢"在古代是疊韻聯綿詞,今天讀起來已經不疊韻了。這是古韻不同於今韻的表現。

"繽紛、匍匐"在古代是雙聲聯綿詞,今天讀起來已經不雙聲了。這是古聲母不同於今聲母的表現。

因此,判斷古代漢語中聯綿詞的語音關係,一定要根據古音,而不要根據今音。

(三) 聯綿詞的形體特點

因爲記錄聯綿詞的兩個字僅僅是記音符號,字義已經不再發揮作用,而漢字中同音字又非常多,因此,古代文獻中聯綿詞在詞形上的特點是寫法比較自由,記錄同一個詞有時用不同的字,造成了一詞多形的特點。"望陽""猶豫"等聯綿詞都是這樣。再如:"匍匐"又寫作"蒲服""匍伏""蒲伏""扶服"等;"委蛇"又寫作"逶蛇""逶移""逶迤"等。

但是,由於漢語書面語具有以形別義的特點,聯綿詞的一詞多形影響了對書面語言的準確理解,因此,在漢語的發展過程中,對聯綿詞的衆多形體,人們通過有意的選擇、給記音的字加義符等手段,竭力使聯綿詞的記錄形式達到形義統一,淘汰那些形義脱節、容易引起誤解的詞形,使聯綿詞的形體逐漸走向了表義化、固定化,許多異體得以淘汰,退出了書面交際領域。例如,上述幾個形體衆多的聯綿詞經常出現在書面語言中的是"猶豫、匍匐、逶迤、望洋",其他形體祇存在於古代文獻和工具書中,在後代書面語言中逐漸被淘汰了。

文 選

博 學①

博學之②,審問之③,慎思之,明辨之,篤行之④。有弗學,學之弗能,弗措也⑤;有弗問,問之弗知,弗措也;有弗思,思之弗得,弗措也;有弗辨,辨之弗

---

① 本篇選自《禮記·中庸》。題目爲後加。《禮記》是戰國至秦漢年間儒家學者解釋説明經書《儀禮》的文章選集。到西漢前期《禮記》共有一百三十一篇,相傳戴德選編其中八十五篇,稱爲《大戴禮記》;戴聖選編其中四十九篇,稱爲《小戴禮記》,即我們今天見到的《禮記》。本篇寫要廣泛學習並鍥而不捨。博:廣博。
② 之:代詞,指代動作的對象,作賓語。
③ 審:詳細。
④ 篤:專一。
⑤ 學之弗能,弗措也:學習達不到學會的程度,就不放棄。措,放棄。

明,弗措也;有弗行,行之弗篤,弗措也。人一能之①,己百之②;人十能之,己千之;果能此道矣,雖愚必明,雖柔必强。

曾子寢疾③

曾子寢疾,病④,樂正子春坐於牀下⑤,曾元、曾申坐於足⑥,童子隅坐而執燭⑦。童子曰:"華而睆⑧,大夫之簀與⑨?"子春曰:"止。"曾子聞之,瞿然曰⑩:"呼⑪!"曰:"華而睆,大夫之簀與?"曾子曰:"然,斯季孫之賜也⑫,我未之能易也。元,起易簀。"曾元曰:"夫子之病革矣⑬,不可以變,幸而至於旦,請敬易之。"曾子曰:"爾之愛我也不如彼⑭。君子之愛人也以德,細人之愛人也以姑息⑮。吾何求哉?吾得正而斃焉⑯,斯已矣!"舉扶而易之,反席未安而没⑰。

---

① 一:學習一次。
② 百:百倍努力。
③ 本篇選自《禮記·檀弓上》。題目爲後加。本篇寫曾子在臨終之前,要求更換墊在身下的不符合自己身份等級的席子。曾子:孔子的學生,名參。寢疾:卧病。
④ 病:病重。
⑤ 樂正子春:曾子的學生,姓樂正,字子春。牀:"床"的異體字。
⑥ 曾元、曾申:曾子的兒子。
⑦ 隅坐:在牆角坐着。隅,名詞作狀語,表示動作發生的處所。
⑧ 睆(huǎn):明亮的樣子。
⑨ 簀(zé):竹制床墊,泛指竹席。
⑩ 瞿然:驚視的樣子。
⑪ 呼:歎息聲。
⑫ 季孫:季桓子,魯國大夫,春秋末年執掌魯國政權。
⑬ 革:"亟"的借字,改讀 jí,緊急。
⑭ 彼:指童子。
⑮ 細人:小人。
⑯ 正:正道,這裏指合乎自己身份的禮。
⑰ 反:返回,後作"返"。没:死亡,後作"殁"。

大同與小康①

昔者仲尼與於蜡賓②，事畢，出遊於觀之上③，喟然而歎。仲尼之歎，蓋歎魯也。言偃在側④，曰："君子何歎⑤？"孔子曰："大道之行也⑥，與三代之英⑦，丘未之逮也⑧，而有志焉⑨。大道之行也，天下爲公，選賢與能⑩，講信脩睦⑪。故人不獨親其親⑫，不獨子其子⑬，使老有所終，壯有所用，幼有所長，矜寡孤獨廢疾者皆有所養⑭，男有分⑮，女有歸⑯。貨惡其棄於地也⑰，不必藏於己；力惡其不出於身也，不必爲己。是故謀閉而不興，盜竊亂賊而不作，故外戶而不閉，是謂大同。今大道既隱⑱，天下爲家⑲，各親其親，各子其子，貨力爲己；大

---

① 本篇選自《禮記·禮運》。題目爲後加。本篇描述了"天下爲公"的大同社會和"天下爲家"的小康社會。

② 仲尼：孔子的字。與：參加。蜡(zhà)：古代天子或諸侯年終舉行的祭祀鬼神的儀式。賓：陪祭的人。

③ 觀(guàn)：宗廟或宮廷門外兩旁的高建築物。

④ 言偃：孔子的弟子，名偃，字子由。

⑤ 君子：指孔子。

⑥ 道：原則。

⑦ 三代：夏、商、周。英：傑出人物。

⑧ 丘：孔子自稱。逮：趕上。

⑨ 志：記載。

⑩ 與："舉"的借字，改讀 jǔ，推舉。

⑪ 講：提倡。脩："修"的借字，使變得更好。

⑫ 親其親：第一個"親"是名詞意動用法，把……當作雙親；第二個"親"是名詞，雙親。

⑬ 子其子：第一個"子"是名詞意動用法，把……當作子女；第二個"子"是名詞，子女。

⑭ 矜："鰥"的借字，改讀 guān，老年無妻。

⑮ 分：職責。

⑯ 歸：出嫁，這裏指夫家。

⑰ 貨：財物。惡：厭惡。

⑱ 隱：消逝。

⑲ 家：私家。

人世及以爲禮①,城郭溝池以爲固②,禮義以爲紀③:以正君臣④,以篤父子⑤,以睦兄弟⑥,以和夫婦⑦,以設制度,以立田里,以賢勇知⑧,以功爲己⑨。故謀用是作而兵由此起,禹湯文武成王周公由此其選也⑩。此六君子者,未有不謹於禮者也,以著其義⑪,以考其信⑫,著有過,刑仁講讓⑬,示民有常⑭,如有不由此者,在埶者去衆以爲殃⑮,是謂小康。

雖有佳肴⑯

雖有佳肴,弗食,不知其旨也⑰。雖有至道⑱,弗學,不知其善也。是故學然後知不足,教然後知困⑲。知不足,然後能自反也⑳。知困,然後能自強也㉑。故曰教學相長也㉒。《兑命》曰:"學學半㉓。"其此之謂乎?

---

① 大人:天子諸侯。世:父子相傳。及:兄弟相傳。
② 溝池:護城河。
③ 紀:綱紀,準則。
④ 正:形容詞使動用法,使……端正。
⑤ 篤:形容詞使動用法,使……純正。
⑥ 睦:形容詞使動用法,使……和睦。
⑦ 和:形容詞使動用法,使……和諧。
⑧ 賢:形容詞意動用法,認爲……賢。知:智慧,後作"智"。
⑨ 功爲己:做事祇爲自己。孔穎達《禮記正義》曰:"立功起事不爲他人也。"
⑩ 選:選拔出來的,指在這樣的環境中產生的傑出人物。
⑪ 著:動詞使動用法,顯露。下同。
⑫ 考:成全。
⑬ 刑:名詞意動用法,把……當作法則。
⑭ 常:常規。
⑮ 埶:權勢,後作"勢"。
⑯ 本篇選自《禮記·學記》。題目爲後加。本篇主要寫古代的學制與教育思想。肴:熟的肉類食物,這裏泛指魚肉。
⑰ 旨:味美。
⑱ 至:最好的。
⑲ 困:這裏指困惑不通之處。
⑳ 自反:反求之於自己,即自我檢查,對自己提出要求。
㉑ 自強:鞭策自己努力進修。
㉒ 教學相長(zhǎng):教和學是互相促進的。長,促進,推進。
㉓ 學學半:教是學的一半。這句話是要說明教與學對於增長知識來說同等重要。上"學"字,今《尚書》作"斆",讀xiào,指教人。下"學"字讀xué,指學習。

古之教者，家有塾①，黨有庠②，術有序③，國有學④。比年入學⑤，中年考校⑥：一年視離經辨志⑦，三年視敬業樂群⑧，五年視博習親師⑨，七年視論學取友⑩，謂之小成⑪。九年知類通達⑫，強立而不反⑬，謂之大成。夫然後足以化民易俗⑭，近者説服而遠者懷之⑮，此大學之道也。《記》曰⑯："蛾子時術之⑰。"其此之謂乎？

大學始教⑱，皮弁祭菜⑲，示敬道也；宵雅肄三⑳，官其始也㉑；入學鼓篋㉒，

---

① 塾：舊時私人設立的進行教學的地方。

② 黨：古行政區劃，五百家爲一黨，黨的學校叫做庠。

③ 術："遂"的借字，改讀suì。遂，古行政區劃，一萬二千五百家爲一遂，遂的學校叫做序。

④ 國：天子的王城和諸侯的都城。學：指大學。

⑤ 比年：每年。入學：這裏指入大學。

⑥ 中(zhòng)年考校(jiào)：每隔一年考查一次。中，間隔。校，考核。

⑦ 視：考察。離經：斷開經文章句。離，分析，斷開。辨志：弄清經文旨意。志，經文的思想内容。

⑧ 敬業：專心學業。樂群：跟生活在一起的學友和樂相處。

⑨ 博習：廣泛學習。親師：親愛師長。

⑩ 論學取友：論説所學之是非，擇取善人以爲友。

⑪ 小成：七年成就，比九年尚小，故謂小成。

⑫ 知類通達：懂得事物之間類比的關係，依類推理，即觸類旁通。

⑬ 強立：這裏指思想觀點堅定不移。不反：不違反師教。

⑭ 易俗：改變習俗。易，改變，更改。

⑮ 説(yuè)服：愉快服從。説，後作"悦"。懷：歸順。

⑯ 記：古代典籍。

⑰ 蛾子(yǐzǐ)時術之：小螞蟻時時學着銜土，也能堆成大蟻塚，這裏指學者時時學問，終能達到大成。蛾子，蛾之子，即小螞蟻。蛾，"蟻"的借字，螞蟻。術，"述"的借字，學習，實踐。

⑱ 始教：始入學，開學。

⑲ 皮弁：一種用白鹿皮做的帽子，爲上朝的常服。祭菜：以蘋藻之菜祭先師。菜，指蘋藻一類菜。"皮弁祭菜"的主語是天子所派的主管教育的有關官員。大學開學時，主管教育的官員着皮弁，以蘋藻之菜祭先師。

⑳ 宵(xiāo)雅：即《詩經·小雅》。肄：練習。三：這裏指小雅三首詩，即《鹿鳴》《四牡》《皇皇者華》。這三首詩宣揚君臣之間要和樂忠信。

㉑ 官其始：在一開學就用做官事上的道理勉勵學生。官，名詞用作動詞。

㉒ 入學鼓篋(qiè)：入學授課之前，先擊鼓召集學生，整齊威儀，然後打開書篋。篋，小箱。

孫其業也①；夏楚二物②，收其威也③；未卜禘不視學，遊其志也④；時觀而弗語，存其心也⑤；幼者聽而弗問，學不躐等也⑥。此七者，教之大倫也⑦。《記》曰："凡學，官先事，士先志⑧。"其此謂乎？

大學之法，禁於未發之謂豫⑨，當其可之謂時⑩，不陵節而施之謂孫⑪，相觀而善之謂摩⑫。此四者，教之所由興也。

發然後禁，則扞格而不勝⑬；時過然後學，則勤苦而難成；雜施而不孫⑭，則壞亂而不修⑮；獨學而無友，則孤陋寡聞；燕朋逆其師⑯；燕辟廢其學⑰。此六者，教之所由廢也。

---

① 孫：恭順，後作"遜"。業：指所治經業。

② 夏楚：二樹名，其枝條可用以撲撻人。夏，"榎"的借字，改讀 jiǎ，又作"檟"，樹名，即山楸。楚，樹名，即牡荊，枝條堅勁，可以做刑杖。

③ 收：約束，控制。威：威儀，儀容舉止。

④ 卜禘：占卜而大祭。《禮記·王制》："天子諸侯宗廟之祭，春曰礿，夏曰禘，秋曰嘗，冬曰烝。"禘是大祭，必先占卜。視學：考查學業。"視學"由君親往，或派主管教育的官員前往。遊其志：使學生內心從容不迫。遊，優遊。

⑤ 時觀：時時觀察。存其心：讓問題在學生的心中積聚。

⑥ 幼者聽而弗問，學不躐(liè)等也：年幼的學生祇聽老師講解而不隨便發問，學習不逾越進度。躐等，超越進度。

⑦ 大倫：基本原則。

⑧ 凡學，官先事，士先志：大凡學習，若學習做官，就先學習與職務有關的事；若學習做士，就先學習學士應有的志向。

⑨ 未發：這裏指邪惡念頭尚未產生。豫：預防。

⑩ 可：受教育的最好時機。時：適時。

⑪ 陵：超越。節：次第，次序，這裏指教學內容深淺的次序。施：施教。孫：循序漸進，後作"遜"。

⑫ 相觀：彼此觀察。善：獲益、長進。摩：切磋。

⑬ 扞(hàn)格：抵觸抗拒，格格不入。扞，抵制、抗拒，後作"捍"。格，堅硬難入。勝：克服。

⑭ 雜施而不孫：雜亂施教而不循序漸進。

⑮ 壞亂而不修：學業就會搞亂而無所成。

⑯ 燕：褻狎。逆其師：違背老師的教導。

⑰ 辟：受寵幸的女子小人，後作"嬖"。

子夏喪其子而喪其明①

子夏喪其子而喪其明。曾子弔之曰②："吾聞之也：朋友喪明則哭之。"曾子哭，子夏亦哭，曰："天乎！予之無罪也！"曾子怒曰："商！女何無罪也？③ 吾與女事夫子於洙、泗之間④，退而老於西河之上⑤，使西河之民疑女於夫子⑥，爾罪一也；喪爾親，使民未有聞焉，爾罪二也；喪爾子，喪爾明，爾罪三也。而曰——女何無罪與！"子夏投其杖而拜曰⑦："吾過矣！吾過矣！吾離羣而索居⑧，亦已久矣⑨。"

思考與練習

一、指出下列句中帶着重號的雙音結構是一個雙音詞還是兩個單音詞，並進行詞義解釋。
1. 璧有瑕，請指示王。(《史記·廉頗藺相如列傳》)
2. 玉不琢，不成器；人不學，不知道。(《禮記·學記》)
3. 天高地迥，覺宇宙之無窮。(王勃《滕王閣序》)
4. 湯武革命，順乎天而應乎人。(《周易·革卦》)
5. 昔周公弔二叔之不咸，故封建親戚以蕃屏周。(《左傳·僖公二十四年》)
6. 今也制民之產，仰不足以事父母，俯不足以畜妻子。(《孟子·梁惠王上》)
7. 楊行密入宣州，諸將爭取金帛。(《資治通鑑》二五八卷)
8. 都城過百雉，國之害也。(《左傳·隱公元年》)
9. 今公常從數騎，一旦有緩急，寧足恃乎！(《史記·袁盎鼂錯列傳》)
10. 汝潁以為險，江漢以為池，限之以鄧林，緣之以方城，然而秦師至而鄢郢舉，若振槁然。(《荀子·議兵》)

---

① 本篇選自《禮記·檀弓上》。題目為後加。本篇寫曾子對子夏的批評：對老師不敬、對父母不孝、對兒子溺愛。子夏：孔子弟子，姓卜，名商，字子夏。喪(sāng)其子：哀悼他的兒子。喪，哀悼。下文"喪爾親""喪爾子"同。喪(sàng)其明：喪失了他的視力。喪，喪失。下文"朋友喪明""喪爾明"同。明：視力。
② 曾子：孔子弟子，姓曾，名參，字子輿。弔：慰問。
③ 女：第二人稱代詞。何：怎麼。
④ 事：侍奉。洙、泗：魯國境內水名。
⑤ 退：退休。老：養老。西河：今陝西境內黃河以西一帶。
⑥ 疑："擬"的借字，改讀nǐ，比擬。於：如。
⑦ 投：擲。杖：手杖。拜：拜謝。
⑧ 索居：獨居。
⑨ 已：太。

11. 滕君,則誠賢君也;雖然,未聞道也。(《孟子·滕文公上》)

二、解釋下列句中帶着重號的詞,指出是複合詞還是單純詞;如果是複合詞,請分析其結構。
　1. 與之馳騁乎高蔡之中,而不以國家爲事。(《戰國策·楚策》)
　2. 青冥浩蕩不見底,日月照耀金銀台。(李白《夢遊天姥吟留別》)
　3. 已得履,乃曰:"吾忘持度。"反歸取之。(《韓非子·外儲説左上》)
　4. 嗚呼! 死生,晝夜事也。(文天祥《指南錄後序》)
　5. 今天下三分,益州疲敝,此誠危急存亡之秋也。(諸葛亮《前出師表》)
　6. 宿妝惆悵倚高閣。(溫庭筠《酒泉子》)
　7. 不以規矩,不能成方員。(《孟子·離婁上》)
　8. 齊人有馮諼者,貧乏不能自存。(《馮諼客孟嘗君》)
　9. 婉貞揮刀奮斫,所當無不披靡,敵乃紛退。(徐珂《馮婉貞》)
　10. 秦人開關延敵,九國之師逡巡而不敢進。(賈誼《過秦論》)

三、思考題
　1. 有人把"望洋興嘆"解釋爲"望着海洋歎氣",把"猶豫"解釋爲"猶是一種狗,狗與人出行,好'豫'在人前,即預先跑到人的前面去等候;候人不得,又跑回來迎接,幾次三番;因此有遲疑不前的意思"。請問,這種解釋對嗎?爲什麼?
　2. 有許多聯綿詞,在古代具有雙聲或疊韻的關係,現在卻不再雙聲或疊韻了;也有一些詞在古代沒有雙聲或疊韻的關係,在現代漢語中却具有了雙聲或疊韻的關係。請問,這是爲什麼?
　　古代是雙聲而現在沒有雙聲關係的:繽紛　　匍匐
　　古代是疊韻而現在已經不再疊韻的:倉庚　　茉莒

四、閱讀下面短文,並翻譯成現代漢語。
　　鄭人游于鄉校,以論執政。然明謂子產曰:"毀鄉校何如?"子產曰:"何爲? 夫人朝夕退而游焉,以議執政之善否。其所善者,吾則行之;其所惡者,吾則改之,是吾師也。若之何毀之? 我聞忠善以損怨,不聞作威以防怨。豈不遽止? 然猶防川,大決所犯,傷人必多,吾不克救也。不如小決使道,不如吾聞而藥之也。"然明曰:"蔑也今而後知吾子之信可事也。小人實不才,若果行此,其鄭國實賴之,豈唯二三臣?"(《左傳·襄公三十一年》)

第五課　古今詞義的差異與溝通

　　詞是語言諸要素中最活躍的要素,詞義的變化比詞形更爲顯著。在語言發展的漫長歲月中,詞義的變化也具有歷時性特徵。
　　古和今是一對相對的概念,同先秦兩漢相比,魏晉隋唐是今;而相對於宋元明清來說,魏晉隋唐又是古,宋元明清纔是今;但相對近現代來說,宋元明清又是古,近現代纔是今。同時,詞義的演變並不完全同朝代的更迭同步。因此,從詞彙史上講,古今是要細細劃分的;但從古代漢語的教學體系上看,一般是把現代漢語稱爲今,把現代漢語以前的文言文稱作古,即把古代文獻的詞義當作一個整體對待,至於是先秦還是唐宋、明清,則不再細分。因爲開設古代漢語的一個最直接的目的是爲了讀懂文言文,文言文又以上古秦漢爲典範、爲標準,後人的作品也大都以求同爲基調,所以,這種籠統的分法與古代漢語課的教學目的是一致的,也比較符合古代漢語的實際。

一、古今詞義的差異

　　所謂古今詞義的差異,是指同一個詞古今的意義發生了變化,閱讀文言文時,用今天的意義去理解,就會發生錯誤。實際上,漢語中的詞大部分是多義詞,一個詞往往有幾個意義,即幾個義項,詞義的變化從根本上說是詞的義項的變化,詞義的差異也是詞的義項的差異。這種變化和差異比較複雜,從不同的角度可以分成不同的類別。從實踐辨識的角度分析,這種變化和差異主要表現在兩個方面:一是古代義項的消失,二是古今義項的微殊。

(一)古代義項的消失

　　所謂義項的消失,是指由于社會的發展變化,古代的一些事物消亡了或是人們的觀念變化了,導致詞的相關義項也隨之消失了。如:

池
① 楚國方城以爲城,漢水以爲池。(《齊桓公伐楚》)
② 雖有高城深池,嚴法重刑,猶不能禁也。(鼂錯《論貴粟疏》)
③ 數罟不入洿池,魚鱉不可勝食也。(《寡人之於國也》)

　　例①、例②中"池"的意思是"護城河"。例③中的"池"當"池塘"講。現代漢語中,隨着"護城河"這一事物的消失,"池"所具有的"護城河"這個義項也基本不用了。

愛

① 弟自愛不愛兄,故虧兄而自利。(《天下兼相愛》)

② 貨以藩身,子何愛焉?(《左傳·昭公元年》)

③ 齊國雖褊小,吾何愛一牛?(《孟子·梁惠王上》)

例①中,"愛"當"喜愛"講,現代漢語中還在使用這一義項。例②和例③中的"愛"當"吝惜"講,隨着人們觀念的變化和對情感認識的深入,"愛"的"吝惜"義項也逐漸消失了。

勸

① 赦之,以勸事君者。(《左傳·成公二年》)

② 子若免之,以勸左右,可也。(《左傳·昭公元年》)

③ 勸秦王顯巖穴之士。(《史記·商君列傳》)

《說文·力部》:"勸,勉也。从力,雚聲。"本義是"鼓勵、勉勵"。例①、例②都是用的這個義項。例③中的"勸"當"勸說"講。現代漢語中,祇有"勸說"這個義項,"鼓勵、勉勵"這個義項消失了。

造

① 齊侯至自田,晏子侍于遄臺,子猶馳而造焉。(《晏嬰論和》)

② 昔者有王命,有采薪之憂,不能造朝。今病小愈,趨造於朝。(《孟子·公孫丑下》)

③ 公輸盤為楚造雲梯之械,成,將以攻宋。(《墨子·公輸》)

例①和例②中的"造"都當"到""來到"講。例③中的"造"當"製造"講。現代漢語中"到""來到"的義項一般不用了。

上述"池""愛""勸""造"四例中,"護城河""吝惜""勉勵""到"這些古代漢語中的常用義項,現代漢語中已經消失或基本不用了。對於這一類義項,需要平時留意,像認識新詞一樣不斷積纍。否則,閱讀文言文時,難免不自覺地用現代漢語中還保留的那個義項去理解,那就要出問題了。

(二) 古今義項的微殊

所謂"義項的微殊",是指同一個詞中的某一個義項在古代漢語與現代漢語中祇有細微差別。在文言文閱讀中,這種情況尤其值得注意。因為從表面上看,按照現代漢語的義項理解似乎也可以,但實際上是不準確的,是錯誤的。這種義項微殊的情況主要表現在四個方面。

1. 廣度寬窄的差異

即古今詞義所表示概念的外延大小不同。如:

子

① 孔子以其兄之子妻之。(《論語·先進》)

② 丈夫亦愛憐其少子乎?(《觸龍說趙太后》)

③ 故子生三月則父名之。(《儀禮·喪服》)

例①的"子"指女兒;例②的"子"指男孩;例③的"子"兼指男女,鄭玄此處注釋説:"凡言子者,可以兼男女。"現代漢語中,"子"祇指男孩。古代漢語的表義範圍寬,現代漢語表義範圍窄。

需要説明的是,所謂寬、窄,是僅就"子女"這個義項而言的,"子"在古代漢語還有許多義項,如:諸侯爵位的第四等、對人的尊稱、古代典籍的類別等等,這些在現代漢語中都有變化,但不屬于"子女"這個義項,也就談不上範圍的寬窄問題。

臭
① 同心之言,其臭如蘭。(《周易·繫辭上》)
② 上天之載,無聲無臭。(《詩經·大雅·文王》)

先秦"臭"在表示"氣味"時,泛指一般氣味,既包括好聞的香氣,也包括難聞的穢氣。後來範圍變窄,專指穢氣。如:

③ 人各有好尚,蘭茝蓀蕙之芳,衆人之所好,而海畔有逐臭之夫。(曹植《與楊德祖書》)

現代漢語中,"臭"在表示"氣味"時,祇表示"難聞的氣味",同先秦時期相比,表義範圍變窄了。

親戚
① 貧窮則父母不子,富貴則親戚畏懼。(《戰國策·秦策》)
② 堯二女不敢以貴驕,事舜親戚,甚有婦道。(《史記·五帝本紀》)

"親戚"古代漢語中指族内外親屬,也包括父母兄弟。現代漢語中父母親是不能稱親戚的。

以上三例,現代漢語中的詞義範圍比古代漢語窄,或者説是詞義的外延比古代漢語小,也有與此正好相反的情況。如:

菜
① 蘋蘩蘊藻之菜。(《左傳·隱公三年》)
② 雖蔬食菜羹,未嘗不飽。(《孟子·萬章下》)

《説文·艸部》:"菜,艸之可食者。""菜"在先秦專指蔬菜。上述兩例中的"菜"即指"蔬菜"。中古以後,"菜"已不僅僅指蔬菜了,還包括魚肉等食品。如:

③ 自愧無鮭菜,空煩卸馬鞍。(杜甫《王竟攜酒高,亦同過,共用寒字》)

戴侗《六書故》:"吳人通謂魚菜曰鮭菜。""鮭菜"是以魚爲原料做的菜。現代漢語中,在表示食物時,"菜"不再專指"蔬菜",表義範圍變寬了。

河
① 東至于海,西至于河。(《齊桓公伐楚》)

74

第五課　古今詞義的差異與溝通

② 河內凶,則移其民於河東,移其粟於河內。(《寡人之於國也》)

漢代以前,"河"往往特指黃河。後來範圍逐漸變寬。如:

③ 是時,淮河阻兵,飛輓路絕,鹽鐵租賦皆泝漢而上。(《舊唐書·食貨志下》)

④ 乙酉,詔劉錡、王權、李顯忠、戚方嚴備清河、潁河、渦河口。(《宋史·高宗本紀》)

例③④中的"河"泛指河流,詞義範圍寬泛了。

醒
① 姜與子犯謀,醉而遣之。醒,以戈逐子犯。(《左傳·僖公二十三年》)
② 丈人歸,酒醒而誚其子曰。(《奇鬼》)

《說文新附·酉部》:"醒,醉解也。"秦漢時期,"醒"字表示醉酒後再恢復正常神智。例①和例②都是指"酒醒"。後來纔把睡着後醒過來叫做"醒"。如:

③ 朝曦入牖來,鳥喚昏不醒。(韓愈《東都遇春》)
④ 猧兒睡魘喚不醒,滿窗撲落銀蟾影。(成彥雄《寒夜吟》)

現代漢語中,表示恢復神智的意思都可以叫做"醒",意義已寬泛很多。

值得注意的是,儘管"菜""河""醒"的詞義早在唐宋文獻中就已經變得寬泛了,但在先秦文獻中,它們的詞義範圍確實比較狹窄,我們必須注意到這種變化,不能用後代寬泛的詞義去理解它們在先秦文獻中的意義。

2. 程度深淺的差異

即古今詞義輕重深淺不同。如:

恨
① 不知戒,後必有恨。(《荀子·成相》)
② 子爲父死亡所恨。(《漢書·李廣蘇建傳》)

兩例中的"恨"都當"遺憾"講,現代漢語中的"恨"表示怨恨,在表示"不滿意"的情感時,現代漢語詞義重,程度深;古代漢語詞義輕,程度淺。

感激
① 臣以愚戇,感激忘身,敢觸忌諱,手書具對。(《後漢書·蔡邕傳》)
② 三顧臣於草廬之中,諮臣以當世之事。由是感激,遂許先帝以驅馳。(《三國志·蜀書·諸葛亮傳》)

例①中,"感激"以至於"忘身",例②中,"感激"以至於以終生相託。可見詞義之重,程度之深。現代漢語中,"感激"詞義要輕得多。

3. 色彩褒貶的差異

即詞義的感情色彩發生了變化。如:

爪牙

① 夫雖無四方之憂，然謀臣與爪牙之士，不可不養而擇也。(《國語·越語》)

"謀臣"與"爪牙之士"並舉，一文一武，同是國君的得力助手。

② 將軍者，國之爪牙也。(《漢書·李廣蘇建傳》)

"爪牙"古代指武將，猛士，現代漢語中指"幫兇""走狗"。在"助手"這個義項上，古代是褒義詞，現代是貶義詞。

謗

① 厲王虐，國人謗王。(《召公諫厲王弭謗》)
② 士傳言，庶人謗。(《左傳·襄公十四年》)

上兩例中的"謗"均指公開議論他人的過失，是中性詞。漢代逐漸演變指無中生有，惡意中傷。

③ 信而見疑，忠而被謗，能無怨乎？(《史記·屈原賈生列傳》)

現代漢語中祇有"無中生有，惡意中傷"的意思，在表示"議論"這個義項上，古代漢語中是中性詞，現代漢語中是貶義詞。

賄

① 以爾車來，以我賄遷。(《詩經·衛風·氓》)

"賄"本義指財物。由財物義引申出贈送財物的意義，是中性詞。

② 不有君子，其能國乎？國無陋矣，厚賄之。(《左傳·文公十二年》)

杜預注："賄，贈送也。"由贈送引申爲用財物收買，就成爲貶義詞了。

③ 更相告訟，頗行賄賂。(杜佑《通典·選舉》)

在現代漢語中，"賄"指用來買通他人的財物，或是用財物買通他人。先秦是中性詞，現代是貶義詞。

黨

① 臣聞：亡人無黨，有黨必有讎。(《左傳·僖公九年》)
② 不恤公道通義，朋黨比周，以環主圖私爲務，是篡臣者也。(《荀子·臣道》)

上述例子中的"黨"均指爲私利而結成的集團。現代漢語中的"黨"指一種組織。在"利益集團"的義項上，古代漢語中是貶義詞，現代漢語中是中性詞。

4. 詞義特點的差異

即古今詞義的特點不一致。如：

售

① 此酒所以酸而不售也。(《宋人有酤酒者》)
② 衣之不可衣也，食之不可食也，賣之不可僂售也。(《荀子·儒效》)
③ 獻魚者曰："天暑市遠，賣之不售，思欲棄之，不若獻之。"(《說苑·貴德》)

例①"酸而不售",是説酒酸了因而賣不出去。例②中"不可僂售"是説不能很快賣出去。例③中更加明顯,"賣之不售",是説賣了半天賣不出去。可見,古代漢語中,"售"的意義是"賣出",其特點在於强調賣的結果。現代漢語中,"售"衹是表示賣這個動作,不再强調賣的結果了。

購
① 夫樊將軍,秦王購之金千斤,邑萬家。(《史記·刺客列傳》)
② 高祖購求布千金,敢有舍匿,罪三族。(《漢書·季布欒布田叔傳》)
③ 良與客狙擊秦皇帝於博浪沙,誤中副車,秦皇帝大怒,大索天下,求購甚急。(《説苑·復恩》)

例①中"購"的代價除了"金千斤"之外,還有"邑萬家"。例②還附加了違反"購求"命令的處罰措施——"罪三族"。例③在"購"的同時,還"大索天下"。顯然,這三例中,"購"的對象都是"人"而不是"商品",都表示懸賞徵求,都不是現代意義上的一般"購買"。在"通過交換以獲得"這個意義上,"購"古今詞義的特點不同。

訪
① 穆公訪諸蹇叔。(《左傳·僖公三十二年》)
② 楚子將以商臣爲大子,訪諸令尹子上。(《左傳·文公元年》)

上兩例中的"訪"都是君王就某事向大臣徵求意見。現代漢語中泛指訪問、瞭解情況,沒有徵求意見的意思,上對下的特點也不明顯了。

詞義的差異是文言文閲讀最大的障礙之一,而古今詞義的微殊,又最容易造成閲讀理解的偏差和錯誤。因此對於這類詞義,閲讀時要注意仔細分辨,平時要留心積纍,千萬不能以今律古。

二、古今詞義的溝通

社會事物不斷發展,詞義也必然隨着發生變化。但是,社會事物的發展總是在原有基礎上進行的,詞義的變化也是在舊有意義的基礎上,通過新成分的不斷豐富來實現的。何況古代漢語同現代漢語是同一民族的語言,古代漢語是源,現代漢語是流,古代漢語的詞義必然影響着現代漢語詞義的發展,現代漢語這個"流"中必然存有古代漢語這個"源"中的因素。因此,就詞義的發展變化來講,我們在注意到古今詞義差異的同時,還應該瞭解古今詞義聯繫的一面。

瞭解古今詞義的差異,可以使我們看到古今詞義的變化,減少和避免"以今律古";而溝通古今詞義,可以使我們辯證地看待古今詞義的發展,對詞義的變化理解得更加全面。同時還可以利用已知去推求未知,更快更好地把握古代漢語的詞義。

溝通古今詞義的方法多種多樣,最常見的有以下兩種:

（一）從現代漢語複音詞、成語甚至方言口語的詞素中去瞭解古義

在漢語詞彙複音化的過程中，某些詞作爲單音詞獨立使用時，其古代漢語的詞義已經消失了，但在作爲一個語素構成雙音詞、成語時，古代的詞義仍然存在。我們可以通過分析這些雙音詞和成語的語素去瞭解其在古代漢語中的意義。如：

項

① 銜枚氏，下士二人，徒八人。鄭玄注："銜枚，止言語嚻讙也。枚狀如箸，橫銜之，爲之繣，結於項。"（《周禮·秋官·司寇》）

② 籍福起，爲謝。案灌夫項，令謝。夫愈怒，不肯謝。（《史記·魏其武安侯列傳》）

《說文·頁部》："項，頭後也。""項"的本義是脖子的後面。例①中，"繣"是繫東西的繩子，"結於項"即繫在脖子後面。例②中"案灌夫項，令謝"，即按住灌夫的脖子後面，讓他低頭謝罪。現代漢語中，"項"單獨使用時已沒有"脖子的後面"這個義項，但在成語"望其項背"中，"項"作爲一個語素，仍然保存了古義。

即

① 匪來貿絲，來即我謀。（《詩經·衛風·氓》）

② 君子有三變，望之儼然，即之也温，聽其言也厲。（《論語·子張》）

《說文解字繫傳·皀部》："即，猶就也，就食也。"兩例中的"即"都當"接近、走近"講。現代漢語中，"即"單獨使用時已基本不用這個義項了，但在雙音節詞"即席"和成語"若即若離"中仍然表示"接近""走近"的意思。

走

① 填然鼓之，兵刃既接，棄甲曳兵而走。（《寡人之於國也》）

② 田中有株，兔走觸株，折頸而死。（《上古之世》）

兩例中的"走"都表示"跑"。現代漢語中，"走"單獨使用已不表示"跑"，但是在"走馬觀花""奔走相告""走投無路"等成語中，"走"作爲一個語素，仍保留了古義。其實，唱歌"走調"，方言中也叫"跑調"；電綫漏電，既可以說"走電"，也可以說"跑電"。"走"還可以表示"跑"。

易

① 逢丑父與公易位。（《左傳·成公二年》）

② 以粟易械器者，不爲厲陶冶。（《孟子·滕文公上》）

③ 世易時移，變法宜矣。（《荆人欲襲宋》）

④ 利不百，不變法；功不十，不易器。（《禮法以時而定》）

例①中的"易位"即"交換位置"，例②中的"易械器"即"換取械器"，這兩句中的"易"都表示"換"。例③中的"易"表示"變化"，例④中的"易"表示"改變"。它們的基本意義都是"變"。現代漢語中,"易"作爲一個詞單獨使用時,"換"和"變"的義項都不常用了。但在一些雙音詞和成語中,作爲語素,這兩個意義都還存在。如"交易""貿易"中的"易"都當"換"講,"易手""移風易俗""改弦易轍"中的"易"都當"改變"講。

(二) 從詞義的共同特點和相互聯繫上去瞭解古義

　　以語素形式保存在現代漢語雙音詞和成語中的"古義"是溝通古今詞義的橋樑,是我們瞭解古代詞義的有利條件。但也必須看到,這種"遺留"畢竟不全面,也不系統。因此,溝通古今詞義的最重要的方法還是從古今詞義的共同特點和相互聯繫上去瞭解古義。

　　由於詞義的發展是通過新的成分對舊有意義的不斷補充和完善來實現的,所以,一個詞的多個義項之間也有着各種各樣的聯繫,處於這種聯繫樞紐地位的是詞的本義,詞義的共同特點也往往包含在本義當中。因此,掌握了詞的本義及其特點,就能夠以簡馭繁地去溝通和把握詞義。

　　誣
　　① 天實置之,而二三子以爲己力,不亦誣乎!(《介子推不言祿》)
　　② 弗能必而據之者,誣也。(《韓非子·顯學》)

　　例①中的"不亦誣乎",意思是說"不是太虛假了嗎",例②是說"不能確定却又依據它,是虛妄"。兩句中的"誣"都當"虛妄"講。《說文·言部》:"誣,加也。"徐鍇進一步解釋說:"以無爲有也。"把沒有的事當作已經發生的事,自然是"虛妄""不真實",這正是"誣"的本義。把不真實的話講給別人,就是欺騙,所以"誣"可以引申出"欺騙"義;把虛妄的事情強加在別人頭上,就是"捏造罪名陷害","誣"又有"誣陷"義。我們祇要瞭解了"誣"的"虛妄不實"的本義,對"欺騙""誣陷"等詞義也就理解得更深刻了。

　　秉
　　① 彼有遺秉,此有滯穗。(《詩經·小雅·大田》)
　　② 或取一編菅焉,或取一秉秆焉。(《左傳·昭公二十七年》)

　　"遺秉"是遺留下的禾把、禾束,"一秉秆"即"一把禾秆"。"秉"是由"禾"和"又(手)"兩個表意符號構成的會意字,表示用手拿着一把禾。《說文·又部》:"秉,禾束也。从又,持禾。"可見,"秉"的本義是"禾束""禾把"。由於"禾把"是握在手中的,所以"秉"又有"持""握"的意思,如"秉燭夜游"。由持、握具體的東西,發展爲主持政事,于是有了"執掌""主持"的意義,如"秉政""秉權"。長時間"執""握",就有了"堅持""堅守"的意義,如"秉德""秉正""秉公"等。

　　儘管"秉"作爲單音詞在現代漢語中已不常使用,人們對它比較陌生,但祇要明白了它的本義,就可以比較準確地把握它的詞義系統,從而有效地掌握它的古義。

文選

齊桓公伐楚①

四年，春，齊侯以諸侯之師侵蔡②。蔡潰③，遂伐楚。楚子使與師言曰④："君處北海⑤，寡人處南海⑥，唯是風馬牛不相及也⑦。不虞君之涉吾地也⑧，何故？"管仲對曰⑨："昔召康公命我先君大公⑩，曰：'五侯九伯⑪，女實征之⑫，以夾輔周室⑬。'賜我先君履⑭：東至于海⑮，西至于河⑯，南至于穆陵⑰，北至于無

---

① 本篇選自《左傳·僖公四年》。題目爲後加。《左傳》原名《左氏春秋》。相傳爲魯史官左丘明所作，成書於戰國初期。《左傳》是我國第一部敘事詳細的編年體史書。記載了春秋時期各諸侯國的政治、經濟、軍事、外交等方面的史實，具有重要的歷史文獻價值。歷代爲《左傳》作注的很多，通行的注本是《十三經注疏》中的《春秋左傳正義》，晉·杜預注，唐·孔穎達疏。今人楊伯峻的《春秋左傳注》也較爲詳盡。本篇講述了公元前656年，齊桓公率領齊、魯、宋、衛、鄭、許、曹等國軍隊進攻楚國。楚國也不示弱，派出使者與齊國展開了針鋒相對的鬥爭。最後雙方訂立了盟約。齊桓公：名小白，公元前685年即位，春秋五霸之一。楚：國名，羋(Mǐ)姓，子爵，在今湖北省一帶。

② 齊侯：指齊桓公。以：介詞，率領。諸侯之師：指參加這次戰役的魯、宋、陳、衛、鄭、許、曹等國的軍隊。蔡：國名，姬姓，侯爵，在今河南省汝南、上蔡一帶。

③ 潰：潰敗。

④ 楚子：指楚成王，名惲，公元前671年即位。

⑤ 北海：今渤海。齊臨渤海。

⑥ 南海：楚國國境不到南海，這裏北海、南海並非實指，祇是泛指兩國距離很遠。

⑦ 風：馬、牛牝牡相誘。

⑧ 虞：料到，想到。涉：本指徒步過河，這裏指走到、進入。

⑨ 管仲：齊國大夫，姓管，名夷吾，字仲。

⑩ 召(shào)康公：即召公奭，周成王太保，與周公共同輔佐王室，因其食邑在召(今陝西岐山)，故稱召公。"康"是其謚號。大(tài)公：姜姓，呂氏，名尚，稱姜太公，輔佐周文王、武王滅商，封在齊國，爲齊國始祖。大，後作"太"。

⑪ 五侯九伯：泛指諸侯。五侯，公、侯、伯、子、男五等諸侯。九伯，九州之長。

⑫ 實：句中語氣詞。

⑬ 夾輔：輔佐。

⑭ 履：鞋。這裏代指可以征伐的範圍。

⑮ 海：泛指渤海、黃海。

⑯ 河：黃河。

⑰ 穆陵：楚國地名，指今湖北麻城縣北的穆陵關。一說爲齊地，指今山東林朐縣南的穆陵關。

棣①。爾貢包茅不入②,王祭不共③,無以縮酒④,寡人是徵⑤;昭王南征而不復⑥,寡人是問⑦。"對曰:"貢之不入,寡君之罪也,敢不共給⑧?昭王之不復,君其問諸水濱⑨!"

師進,次于陘⑩。

夏,楚子使屈完如師⑪。師退,次于召陵⑫。

齊侯陳諸侯之師⑬,與屈完乘而觀之⑭。齊侯曰:"豈不穀是爲⑮?先君之好是繼⑯!與不穀同好,如何?"對曰:"君惠徼福於敝邑之社稷⑰,辱收寡君⑱,寡君之願也。"齊侯曰:"以此衆戰,誰能禦之!以此攻城,何城不克!"對曰:"君若以德綏諸侯⑲,誰敢不服?君若以力,楚國方城以爲城⑳,漢水以爲池㉑,雖衆,無所用之!"

屈完及諸侯盟。

---

① 無棣:齊國地名,在今山東無棣縣一帶。

② 包茅:包裹成捆的菁茅,菁茅爲楚國特產,古代祭祀時使用。包,一作"苞"。

③ 共(gōng):供給,後作"供"。

④ 縮酒:滲酒,古代祭祀時的一種儀式,把祭酒倒在神主前的包茅上讓其慢慢滲下,表示神已飲酒。

⑤ 寡人是徵:賓語前置,代詞"是"作賓語,置於動詞"徵"前。徵,索取。

⑥ 昭王:周昭王,成王之孫,名瑕。征:遠行。復:回來。

⑦ 寡人是問:賓語前置,代詞"是"作賓語,置於動詞"問"前。

⑧ 敢:謙敬副詞,作狀語,可譯爲"怎敢"。

⑨ 其:語氣詞,作狀語,表示委婉語氣,可譯爲"請"。諸:"之於"的合音,其中"之"指代這件事。

⑩ 次:臨時駐扎。陘:山名,在今河南省偃城縣南。

⑪ 屈完:楚大夫。如:前往,到……去。師:諸侯聯軍。

⑫ 召(shào)陵:楚國地名,在今河南省郾城縣東。

⑬ 陳:陳列。

⑭ 乘:坐車。

⑮ 豈不穀是爲:賓語前置。"不穀"作"爲"的前置賓語,用代詞"是"複指。不穀,不德,諸侯自謙之辭。

⑯ 先君之好是繼:賓語前置。"先君之好"作"繼"的前置賓語,用代詞"是"複指。

⑰ 惠:表敬副詞。徼:求。社稷:社,土地神;稷,五穀神。

⑱ 辱:表敬副詞。

⑲ 綏:安撫。

⑳ 方城:楚國山名,在今河南省葉縣南。"方城"作介詞"以"的前置賓語。

㉑ 池:護城河。"漢水"作介詞"以"的前置賓語。

介子推不言禄①

晉侯賞從亡者②。介之推不言禄,禄亦弗及。推曰:"獻公之子九人③,唯君在矣。惠、懷無親④,外內弃之⑤。天未絕晉,必將有主。主晉祀者,非君而誰?天實置之,而二三子以爲己力⑥,不亦誣乎⑦!竊人之財猶謂之盜,況貪天之功以爲己力乎⑧?下義其罪⑨,上賞其姦⑩,上下相蒙⑪,難與處矣。"其母曰:"盍亦求之⑫?以死,誰懟⑬?"對曰:"尤而效之⑭,罪又甚焉⑮。且出怨言,不食其食。"其母曰:"亦使知之,若何⑯?"對曰:"言,身之文也⑰。身將隱,焉用文之⑱?是求顯也。"其母曰:"能如是乎!與女偕隱⑲。"遂隱而死。

---

① 本篇選自《左傳·僖公二十四年》。題目爲後加。介子推隨同晉公子重耳出亡,並在重耳飢餓不堪時"割股啖君"。重耳回國爲君後,賞賜跟隨出亡的人,沒賞介子推,介子推也不求賞賜。他認爲重耳即君位是天意,並非人力。因此,臣下不應該邀功求賞,重耳也不應賞賜臣下。於是他在母親的支持下歸隱綿山。介子推:又作"介之推",晉國大夫。相傳他隨晉公子重耳出亡途中,見重耳飢餓不堪,曾割下自己大腿上的肉做飯給重耳吃,史稱"介子推割股啖君"。言:談論,這裏指向國君要求。禄:俸禄。

② 晉侯:指晉文公,名重耳,謚號"文",晉獻公之子。由於受驪姬讒害,重耳於魯僖公四年(前656)外出流亡,歷盡磨難。十九年後重新回到晉國,並登君位,爲晉文公,後成爲春秋五霸之一。晉屬侯爵,故稱晉侯。從亡者:跟隨他到國外流亡的人。

③ 獻公:名詭諸,晉武公之子,魯莊公十八年(前676)即位,文公重耳之父。

④ 惠:晉惠公,名夷吾,晉獻公之子。懷公:名圉,晉惠公之子。親:親近的人。

⑤ 外:國外諸侯。內:國內百姓。

⑥ 二三子:指跟隨重耳出亡並得到賞賜的人。

⑦ 誣:虛枉不實,荒唐。

⑧ 貪:《說文·貝部》:"貪,欲物也,从貝,今聲。"此處用本義,義爲貪求,貪取。

⑨ 義:名詞意動用法,把……當作義行。

⑩ 姦:邪惡。

⑪ 蒙:欺騙。

⑫ 盍:何不。

⑬ 誰懟(duì):賓語前置,疑問代詞"誰"作賓語,置於動詞"懟"前。懟,怨恨。

⑭ 尤:指責。效:模仿,效法。

⑮ 焉:兼詞,相當於"於是",其中"是"指代"貪天之功以爲己力"這件事。

⑯ 若何:怎麼樣。

⑰ 文:文飾,裝飾。

⑱ 焉:疑問代詞,作狀語,哪裏。

⑲ 女(rǔ):第二人稱代詞,你。偕:一起。

晉侯求之①,不獲。以緜上爲之田②,曰:"以志吾過③,且旌善人④。"

子文治兵⑤

楚子將圍宋⑥,使子文治兵於睽⑦,終朝而畢⑧,不戮一人。子玉復治兵於蒍⑨,終日而畢,鞭七人,貫三人耳⑩。國老皆賀子文⑪,子文飲之酒⑫。蒍賈尚幼⑬,後至,不賀。子文問之,對曰:"不知所賀。子之傳政於子玉⑭,曰:'以靖國也⑮。'靖諸內而敗諸外⑯,所獲幾何?子玉之敗,子之舉也⑰。舉以敗國,將何賀焉⑱?子玉剛而無禮⑲,不可以治民。過三百乘⑳,其不能以入矣㉑。苟入

---

① 求:尋找。
② 緜上:晉國地名,故址在今山西省介休縣南。爲之田:雙賓語。田,封地。
③ 志:記。過:過失,錯誤。
④ 旌:表彰。
⑤ 本篇選自《左傳·僖公二十七年》。題目爲後加。子文治兵寬緩,子玉剛愎暴虐,國老恭賀子文。蒍(Wěi)賈認爲,子玉是子文舉薦的,子玉有過失,子文不當受賀,並表示了對子玉帶兵出征的擔憂。子文:鬬穀於菟(Gòuwūtú),字子文,楚大夫鬬伯比之子,楚國前任令尹(最高行政長官)。治兵:出征前訓練部隊。
⑥ 楚子:指楚成王,名頵(Yūn),公元前671年即位。宋:子姓諸侯國,成湯的後代,在今河南商丘一帶。
⑦ 睽(Kuí):楚國邑名,今地不詳。
⑧ 朝(zhāo):日出至上午十時左右。
⑨ 子玉:姓成,名得臣,字子玉,楚國現任令尹。蒍:楚邑名,今地不詳。
⑩ 貫:這裏指用箭刺穿。貫耳是當時軍隊中的一種刑罰。
⑪ 國老:退職的有名望的老臣。
⑫ 飲(yìn):動詞使動用法,使……喝。飲之酒:雙賓語,"之"代指國老,作間接賓語,"酒"爲直接賓語。
⑬ 蒍賈:字伯嬴,即後來楚國名相叔孫敖之父。
⑭ 傳政於子玉:僖公二十三年,子文把令尹的職位傳給了子玉。
⑮ 靖:安定。
⑯ 諸:"之於"的合音。
⑰ 舉:推薦。
⑱ 將:副詞,作狀語,還、又。何賀:賓語前置,疑問代詞"何"作賓語,置於動詞"賀"前。
⑲ 剛:剛愎自用。
⑳ 三百乘:三百輛戰車的兵力。
㉑ 其:語氣詞,表示測度語氣,大概。以:率領,後面省略了賓語"之"。入:回國。

而賀①,何後之有②?"

晉靈公不君③

　　晉靈公不君,厚斂以彫牆④;從臺上彈人而觀其辟丸也⑤;宰夫胹熊蹯不孰⑥,殺之,置諸畚⑦,使婦人載以過朝⑧。趙盾、士季見其手⑨,問其故而患之。將諫,士季曰:"諫而不入,則莫之繼也⑩。會請先,不入,則子繼之⑪。"三進及溜⑫,而後視之,曰:"吾知所過矣⑬,將改之。"稽首而對曰⑭:"人誰無過,過而能改,善莫大焉⑮!《詩》曰⑯:'靡不有初⑰,鮮克有終⑱。'夫如是,則能補過者鮮矣。君能有終,則社稷之固也,豈惟群臣賴之。又曰:'袞職有闕⑲,惟仲山

---

① 苟:假如。
② 何後之有:賓語前置。"何後"作"有"的前置賓語,用代詞"之"複指。
③ 本篇選自《左傳·宣公二年》。題目爲後加。晉靈公無道,屢諫不改,反而加害忠良,最終身死人手。趙盾忠貞爲國,直言敢諫,不幸爲法受惡。晉靈公:名夷皋,晉襄公之子,公元前620年即位。君:名詞用作動詞。不君,不行君道。
④ 厚:重。斂:賦稅。彫:畫。
⑤ 彈(tán):用彈弓射。辟:躲避,後作"避"。丸:彈丸。
⑥ 胹(ér):燉。熊蹯:熊掌。孰:後作"熟"。
⑦ 諸:"之於"的合音,"之"代指"宰夫"。畚:用草繩編成的筐一類的器皿。
⑧ 載:抬着。一説用車裝着。過朝:從朝廷上經過。
⑨ 趙盾:諡號宣子,晉國正卿。士季:名會,晉國大夫。
⑩ 莫之繼:賓語前置,否定句中代詞"之"作賓語,置於動詞"繼"前。意爲"沒有誰接續您"。因爲趙盾是正卿,除國君外,官位最高。之,代詞,指代聽話者。
⑪ 子:對人的敬稱,您。之:代詞,指代説話者。
⑫ 三進:士季每進一次,就向靈公跪拜一次,靈公故意裝作看不見。士季祇能繼續往前走,再拜,一共前進了三次。溜:指屋檐下滴水處。
⑬ 所過:所犯的過錯。
⑭ 稽首:先跪拜,再拱手至地,頭伏在雙手前的地上稍作停留。稽首禮是古人最恭敬的禮節。
⑮ 莫:否定性無定代詞,作主謂結構的主語,沒有哪一種。焉:兼詞,相當於"於是",其中"是"指代"過而能改"。
⑯ 《詩》:引自《詩經·大雅·蕩》。
⑰ 靡:無定代詞,沒有誰。初:開始。
⑱ 鮮:少。克:能夠。
⑲ 袞職:周天子。袞指天子穿的禮服,代指天子。此詩中指周宣王。闕:過失。

甫補之①，能補過也。君能補過，袞不廢矣。"

　　猶不改。宣子驟諫②，公患之，使鉏麑賊之③。晨往，寢門闢矣④，盛服將朝⑤。尚早，坐而假寐⑥。麑退，嘆而言曰："不忘恭敬，民之主也⑦。賊民之主，不忠；弃君之命，不信⑧。有一於此，不如死也。"觸槐而死。

　　秋，九月，晉侯飲趙盾酒⑨，伏甲將攻之。其右提彌明知之⑩，趨登⑪，曰："臣侍君宴，過三爵，非禮也。"遂扶以下。公嗾夫獒焉⑫，明搏而殺之。盾曰："弃人用犬，雖猛何爲！"鬥且出。提彌明死之⑬。

　　初，宣子田於首山⑭，舍于翳桑⑮，見靈輒餓⑯，問其病。曰："不食三日矣。"食之⑰，舍其半⑱。問之。曰："宦三年矣⑲，未知母之存否。今近焉，請以

---

①　仲山甫：周宣王的相。此詩出自《詩經·大雅·烝民》。

②　驟：多次。

③　鉏麑(chúní)：晉國力士。賊：《説文·戈部》："賊，敗也，从戈，則聲。"此處用本義，義爲殺害。

④　寢：卧室。闢：開。

⑤　盛：穿戴整齊。朝：上朝。

⑥　假寐：打瞌睡。

⑦　主：當家人。

⑧　信：信用。

⑨　飲(yìn)：動詞使動用法，使……喝。飲趙盾酒：雙賓語，"酒"是直接賓語，"趙盾"是間接賓語。

⑩　右：車右，又叫參乘(shèng)，戰車上的勇力之士。古代車制，一車三人，君王或主帥居中，御者居左，勇力之士居右。非帥車中，則尊者居左，御者居中。

⑪　趨：小步快走。

⑫　嗾(sǒu)：喚狗的聲音。獒：猛犬。

⑬　死：爲……而死。這裏指爲趙盾而戰死。

⑭　田：田獵。首山：又名首陽山，在今山西省永濟縣南。

⑮　舍：休息。翳桑：地名，今地不詳。

⑯　餓：長時間缺乏飲食。

⑰　食(sì)：動詞使動用法，使……吃。

⑱　舍：剩下，後作"捨"。

⑲　宦：在貴族家做奴僕。

遺之①。"使盡之,而爲之簞食與肉②,寘諸橐以與之③。既而與爲公介④,倒戟以禦公徒而免之⑤。問何故。對曰:"翳桑之餓人也。"問其名居,不告而退,遂自亡也⑥。

乙丑⑦,趙穿攻靈公於桃園⑧。宣子未出山而復⑨。大史書曰:"趙盾弒其君。"以示於朝。宣子曰:"不然。"對曰:"子爲正卿,亡不越竟⑩,反不討賊⑪,非子而誰?"宣子曰:"烏呼!'我之懷矣,自詒伊慼⑫',其我之謂矣⑬。"

子產論爲政⑭

鄭子產有疾,謂子大叔曰⑮:"我死,子必爲政。唯有德者能以寬服民⑯,其次莫如猛⑰。夫火烈,民望而畏之,故鮮死焉⑱;水懦弱,民狎而翫之⑲,則多死焉,故寬難。"疾數月而卒。

---

① 遺(wèi):送給。
② 爲之簞(dān)食與肉:雙賓語,"簞食與肉"是直接賓語,"之"是間接賓語。爲,準備。簞,盛飯食用的圓竹筐。
③ 橐(tuó):口袋。
④ 既而:不久。與:參加。介:甲士。
⑤ 免:動詞使動用法,使……免除(禍難)。
⑥ 亡:逃走。
⑦ 乙丑:九月二十六日。
⑧ 趙穿:晉襄公女婿,趙盾昆弟。攻:一本作"殺"。桃園:晉靈公的園囿。
⑨ 山:指晉國邊境之山。
⑩ 竟:邊境,後作"境"。
⑪ 反:回來,後作"返"。賊:指殺害靈公的凶手。
⑫ 懷:眷戀。詒:留下。慼:憂傷。
⑬ 其:語氣詞,表示測度、委婉語氣,可譯爲"大概"。我之謂:賓語前置,"我"作"謂"的前置賓語,用"之"複指。意爲:說的是我。
⑭ 本篇選自《左傳·昭公二十年》。題目爲後加。鄭執政大夫子產臨終前告誡繼承人子太叔,祇有有德的人纔能用寬緩的政策使百姓服從,一般人治民應該以嚴厲爲主。孔子贊賞子產的觀點,認爲治民應該剛柔相濟,寬嚴結合。子產:時任鄭國執政大夫。爲政:執政,治理政事。
⑮ 子大(tài)叔:名游吉,鄭國大夫。大,後作"太"。
⑯ 寬:寬大,鬆緩。服:動詞使動用法,使……服從。
⑰ 猛:嚴厲。
⑱ 鮮(xiǎn):少。焉:兼詞,相當於"於是",其中"是"指代"火"。
⑲ 狎(xiá):輕視。翫(wán):戲耍。

第五課　古今詞義的差異與溝通

　　大叔爲政，不忍猛而寬。鄭國多盜①，取人於萑苻之澤②。大叔悔之③，曰："吾早從夫子④，不及此。"興徒兵以攻萑苻之盜⑤，盡殺之，盜少止⑥。

　　仲尼曰："善哉！政寬則民慢⑦，慢則糾之以猛。猛則民殘⑧，殘則施之以寬。寬以濟猛⑨，猛以濟寬，政是以和⑩。《詩》曰⑪：'民亦勞止⑫，汔可小康⑬；惠此中國⑭，以綏四方⑮'，施之以寬也。'毋從詭隨⑯，以謹無良⑰，式遏寇虐⑱，憯不畏明⑲'，糾之以猛也。'柔遠能邇⑳，以定我王'，平之以和也。又曰：'不競不絿㉑，不剛不柔，布政優優㉒，百祿是遒㉓'，和之至也。"

　　及子產卒，仲尼聞之，出涕曰㉔："古之遺愛也㉕。"

---

① 盜：強盜。
② 取人：指劫取他人財物。一說"取人"當爲"聚"字之誤，因"聚"下半部分損壞而誤。萑苻(huánpǔ)：又作萑蒲，澤名，今地不詳。一說爲"蘆葦"。
③ 悔：對……後悔。
④ 夫子：對人的尊稱，指子產。
⑤ 興：出動。徒兵：步兵。
⑥ 少：副詞，漸漸。
⑦ 慢：懈怠。
⑧ 殘：受到損害。
⑨ 濟：補助，救助。
⑩ 是以：代詞"是"作賓語，置於介詞"以"前，可譯作"因此"。和：適中。
⑪ 《詩》：指《詩經·大雅·民勞》。
⑫ 勞：辛勞。止：語氣詞。
⑬ 汔(qì)：庶幾，希望。一說爲"乞"的借字，義爲"乞求"。康：安居，安寧。
⑭ 中國：周王室直接統治的區域。
⑮ 綏：安撫。四方：指諸侯國。
⑯ 毋：副詞，不要。從(zòng)：放縱，後作"縱"。詭：狡詐。隨：順從。
⑰ 謹：警戒。無良：不善之人。
⑱ 式：語氣詞，無義。遏：制止。
⑲ 憯：一作"朁"，曾。明：指公開的法令。
⑳ 柔：懷柔。能：和睦。
㉑ 競：急躁。絿(qiú)：舒緩。
㉒ 布：施。優優：寬和的樣子。
㉓ 百祿是遒："百祿"作"遒"的前置賓語，用代詞"之"複指。遒，聚集。這四句詩出自《詩經·商頌·長發》。
㉔ 涕：眼泪。
㉕ 愛：仁。意思是說"子產的仁愛，有古之遺風"。

87

一、利用有關詞典,解釋下列成語中加着重號字的意義,體會其古今意義的異同。

1. 金城湯池
2. 若即若離
3. 呼天搶地
4. 口誅筆伐
5. 並行不悖
6. 望其項背
7. 奔走相告
8. 移風易俗
9. 秉燭夜游
10. 饒有風趣
11. 揭竿而起
12. 追亡逐北
13. 狐假虎威
14. 赴湯蹈火
15. 日暮途窮
16. 顧影自憐
17. 脫穎而出
18. 餘勇可賈
19. 雲合響應
20. 枉尺直尋

二、簡答題

1. 從實踐辨識的角度分析,古今詞義的變化和差異主要表現在哪些方面?請舉例說明。
2. 古今義項的微殊主要表現在哪些方面?請各舉一例。
3. 溝通古今詞義最常見的方法有哪些?

三、閱讀下面短文,並翻譯成現代漢語。

荀巨伯遠看友人疾,值胡賊攻郡。友人語巨伯曰:"吾今死矣,子可去。"巨伯曰:"遠來相視,子令吾去。敗義以求生,豈荀巨伯所行邪?"賊既至,謂巨伯曰:"大軍至,一郡盡空。汝何男子而敢獨止?"巨伯曰:"友人有疾,不忍委之。寧以我身代友人命。"賊相謂曰:"我輩無義之人,而入有義之國。"遂班軍而還,一郡並獲全。(《世說新語·德行》)

第六課　多義詞和詞義引申

一、古代漢語中詞的多義性

　　從理論上講，詞在產生時應該是單義的。但在人類歷史發展的漫長歲月中，隨着人們對客觀事物認識的不斷深入，需要記述和表達的事物和概念越來越多，由於受到自身發音條件等客觀情況的限制，人們不可能也沒有必要爲每一個新事物都創造一個新詞，於是，一詞多義的現象就不可避免地產生了詞的每一個意義就是一個義項。具有多個義項的詞叫多義詞。我們在閱讀文言文時就經常遇到這種現象，同一個詞在不同的句子中表達不同的意義。如：

絕

① 繩斷：天柱折，地維絕。（《淮南子・天文訓》）
② 斷絕：今殺相如，終不能得璧也，而絕秦趙之歡。（《史記・廉頗藺相如列傳》）
③ 窮盡：度漢兵遠不能至，而禁其食物，以苦漢使。漢使乏絕。（《史記・大宛列傳》）
④ 獨一無二：故俗傳愷之有三絕：才絕、畫絕、癡絕。（《晉書・顧愷之傳》）
⑤ 詩歌體裁：夫詩有古近律絕，體莫備於唐代。（劉鑒《合刻李杜分體全集序》）
⑥ 渡過：假舟楫者，非能水也，而絕江河。（《荀子・勸學》）
⑦ 超過：雖墨孟之徒，不能絕也。（《後漢書・郭符許傳》）

引

① 開弓：君子引而不發，躍如也。（《孟子・盡心上》）
② 延長、伸長：我君景公引領西望。（《左傳・成公十三年》）
③ 牽挽：善張網者引其綱。……引其綱而魚已囊矣。（《韓非子・外儲說右下》）
④ 導引、率領：項羽乃悉引兵渡河。（《史記・項羽本紀》）
⑤ 退卻：且引且戰，連鬭八日。（《史記・李將軍列傳》）
⑥ 序言：敢竭鄙誠，恭疏短引。（王勃《滕王閣序》）
⑦ 延請：乃設九賓禮於廷，引趙使者藺相如。（《史記・廉頗藺相如列傳》）
⑧ 招致：故知持權引謗，所幸者非己。（《後漢書・鄧皇后紀論》）

　　像"絕""引"這類有兩個或兩個以上義項的詞叫多義詞，而祇有一個義項的詞叫單義詞。造成一詞多義現象的一個重要原因是詞義的引申。

二、詞義運動的基本方式——引申

所謂詞義的引申,是指詞義從一點出發,沿着不同的方向,向相關的方面延伸而產生一系列新的意義的過程。詞義引申是詞義運動的基本方式。

(一) 詞的本義與引申義

詞的本義,理論上講應該是詞產生時的最早的意義。但由于漢語的產生歷史久遠,原始漢語中某詞最早的意義是什麽,在悠久的歲月中又是怎樣演變的,歷史上沒有記錄,今人已很難考察確定。於是,傳統漢語語言學上就把通過分析漢字的形體所得出的詞的義項叫做這個詞的本義。

今天我們所見到的文獻都是由漢字記錄的,因此,通過分析漢字形體所得出的義項是中國古代文獻大量產生時期的詞的最早意義。這個意義也自然是其他義項引申的起點和核心。

如"絶",《説文·糸部》:"𦆁,斷絲也。从糸,从刀,从卩。"從構形上可以看出"絶"與"斷絲"有關。所以,在上文所列的古代漢語常見的義項中,第一個義項是它的本義。再如"引",《説文·弓部》的注釋是"𢎺,開弓也,从弓丨"。徐鉉認爲,"象引弓之形"。從"引"的構形上,可看出與"開弓"有關,所以"開弓"是它的本義。

所謂引申義,是指在多義詞的數個義項中從本義引申派生出來的意義。

"絶"的本義是"斷絲",由"斷絲"引申出一般意義的"斷絕",由"斷絕"引申出"窮盡"。由"窮盡"又可引申出"獨一無二"的義項。"斷絕"的結果是一分爲二,律詩的一半也可以叫"絶"。同時,用刀斷絲時,儘管橫切面小,但刀必然是從絲的中間切過,這種過程同船從河的此岸划向彼岸相似,於是又引申出"穿過""渡過"的義項,再引申出"超過"的義項。可見,後六項都是"斷絲"派生出來的意義,是"絶"的引申義。

"引"的本義是"開弓",開弓時弓弦要延長,於是引申出"延長"的義項。開弓時要握住弓弦,於是引申出"牽挽"的義項。開弓時要掌握弓弦行走的方向,於是引申出"導引""率領"的義項。開弓時弓行的方向是向後的,因此又可引申出"退却"的義項。文章的"序言"也有引導讀者進入正文的作用,於是引申出"序言"的義項。開弓時弓弦往懷裏拉與邀請他人來訪,方向都是由外向內,於是又引申出"延請"的義項。"延請"是請人來,於是又引申出"招致"的義項。這樣,"引"常用的八個義項中,"開弓"是本義,後七個義項是引申義。

(二) 引申義與本義的聯繫

引申義之所以能夠從本義派生出來,是因爲引申義與本義所指稱的事物有某種聯繫。由本義派生出引申義既是詞義內部運動規律的反映,同時又要受到本民族思維認識習慣的制約,因而本義與引申義之間的聯繫很複雜。弄清它們之間的聯繫,對於理解和把握整個詞義體系是十分必要的。

第六課　多義詞和詞義引申

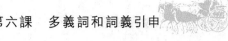

詞的引申義與本義的聯繫，常見的有以下幾種類型：

1. 相似關係

引申義和本義所指稱的事物在形狀、功能、方式、特點等方面具有相似之處，通過類比造成引申。

斗

① 酌以大斗，以祈黃耇。(《詩經·大雅·行葦》)（指酌酒器）

② 維北有斗，不可以挹酒漿。(《詩經·小雅·大東》)（指斗星）

《說文·斗部》："斗，十升也。象形，有柄。""斗"的本義是酌酒的器皿，形貌特徵是勺形，長柄。夜空中，北方由七顆星排列組成的一個小小的星群也呈勺形，長柄，與酌酒的器皿相似，也就用"斗"來命名，於是"斗"便引申出"斗星"的意義。

關

① 臧紇斬鹿門之關以出。(《左傳·襄公二十三年》)（門閂）

② 孟嘗君至關。關法，雞鳴而出客。(《史記·孟嘗君列傳》)（關卡）

《說文·門部》："關，以木橫持門戶也。"即用橫木把門插上。所以，"關"的本義是"門閂"。關卡也有控制人出入的作用，功能同門閂相似，所以"關"可引申指"關卡"。

習

① 溫風始至，蟋蟀居壁，鷹乃學習，腐草爲螢。(《禮記·月令》)（數飛）

② 學而時習之，不亦說乎！(《論語·學而》)（復習）

《說文·習部》："習，數飛也。从羽，白聲。""習"的本義指鳥屢次拍着翅膀飛。學知識也要反覆進行，所以"習"可引申指"復習"。

道

① 自御而歸，不能當道。(《左傳·襄公二十二年》)（道路）

② 天有常道矣，地有常數矣。(《荀子·天論》)（規律）

《說文·辵部》："道，所行道也。从辵、从首，一達謂之道。""道"的本義是"道路"。自然界和人類社會的規律與道路有相似之處，所以"道"可引申指"道理""規律"。

"斗星"與"酌酒器皿"形狀相似，"關卡"與"門閂"功能相似，"鳥屢次拍着翅膀飛"與"復習"方式相似，"規律"與"道路"特點相似。

2. 因果關係

引申義和本義之間具有因果關係，通過邏輯推導造成詞義引申。例如：

虛

① 升彼虛矣，以望楚矣。(《詩經·鄘風·定之方中》)（大丘）

② 倉廩虛而囹圄實，賢人退而姦民進。(《管子·五輔》)（空虛）

《說文·丘部》："虛，大丘也。崑崙丘謂之崑崙虛。""虛"的本義是"大丘"。物體大了

就容易空曠,所以"虛"可引申爲"空虛"。

信
① 信言不美,美言不信。(《老子》八十一章)(言語真實)
② 以是觀之,人謂子產不仁,吾不信也。(《左傳·襄公三十一年》)(相信)

《説文·言部》:"信,誠也。从人,从言。""信"的本義是"言語真實"。言語真實了別人就容易相信,所以"信"可以引申爲"相信"。

3. 動靜關係

動指動作行爲,靜指名稱性狀。事物本身與其性質狀態及相關的動作行爲有密切關係,從而構成相互間的引申。這種形式的引申往往引起詞性的變化。

節
① 竹之始生,一寸之萌耳,而節葉具焉。(蘇軾《文與可畫篔簹谷偃竹記》)(竹節)
② 強本而節用,則天不能貧。(《荀子·天論》)(節制)

《説文·竹部》"節,竹約也。""節"的本義是"竹約"。竹節約束着竹子每一段的長短粗細,所以可引申出"節制""約束"的意義。

這是由事物的名稱引申出相關動作,由名詞意義引申出動詞意義。

會
① 叔孫戴伯帥師會諸侯之師侵陳。(《左傳·僖公四年》)(會合)
② 宋人背北杏之會。(《左傳·莊公十三年》)(盟會)

《説文·會部》:"會,合也。""會"的本義是相聚、會合。多人相會就可引申爲盟會。

這是由動作引申出相關事物的名稱,由動詞意義引申出名詞意義。

舒
① 延頸而鳴,舒翼而舞。音中宮商之聲,聲聞於天。(《韓非子·十過》)(伸展)
② 舒而脱脱兮,無感我帨兮,無使尨也吠。(《詩經·召南·野有死麕》)(緩慢)

《説文·予部》:"舒,伸也。""舒"的本義是"伸展",引申爲"緩慢"。

這是由動作引申出相關的狀態,由動詞意義引申出形容詞意義。

4. 時空關係

時間和空間關係密切,表示時空的詞可以互相引申。

閒
① 有自門閒射陽越,殺之。(《左傳·定公八年》)(縫隙)
② 扁鵲見蔡桓公,立有閒,扁鵲曰:"君有疾在腠理,不治將恐深。"(《韓非子·喻老》)(一會兒)

《説文·門部》:"閒,隙也。从門,从月。徐鍇曰,夫門夜閉見月光,是有閒隙也。"可見,"閒"的本義是"縫隙",表示空間的間隔。引申指"一會兒",表示時間的間隔。

急
① 獫狁孔熾，我是用急。（《詩經·小雅·六月》）（急切）
② 遂生縛布。布曰："縛太急，小緩之。"太祖曰："縛虎不得不急也。"（《三國志·魏書·呂布傳》）（緊）

"急"的本義是"急速""急切"，表示時間緊迫。由時間緊迫引申爲空間狹小。

5. 禮俗關係

由於禮俗的原因造成詞義的引申。

昏
① 東門之楊，其葉牂牂。昏以爲期，明星煌煌。（《詩經·陳風·東門之楊》）（黃昏）
② 誰謂荼苦？其甘如薺。宴爾新昏，如兄如弟。（《詩經·邶風·谷風》）（結婚）

《說文·日部》："昏，日冥也。""昏"的本義是黃昏。由於古代男女結婚是在黃昏時舉行儀式，所以"昏"引申出結婚的意義。

朝
① 朝服衣冠，窺鏡。（《鄒忌諷齊王納諫》）（早晨）
② 晨往，寢門闢矣，盛服將朝。（《晉靈公不君》）（上朝）

《說文·倝部》："朝，旦也。""朝"的本義是早晨。由於古代臣下拜見君王、兒子問候父母，都在早晨進行，於是引申出"上朝"的意義。

上述五種較爲常見的引申關係並不是用同一條標準劃分出來的，因此不可避免地會有交叉現象，即同一個詞的本義和引申義有着多方面的聯繫，從不同的角度分析可以形成不同的引申關係。因此，對詞的引申關係要全面、辯證地看待。

（三）詞義引申的方式

由本義派生出引申義是有規律可循的，本義的特點決定了詞義引申的方向，引申義總是沿着本義的某一特點所規定的方向，在民族風俗習慣的影響下產生出來。詞義引申的基本規律是由特殊到一般，由具體到抽象。具體方式主要有兩種。

1. 連鎖式引申

以本義爲起點，向着同一方向遞相派生出幾個引申義的引申方式，叫連鎖式引申。如：

防
① 以防止水。（《周禮·地官·稻人》）（堤壩）
② 防民之口，甚於防川。（《召公諫厲王彌謗》）（堵水）
③ 我聞忠善以損怨，不聞作威以防怨。（《左傳·襄公三十一年》）（防止）
④ 視俗而施教，察失而立防。（《後漢書·桓譚傳》）（規範、標準）

《說文·阜部》："防，隄也。"防的本義是"堤壩"，因其作用而引申爲動詞"堵水"。"防川"即堵塞河流。由堵水泛指堵塞、禁阻和防備、防止。由"防止"引申爲"約束"。由"約束"引申爲"規範""標準"。

"防"由本義到引申義的引申脈絡是：

堤壩→堵水→禁阻、防備、防止→約束→規範、標準

2. 輻射式引申

以本義爲中心，依據本義的特點，向不同的方向直接派生出數個引申義，叫輻射式引申。

問

① 子入太廟，每事問。(《論語·八佾》)(詢問)

② 伯牛有疾，子問之。(《論語·雍也》)(問候、慰問)

③ 淑問如皋陶，在泮獻囚。(《詩經·魯頌·泮水》)(審問)

④ 昭王南征而不復，寡人是問。(《齊桓公伐楚》)(責問，追究)

⑤ 乃出黄金四萬斤與陳平，恣所爲，不問其出入。(《史記·陳丞相世家》)(考察，過問)

《說文·口部》："問，訊也。""問"的本義爲詢問。由詢問直接派生出下列各義：慰問、審問、過問、責問。

"問"義的引申脈絡是：

詞義引申脈絡大多是連鎖式和輻射式交叉複合的。如"引"常見的義項有：開弓、延長、牽挽、導引(率領)、退却、序言、延請、招致等(例見前)，它的引申脉絡是：

"開弓"是本義，直接派生出"延長""牽挽""導引(率領)"三個義項，這是第一層(放射式)；"導引(率領)"又引申出"退却""序言""延請"三個義項，這是第二層(放射式)；"延請"再引申出"招致"義項，這是第三層。其中，開弓→導引(率領)→延請→招致，是連鎖式引申。

(四) 引申義列

從內容上看，詞的引申義也不是任意排列、雜亂無章的，而是一個有序的義列。我們

第六課　多義詞和詞義引申

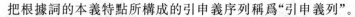

把根據詞的本義特點所構成的引申義序列稱爲"引申義列"。

如"絕"（例見前），本義是"斷絲"。"斷絲"的特點有兩個，從結果上看是分開，是一分爲二；從過程上看是橫過，即割斷時要由此及彼地橫切。

依照這兩個特點，諸多引申義可以繫聯在一起："分開"就會導致"斷絕"；"斷絕"了自然就是到頭了，就是"窮盡"，事物發展到頭就是"獨一無二"。"分開"的後果自然就會"隔絕"，就祇剩了原來的一半，於是就可以稱呼律詩分開後的一半爲絕句；斷絲時要橫切，也是由此及彼，渡河也是橫過，"超過"也要由此及彼，都可以叫"絕"。這樣，看似雜亂的引申義就有了一個系統，形成了一個義列。

```
                        ↗ 斷絕,窮盡,獨一無二
              ↗ (結果)分開
                        ↘ 絕句
絕：斷絲
              ↘ (過程)由此及彼 → 橫渡,超過
```

再如"節"，如前文所述，它的本義是"竹約"，即"竹節"。"竹節"的主要特點有兩個，一是"截分"，竹節可把整根竹子截分成若干段；一是約束和限制。從"截分"的特點出發，可以引申出"季節"（對時間的節分）、"章節"（對文章的節分）、"節拍"（對音樂的節分），這是就被截分的事物而言，就用來節分的事物來說，還可以引申出"節氣""節日"等等。從"約束限制"的特點出發，可以引申出"節制""節省""節約"，這是就限制的行爲而言；就用來限制的東西而言，還可以引申出"符節""節杖""禮節"等等。於是，"節"的引申義也可以構成一個義列：

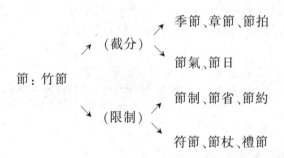

再如"閒"字，從構形上看是"從門，從月"，本義是"縫隙"。"縫隙"的主要特點有兩個，一是介於兩物之間（居中）；二是使兩物隔離。從第一個特點出發，可以引申出"中間""一定的空間""一定的時間""夾雜""參與"等意義；從第二個特點出發，可以引申出"隔閡""隔斷""離間""秘密地"和量詞"間"等意義。"閒"的引申義列爲：

```
                ↗ (居中)中間,一定的時、空之中 → 夾雜 → 參與
閒：縫隙      ↗ 間或,斷斷續續
                ↘ (隔開) → 隔閡 → 離間 → 隔斷 → 秘密地
                ↘ 量詞(隔開房屋產生的量)
```

95

詞義引申是一個很複雜的過程，但從把握古代詞義的角度來看，瞭解了詞義引申的一般規律，自覺地從引申義列的角度去系統地把握引申義，對於更快地累積、更準確地把握古代漢語的詞義，是大有助益的。

文　選

楚人獻黿①

楚人獻黿于鄭靈公②。公子宋與子家將見③。子公之食指動，以示子家，曰："他日我如此④，必嘗異味。"及入，宰夫將解黿，相視而笑。公問之，子家以告。及食大夫黿⑤，召子公而弗與也。子公怒，染指於鼎⑥，嘗之而出。公怒，欲殺子公。子公與子家謀先⑦。子家曰："畜老猶憚殺之⑧，而況君乎⑨？"反譖子家⑩。子家懼而從之。夏，弒靈公。

書曰："鄭公子歸生弒其君夷。"權不足也⑪。君子曰："仁而不武⑫，無能達也⑬。"

---

① 本篇選自《左傳·宣公四年》。題目爲後加。鄭靈公因爲食黿小事與大夫公子宋鬥氣，甚至動了殺機。公子宋食黿不成，染指於鼎，以至陰謀弒君。公子家不能及時制止公子宋，仁而不武，最終背上弒君惡名。黿(yuán)：狀似鱉而大，俗稱癩頭黿。古人以爲美味。

② 鄭靈公：名夷，鄭穆公太子，公元前605年即位。

③ 公子宋：字子公，鄭國大夫。子家：即公子歸生，鄭國大夫。見(xiàn)：指被詔上朝見君。

④ 他：別的。

⑤ 食(sì)：動詞使動用法，使……吃。

⑥ 染指：用手指在湯中蘸了一下。

⑦ 謀：商議。先：先動手。

⑧ 憚：害怕，這裏指不忍心。

⑨ 而況……乎：習慣句式，何況是……呢？

⑩ 譖(zèn)：誣陷，這裏指誣陷子家想弒君。

⑪ 權：權力，一說"權謀"。杜預注："子家權不足以禦侮，懼譖而從弒君，故書以首惡。"

⑫ 仁：仁愛之心，指子家起初稱"畜老猶憚殺之，而況君乎？"武：勇武果敢。

⑬ 達：實現，這裏指實現仁愛。

第六課　多義詞和詞義引申

楚歸晉知罃①

晉人歸楚公子穀臣與連尹襄老之尸于楚②，以求知罃。於是荀首佐中軍矣③，故楚人許之。王送知罃④，曰："子其怨我乎⑤？"對曰："二國治戎⑥，臣不才，不勝其任，以爲俘馘⑦。執事不以釁鼓⑧，使歸即戮⑨，君之惠也。臣實不才，又誰敢怨⑩？"王曰："然則德我乎⑪？"對曰："二國圖其社稷⑫，而求紓其民⑬，各懲其忿以相宥也⑭。兩釋纍囚以成其好⑮。二國有好，臣不與及，其誰敢德⑯？"王曰："子歸，何以報我？"對曰："臣不任受怨⑰，君亦不任受德，無怨無德，不知所報。"王曰："雖然，必告不穀。"對曰："以君之靈，纍臣得歸骨於晉，

---

① 本篇選自《左傳·成公三年》。題目爲後加。魯宣公十二年，晉國和楚國在邲展開了一場大戰，晉國戰敗，晉大夫知罃被俘。魯成公三年，兩國交換戰俘，楚共王釋放知罃前故意詢問知罃對自己的態度，知罃雖身爲纍囚，但不卑不亢，據理應對，贏得了楚王的尊重。知(zhì)罃：字子羽，又稱知伯、知武子，荀首之子，晉國大夫。知，後作"智"。

② 公子穀臣：楚莊王之子，在邲之戰中被晉軍俘虜。連尹：楚國官名。襄老：楚國大夫，在邲之戰中被晉軍射死。

③ 荀首：又稱知莊子，食邑於知，以知爲氏。知罃之父，晉軍將領。佐中軍：即爲中軍副帥。古代出師分上、中、下（或左、中、右）三軍，主帥親自統帥中軍。

④ 王：楚共(gōng)王，名審，楚莊王之子，公元前590年即位。

⑤ 怨：怨恨。

⑥ 治戎：整頓軍隊，這裏指交戰。

⑦ 俘馘：作戰時被對方活捉的人稱"俘"，割取對方戰死者的左耳稱"馘"，這裏指戰俘。

⑧ 執事：君王手下的辦事人員，代稱君王，表示尊重。釁鼓：一種祭祀禮儀，殺牲將其血塗在鐘鼓上。這裏指殺死戰俘釁鼓。

⑨ 即：《說文·皀部》："即，即食也。从皀，卩聲。"徐鍇曰："即，就也。"此處用本義，義爲走近。即戮：受死。

⑩ 誰敢怨：賓語前置，疑問代詞"誰"作賓語，置於動詞"怨"和助動詞"敢"前。可譯爲"敢怨恨誰"。

⑪ 德：感激。

⑫ 圖其社稷：爲國家謀劃。

⑬ 紓：緩和。

⑭ 懲：戒。忿：怒氣，怨恨。宥：原諒。

⑮ 兩：雙方。纍囚：指戰俘。

⑯ 誰敢德：賓語前置，疑問代詞"誰"作賓語，置於動詞"德"和助動詞"敢"前，可譯爲"敢感激誰"。

⑰ 任：承擔。

寡君之以爲戮，死且不朽。若從君之惠而免之，以賜君之外臣首①，首其請於寡君，而以戮於宗②，亦死且不朽。若不獲命，而使嗣宗職③，次及於事④，而帥偏師以脩封疆⑤。雖遇執事⑥，其弗敢違⑦，其竭力致死，無有二心，以盡臣禮，所以報也。"王曰："晉未可與爭。"重爲之禮而歸之⑧。

祁奚薦賢⑨

祁奚請老⑩，晉侯問嗣焉⑪。稱解狐⑫，其讎也⑬。將立之而卒。又問焉，對曰："午也可⑭。"於是羊舌職死矣⑮，晉侯曰："孰可以代之？"對曰："赤也可⑯。"於是使祁午爲中軍尉，羊舌赤佐之。

君子謂祁奚於是能舉善矣。稱其讎，不爲諂⑰；立其子，不爲比⑱；舉其

---

① 外臣：臣子對別的國家的君主稱呼本國的大臣爲"外臣"。首：即知罃父親荀首。
② 宗：宗廟。
③ 嗣（sì）：繼承。宗職：宗子世襲的職務。
④ 次：按照順序。事：指軍事。
⑤ 偏師：副帥所率領的部隊。這是謙敬的說法。脩：指守衛。封疆：疆界。
⑥ 遇：《說文·辵部》："遇，逢也。從辵，禺聲。"此處用本義，義爲不期而遇、遭遇。
⑦ 其：時間副詞，將。違：躲避。"弗敢違"是交戰的委婉說法。
⑧ 重爲之禮而歸之：很隆重地給他舉行了禮儀，把他送回去了。爲之禮，雙賓語。
⑨ 本篇選自《左傳·襄公三年》。題目爲後加。晉國中軍尉祁奚告老退職，晉悼公向他詢問繼任者。祁奚不避親仇，唯賢是舉，受到世人稱贊。祁奚：字黄羊，食邑於祁，晉國大夫。
⑩ 老：指告老還鄉。祁奚從魯成公十八年（前573）起擔任中軍尉，至此已四年。
⑪ 晉侯：指晉悼公，名周，公元前573年即位。嗣：繼承人。
⑫ 稱：推舉。解（Xiè）狐：晉臣。
⑬ 讎：仇敵。
⑭ 午：祁奚之子祁午。
⑮ 是：指示代詞，作介詞"於"的賓語，此，這時。羊舌職：複姓羊舌，此時擔任中軍尉佐（副中軍尉）。
⑯ 赤：羊舌赤，羊舌職的兒子。
⑰ 諂（chǎn）：又作諂，從言，閻省聲，此處用本義，義爲諂媚。
⑱ 比（bì）：近，偏私。

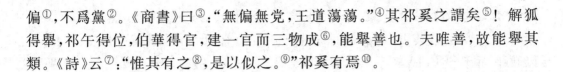

偏①,不爲黨②。《商書》曰③:"無偏無党,王道蕩蕩。"④其祁奚之謂矣⑤!解狐得舉,祁午得位,伯華得官,建一官而三物成⑥,能舉善也。夫唯善,故能舉其類。《詩》云⑦:"惟其有之⑧,是以似之。"⑨祁奚有焉⑩。

晏嬰論和⑪

齊侯至自田⑫,晏子侍于遄臺⑬,子猶馳而造焉⑭。公曰:"唯據與我和夫!"晏子對曰:"據亦同也,焉得爲和?"公曰:"和與同異乎?"對曰:"異。和如羹焉⑮,水、火、醯⑯、醢⑰、鹽、梅⑱,以烹魚肉,燀之以薪⑲,宰夫和之,齊之以

---

① 偏:副,羊舌職爲中軍佐,祁奚的下屬。這裏指其下屬的兒子。
② 黨:偏袒。
③ 《商書》:指《尚書·洪範》,相傳此篇爲商代箕子所作,故又稱《商書》。
④ 王道:統治者提倡的一種理想政治,後指與霸道相對的政治。蕩蕩(shāng shāng):公平無私。
⑤ 其:語氣詞,表示揣度、委婉語氣,可譯爲"大概"。祁奚之謂矣:"祁奚"作"謂"的前置賓語,用代詞"之"複指。大意是"說的是祁奚吧"。
⑥ 建:立,任命。
⑦ 《詩》:見《詩經·小雅·裳裳者華》。
⑧ 惟:副詞,祇有。之:美德。
⑨ 是以:因此。似之:意思是像他自己一樣的人。
⑩ 焉:兼詞,相當於"於是",其中"是"指代《詩經》中稱讚的美德。
⑪ 本篇選自《左傳·昭公二十年》。題目爲後加。晏嬰認爲,"同"與"和"並不一致。"同"是同一,沒有差別。"和"像和羹,像和樂,是經過調劑以後形成的適中、平和。執政更需要"和"。晏嬰:又稱晏子,字平仲,齊國執政大夫,先後輔佐齊靈公、莊公和景公。
⑫ 齊侯:指齊景公,名杵臼,公元前548年即位。田:田獵。
⑬ 遄(chuán)臺:齊國地名,在今山東省淄博市附近。
⑭ 子猶:梁丘據。造:《説文·辵部》:"造,就也。从辵,告聲。"此處用本義,義爲來到。
⑮ 羹:用肉和菜調和五味做成的帶汁的食物。
⑯ 醯(xī):醋。
⑰ 醢(hǎi):肉醬。
⑱ 梅:指用梅做成的醬,味酸。
⑲ 燀(chǎn):炊。

味①,濟其不及②,以洩其過③。君子食之,以平其心④。君臣亦然。君所謂可而有否焉⑤,臣獻其否以成其可⑥;君所謂否而有可焉,臣獻其可以去其否,是以政平而不干⑦,民無爭心。故《詩》曰⑧:'亦有和羹,既戒既平⑨。鬷嘏無言⑩,時靡有爭⑪。'先王之濟五味⑫,和五聲也⑬,以平其心,成其政也。聲亦如味,一氣⑭,二體⑮,三類⑯,四物⑰,五聲,六律⑱,七音⑲,八風⑳,九歌㉑,以相成也;清濁㉒、小大、短長、疾徐㉓、哀樂、剛柔、遲速、高下、出入、周疏㉔,以相濟也。君子聽之,以平其心。心平,德和。故《詩》曰㉕:'德音不瑕。㉖'今據不然。君所謂可,據亦曰可;君所謂否,據亦曰否。若以水濟水,誰能食之?若琴瑟

① 齊(jì):調和使適中,後作"劑"。
② 濟:助,增加。
③ 洩(xiè):減少。
④ 平:形容詞使動用法,使……平和。
⑤ 可:正確的,可行的。否:錯誤的,不可行的。
⑥ 獻:指出。成:成就。
⑦ 干:違犯。
⑧ 《詩》:指《詩經·商頌·烈祖》。
⑨ 戒:完備。平:平和。
⑩ 鬷(zōng):獻,這裏指"獻羹"。嘏(gǔ):至,這裏指神來到。一說鬷嘏義爲"祭禱"。
⑪ 靡:没有。
⑫ 五味:指辛、酸、鹹、苦、甘。
⑬ 五聲:指宫、商、角、徵、羽。
⑭ 一氣:指聲靠氣來發動。
⑮ 二體:文體和武體,指用形體舞蹈來配合演唱。
⑯ 三類:指"風、雅、頌"三種類别。
⑰ 四物:指用來製成樂器的四方貢物。
⑱ 六律:指"黄鐘、太蔟(còu)、姑洗(xiǎn)、蕤(ruí)賓、夷則、無射(yì)"六種樂律。
⑲ 七音:指"宫、商、角、徵、羽、變宫、變徵"七個音階。
⑳ 八風:八方之風。即:條風(東北)、明庶風(東)、清明風(東南)、景風(南)、涼風(西南)、閶闔風(西)、不周風(西北)、廣莫風(北)。
㉑ 九歌:歌頌九功之德的歌。
㉒ 清:清音。濁:濁音。
㉓ 疾:快。徐:慢。
㉔ 周:密。疏:稀。
㉕ 《詩》:指《詩經·豳風·狼跋》。
㉖ 瑕:缺陷。

之專壹①，誰能聽之？同之不可也如是②。"

宋人獻玉③

宋人或得玉④，獻諸子罕⑤。子罕弗受。獻玉者曰："以示玉人⑥，玉人以爲寶也，故敢獻之。"子罕曰："我以不貪爲寶，爾以玉爲寶。若以與我，皆喪寶也，不若人有其寶。"稽首而告曰："小人懷璧⑦，不可以越鄉⑧，納此以請死也⑨。"子罕寘諸其里⑩，使玉人爲之攻之⑪，富而後使復其所⑫。

思考與練習

一、舉例說明古漢語詞彙的多義性。
二、舉例說明怎樣確定詞的本義？
三、引申義與本義之間的聯繫有幾種類型？請各舉一例。
四、閱讀下面短文，並翻譯成現代漢語。

　　陳亢問於伯魚曰："子亦有異聞乎？"對曰："未也。嘗獨立，鯉趨而過庭。曰：'學詩乎？'對曰：'未也。''不學詩，無以言。'鯉退而學詩。他日，又獨立，鯉趨而過庭。曰：'學禮乎？'對曰：'未也。''不學禮，無以立。'鯉退而學禮。聞斯二者。"陳亢退而喜曰："問一得三：聞詩，聞禮，又聞君子之遠其子也。"（《論語·季氏》）

　　注：伯魚，孔子的兒子，名鯉。

---

① 專壹：指祇出一種聲音。
② 之：連詞，用在主謂結構之間，取消句子獨立性。如是：像這樣。
③ 本篇選自《左傳·襄公十五年》。題目爲後加。宋人得到一塊寶玉，想獻給子罕。子罕不接受，説自己以"不貪"爲寶。可是宋人怕被搶劫，不敢把玉帶回鄉里。子罕又請玉工給他加工成玉器，使他賣玉器富有以後再返回鄉里。
④ 或：無定代詞，作主謂結構的主語，有一個人。
⑤ 諸："之於"的合音，"之"代指"玉"。子罕：即公子喜，字罕，宋穆公之子，宋國賢大夫。時任司城，爲宋國六卿之一。
⑥ 玉人：加工玉器的匠人。
⑦ 懷：懷揣，携帶。
⑧ 越鄉：穿越鄉里。杜預注："言必爲盜所害。"
⑨ 納：獻。請死：請求免死。
⑩ 里：鄉里，指子罕居住的鄉里。
⑪ 攻：治，加工。
⑫ 富：指賣玉得以富有。

第七課　詞義關係

文言文中,詞與詞之間在音和義方面都存在着複雜的關係,人們可以根據這些關係的不同,劃分出同音、同義、反義、同源等各種音義關係群。詞義關係是指不同的詞在意義方面存在的關係,主要包括同義關係和反義關係兩種。一般而言,具有同義關係的詞稱爲同義詞,具有反義關係的詞叫做反義詞。

一、同義詞

古代漢語詞彙以單音詞爲主,相對於雙音詞來講,單音詞的義項更多,指向更廣,詞與詞之間的同義關係往往更複雜。如:

發
1. 把箭射出去
   ① 君子引而不發,躍如也。(《孟子·盡心上》)
   ② 射其左,越于車下。(《左傳·成公二年》)
   在"發箭"這個義項上,"發"跟"射"同義。
2. 出發
   ① 夫鵷鶵,發於南海而飛於北海。(《惠子相梁》)
   ② 將行,謀於桑下。(《左傳·僖公二十三年》)
   在"出發"這個義項上,"發"跟"行"同義。
3. 派遣
   ① 王何不發將而擊之?(《戰國策·齊策》)
   ② 遣使者黃金千斤,車百乘,往聘孟嘗君。(《馮諼客孟嘗君》)
   在"派遣"義項上,"發"跟"遣"同義。
4. 徵召
   ① 發閭左適戍漁陽九百人。(《史記·陳涉世家》)
   ② 使人發驛,徵莊辛於趙。(《戰國策·楚策》)
   在"徵召"義項上,"發"跟"徵"同義。
5. 生長
   ① 紅豆生南國,春來發幾枝。(王維《紅豆》)
   ② 橘生淮南則爲橘,生於淮北則爲枳。(《晏子春秋·內篇雜下》)
   在"生長"義項上,"發"跟"生"同義。

6. 頒佈
    ① 文王發政施仁，必先斯四者。(《孟子·梁惠王下》)
    ② 制禮作樂，頒度量，而天下大服。(《禮記·明堂位》)
    在"頒佈"義項上，"發"跟"頒"同義。

7. 興起
    ① 舜發於畎畝之中。(《孟子·告子下》)
    ② 大楚興，陳勝王。(《史記·陳涉世家》)
    在"興起"義項上，"發"跟"興"同義。

8. 打開
    ① 使桓公發倉囷而賜貧窮。(《韓非子·難二》)
    ② 令宣之日，軍門啟而虜自潰矣。(《三國志·魏書·劉曄傳》)
    在"打開"義項上，"發"跟"啟"同義。

　　文言文中，"發"的義項還有"顯現""發動""開放""發散"等等，僅就上述例子而言，與"發"有同義關係的詞已經有了八組之多。如果再把這八組有同義關係的詞各自的同義詞繫聯起來，就會構成一個數量龐大、關係複雜的同義關係群。

　　同義詞的豐富為語言的運用提供了更多的選擇餘地，是語言成熟的標誌之一。古人在行文中也很注意通過同義詞的選擇使用來增強表達效果。但另一方面，也增加了準確閱讀、理解文言文的難度。因此，理清古代漢語同義詞間的關係，把握其特點，對於準確理解詞義、提高閱讀古書的能力是十分必要的。

（一）同義詞的定義與特點

　　同義關係是詞的一種特殊的聚合關係。根據古代漢語的實際情況，同義詞的定義是：在一定條件下意義相同、讀音不相關的一組詞，互為同義詞。同義詞的主要特點是：

　　第一，同義詞是指在某個義位或是某幾個義位上同義，而不是所有義位都同義。

　　如"發"，祇有在"發箭"的意義纔能同"射"同義，祇有在"出發"的意義上纔能同"行"同義，祇有在"派遣"的意義上纔能同"遣"同義……也就是說，它們的同義關係是相互對應的，"發箭"的"發"同"行""遣"沒有同義關係，構不成同義詞。反過來說，在"行"的"行走""出發""執行""將要"等諸多義項中，祇有在"出發"義項上纔能同"發"構成同義詞。

　　所有義項都相同的詞是等義詞，其數量是很少的，而且隨着語言的成熟和規範，等義詞會越來越少。

　　第二，有些同義詞的同義關係受到歷史條件的限制。

　　由於詞義的演變，某些同義詞的同義關係祇存在於某個歷史時期，並非自古就有，也非至今都在。

　　去—往
　　《説文·去部》："去，人相違也。""去"在先秦沒有"到……去"的意義，與"往"不同義。但在唐代，"去"可以表示"前往""到……去"的意思。例如：

① 終與安社稷,功成去五湖。(李白《贈韋祕書子春》)(到五湖去)
② 柴門雖得去,未忍即開口。(杜甫《述懷》)(前往)

所以,至晚從唐代起,在"到……去"的意義上,"去"和"往"成了同義詞。

傳—遽

《説文·辵部》:"遽,傳也。"先秦時期,傳、遽都用來泛指驛站用的車馬,是同義詞。例如:

① 晉侯以傳召伯宗。(《左傳·成公五年》)(傳:車馬)
② 吳晉爭長未成,邊遽乃至,以越亂告。(《國語·吳語》)(遽:車馬)

傳、遽有時還可以同義連用:例如:

③ 群臣將傳遽以告寡君。(《左傳·哀公二十一年》)

後代"傳"與"遽"的用法有了分工,"傳"強調傳遞的動作,與"遞"成爲同義詞,"遽"強調傳遞動作的特點,與"疾"成爲同義詞。"傳""遽"不再是同義詞了。

躍—踴

先秦時期,在"跳躍"的義位上,"躍"和"踴"是同義詞。例如:

① 擊鼓其鏜,踴躍用兵。(《詩經·邶風·擊鼓》)
② 騏驥一躍,不能十步。(《荀子·勸學》)

到了唐代,"躍"仍可表示"跳躍",但"踴"基本上不再單獨表示跳躍了,所以,"躍"和"踴"也就不再是同義詞了。

第三,同義詞之間在語音上互不相關。

同義詞祇是在一個或幾個義項上相同,在語音上却没有關係。如果語音上也相同或相近,那就是出自同一個語源的同源詞。

震—動—振

三個詞都有"震動"的意義。例如:

① 幽王二年,西周三川皆震。(《國語·周語》)
② 秋霜降者草花落,水摇動者萬物作。(《史記·李斯列傳》)
③ 寒風振山岡,玄雲起重陰。(阮籍《詠懷》)

"震"與"動"是同義詞,"振"與"動"也是同義詞。但"震"與"振"不是同義詞。因爲"動"(東部,定母)與"震"(文部,章母)、"振"(文部,章母)讀音不同,而"震"與"振"讀音相同,二者都從"辰"得聲,是同源詞。

第四,同義詞是相互的。

在"派遣"的意義上,"發""遣""命""令"等互爲同義詞。我們可以説,"遣""命""令"是"發"的同義詞,也可以説"發"是"遣""命""令"的同義詞,還可以説"遣"是"命""令""發"的同義詞等等。

這樣認識的意義在於,在繫聯同義關係群的時候,可以以這組同義詞中的任何一個詞爲中心。如以"命"爲中心繫聯：

在"派遣"的意義上，"命"與"發""遣""令"等同義。

在"命令"的意義上，"命"與"令""號"等同義。

在"生命"的意義上，"命"與"生"等同義。

在"使用"的意義上，"命"與"用""使"等同義。

當然，還可以以"令"爲中心繫聯，以"遣"爲中心繫聯，從而對整個詞義系統有一個總體的認識。祗是同一組同義詞繫聯的同義關係群中當有重複的部分。

明白了上述同義關係的四個特點，就可以對古代漢語的同義關係和同義詞有一個比較清楚和準確的認識。

（二）同義詞的差異

掌握同義詞，重點不在於識其同，而在於辨其異。一般認爲，同義詞間的差異主要表現在三方面：一是詞的理性意義的差異；二是組合功能的差異；三是情感色彩的差異。

1. 理性意義的差異

（1）範圍廣狹不同

問、詢、訪　在詢問、徵求意見的義項上是同義詞。但"訪"的適用範圍比"問""詢"要小，"問""詢"的對象通常沒有什麼限制，而"訪"通常是指君長就重大問題向臣下徵求意見。

①　潁考叔曰："敢問何謂也？"（《左傳·隱公元年》）（詢問）

②　秦大夫不詢于我寡君，擅及鄭盟。（《左傳·成公十三年》）（徵求意見）

③　穆公訪諸蹇叔。（《左傳·僖公三十二年》）（國君就重大問題向臣下徵求意見）

（2）性狀情態不同

視、望、顧、睨、瞰、矚　在"看"的義項上是同義詞，但看的情狀方式各不相同。"視"強調"看"的動作。"望"是抬頭向遠處看。"顧"是轉頭向後看。"睨"是斜着看。"瞰"是從高處往下看。"矚"是集中視力於一點，注視。例如：

①　目不能兩視而明。（《荀子·勸學》）

②　乘彼垝垣，以望復關。（《詩經·衛風·氓》）

③　失時不雨，民且狼顧。（《漢書·食貨志》）

④　相如持其璧睨柱，欲以擊柱。（《史記·廉頗藺相如列傳》）

⑤　雲車十餘丈，瞰臨城中。（《後漢書·光武帝紀》）

⑥　及疾篤，詔遣黃門郎王衍省疾。楷回眸矚之，曰："竟未相識。"（《晉書·裴楷傳》）

（3）程度輕重不同

飢、餓　在表示吃不飽的意義上是同義詞，但詞的輕重程度不同。"飢"是吃不飽，腹中空。"餓"是嚴重的餓，指沒有飯吃或長時間未進食。例如：

①　飢而欲食，寒而欲煖。（《荀子·榮辱》）

② 人情,一日不再食則飢。(鼂錯《論貴粟疏》)(再食:吃第二頓飯。)
③ 家有常業,雖飢不餓。(《韓非子·飾邪》)
④ 寧一月飢,無一旬餓。(《淮南子·説山訓》)

(4) 側重點不同

恭、敬都有恭謹有禮、不怠慢的意思,但側重點不同。"恭"側重外貌;"敬"側重内心。例如:

① 巧言令色足恭。(《論語·公冶長》)
② 賓客主恭,祭祀主敬。(《禮記·少儀》)鄭玄注:"恭在貌也,而敬又在心。"

2. 組合功能的差異

耻、辱在表示"侮辱"和"羞耻"義時,二者是同義詞,但組合功能不同。以《左傳》中的用法爲例:

表示"侮辱"義時,"辱"的意義是"雙向"的,即既可表示侮辱他人(使他人受辱),又可表示自己受辱。故"辱"既可以帶受事賓語,也可以不帶賓語。

① 韓厥曰:"不可以再辱國君。"(《左傳·成公十六年》)(帶受事賓語)
② 子,晉大子,而辱於秦。子之欲歸,不亦宜乎?(《左傳·僖公二十二年》)(不帶賓語)

"辱"的這個特點發展爲可以接受表示被動的詞"見"的修飾。

③ 言公不能用子家,所以見辱。(《左傳·昭公二十八年》)

"耻"的意義是"單向"的,即衹能表示使他人受辱,而不能表示自己受辱。故"耻"作叙述句的謂語時,一般要帶表示人的受事賓語,構成"使動"的述賓關係。

④ 公如晉……晉人使陽處父盟公以耻之。(《左傳·文公二年》)(使……受辱)

此外,表示"受辱"義的"辱"後面可以跟表示處所的補語,指明受辱的地點(如上例"辱于秦");"耻"没有這種功能,也不能受"見"的修飾。

3. 情感色彩的差異

比、周 二者都可以表示與人結合、聯合,但褒貶不同。例如:

君子周而不比,小人比而不周。(《論語·爲政》)孔穎達疏:"忠信爲周,阿黨爲比。言君子常行忠信而不私相阿黨,小人則反是。"

誅、殺、弑 在"殺死"的義位上,三者同義。但"誅"是依法殺死不義之人,是褒義的,"殺"是中性的,"弑"則用於下犯上,帶有貶義。例如:

① 吏不誅則亂法,誅之則君不安。(《宋人有酤酒者》)(誅,依法懲治)
② 吳起於是欲就名,遂殺其妻。(《史記·孫子吳起列傳》)(殺,殺死)
③ 見公之足于户下,遂弑之,而立無知。(《左傳·莊公八年》)(弑,下犯上)

唯、諾 二者同爲應答之聲。但"唯"常用於答應地位或輩分高的人;"諾"用於答應地位、輩分與自己相同或更低一些的人。所以"唯"更帶有恭敬從命的感情色彩。

> 父命呼,唯而不諾。(《禮記•玉藻》)孔穎達疏:"唯而不諾者,應之以唯而不稱諾,唯恭於諾也。"

(三) 同義詞的辨析

上述三類差異袛是從大類上分的。掌握了這些差異類別,對於辨析同義詞無疑是有益的。但同義詞之間的差異比較複雜,具體的差異很難窮盡。而且從理論上知道了這些差異類別,還不等於能夠辨析清楚具體的同義詞。閱讀實踐中,辨析同義詞常用的方法有如下三種:

1. 語言環境分析法

就是把一組同義詞放在具體的語言環境中來分析,從它們所處語言環境的不同來確定它們詞義上的差別。具體又有置換法和比較法兩種。

(1) 置換法

即把甲詞換到乙詞所處的句子中,看看是否通順,句子的意思有沒有變化,從而來確定甲、乙兩詞在哪個或哪些義項上同義。如"全"與"完":

《說文•宀部》:"完,全也。"兩個詞都有"完備"的意義。例如:

> ① 夫工乎天而俍乎人者,唯全人能之。(《莊子•庚桑楚》)
> ② 世之知道者少,幸而有焉,又自爲過失以取累,不得爲完人。(歐陽修《答孫正之第二書》)

例①中的"全人"是沒有缺點的人,完美的人,故也可以稱做"完人"。例②中的"不得爲完人",即不能成爲完美的人,不能成爲全人。"全人"可以叫"完人",在"完備"的意義上,"完"和"全"可以互換。

但是,"完"當"完整"講時,就不能換成"全"。例如:

> ③ 大人豈見覆巢之下復有完卵乎?(《世說新語•言語》)

"完卵"即"完整的鳥蛋",不能換成"全卵","全"指"所有的、全部的"。

"完"當"完美"講時,也不能換成"全"。例如:

> ④ 臣以此爲不完,願王之熟計之也。(《戰國策•魏策》)

"完"指"完美""完善","全"沒有這個意義。所以,"全"與"完"在"完備"的意義上是同義詞。

又如"震"與"動":

兩個詞都有"搖晃"的意義。例如:

> ① 日月爲之奪明,丘陵爲之搖震。(《文選•班固〈東都賦〉》)
> ② 秋霜降者草花落,水搖動者萬物作。(《史記•李斯列傳》)

例①中的"搖震"就是"搖晃","震"可以用"動"置換,"搖震"也可以說成"搖動"。例②

中的"搖動"也是"搖晃","動"也可以置換成"震",儘管從習慣上覺得有些生疏,但從意義上沒有什麽變化。

兩個詞都有"驚動"的意義。例如:

③ 敷奏其勇,不震不動。(《詩經·商頌·長發》)
④ 楚兵呼聲動天,諸侯軍無不人人惴恐。(《史記·項羽本紀》)
⑤ 景宗因使衆軍皆鼓噪,亂登諸城,呼聲震天地。(《梁書·曹景宗列傳》)

顯然,例③中"震""動"都有"驚動"的意義,可以互換。例④和例⑤中"呼聲動天"和"呼聲震天"意義相同。可見,在"搖晃"和"驚動"兩個義項上,"震"與"動"可以互相轉換,是同義詞。

但是,"震"的一些義項和"動"不同。例如:

⑥ 燁燁震電,不寧不令。(《詩經·小雅·十月之交》)
⑦ 震風淩雨,然後知夏屋之爲帡幪。(《法言·吾子》)

例⑥中"震"用的是本義"雷","震電"不能換成"動電"。例⑦中的"震"是"迅疾"的意義。"震風"即"疾風",不能換成"動風"。

"動"的一些義項也和"震"有所不同。例如:

⑧ 擬之而後言,議之而後動。(《周易·繫辭上》)
⑨ 魯不棄周禮,未可動也。(《左傳·閔公元年》)

例⑧中"動"指採取行動,不能換成"震"。例⑨中"動"表示"改變事物原來位置和狀態"的意義,不能換成"震"。

可見,在"雷""迅疾""行動""改變"等義項上,"震"與"動"不是同義詞。

(2) 比較法

即從甲乙兩詞存在的語句中分析歸納它們各自適用的環境和存現的條件,再比較二者的區別,從而確定兩詞意義上的細微差別。

如上文談到的"飢"和"餓",在"吃不飽"的意義上是同義詞。但是它們出現的語言環境有差別。

① 人情,一日不再食則飢。(《論貴粟疏》)
② 飢而欲食,寒而欲煖。(《荀子·榮辱》)
③ 吴兵乏糧,飢,數欲挑戰。(《史記·絳侯周勃世家》)
④ 宣子田於首山,舍于翳桑,見靈輒餓,問其病。曰:"不食三日矣。"(《晉靈公不君》)
⑤ 塗有餓莩而不知發。(《寡人之於國也》)
⑥ 家有常業,雖飢不餓。(《韓非子·飾邪》)
⑦ 寧一月飢,無一旬餓。(《淮南子·說山訓》)

例①中,"再食"指吃第二頓飯,不吃第二頓飯就覺得"飢"。例②中說"飢而欲食",即

"飢了就想吃飯"。例③的意思是，吳兵缺少軍糧，吃不飽，所以數次想挑戰，想速戰速決。可見，"飢"的特點是"吃不飽"，肚子覺得空。例④中靈輒之餓，是三天不吃飯造成的，可見不是"吃不飽"的問題，而是沒吃的。例⑤把因飢餓而死的人的屍體稱做"餓莩"（不稱"飢莩"）。可見"餓"的程度比"飢"要深得多。古人深知其中的差別，所以例⑥説如果家中有固定的事業的話，雖然可能吃不飽，但總不至於餓死。例⑦中更明確表示，寧肯一月飢，也不願意一旬餓。一月吃不飽，不會有生命之虞，而一旬不吃東西，就性命難保了。

通過以上具體語言的對比分析，可以看出，"飢"和"餓"的差別表現在程度上。就"吃不飽"而言，"餓"比"飢"要嚴重得多，"餓"的程度深，"飢"的程度淺。反過來看，"飢"和"餓"不同的詞義特點造成了它們所處的語言環境各不相同，我們正可以利用這一點來分析認識它們詞義上的差異。

2. 對立意義分析法

即通過甲乙兩詞的反義詞來辨析它們之間的差異，通過不同的反義詞來反襯出它們不同的特點。如"貧"與"窮"：

在"匱乏"的意義上，二者有相同之處，所以文言文中"貧窮"經常連用。如：

① 貧窮則父母不子，富貴則親戚畏懼。（《戰國策·秦策》）

但"貧"的反義詞是"富"，而"窮"的反義詞是"通"，是"達"。如：

② 非所謂踰也，貧富不同也。（《孟子·梁惠王下》）
③ 榮者常通，辱者常窮；通者常制人，窮者常制于人。（《荀子·榮辱》）
④ 死生存亡，窮達貧富。（《莊子·德充符》）

可見，"貧"指衣食財物的匱乏，"窮"指學問仕途的阻塞，二者特點是不同的。

又如"禁"和"止"：

在"阻止"的意義上，二者有相同之處，所以文言文中"禁""止"經常對文。

① 內潰不能禁，峻法不止。（《鹽鐵論·詔聖》）

但"禁"的反義詞是"開"，"止"的反義詞是"行"。如：

② 開禁苑，散公儲，創道德之囿。（《漢書·揚雄傳》）
③ 令行禁止，王者之事畢矣。（《荀子·王制》）

可見，"禁"的特點是對他人、對客觀事物的約束，而"止"的特點是自身的行爲，二者的特點不同。

3. 探求本源分析法

即通過追尋同義詞不同的本義，確定它們之間不同的詞義特點和指向，從而把它們區分開來。如"爭"和"奪"：

在表示"强行占有"的行爲時，"爭"和"奪"是同義詞。例如：

① 公孫閼與潁考叔爭車。（《左傳·隱公十一年》）
② 人奪女妻而不怒。（《左傳·文公十八年》）

"爭"和"奪"都表示强行占有。在這個意義上,二者還可以連用。例如:

③ 凡所爲有兵者,爲爭奪也。(《荀子·議兵》)
④ 傳吏方進食,從者飢,爭奪之。(《後漢書·光武帝紀》)

"爭"字的構形是上下兩隻手在爭奪東西,《説文》的解釋是"引也"。段玉裁注釋説:"凡言爭者,皆引之使歸於己。"所以"强行占有"正是"爭"的本義。《説文》對"奪"字的解釋是:"手持佳失之也。"段玉裁注釋説:"凡手中遺落物當用此字。""奪"的本義是"失落""失去"。例如:

⑤ 百畝之田,勿奪其時,數口之家可以無飢矣。(《寡人之於國也》)

"奪其時"即失去其時,錯過了時節。由"失去"引申爲得到、取得,再引申爲"强行占有"。

所以,"爭"的對象事先並不歸屬哪一方所有,是無主的,因此可以引申出"競爭""爭鬥"。例如:

⑥ 晉未可與爭。(《楚歸晉知罃》)

而"奪"的對象事先是有所屬的,是有主的,所以可以引申出"動摇""改變"。例如:

⑦ 三軍可奪帥也,匹夫不可奪志也。(《論語·子罕》)

通過"爭"與"奪"的本義和常見引申義,可以辨析出二者不同的詞義特點。

(四) 同義詞的應用

1. 連用

文言文中,爲了調整音節,常有同義詞連用的現象。如:

① 昔秦人負恃其衆,貪于土地,逐我諸戎。(《左傳·襄公十四年》)
② 召匠石曰:"嘗試爲寡人爲之。"(《運斤成風》)
③ 是以人民衆而貨財寡。(《上古之世》)
④ 荆人尚猶循表而導之。(《荆人欲襲宋》)
⑤ 惟草木之零落兮,恐美人之遲暮。(《楚辭·離騷》)

"負"與"恃"在"倚仗"義項上同義,"嘗"與"試"在"試"的義項上同義,"貨"與"財"在"財物"的義項上同義,"尚"與"猶"都是副詞,在"仍然"的義項上同義,"零"與"落"在"凋零"的義項上同義。這五組同義詞連用後,它們各自的意義並没有什麽變化,主要是爲了節律的需要,但客觀上可以幫助我們確定兩個詞的同義關係。

2. 對用

文言文中,爲了工整對仗,又避免字面重複,常把一對同義詞用在同一句或上下句的同一個位置上。如:

① 父母聞之,清宫除道,張樂設飲。(《戰國策·秦策》)

② 今之嗣主，忽於至道，皆惛於教，亂於治，迷於言，惑於語，沉於辯，溺於辭。（《蘇秦以連橫說秦》）

"清"與"除"均指"打掃"，"張"與"設"都指"佈置"，同句中相對。"惛"與"亂"、"迷"與"惑"、"沈"與"溺"都是同義詞，上下句對用。

韻文中這種現象更常見。如：

③ 親朋無一字，老病有孤舟。（杜甫《登岳陽樓》）
④ 月乘殘夜出，人趁早涼行。（白居易《早發楚城驛》）

"一"與"孤"在"獨一"的義項上同義，"乘"與"趁"在"抓住機會"義項上同義。

對用是判斷同義詞的有利證據。

3. 同義構詞

文言文中，一些同義詞經常連用，逐漸凝固成一個複合詞，這種現象叫同義構詞。如：

① 與朋友交而不信乎？（《論語·學而》）
② 不忘恭敬，民之主也。（《晉靈公不君》）
③ 貧窮則父母不子，富貴則親戚畏懼。（《戰國策·秦策》）
④ 齊王聞之，君臣恐懼。（《戰國策·齊策》）

例中"朋友""恭敬""親戚""畏懼""恐懼"都可以認爲是由兩個同義詞作爲語素構成的複合詞。這類複合詞的特點有三：

其一，在結構關係上，同義構詞所形成的複合詞一般都是並列式的，即前後兩個語素地位平等。

其二，在內容上，複合詞的意義與同義詞的義項相同，即取兩個詞相同的部分而不用其相異的部分。如"同門爲朋""同志爲友"，但"朋友"作爲複合詞，祇取其"有交情的人"這個意義，而不管是"同門"還是"同志"。"居處恭，執事敬"，但"恭敬"祇取其"嚴肅有禮"的意義，而不管是"居處"還是"執事"。"親戚"不再分"族內"還是"族外"，"畏懼""恐懼"也祇是取其"害怕"的意義，不再考慮它們之間的細微差別。

其三，這類複合詞的語素往往保存着一定的獨立性。如在"朋友"成爲一個複合詞的同時，"朋"和"友"仍能分別作爲一個詞獨立運用。同在《論語》中，"朋友"既可以作爲一個複合詞使用，也可單獨使用。如：

① 有朋自遠方來，不亦樂乎？（《論語·學而》）
② 樂節禮樂，樂道人之善，樂多賢友。（《論語·季氏》）

"恭敬"既可以成爲複合詞，也可以單用。如：

居處恭，執事敬。（《論語·子路》）

"畏懼"也可以單用。

民不畏死,奈何以死懼之?(《老子》七十四章)

二、反義詞

(一)反義詞的定義和特點

反義關係也是詞的一種特殊的聚合關係。根據古代漢語的實際情況,我們把反義詞定義爲:在一定條件下,義項相對或相反的詞,互爲反義詞。

反義詞有以下幾個特點:

第一,反義詞是指構成反義關係的雙方在某個義項或某些義項上相對或相反,並非一定要所有義項都相對或相反。

"易"和"難"在表示事情的難易程度時是反義詞。例如:

① 故有無相生,難易相成。(《天下皆知美之爲美》)

即"難"和"易"是相互比較而存在的,但"易"還有"交換""改變"等義項。例如:

② 逢丑父與公易位。(《左傳·成公二年》)
③ 利不百,不變法;功不十,不易器。(《禮法以時而定》)

"易位"即"交換位置","易器"即"改變器具",在這兩個義項上,都不能與"難"構成反義關係。

有的詞在許多義項上都可以構成反義關係。如:"輕"和"重",在表示"重量"(重量輕/重量重)、"分量"(分量輕/分量重)、"程度"(程度輕/程度重)、"態度看法"(輕視/重視)等意義時,都可以構成反義關係。但在表示"難易"的時候,"輕"和"重"並不構成反義關係,而是和"難"構成反義關係。例如:

④ 輕辭古之天子,難去今之縣令者,薄厚之實異也。(《上古之世》)

可以説"輕信""輕率",但一般不説"重信""重率"。

第二,某些反義詞的反義關係祇存在於某個歷史時期或某種條件下。

"醒",本義是"酒醉後再恢復神智",同"醉"是反義詞。例如:

⑤ 姜與子犯謀,醉而遣之。醒,以戈逐子犯。(《左傳·僖公二十三年》)

這種關係至今未變。但隨着詞義的演變,到唐代以後,"醒"還可以表示從睡眠中恢復神智。

⑥ 朝曦入牖來,鳥喚昏不醒。(韓愈《東都遇春》)
⑦ 即如睡狀,須臾却醒。(《太平廣記·妙女》)

于是"醒"便又同"睡"成了反義詞。也就是説,"醒"和"睡"的反義關係是在唐代以後纔形成的。

再如"臭",本義是泛指一切氣味,但隨着詞義的演變,"臭"專指難聞的"穢氣""惡氣"。

⑧ 目不見青黃曰盲,耳不聞宫商曰聾,鼻不知香臭曰癰。(《論衡·別通》)

這時,"臭"與"香"就具備了反義關係,成爲反義詞。

第三,構成反義詞的雙方必須表示同類的事物或概念。例如,"遠"與"近"都表示距離,"上"與"下"都表示方位,"大"與"小"都表示體積,"輕"與"重"都表示重量,它們都可以構成反義詞。但"遠"與"下"、"近"與"上"、"大"與"輕"、"小"與"重"不能構成反義詞,因爲它們表示的事物和概念不具備同一性。

第四,構成反義關係的雙方必須使用於同一個歷史時期。如表示速度的快慢,古代漢語中用"疾"和"徐",現代漢語中用"快"和"慢"。我們一般祇説"疾"和"徐"構成反義關係,是一組反義詞;不能説"疾"和"慢"、"徐"和"快"是反義詞。同樣,表示"年齡長幼",古代漢語中常用"少"和"長"構成反義關係,如:

⑨ 沛公曰:"孰與君少長?"良曰:"長於臣。"(《史記·項羽本紀》)

現代漢語中更多的是用"小"和"大"構成反義詞。我們一般不説"少"和"大"是反義詞,也不説"長"和"小"是反義詞。

(二) 反義詞的類別

就反義關係的特點來分,反義詞又可分爲絕對反義詞和相對反義詞兩類。

1. 絕對反義詞

又叫互補反義詞,兩個詞表示的意義是互補的,二者之間是非此即彼的關係,沒有中間狀態。如:

"男"和"女",從人的性別範疇上看,二者是非此即彼的,即不是"男"就是"女",沒有中間狀態。相對於"人的性別"這個上位概念來説,二者又是互補的。這類反義詞的還有"生"與"死"、"動"與"靜"、"是"與"非"、"内"與"外"等。

2. 相對反義詞

又叫極性反義詞,兩個詞表示的意義處於兩個極端,二者之間有中間狀態,即二者在一定條件下互相排斥和否定。如:

"左"和"右",它們表示的意義實際上處於綫性序列的兩個極端,中間還可以有"不左不右"的"中間"狀態。當肯定"左"的時候,必然要否定"右",但否定"右"的時候不一定否定"左"。即是"左"就不會是"右",但不是"右"也未必是"左",因爲還有"中間"。形容詞中的反義詞大多是相對反義詞。如:"大"與"小"、"輕"與"重"、"長"與"短"、"高"與"下"、"甘"與"苦"等。

(三) 反義詞的應用

在古代漢語中,有些意義相反相對的詞經常並列使用,久而久之,它們便作爲語素構成一個複合詞,這種現象叫反義構詞。

① 動靜以禮,則星辰順序。(《後漢書·爰延傳》)
② 文章千古事,得失寸心知。(杜甫《偶題》)
③ 宓子賤、漆雕開、公孫尼子之徒,亦論情性,與世子相出入。(《論衡·本性》)

上述例句中的"動靜""得失""出入"都是由意義相對相反的詞作爲語素構成的複合詞。其特點是:複合詞的意義不是構成它的兩個語素意義的簡單相加,而是在其基礎上引申出了新的意義。"動靜以禮"中的"動靜"已不是"活動"和"靜止"的意思,而是以其爲基礎引申出來的"行爲舉止"的意思。"得失寸心間"中的"得失"也不是"得到"和"失去"的意思,而是泛指"成敗"。"相出入"中的"出入"不是"出去"和"進來",而是"不一致""不相符"。

由"反義構詞"構成的複合詞和反義詞的並列使用在形式上是一致的,辨析理解時,一定要把它們放到具體的語言中,密切結合上下文意來辨識。如:

④ 受策以出,出入三覲。(《左傳·僖公二十八年》)

杜預注:"出入猶去來也,從來至去,凡三見王。"意思是説晉文公重耳覲見周天子時,從進去到出來,共三次拜見了君王。"出入"是"出"和"入"的意思,既不偏指"出"或"入"哪一方,也不是建立在兩個詞基礎上的引申義,是反義詞的並列使用,同上文"與世子相出入"中的"出入"不一樣。

(四) 學習反義詞的意義

對於學習古代漢語、閱讀文言文來説,學習和掌握一些反義詞的知識既有利於瞭解古今詞義的異同,也有利於辨析同義詞之間的細微差別。

1. 瞭解古今詞義的異同

詞義是成體系的,古今詞義的變化往往在它們的反義詞上表現出來。如:

"勤"在古代漢語中表示"辛勞"的意義。

① 四體不勤,五穀不分。(《論語·微子》)

"不勤"就是"不辛勞""不出力"。"勤"的反義詞是"逸","安逸"。現代漢語中"勤"是"盡力多做或不斷地做",反義詞是"懶","懶惰"。通過"勤"的反義詞"安逸"和"懶惰"的差異,可以看出"勤"古今詞義的變化。

"亡"在古代漢語中經常表示"逃亡""丟失"的意思,如:"追亡逐北""亡羊補牢"。其反義詞是"存"。

② 天行有常,不爲堯存,不爲桀亡。(《荀子·天論》)

現代漢語中,"亡"表示"死亡",反義詞是"生"。通過"存"和"生"的變化,可以看出"亡"古今詞義的差異。

"進"在古代漢語中表示"前進"。

③ 進而不可禦者，沖其虛也；退而不可追者，速而不可及也。(《孫子·虛實》)

"進"的反義詞是"退"，而不是"出"，可見，它的意義是"前進"而不是"進去"。古代漢語中用"入"表示進去，"出"和"入"構成反義詞。

2. 辨析同義詞

同義詞之間的細微差別，往往可以通過它們不同的反義詞反映出來。如：

覺(jiào)、寤、醒

它們都可以表示"睡醒"，但各自的反義詞不同。"覺"的反義詞是"夢"。

① 方其夢也，不知其夢也，……覺而後知其夢也。(《莊子·齊物論》)

可見，"覺"的特點是"夢醒"。"寤"的反義詞是"寐"。

② 窈窕淑女，寤寐求之。(《詩經·周南·關雎》)

"寤"是醒着，"寐"是睡着。"寤"的特點是"醒着"的狀態。"醒"的本義是"酒醒"，反義詞是"醉"；引申爲睡醒，反義詞是"睡"，它的特點是"知覺的恢復"。

剛、强

它們都可以表示"堅强"，但反義詞不同。"剛"的反義詞是"柔"。

① 剛柔相得，奇耦相應。(《論衡·譏日》)

"剛柔相得"即剛與柔互相補充，可見，"剛"的特點是"堅硬"。

"强"的反義詞是"弱"。

② 以强淩弱，以衆暴寡。(《莊子·盜跖》)

可見，"强"的特點是"力大"。通過"剛"和"强"的反義詞，可以更清楚地看到它們詞義特點的差異。

文選

景公所愛馬暴死①

景公使圉人養所愛馬②，暴死，公怒，令人操刀解養馬者③。是時，晏子侍前。左右執刀而進，晏子止而問於公曰④："堯舜支解人⑤，從何軀始⑥？"公矍然曰⑦："從寡人始。"遂不支解。公曰："以屬獄⑧。"晏子曰："此不知其罪而死，臣爲君數之⑨，使知其罪，然後致之獄。"公曰："可。"晏子數之曰："爾罪有三：公使汝養馬而殺之，當死罪一也⑩。又殺公之所最善馬，當死罪二也。使公以一馬之故而殺人，百姓聞之，必怨吾君；諸侯聞之，必輕吾國⑪。汝殺公馬，使怨積於百姓，兵弱於隣國，汝當死罪三也。今以屬獄。"公喟然嘆曰⑫："夫子釋之⑬！夫子釋之！勿傷吾仁也⑭。"

---

① 本篇選自《晏子春秋·内篇諫上》。題目爲後加。《晏子春秋》舊題齊·晏嬰撰，實爲戰國末年齊人搜集晏嬰軼事及民間傳説，託名晏嬰之作。《晏子春秋》全書分内、外編，共八卷二百一十五章，每章均由短小故事構成。《晏子春秋》歷代均有校訂。今人吳則虞的《晏子集釋》是集諸家之長的校注本。晏嬰，字平仲，春秋時齊國夷維（今山東高密縣）人，是與管仲齊名的名相。本篇記載了景公喜愛的馬死了，景公要肢解養馬人以泄憤，晏子委婉勸諫，使養馬人得以釋放。在保全了養馬人性命的同時，也保全了景公的"仁政"。景公：指齊景公。暴：突然。

② 圉人：養馬的人。

③ 操：持。解：肢解，分解肢體。

④ 止：動詞使動用法，使……停止。

⑤ 支：後作"肢"，下文同。

⑥ 軀：身體，軀體。

⑦ 矍（jué）然：內心驚慌而四處張望的樣子。

⑧ 屬（zhǔ）：交給，後作"囑"。

⑨ 數：動詞，列舉。

⑩ 當：判處。

⑪ 輕：輕視，看不起。

⑫ 喟（kuì）然：感慨的樣子。

⑬ 釋：放，赦免。

⑭ 傷：損害。

第七課　詞義關係

景公出獵①

　　景公出獵，上山見虎，下澤見蛇②。歸，召晏子而問之曰："今日寡人出獵，上山則見虎，下澤則見蛇，殆所謂不祥也③。"晏子對曰："國有三不祥，是不與焉④。夫有賢而不知⑤，一不祥；知而不用，二不祥；用而不任⑥，三不祥也。所謂不祥，乃若此者。今上山見虎，虎之室也⑦；下澤見蛇，蛇之穴也。如虎之室、如蛇之穴而見之，曷爲不祥也⑧？"

景公使晏子爲東阿宰⑨

　　景公使晏子爲東阿宰，三年，毀聞于國⑩。景公不說⑪，召而免之。晏子謝曰⑫："嬰知嬰之過矣。請復治阿三年⑬，而譽必聞于國⑭。"景公不忍，復使治阿三年，而譽聞于國。景公說，召而賞之。景公問其故，對曰："昔者嬰之治阿

---

① 本篇選自《晏子春秋·内篇諫下》。題目爲後加。景公出獵，遇見虎和蛇，懷疑不吉祥。晏子告訴他，對於治理國家來説，不知、不用、不任賢者是三不祥。景公：指齊景公。

② 澤：有水的窪地。

③ 殆：大約。祥：吉利。

④ 是：代詞，這些。與：參與，在……之中。焉：兼詞，相當於"於是"，其中"是"指代"三不祥"。

⑤ 賢：有德才的人。

⑥ 任：信任。

⑦ 室：居所。

⑧ 曷爲：賓語前置，疑問代詞"曷"作賓語，置於介詞"爲"前，可譯作"爲什麽"。

⑨ 本篇選自《晏子春秋·内篇雜上》。題目爲後加。晏子兩次治理東阿，方法不同，景公聽到的毀譽也不同。晏子説明了毀譽變化的原因，得到了景公的信任，讓他主持齊國政事。東阿：齊國地名，在今山東省東阿縣一帶。宰：地方長官。

⑩ 毀：惡名，壞名聲。國：國都。

⑪ 說（yuè）：後作"悦"。下文"説"同。

⑫ 謝：謝罪。

⑬ 復：再。

⑭ 譽：稱譽，好名聲。

也,築蹊徑①,急門閭之政②,而淫民惡之③;舉儉力孝弟④,罰偷窳⑤,而惰民惡之;決獄不避⑥,貴強惡之⑦;左右所求⑧,法則予⑨,非法則否,而左右惡之;事貴人體不過禮⑩,而貴人惡之。是以三邪毀乎外⑪,二讒毀于內⑫,三年而毀聞乎君也⑬。今臣謹更之⑭,不築蹊徑,而緩門閭之政,而淫民說;不舉儉力孝弟,不罰偷窳,而惰民說;決獄阿貴強⑮,而貴強說;左右所求言諾⑯,而左右說;事貴人體過禮,而貴人說。是三邪譽乎外,二讒譽乎內,三年而譽聞于君也。昔者嬰之所以當誅者宜賞,今所以當賞者宜誅,是故不敢受⑰。"景公知晏子賢,迺任以國政⑱,三年而齊大興。

---

① 築:堵塞。蹊徑:小路。
② 急:緊,嚴格。門閭之政:指城門守衛。
③ 淫:邪惡。惡(wù):討厭,厭惡。之:指示代詞,作賓語,這樣。下文"惡之"同。
④ 舉:稱舉,任用。儉:節儉。力:身體力行。弟(tì):尊重兄長,後作"悌"。
⑤ 偷:苟且。窳(yǔ):懶惰。
⑥ 決:斷。獄:官司。避:這裏指不躲避地方權貴豪強。
⑦ 貴:地方權貴。強:豪強。
⑧ 左右:指君王身邊的人。
⑨ 法:這裏指合法。
⑩ 事:對待。貴人:指朝中顯貴。禮:規定的禮節。
⑪ 三邪:三種邪惡之人,即淫民、惰民、貴強。
⑫ 二讒:兩種讒佞之人,即左右、貴人。
⑬ 聞乎君:被動句式,介詞"乎"引進行為的主動者,可譯作"被君王聽到"。
⑭ 謹:表敬副詞,作狀語。更:《說文‧攴部》:"𠬝,改也,從攴,丙聲。"此處用本義,義為改變。
⑮ 阿(ē):曲從,迎合。
⑯ 言:一說為"皆"之壞字。諾:答應。
⑰ 是故:因此。
⑱ 迺(nǎi):"乃"的異體字,副詞,于是,就。

晏子爲齊相①

晏子爲齊相,出,其御之妻從門間而闚②。其夫爲相御,擁大盖③,策駟馬④,意氣揚揚⑤,甚自得也⑥。既而歸⑦,其妻請去⑧。夫問其故,妻曰:"晏子長不滿六尺⑨,身相齊國,名顯諸侯。今者,妾觀其出,志念深矣⑩,常有以自下者⑪。今子長八尺,迺爲人僕御⑫,然子之意⑬,自以爲足。妾是以求去也⑭。"其後,夫自抑損⑮。晏子怪而問之⑯,御以實對,晏子薦以爲大夫。

景公欲更晏子之宅⑰

景公欲更晏子之宅,曰:"子之宅近市⑱,湫隘囂塵⑲,不可以居。請更諸爽

---

① 本篇選自《晏子春秋·內篇雜上》。題目爲後加。晏子御者因爲替相國駕車而洋洋得意,妻子因爲他的淺薄而要求離去。他改變了自己的志向情態後,晏子推薦他爲大夫。相(xiàng):這裏指擔任齊景公的相國。

② 御:駕車,這裏指駕車的人。間:"閒"的後起字,《說文·門部》:"閒,隙也。从門,从月。"此處用本義,義爲縫隙。闚(kuī):"窺"的異體字,暗中察看。

③ 擁:環抱。盖:車蓋。

④ 策:趕着。

⑤ 揚揚:得志的樣子。

⑥ 得:心滿意足。

⑦ 既而:不久。

⑧ 去:離去。

⑨ 長:身高。

⑩ 志念:志向。念,想法。

⑪ 下:謙下。

⑫ 迺:"乃"的異體字,却。

⑬ 意:心思。

⑭ 是以:因此。

⑮ 抑損:克制,謙退。

⑯ 怪:形容詞意動用法,以爲……奇怪。

⑰ 本篇選自《晏子春秋·內篇雜下》。題目爲後加。齊景公想要更換晏子的狹窄、低窪、環境髒亂的住宅,而晏子以"小人近市,朝夕得所求"爲理由推辭,並趁機諷喻景公減輕刑罰。更:換。

⑱ 市:市場。

⑲ 湫(jiǎo):低窪。隘(ài):狹窄。囂:喧鬧。塵:有塵土。

塏者①。"晏子辭曰②:"君之先臣容焉③,臣不足以嗣之④,於臣侈矣⑤。且小人近市,朝夕得所求,小人之利也⑥。敢煩里旅⑦?"公笑曰:"子近市,識貴賤乎?"對曰:"既竊利之⑧,敢不識乎?"公曰:"何貴?何賤?"是時也,公繁于刑⑨,有鬻踊者⑩。故對曰:"踊貴而屨賤⑪。"公愀然改容⑫。公爲是省于刑⑬。

君子曰:"仁人之言,其利博哉⑭!晏子一言而齊侯省刑。《詩》曰⑮:'君子如祉⑯,亂庶遄已⑰。'其是之謂乎⑱?"

一、舉例說明古代漢語同義詞的主要特點。
二、古代漢語同義詞之間的差異有哪幾類?
三、辨析古代漢語同義詞的主要方法有哪些?試各舉一例。
四、舉例說明古代漢語反義詞的主要特點。
五、閱讀下面短文,並翻譯成現代漢語。
　　陶公性檢厲,勤於事。作荊州時,敕船官悉錄鋸木屑,不限多少。咸不解此意。

---

① 爽:開朗。塏(kǎi):地勢高而乾燥。
② 辭:推辭,辭謝。
③ 先臣:對國君稱自己故去的先人。容:居住。焉:兼詞,相當於"於是",其中"是"指代"宅"。
④ 嗣:繼承。
⑤ 侈:奢侈,過分。
⑥ 利:方便。
⑦ 敢:表敬副詞,作狀語,怎敢。里:鄉里,鄰居。旅:衆人。
⑧ 竊:表敬副詞,私下。利:形容詞意動用法,以……爲利。
⑨ 繁:多。
⑩ 鬻(yù):賣。踊(yǒng):受過刖刑的人穿的鞋子,即假腳。
⑪ 屨(jù):鞋。
⑫ 愀(qiǎo)然:憂懼的樣子。容:面色。
⑬ 是:代詞,代指晏子所說的話。省:減少。
⑭ 博:廣大。
⑮ 《詩》:指《詩經·小雅·巧言》。
⑯ 祉(zhǐ):福。
⑰ 庶:庶幾,可能。遄(chuán):很快。已:停止。
⑱ 其:語氣詞,表示揣度語氣,可譯作"大概""或許"。是之謂:賓語前置,代詞"是"作"謂"的前置賓語,用"之"複指。意思是"說的是這類事情"。

第七課　詞義關係

後正會,值積雪始晴,聽事前除雪後猶濕。於是悉用木屑覆之,都無所妨。官用竹,皆令録厚頭,積之如山。後桓宣武伐蜀裝船,悉以作釘。又云,嘗發所在竹篙。有一官長連根取之,仍當足。乃超兩階用之。(《世説新語·政事》)

第三單元

第八課　古代漢語詞類的劃分

一、劃分詞類的標準

詞類是指詞的語法分類。對於個體的詞來説,它所屬的詞類也稱爲詞性。在古代漢語中,詞類劃分的標準有兩個:語法功能和意義。語法功能主要指能否單獨充當句子成分以及充當什麽樣的句子成分;意義是指詞是否具有詞彙意義以及具有什麽樣的詞彙意義。依據這兩條標準,古代漢語中的詞可以劃分爲實詞和虛詞兩大類。實詞能夠單獨充當句子成分,而且具有一定詞彙意義。虛詞則不能單獨充當句子成分,没有詞彙意義。例如:

鳥獸之肉不登於俎。《左傳·隱公五年》

上例的意思是"鳥獸的肉不能陳列在祭祀的器皿中",即鳥獸的肉不能用來作祭祀品。這個句子中共有八個詞,分别是"鳥""獸""之""肉""不""登""於""俎"。按照句子成分來分析,"鳥"和"獸"爲定語,修飾主語"肉","之"衹起連接作用,不作句子成分,"登"爲主要的謂語動詞,"不"作狀語修飾"登",後邊的"俎"作"登"補語,"於"衹起引進地點的作用,不能單獨作句子成分。從意義上來看,"鳥""獸""肉""不""登"有詞彙意義,"之""於"没有詞彙意義。因此,"鳥""獸""肉""不""登"是實詞,"之""於"爲虛詞。

二、實詞的分類

在古代漢語中,實詞包括名詞、動詞、形容詞、數詞、代詞和副詞。

(一) 名詞

名詞是表示人、事物、時間或空間名稱的詞,如"人""鳥""肉"等。名詞的主要語法功能是作主語、賓語和定語。例如:

① 君子知至學之難易。(《禮記·學記》)
② 丈夫亦愛憐其少子乎?(《觸龍説趙太后》)
③ 世易時移,變法宜矣。(《荆人欲襲宋》)
④ 王獨不見夫蜻蛉乎?(《戰國策·楚策》)
⑤ 執事不以釁鼓,使歸即戮,君之惠也。(《楚歸晉知罃》)

⑥ 能面刺寡人之過者，受上賞。(《鄒忌諷齊王納諫》)

例①中的"君子"、例②中的"丈夫"、例③中的"世""時"、例④中的"王"、例⑤中的"執事"作主語；例③中的"法"、例④中的"蜻蛉"作賓語；例⑤中的"君"、例⑥中的"寡人"作定語。

在現代漢語中，除方位名詞和時間名詞外，普通名詞一般不能直接作狀語，而是和介詞組成介賓短語作狀語，如"在操場看足球比賽""從圖書館借了幾本書"，其中"操場""圖書館"前都有介詞。但是，在古代漢語中，名詞可以直接作狀語。例如：

⑦ 射之，豕人立而啼。(《左傳·莊公八年》)
⑧ 君爲我呼入，吾得兄事之。(《史記·項羽本紀》)

例⑦中的"人"作狀語，直接修飾動詞"立"，表示"像人一樣"；例⑧中的"兄"作狀語，直接修飾動詞"事"，表示"像對待兄長一樣"。

古代漢語名詞作狀語是名詞的固有語法功能，不屬於詞類活用。名詞作狀語的具體內容在以後的課程中還會詳細講解。

名詞或名詞短語還可以在判斷句中直接作謂語，例如：

⑨ 虎者，戾蟲。(《戰國策·秦策》)
⑩ 南冥者，天池也。(《北冥有魚》)

(二) 動詞

動詞是表示動作、行爲、心理活動以及變化的詞，如"擊""愛""變"等。動詞的主要語法功能是作謂語。例如：

① 愛共叔段，欲立之。(《左傳·隱公元年》)
② 不患寡而患不均，不患貧而患不安。(《季氏將伐顓臾》)
③ 舉劍欲擊之，勝請降。(《蘇武牧羊》)
④ 趙盾、士季見其手，問其故而患之。(《晉靈公不君》)

動詞還可以作定語，修飾名詞。例如：

⑤ 君臣相親，父子相保，而無死亡係虜之患。(《韓非子·姦劫弒臣》)

"死亡係虜"在這個句子中作定語。

按照能否帶賓語，可以把動詞分爲及物動詞和不及物動詞，其中能夠帶賓語的動詞爲及物動詞，不能帶賓語的動詞爲不及物動詞。例如，在現代漢語中，"吃""打""愛"在句子中都能夠帶賓語，是及物動詞；而"休息""走""死"都不能帶賓語，是不及物動詞。

古代漢語中，及物動詞的用法和現代漢語相同，如上面例①到④例中的"愛""患""擊""見"，都能夠帶賓語。但是，古代漢語的不及物動詞有時可以帶賓語。例如：

⑥ 焉用亡鄭以倍鄰。(《左傳·僖公三十年》)

⑦ 項伯殺人,臣活之。(《史記·項羽本紀》)

以上句子中的"亡""活"表示"滅亡""存活",是不及物動詞,卻分別帶賓語"鄭""之"。這是古代漢語中動詞的一種特殊用法,即使動用法。在這種用法中,動詞雖然帶賓語,但賓語並不是動作行爲的承受者。因此,"亡鄭"表示的是"使鄭國滅亡","活之"是"使項伯活下來"。動詞與賓語之間的使動關係在"動詞、形容詞、名詞"一課中還會詳細講解。

古代漢語的動詞中,還有一類比較特殊的動詞,即能願動詞,又稱助動詞,是指表示可能、意願、必要的動詞。例如:

⑧ 田單知士卒之可用,乃身操版插,與士卒分功。(《即墨之戰》)
⑨ 穆公是以不克逞志于我。(《左傳·成公十三年》)
⑩ 於是項王乃欲東渡烏江。(《史記·項羽本紀》)

這幾個句子中的"可""克""欲"都是能願動詞。能願動詞的主要語法功能是修飾動詞。

(三) 形容詞

形容詞是表示性質、狀態的詞,如"美""好""大""小"等。形容詞的主要語法功能是作謂語、定語和狀語。例如:

① 城非不高也,池非不深也,兵革非不堅利也。(《孟子·公孫丑下》)
② 今梁趙相攻,輕兵銳卒必竭於外。(《史記·孫子吳起列傳》)
③ 小知不及大知,小年不及大年。(《北冥有魚》)
④ 是以十九年而刀刃若新發於硎。(《莊子·養生主》)

例①中的"高""深""堅利"作謂語,需要注意的是,雖然形容詞和動詞都能作謂語,但形容詞作謂語時不能帶賓語,這是形容詞與動詞的主要差別。

例②中的"輕""銳"、例③中的"小""大"作定語;例④中的"新"作狀語。

(四) 副詞

副詞是表示行爲、性狀的某些特徵的詞,如"愈""益"等。副詞的主要功能是修飾形容詞、動詞,在句子中作狀語。例如:

① 且吾所爲者極難耳。(《史記·刺客列傳》)
② 道之不行,已知之矣。(《論語·微子》)

古代漢語中的副詞根據意義可以分爲程度副詞、範圍副詞、時間副詞、否定副詞、情態副詞、謙敬副詞。每一類副詞的具體內容在"副詞"一課中還會詳細講解。

(五) 代詞

代詞是指具有代替或指示人、事物作用的詞,如"我""誰""其""之"等。代詞的主要語法功能是作主語、賓語、定語或補語。例如：

① 余懼不獲其利而離其難。(《左傳·文公五年》)
② 請京,使居之。(《左傳·隱公元年》)
③ 之二蟲又何知？(《北冥有魚》)
④ 今事至於此,爲之奈何？(《戰國策·楚策》)

例①中的"余"作主語；例②中的"之"作賓語；例③中的"之"作定語；例④中的"此"作補語。

古代漢語中,有些代詞在判斷句中也可直接作謂語。例如：

⑤ 此誰也？(《馮諼客孟嘗君》)

古代漢語的代詞可分爲人稱代詞、指示代詞、疑問代詞、無定代詞、特殊代詞。每一類代詞的具體内容在"代詞"一課中還會詳細講解。

(六) 數詞

數詞是表示事物或動作的數目或次序(次數)的詞,如"百""十""千"等。數詞的主要語法功能是和量詞結合,在句子中作狀語或補語。但是古代漢語量詞不發達,因此數詞一般直接修飾名詞和動詞。例如：

① 廣乃從百騎往馳三人。(《漢書·李廣蘇建傳》)
② 故立沛公爲漢王,而三分關中地。(《漢書·蕭何曹參傳》)

例①中的"百""三"分別修飾名詞"騎""人"；例②中的"三"修飾動詞。

數詞以及數量表示法在"數詞及數量表示法"一課中還會詳細講解。

三、實詞的活用與兼類

古代漢語實詞在句子中充當什麽句子成分是相對固定的,如名詞主要作主語、賓語、定語；動詞主要作謂語；形容詞主要作定語、謂語和狀語等。這些都是古今漢語相同的地方。

但是,在古代漢語中,某些詞在一定的語言環境下,會臨時具有另一類詞的語法功能。例如："刃"是名詞,經常作句子的主語、賓語或定語,但在"左右欲刃相如"(《史記·廉頗藺相如列傳》)這一句子中,"刃"却帶上了賓語,充當句子的謂語,具有動詞的基本功能。詞的這種臨時用法,叫做詞類活用。詞類活用是古代漢語中比較常見的語言現象。例如：

① 驢不勝怒,蹄之。(柳宗元《三戒·黔之驢》)
② 今媪尊長安君之位。(《觸龍説趙太后》)

例①中的"蹄"本是名詞,在這個句子中却帶上了賓語"之",具有了動詞的功能。

"蹄"作動詞並不是它的固定功能,而是臨時的用法。因此,在這裏,"蹄"的用法屬於詞類活用。例②中的"尊"本是形容詞,在這個句子中却帶上了賓語"之",具有了動詞的功能。而"尊"作動詞也不是它的固定功能,而是臨時的用法,屬於詞類活用。

　　古代漢語中,詞類活用主要包括名詞、形容詞、數詞用作動詞,其中名詞、形容詞不僅可以用作一般動詞,還經常用作使動和意動。關於詞類活用,在以後的課程中還會詳細講解。

　　詞類活用不同於詞的兼類。詞的活用是臨時的用法,活用後的用法不是詞的固有的語法屬性;兼類則是一個詞具有兩種或兩種以上詞類的語法功能,並且這些語法功能已經是固定的,不是臨時用法。例如:"鼓",既是名詞,又是動詞。在"小子鳴鼓而攻之可也"(《論語·先進》)中是名詞,作"一種打擊樂器"講;在"戰于長勺,公將鼓之"(《左傳·莊公十年》)中是動詞,作"擊鼓"講。"鼓"同時具有名詞和動詞的語法功能,這種語法功能並不是臨時的、偶然的,而是"鼓"常見的語法屬性。因此,"鼓"是一個兼類詞,無論作名詞還是動詞都不存在活用現象。

四、虛詞的分類

　　古代漢語中,虛詞可以分爲介詞、連詞和語氣詞。

　　介詞是從動詞虛化而來的一種詞類,它的基本功能是把自己所帶的賓語介紹給謂語。例如:

　　① 貧生於不足,不足生於不農。(鼂錯《論貴粟疏》)
　　② 以是觀之,人謂子産不仁,吾不信也。(《左傳·襄公三十一年》)

　　連詞是在詞、詞組、分句、句、句群之間起連接作用,表示它們之間的語法關係或邏輯關係的一類虛詞。例如:

　　③ 其執事不辟難,畏威而敬命矣。(《左傳·昭公元年》)
　　④ 雖在農與工肆之人,有能則舉之。(《列德而尚賢》)

　　語氣詞就是表達句子語氣的一類虛詞。例如:

　　⑤ 聖人以治天下爲事者也,必知亂之所自起。(《天下兼相愛》)
　　⑥ 夫大臣爲猛狗而齕有道之士矣。(《宋人有酤酒者》)

　　關於虛詞的各種用法,在第四單元中還會詳細講解。

文選

北冥有魚①

北冥有魚,其名曰鯤②。鯤之大,不知其幾千里也;化而為鳥,其名為鵬③。鵬之背,不知其幾千里也;怒而飛④,其翼若垂天之雲⑤。是鳥也,海運則將徙於南冥⑥。南冥者,天池也⑦。齊諧者⑧,志怪者也⑨。諧之言曰:"鵬之徙於南冥也,水擊三千里⑩,摶扶搖而上者九萬里⑪,去以六月息者也⑫。"野馬也⑬,塵埃也⑭,生物之以息相吹也⑮。天之蒼蒼⑯,其正色邪⑰?其遠而無所至極邪⑱?

---

① 本篇選自《莊子·逍遙遊》。題目為後加。《莊子》是道家學派重要的代表作之一。作者莊周。據《漢書·藝文志》記載,《莊子》一書共五十二篇。現存三十三篇,大約成書於戰國時期。《莊子》較為通行的注本有晉·郭象注、唐·成玄英疏十卷本,以及清·王先謙的《莊子集解》和郭慶藩的《莊子集釋》。莊周是戰國中期宋國蒙(今河南商丘)人,生卒年月不詳,是繼老子之後道家學派的主要代表人物,與老子並稱"老莊"。本篇通過對大鵬與蜩及學鳩的描繪和對比,說明客觀事物的相對性及各適其性的生存狀態。由於它們都是"有所待",故而都不是"逍遙遊"。作者認為祇有"無己"纔能達到"無待"的境界,纔能實現真正、絕對的自由——"逍遙遊"。冥:海,後作"溟"。北冥,即北方的大海。
② 鯤(kūn):傳說中的大魚。
③ 鵬:傳說中的大鳥。
④ 怒:奮發。這裏指鼓起翅膀。
⑤ 垂:天邊。一說為懸挂。
⑥ 運:動。徙:遷移。
⑦ 天池:天然形成的水池。
⑧ 齊諧:書名。
⑨ 志:記載。怪:怪異的事。
⑩ 水:名詞作狀語,在水面上。
⑪ 摶(tuán):環繞着向上飛。扶搖:又名飆(biāo),旋風。九:虛數。
⑫ 去:離開。六月:周時六月,即夏曆四月。息:氣息,這裏指海動時的大風。
⑬ 野馬:春天野外林澤中的霧氣。
⑭ 塵埃:飛揚的細土。揚在空中的土叫"塵",細碎的塵粒叫"埃"。
⑮ 生物:有生命的物質。息:氣息,呼吸。
⑯ 蒼蒼:深藍色。
⑰ 其:語氣詞,表揣測語氣。正色:真正的顏色。邪:句末語氣詞。
⑱ 極:盡頭。

其視下也①,亦若是則已矣②。且夫水之積也不厚③,則其負大舟也無力④。覆杯水於坳堂之上⑤,則芥爲之舟⑥;置杯焉則膠⑦,水淺而舟大也。風之積也不厚,則其負大翼也無力,故九萬里則風斯在下矣⑧。而後乃今培風⑨,背負青天而莫之夭閼者⑩,而後乃今將圖南⑪。

蜩與學鳩笑之曰⑫:"我決起而飛⑬,搶榆枋⑭,時則不至⑮,而控於地而已矣⑯;奚以之九萬里而南爲⑰?"適莽蒼者⑱,三湌而反⑲,腹猶果然⑳;適百里者宿舂糧㉑;適千里者三月聚糧。之二蟲又何知㉒?

小知不及大知㉓,小年不及大年㉔。奚以知其然也㉕?朝菌不知晦朔㉖,蟪

---

① 其:指大鵬。
② 若是:像這樣。已:止,罷了。
③ 且夫:凝固結構,表示進一步發表議論,可譯作"再説"。
④ 負:承載。
⑤ 覆:倒。坳(ào)堂:堂上的低窪之處。
⑥ 芥:小草。爲之舟:雙賓語,可譯作"給它(杯水)當船"。
⑦ 焉:兼詞,相當於"於是",其中"是"指代坳堂。膠(jiāo):粘住。
⑧ 斯:就。
⑨ 而後乃今:可譯作"然後就"。培:"憑"的借字,改讀 píng,乘。
⑩ 莫:否定性無定代詞,作主語,沒有什麼。夭閼(yāo'è):雙聲連綿詞,阻隔,阻擋。
⑪ 圖:計劃,打算。南:名詞用作動詞,往南飛。
⑫ 蜩(tiáo):蟬。學鳩:小鳥名。
⑬ 決(xuè):迅速的樣子。
⑭ 搶(qiāng):突過。榆枋:榆樹和檀樹,這裏泛指樹木。
⑮ 時:有時,偶爾。則:連詞,如果。
⑯ 控:投,這裏指落下。
⑰ 之:到……去。爲:句末語氣詞,表疑問。
⑱ 適:到……去。莽蒼(mǎngcāng):疊韻聯綿詞,郊野的顏色,這裏代近郊。
⑲ 三湌(cān):代指一天時間。湌,"餐"的異體字。反:回來,後作"返"。
⑳ 果然:充實飽滿的樣子。然,形容詞詞尾。
㉑ 宿:頭天晚上。舂:搗去米的外皮。糧:乾糧。
㉒ 之:指示代詞,這。二蟲:指蜩與學鳩。
㉓ 知(zhì):智慧,後作"智"。
㉔ 年:壽命。
㉕ 然:指示代詞,如此,這樣。
㉖ 朝菌:一種生於糞土上的菌類,朝生暮死。晦:陰曆每月的最後一天。朔:陰曆每月的第一天。

蟪蛄不知春秋①,此小年也。楚之南有冥靈者②,以五百歲爲春,五百歲爲秋③;上古有大椿者④,以八千歲爲春,八千歲爲秋。而彭祖乃今以久特聞⑤,衆人匹之⑥,不亦悲乎⑦?

……

故夫知效一官⑧,行比一鄉⑨,德合一君而徵一國者⑩,其自視也,亦若此矣。而宋榮子猶然笑之⑪。且舉世而譽之而不加勸⑫,舉世而非之而不加沮⑬,定乎内外之分⑭,辯乎榮辱之境⑮,斯已矣⑯。彼其於世⑰,未數數然也⑱。雖然,猶有未樹也。夫列子御風而行⑲,泠然善也⑳,旬有五日而後反㉑。彼於致福者㉒,未數數然也。此雖免乎行㉓,猶有所待者也㉔。若夫乘天地之正㉕,

---

① 蟪蛄(huìgū):即寒蟬,春生夏死或夏生秋死。
② 冥靈:樹名。
③ 五百歲:極言其長久,非實指。
④ 大椿:傳説中的大樹名。
⑤ 彭祖:古代傳説中年壽最長的人,據説活了七百多歲而不衰老。乃今:而今。以:憑。特:獨。聞:指聞名於世。
⑥ 衆人:一般人。匹:相比。
⑦ 不亦……乎:習慣用法,表示反問,可譯作"豈不……嗎"。
⑧ 夫:指示代詞,那,那些。知(zhì):才智,後作"智"。效:指可以被授予。
⑨ 行(xìng):品行。比(bì):合。鄉:上古一萬二千五百家爲一鄉。
⑩ 徵:取信。
⑪ 宋榮子:一名鈃,宋國人,戰國時期的思想家。猶然:神態輕鬆的樣子。
⑫ 舉:全,所有。世:指同時代的人。加:更加。勸:《説文·力部》:"勸,勉也。从力,雚聲。"此處用本義,義爲勉勵、努力。
⑬ 非:責難,批評。沮:沮喪。
⑭ 定:確定。内外之分:自我與外物的分別。内,我。外,物。分,分別。
⑮ 辯:"辨"的借字,分辨。境:界限。
⑯ 斯:此。已:止,罷了。
⑰ 彼其於世:他對於人世。彼其,兩個代詞同義連用。
⑱ 數數(shuòshuò)然:着急的樣子。
⑲ 列子:名御寇,戰國時期鄭國人。御:駕馭。
⑳ 泠(líng)然:輕妙的樣子。
㉑ 旬:十天。有:"又"的借字。上古稱數,整數與零數之間往往加"有"。
㉒ 致:求。
㉓ 行:走路。
㉔ 待:憑藉,依靠。
㉕ 乘:駕。天地:萬物的總名。正:自然之性。

而御六氣之辯①，以遊無窮者②，彼且惡乎待哉③？故曰：至人無己④，神人無功⑤，聖人無名⑥。

秋水時至⑦

秋水時至，百川灌河⑧，涇流之大⑨，兩涘渚崖之間⑩，不辯牛馬⑪。於是焉河伯欣然自喜⑫，以天下之美爲盡在己。順流而東行，至於北海⑬。東面而視⑭，不見水端⑮。於是焉河伯始旋其面目⑯，望洋向若而歎曰⑰："野語有之曰，'聞道百以爲莫己若'者⑱，我之謂也⑲。且夫我嘗聞少仲尼之聞而輕伯夷

---

① 御：順着。六氣：指陰、陽、風、雨、晦、明。辯："變"的借字，變化。
② 無窮：指時間的無始無終，空間的無邊無際。
③ 惡(wū)乎：固定結構，於何。疑問代詞"惡"作賓語，置於介詞"乎"前。
④ 至人：指修養達到最高境界的人。無己：無我。指人與自然混爲一體。
⑤ 神人：指超乎自然的人，修養僅次於至人。無功：指不建功立業。
⑥ 聖人：通達事理之人。無名：指不立名。
⑦ 本篇選自《莊子·秋水》。題目爲後加。雨季到來，黃河水暴漲，河伯覺得這是天下最壯觀的景色。來到海邊，看到海的壯闊，纔意識到個人渺小，宇宙無窮。水：指雨水。時：時節，季節。名詞作狀語，按照季節。
⑧ 河：黃河。
⑨ 涇(jīng)流：直流的水。
⑩ 涘(sì)：岸。渚：水中的小塊陸地。崖：這裏指河岸。
⑪ 辯："辨"的借字，分辨。
⑫ 焉：語氣詞。河伯：傳說中的黃河水神，姓馮，名夷。
⑬ 北海：今渤海一帶。
⑭ 東面：面向東。
⑮ 端：盡頭。
⑯ 旋：改變。一說義爲"掉轉"。面目：面色。
⑰ 望洋(wàngyáng)：叠韻聯綿詞，仰視的樣子。一說迷惘的樣子。若：海若，北海海神。
⑱ 莫己若：賓語前置，否定句中代詞"己"作賓語，置於動詞"若"前。
⑲ 我之謂：賓語前置，"我"作"謂"的前置賓語，用代詞"之"複指。

之義者①,始吾弗信,今我睹子之難窮也②,吾非至於子之門則殆矣③,吾長見笑於大方之家④。"

惠子相梁⑤

惠子相梁,莊子往見之。或謂惠子曰⑥:"莊子來,欲代子相。"於是惠子恐,搜於國中三日三夜⑦。莊子往見之,曰:"南方有鳥,其名鵷鶵⑧,子知之乎?夫鵷鶵,發於南海而飛於北海⑨,非梧桐不止,非練實不食⑩,非醴泉不飲⑪。於是鴟得腐鼠⑫,鵷鶵過之⑬,仰而視之曰:'嚇⑭!'今子欲以子之梁國而嚇我耶?"

---

① 少:形容詞意動用法,認爲……少。聞:見識,學問。輕:形容詞意動用法,認爲……輕。伯夷:孤竹國國君之子,相傳曾阻止周武王滅商,武王滅商後,與其弟叔齊隱居首陽山,不食周粟而餓死。古人以爲是"義"的典範。

② 窮:《說文·穴部》:"窮,極也,从穴,躬聲。"此處用本義,義爲盡、極。

③ 殆(dài):危險。

④ 方:道。大方之家,指懂得哲理、有道德修養的人。此句是被動句式,助動詞"見"表示被動,介詞"於"引進動作行爲的主動者。

⑤ 本篇選自《莊子·秋水》。題目爲後加。莊子用鵷鶵和鴟嗜好不同的故事,告訴惠子,他看不起相國的職位,惠子不必戒備。惠子:姓惠,名施,宋國人,曾任梁(魏)惠王相國。惠子是莊子的朋友和辯論的對手,《莊子》中許多有關惠子的故事都具有寓言性質。相:名詞用作動詞,做相國。梁:國名,即魏國,因爲魏國國都是大梁,故又稱梁國。

⑥ 或:無定代詞,作主語,有人。

⑦ 國:國都。

⑧ 鵷鶵(yuánchú):鳳凰一類的鳥。

⑨ 發:從……起飛,出發。

⑩ 練實:竹實。

⑪ 醴泉:甜美的泉水。

⑫ 鴟(chī):鷂鷹。

⑬ 過:經過。

⑭ 嚇(hè):發怒的叫聲。

莊子妻死①

　　莊子妻死,惠子弔之②,莊子則方箕踞鼓盆而歌③。惠子曰:"與人居④,長子⑤,老,身死,不哭亦足矣,又鼓盆而歌,不亦甚乎⑥?"莊子曰:"不然,是其始死也⑦,我獨何能無槩⑧?然察其始而本無生,非徒無生也⑨,而本無形⑩;非徒無形也,而本無氣⑪。雜乎芒芴之間⑫,變而有氣,氣變而有形,形變而有生。今又變而之死⑬,是相與爲春秋冬夏四時行也⑭。人且偃然寝於巨室⑮,而我噭噭然隨而哭之⑯,自以爲不通乎命⑰,故止也。"

-----

　　① 本篇選自《莊子·至樂》。題目爲後加。妻子死了,莊子不僅不哭,反而敲着瓦缶唱歌。他認爲,生死交替就像四季輪回,僅僅是一個過程而已,故生不足喜,死亦不足悲。反映了他生死等同、萬物齊一的世界觀。

　　② 弔:追悼死者。

　　③ 方:副詞,作狀語,正在。箕踞:兩腿伸展像簸箕那樣坐着。鼓:擊。盆:即瓦缶,一種陶製樂器。

　　④ 居:生活。

　　⑤ 長:動詞使動用法,使……成長,養活。

　　⑥ 不亦……乎:習慣用法,表示反問,可譯作"豈不……嗎"。甚:過分。

　　⑦ 始:剛剛。

　　⑧ 槩:"慨"的借字,感慨。

　　⑨ 非徒:不僅。

　　⑩ 形:形體。

　　⑪ 氣:精氣。

　　⑫ 雜:夾雜,混合。芒芴(hū):即恍惚,混沌,不清晰。

　　⑬ 之:動詞,到。

　　⑭ 相與:互相。時:季節。行:動行,轉換。

　　⑮ 且:副詞,作狀語,將要。偃:卧。然:詞尾。偃然,安息的樣子。寢:睡覺。巨室:指天地之間。

　　⑯ 噭噭(áoáo)然:哀號的樣子。"噭噭"也作"嗷嗷"。

　　⑰ 命:天命。

第八課　古代漢語詞類的劃分

運斤成風①

莊子送葬，過惠子之墓。顧謂從者曰②："郢人堊慢其鼻端③，若蠅翼，使匠石斲之④。匠石運斤成風，聽而斲之⑤。盡堊而鼻不傷，郢人立不失容⑥。宋元君聞之⑦，召匠石曰：'嘗試為寡人為之⑧。'匠石曰：'臣則嘗能斲之⑨，雖然⑩，臣之質死久矣⑪！'自夫子之死也⑫，吾無以為質矣⑬，吾無與言之矣⑭。"

思考與練習

一、古代漢語的實詞包括哪幾類，它們的主要語法功能是什麼？

二、什麼是詞類活用？詞類活用與詞的兼類有什麼區別？

三、指出下列句中加着重號的詞所屬的詞類。

1. 君子疾夫舍曰"欲之"而必為之辭。（《季氏將伐顓臾》）
2. 博學之，審問之，慎思之，明辨之，篤行之。（《博學》）
3. 且夫水之積也不厚，則其負大舟也無力。（《北冥有魚》）
4. 昔者仲尼與於蜡賓，事畢，出遊於觀之上，喟然而歎。（《大同與小康》）
5. 桀紂之失天下也，失其民也。（《桀紂之失天下》）

---

① 本篇選自《莊子·徐無鬼》。題目為後加。匠石可以掄圓了斧頭砍去楚人鼻尖上的白土，然而，當楚人死去後，匠石的技藝也就斷絕了。莊子以此告訴從者，惠子去世了，對象沒有了，他的理論也就無法展示了。運：揮動。斤：《說文·斤部》："斤，斫木也，象形。"此處用本義，義為"橫刃斧"。

② 顧：《說文·頁部》："顧，還視也，從頁，雇聲。"此處用本義，義為回頭看。

③ 郢：楚國都城，故址在今湖北省江陵縣。此代指楚國。堊（è）：白土。慢："漫"的借字，意思是"塗"。端：尖。

④ 匠：木匠。石：匠人的名字。斲（zhuó）：砍。

⑤ 聽（tìng）：動詞，順，指隨意。

⑥ 失：改變。容：面色。

⑦ 宋元君：宋國國君，即宋元公。

⑧ 嘗：試。嘗試，同義詞連用。

⑨ 則：連詞。嘗：副詞，曾經。

⑩ 雖：連詞，雖然。然：代詞，這樣。

⑪ 質：這裏指合作的對象。

⑫ 夫子：指惠子。

⑬ 無以：凝固結構，可譯作"沒有用來……的人"。

⑭ 與：介詞，省略了賓語"之"。

四、給下面短文加標點,並翻譯成現代漢語。

子列子窮容貌有飢色客有言之鄭子陽者曰列御寇蓋有道之士也居君之國而窮君無乃爲不好士乎鄭子陽即令官遺之粟子列子出見使者再拜而辭使者去子列子入其妻望之而拊心曰妾聞爲有道者之妻子皆得佚樂今有飢色君過而遺先生食先生不受豈不命也哉子列子笑謂之曰君非自知我也以人之言而遺我粟至其罪我也又且以人之言此吾所以不受也其卒民果作難而殺子陽(《列子·説符》)

第九課　動詞、形容詞、名詞

一、動詞

動詞是表示動作行爲、心理活動等的詞。古代漢語的動詞在句法功能上和現代漢語基本相同，在句子中主要充當謂語。但是，古代漢語動詞也有和現代漢語不同之處，主要表現在動賓關係和雙賓語結構上。

（一）動賓關係

動賓關係指動詞和賓語的語義關係。在古代漢語中，動詞和賓語的語義關係比較複雜。有些和現代漢語相同，如受動關係；有些則比較特殊，如使動關係、爲動關係等。

1. 受動關係

受動關係是指謂語所表示的動作行爲，由主語所表示的人和物發出，而賓語則是動作行爲的承受者。這是和現代漢語相同的。例如：

① 沛公至軍，立誅殺曹無傷。（《鴻門宴》）
② 四年，春，齊侯以諸侯之師侵蔡。（《齊桓公伐楚》）

例①中"曹無傷"作"誅殺"的賓語，構成動賓關係。從語義上看，"誅殺"是由主語"沛公"發出，而"曹無傷"是動作的承受者。

例②中"蔡"作"侵"的賓語，構成動賓關係。從語義上看，"侵"是由主語"齊侯"發出，而"蔡"是"侵"的承受者，表示"侵犯蔡國"。

2. 使動關係

使動關係是指謂語所表示的動作，不是由主語所表示的人和物發出，而是在主語影響下使賓語所代表的人或物發出，具有"使（賓語）……"的含義。例如：

① 莊公寤生，驚姜氏，故名曰寤生，遂惡之。（《左傳·隱公元年》）
② 故天下盡以扁鵲爲能生死人。（《史記·扁鵲倉公列傳》）

例①意思是"莊公是倒着出生的，使姜氏受到驚嚇，因此起名叫'寤生'，於是很討厭他"。在這句話中，"驚"並不是由前面的主語"莊公"發出，而是由後邊的"姜氏"發出。因此，"驚"表示的是"使（姜氏）受驚"。例②意思是"因此天下人都認爲扁鵲能夠使死人復生"。在這句話中，"生"也不是由前面的主語"扁鵲"發出，而是由後邊的"死人"發出。因此，"生"表示的是"使（死人）復生"。

在古代漢語中，及物動詞和不及物動詞都可以和賓語構成使動關係，但總體來說，不

及物動詞的使動用法比較常見。例如：

③ 求也退，故進之；由也兼人，故退之。(《論語·先進》)
④ (秦王)卒廷見相如，畢禮而歸之。(《史記·廉頗藺相如列傳》)
⑤ 不戰而屈人之兵，善之善者也。(《上兵伐謀》)
⑥ 焉用亡鄭以倍鄰。(《左傳·僖公三十年》)
⑦ 將尉醉，廣故數言欲亡，忿恚尉，令辱之，以激怒其衆。(《史記·陳涉世家》)

例③中的"進之""退之"表示的是"使冉求勇於進取""使子路謙讓後退"，例④中的"歸之"表示的是"使相如回去"，例⑤中的"屈人之兵"表示"使他人的軍隊屈服"，例⑥中的"亡鄭"表示"使鄭國滅亡"，例⑦中的"忿恚尉"表示"使將尉惱怒"。其中的"進""退""歸""屈""亡""忿恚"均爲不及物動詞，都分別和後邊的賓語構成使動關係。

古代漢語中，及物動詞也可以和賓語構成使動關係，但在形式上與一般的受動關係沒有區別，不同的祇在於意義。因此，及物動詞的使動用法需要我們在意義上加以辨別。例如：

⑧ 昔者齊威王嘗爲仁義矣，率天下諸侯而朝周。(《戰國策·趙策》)
⑨ 欲辟土地，朝秦楚，莅中國而撫四夷也。(《孟子·梁惠王上》)

例⑧中的"朝"與"周"是受動關係，"周"是"朝"的對象；而例⑨中的"朝"與"秦楚"的關係則不同，"秦楚"不是"朝"的對象，而是"使秦楚來朝見"，在這裏，"朝"是使動用法。

⑩ 韓厥夢子輿謂己曰："旦辟左右。"故中御而從齊侯。(《左傳·成公二年》)
⑪ 沛公旦日從百餘騎來見項王。(《鴻門宴》)

例⑩中的"從"與"齊侯"是受動關係，"齊侯"是"從"的對象；而例⑪中的"從"與"百餘騎"則構成使動關係，表示"使百餘騎跟從"，"從"是使動用法。

此外，有時在使動關係的動賓結構中，賓語省略。對於這樣的句子，理解和翻譯時要加以注意。例如：

⑫ 遠人不服而不能來也。(《季氏將伐顓臾》)
⑬ 宋師不整，可敗也。(《左傳·莊公十年》)

以上二句中，"來"和"敗"在形式上都沒有帶賓語，但是從上下文來看，它們的意思是"使(遠人)來""使(宋師)敗"。因此，祇有按照使動用法理解和翻譯纔符合原意。

3. 爲動關係

爲動關係是指謂語動詞所表示的動作是爲賓語所表示的人或物發出的，動詞對賓語具有"爲(賓語)……"的含義。例如：

① 邴夏御齊侯，逢丑父爲右。(《左傳·成公二年》)

這個例子中，"御"是動詞，"齊侯"是賓語，但是賓語不是動作行爲的承受者，而是動作行爲的受益者。"御齊侯"的意思是"爲齊侯駕車"。

在這種動賓關係中,賓語常表示動詞的原因、目的和受益者等。例如:

② (灌夫)非有大惡,爭杯酒,不足引他過以誅也。(《史記·魏其武安侯列傳》)
③ 伯夷死名於首陽之下,盜跖死利於東陵之上。(《莊子·駢拇》)
④ 大叔完聚,繕甲兵,具卒乘,將襲鄭。夫人將啟之。(《左傳·隱公元年》)

例②中的"爭杯酒"意思是"爲杯酒而爭","杯酒"是"爭"的原因;例③中的"死名""死利"意思是"爲名而死""爲利而死","名""利"是"死"的目的;例④中的"啟之"意思是"爲他(大叔)打開城門","之"(大叔)是"啟"的受益者。

4. 其他動賓關係

除上述三種情況,古代漢語中還存在着其他類型的動賓關係。例如:

① 四月秀葽,五月鳴蜩。(《詩經·豳風·七月》)
② 余久卧病無聊,乃使人復葺南閣子。(歸有光《項脊軒志》)
③ 中貴人走廣,廣曰:"是必射鵰者也。"(《漢書·李廣蘇建傳》)
④ 積五六年,單于弟於靬王弋射海上。(《蘇武牧羊》)
⑤ 勤而無所,必有悖心。且行千里,其誰不知?(《左傳·僖公三十二年》)

例①中的"秀葽""鳴蜩"是動賓關係。"葽"是一種草名,"秀"指植物不開花而結果,"秀葽"的意思是"葽草結果實"。"蜩"指的是蟬,"鳴蜩"的意思是"蟬鳴"。"葽""蜩"雖處於賓語的位置上,但從語義關係上看,却是動作行爲的施事者。

例②中的"卧病"是動賓關係,意思是"因病而卧"。"病"在賓語的位置上,但從語義關係上看,却表示動作行爲的原因。

例③中的"走廣"是動賓關係,意思是"跑到李廣那裏"。"廣"在賓語的位置上,但從語義關係上看,却表示動作行爲的處所。

例④中的"積五六年",意思是"過了五六年"。例⑤中的"行千里",意思是"走了千里"。"五六年""千里"處於賓語位置上,但從語義關係上看,却分別表示時間和數量。

例②至例⑤翻譯成現代漢語都要加上適當的介詞和助詞,而古代漢語中介詞和助詞都沒有現代漢語發達,便直接將動詞與名詞組合。因此,在古代漢語中,對於動詞和名詞的組合,如果中間有介詞,一般認爲後面的名詞爲補語,如果動詞和名詞直接組合,一般認爲後面的名詞爲賓語。

(二) 雙賓語

雙賓語指一個謂語動詞後邊出現兩個賓語。其中離動詞近的叫近賓語,也叫間接賓語;離動詞遠的叫遠賓語,也叫直接賓語。一般情況下,間接賓語指人,直接賓語指物。例如:

① 秦亦不以城予趙,趙亦終不予秦璧。(《史記·廉頗藺相如列傳》)

上句中,"予秦璧"中的"予"是動詞,"秦"和"璧"分別是它的兩個賓語。其中"秦"是"予"的間接賓語,"璧"是"予"的直接賓語,意思是"給秦國和氏璧"。

现代漢語中,能夠帶雙賓語的動詞往往具有"給予""告知""教示"等意義,如"送他一本書""收了我二元錢""告訴大家一件事""教你一個好辦法"等。在古代漢語中,具有如上意義的動詞也能夠帶雙賓語。例如:

② 取吾璧,不予我城,奈何?(《史記·廉頗藺相如列傳》)
③ 公賜之食,食舍肉。(《左傳·隱公元年》)
④ 野人與之塊。(《左傳·僖公二十三年》)
⑤ 公語之故,且告之悔。(《左傳·隱公元年》)
⑥ 彼童子之師,授之書而習其句讀者,非吾所謂傳其道解其惑者也。(韓愈《師說》)
⑦ 丞相數言將軍,將軍何以教寡人計策?(《史記·淮陰侯列傳》)
⑧ 於是乎伐原以示之信。(《左傳·僖公二十七年》)

其中例②"予我城"、例③"賜之食"、例④"與之塊"中的動詞"予""賜""與"表示"給予"義;例⑤"語之故""告之悔"中的動詞"語""告"表示"告知"義;例⑥"授之書"、例⑦"教寡人計策"、例⑧"示之信"中的動詞"授""教""示"表示"教示"義。

以上的雙賓語情況古今大體相同,比較容易理解。但是,古代漢語中,還有些能帶雙賓語的動詞,發展到現代漢語中已經不能帶雙賓語了。這樣的雙賓語是需要特別注意的。例如:

⑨ 天生民而立之君,使司牧之,勿使失性。(《左傳·襄公十四年》)
⑩ 天佑下民,作之君,作之師。(《尚書·泰誓上》)
⑪ 欲見賢人而不以其道,猶欲其入而閉之門也。(《孟子·萬章下》)
⑫ 故天予之時,地生之財。(《管子·形勢》)

例⑨中的"立之君"中,"之"是間接賓語,代指上文的"民","君"是直接賓語,整個短語的意思是"爲民立君";例⑩中的"作之君""作之師"中,"之"是間接賓語,代指上文的"下民","君""師"是直接賓語,整個短語的意思是"給下民設立君王""給下民設立老師";例⑪中的"閉之門","之"是間接賓語,指代上文的"賢人","門"是直接賓語,整個短語的意思是"對賢人關閉大門";例⑫中的"生之財","之"是間接賓語,代指文章中的"明君","財"爲直接賓語,整個短語的意思是"爲明君生長財物"。

古代漢語中的"爲"可以帶雙賓語,這也是和現代漢語不同的。例如:

⑬ 顏淵死,顏路請子之車以爲之槨。(《論語·先進》)
⑭ 而爲之簞食與肉,置諸橐以與之。(《晉靈公不君》)
⑮ 不如早爲之所,無使滋蔓。(《左傳·隱公元年》)

在這些句子中,"爲"是動詞,後面的"之"爲間接賓語,"槨""簞食與肉""所"是"爲"的直接賓語。翻譯成現代漢語,分別表示"爲顏淵置備外棺""替他準備一小筐飯和肉""給他安排一個地方"。

此外,古代漢語中有些動詞用作使動時可以帶雙賓語。例如:

第九課 動詞、形容詞、名詞

⑯ 晉侯飲趙盾酒,伏甲將攻之。(《晉靈公不君》)
⑰ 若弗與,則請除之,無生民心。(《左傳·隱公元年》)
⑱ 均之二策,寧許以負秦曲。(《史記·廉頗藺相如列傳》)

以上句子中,"晉侯飲趙盾酒",不是"晉侯喝趙盾的酒",而是"晉侯讓趙盾喝酒"。"飲"不是由"晉侯"發出,而是由"趙盾"發出。因此,不能將"趙盾"與"酒"理解成修飾關係,而要理解爲"飲"的兩個賓語。"生民心""負秦曲"和"飲趙盾酒"結構相同,分別表示"使百姓產生二心""使秦承擔理虧(的責任)"。

二、形容詞

形容詞是表示事物的性質和狀態的詞。古代漢語中,形容詞的語法功能是作謂語、定語和狀語,和現代漢語基本相同,但也有一些地方和現代漢語不同。

(一) 形容詞用作動詞

形容詞用作動詞主要包括以下三種情況:

1. 形容詞用作一般動詞

形容詞用作一般動詞,是指因爲語境所提供的某種條件,形容詞在具體的語法結構中臨時改變了詞性,具有了動詞的語法功能,形容詞用作動詞後的意義與原形容詞的意義有着密切聯繫。例如:

① 楚左尹項伯者……素善留侯張良。(《史記·項羽本紀》)
② 雖父之不慈子,兄之不慈弟,君之不慈臣,此亦天下之所謂亂也。(《天下兼相愛》)
③ 傾奪鄰國,而雄諸侯。(賈思勰《齊民要術·序》)

例①中"善"本是形容詞,表示"善良"的意思,這裏表示的是"與……友好"的意思,用作了動詞;例②中的"慈"在這裏表示的是"對……很慈愛"的意思,用作了動詞;例③中的"雄"在這裏表示的是"稱雄"的意思,用作了動詞。

2. 形容詞的使動用法

形容詞使動用法,是指形容詞用作動詞後,使賓語所表示的人或事物具有該形容詞所表示的性質和狀態,具有"使(賓語)……"的含義。例如:

④ 今媼尊長安君之位,而封之以膏腴之地。(《觸龍說趙太后》)
⑤ 欲潔其身,而亂大倫。(《論語·微子》)
⑥ 宣子説,乃輕幣。(《左傳·襄公二十四年》)

例④中的"尊"本是形容詞,在這裏用作動詞,賓語爲"長安君","尊長安君"的意思是"使長安君地位尊貴";例⑤中的"潔其身",是"使其身潔";例⑥中的"輕幣",是"使幣輕"。其中的"尊""潔""輕"都是形容詞的使動用法。

3. 形容詞的意動用法

形容詞的意動用法，是指形容詞用作動詞後，主觀上認爲後面賓語具有形容詞的性質或狀態，具有"認爲(賓語)……"的含義。例如：

⑦ 今先生儼然不遠千里而庭教之，願以異日。(《蘇秦以連橫説秦》)
⑧ 左右以君賤之也，食以草具。(《馮諼客孟嘗君》)
⑨ 是故明君貴五穀而賤金玉。(鼂錯《論貴粟疏》)

例⑦中的"遠"本是形容詞，在這裏用作動詞，賓語是"千里"，"遠千里"的意思是"認爲千里很遠"。例⑧中的"賤之"，是"認爲馮諼卑賤"；例⑨中的"貴五穀""賤金玉"，是"認爲五穀很貴重""認爲金玉很輕賤"。其中的"遠""賤""貴"都是形容詞的意動用法。

形容詞的使動用法和意動用法在形式上基本相同，它們的區别在於意動用法表達的是"認爲賓語……""把賓語當作……"，是主觀看法；而使動用法表達的則是"使賓語……"，是客觀的結果。例如：

⑩ 孔子登東山而小魯，登泰山而小天下。(《孟子·盡心上》)
⑪ 工師得大木，則王喜，以爲能勝其任也。匠人斲而小之，則王怒。(《孟子·梁惠王下》)

例⑩中"小魯""小天下"是孔子"認爲魯小""認爲天下小"，是主觀的感受；而例⑪中的"小之"是匠人"使之小"，即"把它砍小了"，是客觀的結果。

⑫ 民各甘其食，美其服，安其居，樂其業。(《老子》第八十章)
⑬ 其達士，潔其居，美其服，飽其食。(《國語·越語》)

例⑫中的"美其服"意思是"認爲他們的服飾很美"，是主觀的感受；例⑬中的"美其服"意思是"使他們的服飾美麗"，是客觀的結果。

形容詞用作動詞是古代漢語中較爲常見的用法，在閲讀文獻時，可以從上下文的文意來綜合考慮，也可以利用語法結構進行判斷。

第一，形容詞後面加名詞，又不能構成修飾關係，一般活用爲動詞。例如：

⑭ 卒使上官大夫短屈原於頃襄王。(《史記·屈原賈生列傳》)
⑮ 於是梁王虛上位，以故相爲上將軍。(《戰國策·齊策》)

以上例子中的"短屈原"和"虛上位"不能構成修飾關係，而是構成了動賓關係，其中"短""虛"用作了動詞。

第二，形容詞放在能願動詞後面，一般活用爲動詞。例如：

⑯ 大王必欲急臣，臣頭今與璧俱碎於柱矣。(《史記·廉頗藺相如列傳》)
⑰ 強本而節用，則天不能貧。(《荀子·天論》)
⑱ 問其深，則其好遊者不能窮也。(王安石《遊褒禪山記》)

能願動詞通常修飾動詞，因此，"急""貧""窮"這幾個形容詞在句子中活用爲動詞。

第三,形容詞後面加代詞,一般活用爲動詞。例如:

⑲ 吾妻之美我者,私我也。(《鄒忌諷齊王納諫》)
⑳ 時充國年七十餘,上老之。(《漢書•趙充國辛慶忌傳》)

形容詞不能修飾代詞,當形容詞出現在代詞之前,一般活用爲動詞,與代詞構成動賓關係。因此,"美""老"在以上句子中用作了動詞。

第四,形容詞放在"所"的後面,一般活用爲動詞。例如:

㉑ 故俗之所貴,主之所賤也。(鼂錯《論貴粟疏》)
㉒ 世之所高,莫若黃帝。(《莊子•盜跖》)

"所"字一般和動詞結合組成"所"字結構,因此,"貴""賤""高"這幾個形容詞在以上句子中用作了動詞。

(二)形容詞詞尾

古代漢語中,形容詞詞尾主要有"若""然""爾""如"等。例如:

① 桑之未落,其葉沃若。(《詩經•衛風•氓》)
② 今先生儼然不遠千里而庭教之,願以異日。(《蘇秦以連橫説秦》)
③ 夫子莞爾而笑。(《論語•陽貨》)
④ 君子引而不發,躍如也。(《孟子•盡心上》)
⑤ 短褐穿結,簞瓢屢空,晏如也。(陶淵明《五柳先生傳》)

其中"儼然""莞爾"在句子中作狀語,"沃若""躍如""晏如"在句子中作謂語。"若""然""爾""如"等都表示"……的樣子"。

三、名詞

名詞是表示人或事物名稱的詞。古代漢語中名詞的主要語法功能是作主語、賓語和定語,和現代漢語基本相同。不同的是,古代漢語中的名詞和名詞短語還可充當謂語和狀語。名詞充當謂語主要表現爲在判斷句中作謂語以及名詞用作動詞兩類,前者詳見第十六課"判斷句"。

(一)名詞作狀語

現代漢語中,表示時間、處所、方位的名詞可以作狀語,普通名詞一般都要加介詞組成介詞短語纔可作狀語。但是,古代漢語中無論方位名詞、時間名詞還是普通名詞都可以直接作狀語。這在古代漢語中是名詞的固有功能,不屬於活用現象。

根據狀語所表達的語義內容,名詞作狀語可分爲如下幾類:

1. 表示動作發生或進行的方位或處所,有"在……""到……"或"由……"等意思。

① 鄰有喪，舂不相；里有殯，不巷歌。(《禮記·檀弓》)
② 鵬之徙於南冥也，水擊三千里。(《北冥有魚》)
③ 黎丘之鬼效其子之狀，扶而道苦之。(《奇鬼》)

上述例子中的"巷""水""道"分別表示"在里巷裏""在水面上""在路上"，修飾後面的動作，表示它們發生的場所。

2. 表示動作進行時所用的工具或依據，有"用……"或"拿……"等意思。

④ 家人車載欲往就醫。(《三國志·魏書·方技傳》)
⑤ 劍斬虞常已。(《蘇武牧羊》)
⑥ 每字爲一印，火燒令堅。(沈括《夢溪筆談》卷十八)

"車載"是"用車載"，"劍斬"是"用劍斬"，"火燒"是"用火燒"，"車""劍""火"分別表示動作所憑藉的工具。

3. 表示動作進行時的方式。

⑦ 邑犬群吠兮，吠所怪也。(屈原《楚辭·懷沙》)
⑧ 漁夫樵父之舍，皆可指數。(蘇轍《黃州快哉亭記》)

"群吠"是"成群地叫"，"指數"是"用手指點着數清數目"。"群""指"分別表示動作進行時的方式。

4. 表示對待動作對象的態度，有"把……當作……""像對待……一樣"等意思。

⑨ 齊將田忌善而客待之。(《史記·孫子吳起列傳》)
⑩ 今而後知君之犬馬畜伋。(《孟子·萬章下》)
⑪ 田單乃起，引還，東鄉坐，師事之。(《史記·田單列傳》)

"客待之"是"把他當作客人對待"的意思；"犬馬畜伋"是"把伋當作犬馬養畜"的意思；"師事之"是"像對待老師那樣侍奉他"的意思。

5. 表示動作進行時的狀態，多用比喻的方式描繪動詞所表示的行動的方式或狀態，有"像……一樣的""像……似的"等意思。

⑫ 項莊拔劍起舞，項伯亦拔劍起舞，常以身翼蔽沛公，莊不得擊。(《鴻門宴》)
⑬ 睹此狀，大懼，獸伏而出。(蒲松齡《聊齋志異·畫皮》)
⑭ 將不勝其忿而蟻附之。(《上兵伐謀》)

"翼蔽"是"像鳥的翅膀張開那樣掩護"，"獸伏"是指"像野獸一樣爬出來"，"蟻附"是指"像螞蟻一樣地攀爬"。

有些名詞作狀語的現象還保留在現代漢語中，尤其是成語中，例如：狼吞虎嚥、抱頭鼠竄、土崩瓦解等。

除普通名詞外，方位名詞和時間名詞在古漢語中也常作狀語，用以表示動作發生的處所、趨向或時間。例如：

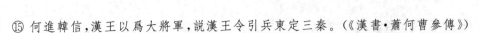

第九課　動詞、形容詞、名詞

⑮ 何進韓信，漢王以爲大將軍，説漢王令引兵東定三秦。(《漢書・蕭何曹參傳》)
⑯ 魏有賢人可與俱西遊者乎？(《史記・范雎蔡澤列傳》)
⑰ 朝辭白帝彩雲間，千里江陵一日還。(李白《朝發白帝城》)
⑱ 長驅到齊，晨而求見。(《馮諼客孟嘗君》)

其中，時間名詞"日""月""歲"作狀語具有特殊意義：
1. 放在具有行動性的動詞前面，表示"每日""每月""每歲"的意思。

⑲ 王生日飲酒，不視太守。(《漢書・循吏傳》)
⑳ 良庖歲更刀，割也；族庖月更刀，折也。(《莊子・養生主》)

2. "日"字放在表示發展變化的動詞或形容詞的前面，作"一天天地"講，表示情態的逐漸發展或動作行爲的逐漸完成。

㉑ 道明則國日強，道幽則國日削。(《商君書・錯法》)
㉒ 田單兵日益多。(《即墨之戰》)

3. "日"字用在句首主語之前，或和"者"字結合在一起使用，相當於"往日、從前"，用來表示追溯過去。

㉓ 日衛不睦，故取其地。(《左傳・文公七年》)
㉔ 日者，荆王兼有其地。(《漢書・高帝紀》)

(二) 名詞用作動詞

名詞用作動詞，主要有用作一般動詞以及名詞的使動用法、意動用法等三種情況。

1. 名詞用作一般動詞

名詞用作一般動詞，是指因爲語境所提供的某種條件，名詞在具體的語法結構中臨時改變了詞性，具有動詞的語法功能。名詞用作動詞後的意義與原名詞的意義有着密切聯繫。

① 范增數目項王。(《鴻門宴》)
② 陳駭涕不敢聲。(蒲松齡《聊齋志異・畫皮》)
③ 方欲行，轉視積薪後，一狼洞其中。(蒲松齡《聊齋志異・狼》)
④ 老臣病足，曾不能疾走。(《觸龍説趙太后》)

例①中的"目"本是名詞，表示"目光"，這裏用爲動詞，表示"以目光示意"。例②中的"涕""聲"本是名詞"眼淚""聲音"的意思，這裏分別用作動詞，意思是"哭泣""出聲"。例③中的"洞"本是名詞，在句中作"挖洞"講。例④中的"病"本是名詞，這裏義爲"生病"。

方位名詞也可以用作一般動詞，表示主語向某個方位行動。

⑤ 寡人將立管仲爲仲父，善者入門而左，不善者入門而右。(《韓非子・外儲説左下》)

⑥ 與老人期，後，何也？（《史記·留侯世家》）

⑦ 南之人不得北，北之人不得南。（《墨子·貴義》）

例⑤中的"左""右"分別是"往左邊走""往右邊走"的意思。例⑥中的"後"是"後到"的意思。例⑦中的"北""南"分別是"向北走"和"向南走"的意思。

2. 名詞的使動用法

名詞的使動用法，是指名詞用作動詞後，使賓語成爲該名詞表示的人或事物，具有"使（賓語）……"的含義。

⑧ 奪之人者臣諸侯，奪之與者友諸侯。（《荀子·王制》）

⑨ 然後卑事夫差，宦士三百人於吳，其身親爲夫差前馬。（《國語·越語》）

⑩ 脯鬼侯以饗諸侯。（《禮記·明堂位》）

例⑧中的"臣諸侯""友諸侯"是"使諸侯成爲臣下""使諸侯成爲朋友"的意思。例⑨中的"宦士"是說"使士成爲宫中服役的小臣"。例⑩中的"脯鬼侯"是"使鬼侯成爲肉乾"的意思。

方位名詞的使動用法是使賓語所代表的人或事物按照這個方位名詞所表示的方位行動。例如：

⑪ 令尹南轅反斾。（《左傳·宣公十二年》）

⑫ 築室百堵，西南其户。（《詩經·小雅·斯干》）

⑬ 故王不如東蘇子，秦必疑齊而不信蘇子矣。（《史記·蘇秦列傳》）

例⑪中的"南轅"是指"使車輪向南走"的意思。例⑫中的"西南其户"是指"使門户向西方或南方開着"。例⑬中的"東蘇子"是"使蘇子向東去"。

3. 名詞的意動用法

名詞的意動用法，是指名詞用作動詞後，主語主觀上把賓語所代表的人或事物看作是這個名詞所代表的人或事物，具有"認爲（賓語）……"的含義。

⑭ 夫人之，我可以不夫人之乎？（《穀梁傳·僖公八年》）

⑮ 諸侯之寶三：土地，人民，政事。寶珠玉者，殃必及身。（《孟子·盡心下》）

⑯ 各親其親，各子其子，貨力爲己。（《大同與小康》）

⑰ 孟嘗君客我。（《馮諼客孟嘗君》）

例⑭是說"《春秋》經上把她稱爲夫人，我可以不把她稱爲夫人嗎"，"夫人"是"把……稱爲夫人"的意思。例⑮"寶珠玉"是"把珠玉當作珍寶"的意思，"寶"是"把……當作珠寶"。例⑯"各親其親，各子其子"是說"各以父母爲親，各以子女爲子"，加着重號的"親""子"分別是"把……當作雙親""把……當作子女"的意思。例⑰"客我"的意思是"把我看作是客人"，"客"是"認爲……是客"。

名詞的使動與意動用法在句法結構上相似，如何判斷兩者的不同呢？一般認爲，意動用法表達的是"認爲""當作"，是一種主觀看法；使動用法表達的是使賓語成爲什麼，具

第九課　動詞、形容詞、名詞

有使令意義，是客觀結果。

除了以上介紹的三種情況外，名詞還有爲動的用法。即名詞用作動詞時，後面的賓語並不是動作的直接受事者，而是動作間接涉及的對象。例如：

⑱ 父曰："履我。"（《史記·留侯世家》）

例子中的"履我"是"爲我穿上鞋"的意思。

名詞用作動詞是古代漢語中較爲常見的用法，在閱讀文獻時，可以根據上下文意判斷，也可以利用語法結構進行判斷。

1. 名詞前面有能願動詞或副詞，如"可""能""敢""自""相""不""遂""當""欲""悉""數"等，這個名詞通常用作動詞。例如：

⑲ 秦師遂東。（《左傳·僖公三十二年》）

⑳ 子謂公冶長："可妻也。"（《論語·公冶長》）

㉑ 晚來天欲雪，能飲一杯無？（白居易《問劉十九》）

㉒ 范增數目項王。（《鴻門宴》）

㉓ 今日不雨，明日不雨，即有死蚌。（《戰國策·燕策》）

能願動詞和副詞通常修飾動詞，因此，"東""妻""雪""目""雨"這幾個名詞在句子中用作動詞。

2. 名詞後面連帶代詞，並且是動賓關係，那麼這個名詞就用作動詞。例如：

㉔ 驢不勝怒，蹄之。（柳宗元《黔之驢》）

㉕ 佗脈之。（《三國志·魏書·方技傳》）

名詞不能修飾代詞，當名詞出現在代詞前時，一般用作動詞，因此，"蹄""脈"在以上句中用作動詞。

3. 有的名詞連用，如果不是並列或偏正關係，那麼其中必有一個名詞活用作動詞，構成動賓關係、動補關係或主謂關係。例如：

㉖ 魏桓子肘韓康子，康子履魏桓子，躡其踵。（《戰國策·魏策》）

㉗ 蘇君今日降，明日復然。空以身膏草野，誰復知之！（《蘇武牧羊》）

4. 名詞放在"所"的後面，一般用作動詞。例如：

㉘ 置人所罾魚腹中。（《史記·陳涉世家》）

㉙ 食吾之所耕，而衣吾之所蠶。（蘇洵《易論》）

"所"字一般與動詞結合組成"所"字結構，因此，例中的"罾""蠶"用作動詞。

文　選

天下皆知美之爲美①

　　天下皆知美之爲美，斯惡已②；皆知善之爲善，斯不善已。故有無相生③，難易相成④，長短相形⑤，高下相傾⑥，音聲相和⑦，前後相隨。是以聖人處無爲之事⑧，行不言之教⑨，萬物作焉而不辭⑩，生而不有⑪，爲而不恃⑫，功成而弗居⑬。夫惟弗居，是以不去⑭。

---

　　① 本篇選自《老子》第二章。題目爲後加。《老子》是道家學派最重要的代表作之一，分上下兩篇，上篇稱《道經》，下篇稱《德經》，合稱《道德經》。共八十一章，成書於戰國時期。《老子》是我國古代重要的哲學著作。比較通行的注本有三國魏·王弼的《老子道德經注》以及近人馬敍倫《老子校詁》等。《老子》的作者相傳是老子本人，或認爲是老子的後學根據老子的遺說整理補充而成。老子是道家學派的創始人，姓李，名耳，字伯陽，楚國苦縣厲鄉曲仁里(今河南鹿邑東)人。本篇認爲，美醜、善惡、有無、難易、長短、高低、音聲、前後等事物都是相輔相成的，是對立的統一。所以，聖人應該無爲而治。美：泛指美好的事物。
　　② 斯：連詞，則，就。惡：醜。意思是說，如果天下的人都知道美好的事物是美好的，那麼，醜惡的東西就顯露出來了。
　　③ 有無相生：有和無相互依賴而生成。
　　④ 難易相成：難和易相互比較而形成。
　　⑤ 長短相形：長和短相互比較而顯現。
　　⑥ 高下相傾：高和低相互依靠。
　　⑦ 音：單音。聲：和聲。和：應和。
　　⑧ 處無爲之事：意思是順其自然，無爲而治。處，做。
　　⑨ 教：教化。
　　⑩ 作：興起。辭：拒絕。
　　⑪ 有：佔據。
　　⑫ 爲：指有所作爲。恃：倚靠。
　　⑬ 居：佔有。
　　⑭ 夫惟弗居，是以不去：正因爲不居功，所以也不會離開功。去，離開。

第九課　動詞、形容詞、名詞

上士聞道①

上士聞道，勤而行之②；中士聞道，若存若亡③；下士聞道，大笑之。不笑不足以爲道。故建言有之④：明道若昧⑤，進道若退，夷道若纇⑥，上德若谷，大白若辱⑦，廣德若不足，建德若偷⑧，質真若渝⑨，大方無隅⑩，大器晚成，大音希聲⑪，大象無形⑫，道隱無名。夫唯道，善貸且成⑬。

其政悶悶⑭

其政悶悶，其民淳淳⑮；其政察察⑯，其民缺缺⑰。禍兮福所倚⑱，福兮禍所

---

① 本篇選自《老子》第四十一章。題目爲後加。作者通過上士、中士、下士各自"聞道"的態度，說明了表象與實質的對立關係，指明了"明道若昧""上德若谷""質真若渝""大方無隅""大音希聲""大象無形""道隱無名"等物象特徵，而"下士"往往祇見現象不見本質。上士：指見識高的士人。道：指最高的道理，萬物的本源。
② 勤：努力。
③ 若：好像。若存若亡，這裏指將信將疑。
④ 建言：立言，成說。之：指示代詞，這樣的話。
⑤ 昧：暗，不明。
⑥ 夷：平坦。纇（lèi）：崎嶇坎坷。
⑦ 辱：黑垢。
⑧ 建：立。偷：怠慢，懶惰。
⑨ 渝：汙濁。
⑩ 隅：角。
⑪ 大音希聲：大的聲音聽起來好像沒有什麼聲響。希，稀少。
⑫ 大象無形：大的形象看起來好像沒有形象。象，事物的外在形象。
⑬ 貸：施與，這裏指幫助、輔助。
⑭ 本篇選自《老子》五十八章。題目爲後加。本篇認爲，在客觀世界中，福與禍，正與奇，善與妖，都是互相轉化的。所以聖人方直而不傷害他人，廉正而不放縱，光亮而不炫耀。悶悶：渾沌，不清晰。
⑮ 淳淳：質樸。
⑯ 察察：清晰，細密。
⑰ 缺："獪"的借字，改讀kuài，狡詐。
⑱ 兮：語氣詞，無義。倚：《說文·人部》："倚，依也。从人，奇聲。"此處用本義，義爲依靠，倚賴。本句意思是說，福分是禍患產生的原因。

伏①。孰知其極②？其無正邪③？正復爲奇④，善復爲妖⑤。民之迷，其日固久。是以聖人方而不割⑥，廉而不劌⑦，直而不肆⑧，光而不燿⑨。

禮法以時而定⑩

杜摯曰⑪："臣聞之，利不百⑫，不變法；功不十⑬，不易器⑭。臣聞法古無過⑮，循禮無邪⑯。君其圖之⑰。"

公孫鞅曰："前世不同教⑱，何古之法⑲？帝王不相復⑳，何禮之循㉑？伏

---

① 伏：隱藏，這裏指依存。本句意思是說，禍患是福分產生的根源。
② 極：終，這裏指終極的標準。
③ 其：語氣詞，表示反詰，難道。
④ 復：副詞，又。奇：不正，異常。
⑤ 妖：邪惡。
⑥ 方：方正，正直。割：傷害（別人）。
⑦ 廉：方正，有棱角。劌（guì）：刺傷。
⑧ 肆：放縱。
⑨ 光：光亮。燿（yào）："耀"的異體字，炫耀。
⑩ 本篇選自《商君書·更法》。題目爲後加。《商君書》也稱《商子》，舊題商鞅撰，一般認爲是後人依託之作。《商君書》原二十九篇，現存二十四篇。該書主張變法，實行法治，加強集權，鼓勵農戰。今有清人嚴萬里校本。商鞅（？—前338），衛國人，與國君同族，故又稱衛鞅或公孫鞅。公元前359年輔助秦孝公實行變法，相秦十九年，使秦國成爲戰國時期最富強的國家。本篇記述了商鞅同甘龍、杜摯面對秦孝公展開的一場關於變法的爭論。商鞅主張從現實出發，改革舊的法令制度，甘龍、杜摯則認爲"法古無過，循禮無邪"，反對變法。法：法令制度。
⑪ 杜摯：秦國大夫。
⑫ 百：數詞用作動詞，達到百倍。
⑬ 功：功績，功效。十：數詞用作動詞，達到十倍。
⑭ 易：改變。器：工具。
⑮ 過：錯誤。
⑯ 循：遵循。邪：害。
⑰ 圖：考慮。
⑱ 教：政教。
⑲ 何古之法：賓語前置，"何古"作"法"的前置賓語，用代詞"之"複指。何，疑問代詞作定語，什麼。
⑳ 復：因襲。
㉑ 何禮之循：賓語前置，"何禮"作"循"的前置賓語，用代詞"之"複指。

犧、神農教而不誅①，黃帝、堯、舜誅而不怒②，及至文、武③，各當時而立法④，因事而制禮⑤。禮法以時而定，制令各順其宜，兵甲器備各便其用⑥。臣故曰：治世不一道⑦，便國不必古。湯、武之王也⑧，不循古而興；商、夏之滅也，不易禮而亡。然則反古者未可必非⑨，循禮者未足多是也⑩。君無疑矣。"

兵者詭道⑪

兵者，詭道也⑫。故能而示之不能⑬，用而示之不用⑭，近而示之遠，遠而示之近。利而誘之⑮，亂而取之⑯，實而備之⑰，強而避之，怒而撓之⑱，卑而驕

---

① 伏犧：又作"庖犧"，上古帝王。神農：上古帝王。誅：殺。
② 黃帝、堯、舜：都是上古聖明的帝王。怒：過分。
③ 文、武：周文王、周武王。
④ 當：合、適應。
⑤ 因：依據。
⑥ 便：有利。
⑦ 道：指政令措施。
⑧ 湯：商湯，商朝開國之君。武：周武王，周朝開國之君。王（wàng）：名詞用作動詞，稱王。
⑨ 然：指示代詞，這樣，表示承認現實。則：連詞，那麼，表示據以推論。非：責難，指責。
⑩ 多：讚美。是：此轉繁"是"是衍文。
⑪ 本篇選自《孫子·計篇》。題目爲後加。《孫子兵法》又名《孫子》，春秋末期孫武著。今本《孫子》是經過曹操刪定的，共十三篇，是我國現存最早的軍事著作，它從不同的角度全面總結了春秋時期戰爭的經驗，揭示了具有普遍性的軍事規律，在軍事學史上佔有很高的地位。曹操等人的《孫子十家注》是較通行的注本。孫武字長卿，齊國安樂（今山東省惠民縣）人，世稱"武聖"。《計篇》又稱《始計》，是《孫子》的第一篇。揭示了用計謀克敵制勝的基本規律。本篇說明了用計的具體方法。
⑫ 詭：欺詐。
⑬ 能：有能力，有實力。示：顯示。
⑭ 用：用兵。
⑮ 利：這裏指敵人貪圖利益。
⑯ 取：攻擊。
⑰ 實：這裏指敵人有實力。備：防備。
⑱ 怒：憤怒，暴躁。撓：挑逗。

之①，佚而勞之②，親而離之③。攻其無備，出其不意④。此兵家之勝⑤，不可先傳也⑥。

上兵伐謀⑦

孫子曰："凡用兵之法，全國爲上⑧，破國次之⑨；全軍爲上⑩，破軍次之；全旅爲上⑪，破旅次之；全卒爲上⑫，破卒次之；全伍爲上⑬，破伍次之。是故百戰百勝，非善之善者也⑭；不戰而屈人之兵⑮，善之善者也。故上兵伐謀，其次伐交⑯，其次伐兵，其下攻城。攻城之法爲不得已，修櫓轒輼⑰，具器械⑱，三月而後成，距闉又三月而後已⑲。將不勝其忿而蟻附之⑳，殺士三分之一而城不拔者㉑，此攻之災也。故善用兵者，屈人之兵而非戰也，拔人之城而非攻也，毀人

---

① 卑：看不起，鄙視。指敵人輕視我們。驕：形容詞使動用法，使……驕傲。
② 佚："逸"的借字，安逸。勞：形容詞使動用法，使……疲勞。
③ 親：團結。離：離間。
④ 意：想到。
⑤ 勝：取勝的辦法。
⑥ 先：事先。傳：泄露。
⑦ 本篇選自《孫子·謀攻》。題目爲後加。文章認爲，進攻的最好策略是"伐謀"，"不戰而屈人之兵"是用兵的最高境界。上：最高等級的。兵：戰略戰術。伐謀：指破壞敵人的作戰計劃，使敵人不戰而降。謀，謀劃。
⑧ 全：形容詞使動用法，使……完整。這裏指使敵人整個國家降服。
⑨ 破：形容詞使動用法，使……破。次：動詞，按順序排在後面。
⑩ 軍：古代一萬兩千五百人爲軍。
⑪ 旅：古代五百人爲旅。
⑫ 卒：古代一百人爲卒。
⑬ 伍：古代五人爲伍。
⑭ 善：高明。
⑮ 屈：動詞使動用法，使……屈服。
⑯ 交：外交聯合。
⑰ 修：製造。櫓：大盾。轒輼（fénwēn）：攻城用的戰車，上蒙牛皮，裏面可容十人。
⑱ 具：準備。
⑲ 距闉（yīn）：在城外堆起的高過敵人城牆的土山，用以窺探敵情和攻城。已：完成。
⑳ 勝：忍受，控制。忿：怒火。蟻：名詞作狀語，像螞蟻一樣地。附：攀爬。
㉑ 殺士：這裏指攻城的士兵被殺傷。拔：攻陷。

之國而非久也①。必以全爭於天下②,故兵不頓而利可全③,此謀攻之法也。"

一、古代漢語中動詞與賓語的語義關係都有哪些類型?
二、什麼是使動用法和意動用法?如何加以區別?
三、指出下列句子中的詞類活用。
　1. 故人不獨親其親,不獨子其子。(《大同與小康》)
　2. 今先生儼然不遠千里而庭教之,願以異日。(《蘇秦以連橫說秦》)
　3. 故講事以度軌量謂之軌,取材以章物采謂之物。(《左傳·隱公五年》)
　4. 平旦,廣乃歸其大軍。(《漢書·李廣蘇建傳》)
　5. 既而與爲公介,倒戟以禦公徒而免之。(《晉靈公不君》)
　6. 范增數目項王,舉所佩玉玦以示之者三,項王默然不應。(《鴻門宴》)
　7. 空以身膏草野,誰復知之!(《蘇武牧羊》)
　8. 女爲悅己者容。(司馬遷《報任安書》)
四、指出下列句子中的名詞作狀語。
　1. 日食飲得無衰乎?(《觸龍說趙太后》)
　2. 群臣吏民,能面刺寡人之過者,受上賞。(《鄒忌諷齊王納諫》)
　3. 國人莫敢言,道路以目。(《召公諫厲王弭謗》)
　4. 夜半,胡兵以爲漢有伏軍於傍欲夜取之,即引去。(《漢書·李廣蘇建傳》)
　5. 鵬之徙於南冥也,水擊三千里。(《北冥有魚》)
　6. 夫山居而谷汲者,腰臘而相遺以水。(《上古之世》)
　7. 邑丈人有之市而醉歸者,黎丘之鬼効其子之狀,扶而道苦之。(《奇鬼》)
　8. 今君有區區之薛,不拊愛子其民,因而賈利之。(《馮諼客孟嘗君》)
五、給下面短文加標點,並翻譯成現代漢語。
　　孔文舉年十歲隨父到洛時李元禮有盛名爲司隸校尉詣門者皆儁才清稱及中表親戚乃通文舉至門謂吏曰我是李府君親既通前坐元禮問曰君與僕有何親對曰昔先君仲尼與君先人伯陽有師資之尊是僕與君奕世爲通好也元禮及賓客莫不奇之太中大夫陳韙後至人以其語語之韙曰小時了了大未必佳文舉曰想君小時必當了了韙大踧踖(《世說新語·言語》)
　　注:1. 孔文舉:人名,即孔融。

---

① 久:指長時間用兵。
② 全:指最完善的策略。
③ 頓:受挫。

2. 李元禮:人名。
3. 司隸校尉:官名。
4. 伯陽:老子姓李,名耳,字伯陽。

第十課 數詞及數量表示法

一、數詞

數詞是表示事物或動作的數目或次序（次數）的詞。古代稱數的方式，與現代漢語基本相同，但也存在一些差異。以下主要從基數、序數、分數、倍數、約數、虛數等幾方面介紹古漢語中的數詞。

（一）基數與序數

基數和序數的用法，古今大致相同，但也有不同處。古漢語中的基數表示法要注意以下幾點：

第一，整數百、千、萬前通常不加"一"。例如：

① 今齊地方千里，百二十城。（《戰國策·齊策》）
② 今夫差衣水犀之甲者億有三千。（《國語·越語》）

第二，整數和零數之間一般不用"零"補位，有時中間會加"有"或"又"。這裏的"有"是"又"的假借，表示下面的數目是小一位元數。例如：

③ 春秋之中，弒君三十六，亡國五十二。（《史記·太史公自序》）
④ 凡詩賦百六家，千三百一十八篇。（《漢書·藝文志》）
⑤ 十有二年，必獲此土。二三子志之。（《國語·晉語》）
⑥ 即去大梁百有二十里耳。（《荀子·强國》）

值得注意的是，"兩"和"再"古今用法有所不同。古代漢語中的"兩"專用於表示成雙成對的兩件事物，如"兩臂""兩手""兩漢"。

而"再"在古代漢語中既可表示整數二，又可表示序數"第二"。"再"表示動作發生了兩次或第二次，和現代漢語的"又一次"不同。例如：

⑦ 一歲而再獲之。（《荀子·富國》）
⑧ 一之謂甚，其可再乎？（《左傳·僖公五年》）

例⑦是"一年收穫兩次莊稼"的意思，例⑧的意思是"一次就過分了，哪裏可以再來第二次呢？"

"再"在表示第二次時，與"一""三"相對。例如：

⑨ 夫戰，勇氣也。一鼓作氣，再而衰，三而竭。（《左傳·莊公十年》）

例⑨中的"再"與表示第一次、第三次的"一""三"對應,表示第二次。

在序數表示法上,古代漢語與現代漢語一致的是直接用基數詞,或用"第"放在基數詞前。例如:

⑩ 五行:一曰水,二曰火,三曰木,四曰金,五曰土。(《尚書·洪範》)

⑪ 不祀,一也。耆酒,二也。棄仲章而奪黎氏地,三也。虐我伯姬,四也。傷其君目,五也。(《左傳·宣公十五年》)

⑫ 五月辛丑,大叔出奔共。(《左傳·隱公元年》)

⑬ 平陽侯曹參身被七十創,攻城掠地,功最多,宜第一。(《史記·蕭相國世家》)

⑭ 孝文帝乃以絳侯勃爲右丞相,位次第一;平徙爲左丞相,位次第二。(《史記·陳丞相世家》)

表示序數的基數詞一般是在年、月、日之前,或者後面有語氣詞"也",可根據這一點把它與一般的基數詞區別開來,不過最重要的還是要根據文意來判斷。除此之外,序數還有以下幾種表示法:

1. 用"甲、首、冠、太上(大上)"等表示第一,第二以下用"次""次之""次者"或"其次"等表示。

⑮ 大上有立德,其次有立功,其次有立言。(《左傳·襄公二十四年》)

⑯ 生而知之者,上也;學而知之者,次也;困而學之,又其次也;困而不學,民斯爲下矣。(《論語·季氏》)

⑰ 蕭何第一,曹參次之。(《史記·蕭相國世家》)

⑱ 吳楚地方千里,象犀珠玉之富甲於天下。(蘇軾《表忠觀碑》)

⑲ 夫堯之賢,六王之冠也。(《韓非子·難三》)

⑳ (管仲)據齊國之政,一匡天下,九合諸侯,爲五伯首。(《戰國策·齊策》)

2. 用"伯(孟)仲叔季"或天干、地支等表示。其中,"伯(孟)仲叔季"主要用於兄弟姐妹之間的長幼排行。例如:

㉑ 高辛氏有才子八人,伯奮、仲堪、叔獻、季仲、伯虎、仲熊、叔豹、季貍。(《左傳·文公十八年》)

(二) 分數與倍數

古代漢語分數最完整的表示法是"分母+分+名詞+之+分子"。例如:

① 方今大王之兵衆,不能十分吳楚之一。(《史記·淮南衡山列傳》)

除此之外,主要是省略"分""名詞"或"之"的一些簡略表示法,省作爲"分母+名詞+(之)""分母+之一(或之二)""分母+分+之一(或之二)""分母+分+分子"等形式。例如:

② 管子對曰:"昔者,聖王之治天下也,參其國而伍其鄙。"(《國語·齊語》)

第十課　數詞及數量表示法

③ 大都不過參國之一；中，五之一；小，九之一。(《左傳·隱公元年》)

④ 一年春事都來幾？早過了，三之二。(歐陽修《青玉案》)

⑤ 故關中之地，於天下三分之一，而人衆不過什三，然量其富，什居其六。(《史記·貨殖列傳》)

⑥ 子一分，丑三分二，寅九分八……卯二十七分十六。(《史記·律書》)

其中，當分母是十(什)或百以上整數，而分子是個位數時，分母和分子中間不用"分"或"之"，而用"分母＋分子"這一形式。例如：

⑦ 漢兵物故什六七。(《史記·匈奴列傳》)

⑧ 什一，去關市之征，今茲未能。(《孟子·滕文公下》)

⑨ 齊得十二焉。(《漢書·高帝紀》)

例⑦中的"什六七"是十分之六七的意思。在古代漢語中，"十"作爲一個單位，表示十倍的意思或者分數時，常寫作"什"。例⑧中的"什一"是說"按照田畝總產量的十分之一徵收租稅"。例⑨中的"十二"是"十分之二"的意思，是說"齊國衹要諸侯的十分之二的兵力，就能抵擋諸侯的百萬之兵"。

古代漢語的倍數往往用數詞直接表示，其中兩倍稱"倍"，五倍稱"蓰"。"蓰"常與"倍"連用，表示不定的多數。例如：

⑩ 學者之於書，多且易致如此。其文詞學術，當倍蓰於昔人。(蘇軾《李氏山房藏書記》)

其餘表示幾倍時，直接説出倍數的數位或在數位後加"倍"。例如：

⑪ 利不百，不變法。(《禮法以時而定》)

⑫ 小國寡民，使有什佰之器而不用。(《老子》十八章)

⑬ 嘗以什倍之地，百萬之衆，叩關而攻秦。(賈誼《過秦論》)

例⑪中的"百"表示百倍，這句話的意思是"没有百倍之利，就不要變法"。例⑫中的"什佰"就是"十百"，表示十倍百倍。例⑬中的"什倍"就是十倍之意。

有時數詞後面帶賓語"之""此"等表示倍數。例如：

⑭ 棗栗千石者三之。(《史記·貨殖列傳》)

⑮ 所伐而當，其福五之；所伐不當，其禍十之。(劉向《説苑·談叢》)

⑯ 況莫大諸侯，權力且十此者乎！(賈誼《治安策》)

例⑭中的"三之"即"三倍於千石"。例⑮中的"五之""十之"都是"五倍於……""十倍於……"的意思。例⑯中的"十此者"是"十倍於此"的意思，是説"何況是無比強大的諸侯，權力還十倍於此的呢"。

如果表示幾倍於某個數時，一般採用"倍數＋基數"的形式。例如：

⑰ 有神人二八，連臂，爲帝司夜於此野。(《山海經·海外南經》)

⑱ 關山三五月,客子憶秦川。(徐陵《關山月》)
⑲ 夫諸侯上象四七,垂耀在天。(《後漢書·陳蕃傳》)

例⑰中的"二八"是"兩個八",即十六,指十六人。例⑱中的"三五"是"三個五",即十五,月中時節。例⑲中的"四七"是"四個七",即二十八,指二十八星宿。

(三)約數和虛數

約數也叫概數,表示大概、大約的數,主要有兩種表示法:
一是連用兩個相鄰或相近的基數表示約數。例如:

① 冠者五六人,童子六七人。(《論語·先進》)
② 淮南王有子四人,皆七八歲。(《史記·淮南衡山列傳》)
③ 秋水才深四五尺,野航恰受兩三人。(杜甫《南鄰》)

二是在數詞或量詞前後添加"將、且、可、約、所、餘、許、數"等詞,表示接近或超過某個確定的數量。例如:

④ 今滕,絕長補短,將五十里也。(《孟子·滕文公上》)
⑤ 北山愚公者,年且九十。(《列子·湯問》)
⑥ 章小女年可十二。(《漢書·趙尹韓張兩王傳》)
⑦ 舟首尾長約八分有奇。(魏學洢《核舟記》)
⑧ 從弟子女十人所。(《史記·滑稽列傳》)
⑨ 地之相去也,千有餘里。(《孟子·離婁下》)
⑩ 食頃,吐出三升許蟲。(《三國志·魏書·方技傳》)
⑪ 其可以爲舟者旁十數。(《莊子·人間世》)
⑫ 收取其錢,得數百萬。(《史記·滑稽列傳》)

值得注意的是:古代漢語的"數"相當於現代漢語的"幾",但不完全一致。現代漢語的"幾"既表示陳述數量,也表示詢問數量,而古代漢語的"數"則祇有前一種用法,沒有詢問數量的用法。

約數雖然不確定,但和實際數目相差不大。同它相比,虛數則跟實數相差較大,用以表示極少或極多。

表示極多的虛數常用基數詞"三""五""七""九"及其倍數(如"十二""三十二""七十二"等)或"十、百、千、萬"等整數表示。

⑬ 三過其門而不入。(《孟子·滕文公上》)
⑭ 簡子疾,五日不知人。(《史記·扁鵲倉公列傳》)
⑮ 雖九死其猶未悔。(《楚辭·離騷》)
⑯ 軍書十二卷,卷卷有爺名。(《木蘭詩》)
⑰ 東下齊城七十二,指麾楚漢如旋蓬。(李白《梁甫吟》)
⑱ 劍一人敵,不足學,學萬人敵。(《史記·項羽本紀》)

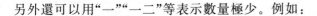

第十課　數詞及數量表示法

另外還可以用"一""一二"等表示數量極少。例如：

⑲ 楊子取爲我，拔一毛而利天下，不爲也。(《孟子·盡心上》)

⑳ (文王)用肇造我區夏，越我一二邦，以修我西土。(《尚書·康誥》)

二、數量表示法

根據所修飾的對象是事物還是動作，數量表示法可分爲兩種：名量詞(或叫物量詞)和動量詞。前者修飾名物，表示事物數量單位；後者修飾動作，表示動作數量單位。

(一) 名量表示法

名量表示法主要有兩種：一是用數詞直接與名詞結合；二是數詞與量詞組成數量結構後再與名詞結合。古漢語中以前者居多，這是因爲古漢語中的量詞不發達，先秦量詞更少，僅有的一些量詞也往往跟名詞區別不開。

根據使用位置的不同，名量表示法可分爲以下四種類型：

1. 數詞＋名詞

① 此車一人殿之，可以集事。(《左傳·成公二年》)

② 子曰："詩三百，一言以蔽之，曰'思無邪'。"(《論語·爲政》)

2. 名詞＋數詞

③ 原思爲之宰，與之粟九百，辭。(《論語·雍也》)

④ 吏二縛一人詣王。(《晏子春秋·內篇雜下》)

3. 數詞＋量詞＋名詞

⑤ 今之爲仁者，猶以一杯水救一車薪之火也。(《孟子·告子上》)

⑥ 半畝方塘一鑒開，天光雲影共徘徊。(朱熹《觀書有感》)

⑦ 三萬里河東入海，五千仞嶽上摩天。(陸游《秋夜將曉，出籬門迎涼有感》)

有時會在數量結構後加"之"。例如：

⑧ 百畝之田，勿奪其時，數口之家可以無飢矣。(《寡人之於國也》)

⑨ 公伐原，令以三日之糧。(《國語·晉語》)

4. 名詞＋數詞＋量詞

⑩ 於是乎每朝設脯一束、糗一筐，以羞子文。(《鬭且廷見令尹子常》)

⑪ 我持白璧一雙，欲獻項王；玉斗一雙，欲與亞父。(《鴻門宴》)

值得注意的是，漢語中的單複數沒有形態變化，在數量中表示"一個"時可用"單"。表示人或事物的多數時則一般用"諸""衆""群"等。

（二）動量表示法

動量表示法相對簡單，一般不用動量詞，直接把數詞放在動詞謂語前作狀語。或將動量詞放在動詞之後作補語，與現代漢語相同。

1. 數詞＋動詞

⑫ 吾日三省吾身。(《論語·學而》)

⑬ 三周華不注。(《左傳·成公二年》)

⑭ 宋殤公立，十年十一戰，民不堪命。(《左傳·桓公二年》)

2. 動詞＋數詞＋量詞

⑮ 誦三遍而請習之。(劉向《説苑·敬慎》)

上述放在動詞後面的數詞，是作爲補語修飾動詞的。有時爲了強調動作的數量，可以把表示動量的數詞放在句尾，並在數詞前面用"者"字。這樣，"者"字詞組就充當了全句的主語，放在句尾的數詞成了全句的謂語。

⑯ 范增數目項王，舉所佩玉玦以示之者三。(《鴻門宴》)

⑰ 將閭乃仰天大呼天者三，曰："天乎！吾無罪！"(《史記·秦始皇本紀》)

⑱ 蓋一歲之犯死者二焉。(柳宗元《捕蛇者説》)

文　選

列德而尚賢①

故古者聖王之爲政，列德而尚賢②，雖在農與工肆之人③，有能則舉之。高

---

① 本篇節選自《墨子·尚賢》。題目爲後加。《墨子》是先秦時期墨家學派的代表作，由墨子弟子根據墨子的言論編纂而成，記載了墨家學派的思想理論和政治觀點：主張"兼愛"，反對攻戰；主張勤勞務實，樸素節儉，反對禮樂繁飾，聲色逸樂；提倡"尚賢""尚同"。《漢書·藝文志》著録《墨子》七十一篇，秦漢以後，墨學漸衰，宋後僅存五十三篇。清代畢沅、王念孫等人曾予以校訂，孫詒讓《墨子閒詁》最爲詳審。墨子(約前480—前420)名翟(dí)，戰國初期魯國人(一説宋國人)，墨家學派的創始人。本篇列舉堯、舜、禹、湯治理天下的經驗，進一步證明：用人唯賢、唯能是舉是治國富民的根本之策。尚：崇敬，這裏指尊重並重用。賢：指有德有才的人。

② 列德：使有德的人處於朝廷的位次。列，朝廷的位次，這裏是名詞使動用法，使……處於朝廷的位次。意思是"做官"。

③ 工：手工業。肆：市集，店鋪。

予之爵①，重予之祿，任之以事，斷予之令②。曰：爵位不高，則民弗敬；蓄祿不厚，則民不信；政令不斷，則民不畏。舉三者授之賢者，非爲賢賜也，欲其事之成。故當是時，以德就列③，以官服事④，以勞殿賞⑤，量功而分祿。故官無常貴，而民無終賤；有能則舉之，無能則下之⑥。舉公義⑦，辟私怨⑧，此若言之謂也⑨。故古者堯舉舜於服澤之陽⑩，授之政⑪，天下平。禹舉益于陰方之中⑫，授之政，九州成⑬。湯舉伊尹於庖廚之中⑭，授之政，其謀得。文王舉閎夭、泰顛於罝罔之中⑮，授之政，西土服⑯。故當是時，雖在於厚祿尊位之臣，莫不敬懼而施⑰；雖在農與工肆之人，莫不競勸而尚意⑱。故士者所以爲輔相承嗣也⑲。故得士則謀不困，體不勞。名立而功業彰，而惡不生⑳，則由得士也。是故子墨子言曰：得意，賢士不可不舉；不得意，賢士不可不舉。尚欲祖述堯舜

---

① 予之爵：雙賓語，間接賓語"之"代指"賢能者"。下句"重予之祿""斷予之令"，結構同此。

② 斷：決斷。令：命令。

③ 以：介詞，憑藉（下兩處"以"同此）。就：走近，進入。列：朝廷的位次，這裏指擔任官職。

④ 服：從事，擔當。

⑤ 勞：功勞，勞績。殿："奠"的借字，定。

⑥ 下：名詞使動用法，使……下。這裏指罷免其職位。

⑦ 舉：提拔。公義：大義。

⑧ 辟：除去。私怨：個人恩怨。

⑨ 若言之謂："若言"作"謂"的前置賓語，代詞"之"複指。可譯作"說的就是這樣的道理"。

⑩ 服澤：地名，故址不詳。陽：水的北面。

⑪ 授之政：雙賓語，意思是"把政權交給他"。

⑫ 益：舜、禹時的賢臣。陰方：地名，故址不詳。

⑬ 成：平定，安定。

⑭ 伊尹：商湯的相，名摯。庖廚：廚房。

⑮ 閎（hóng）夭、泰顛：周文王時的賢臣。罝（jū）：捕鳥獸的網。罔：後作"網"。罝罔，代指從事漁獵。

⑯ 西土：泛指商朝末年西方的各個部落。周文王曾經攻打犬戎等部落。

⑰ 施："惕"的借字，改讀 tì，小心謹慎。

⑱ 勸：《說文·力部》："勸，勉也。从力，雚聲。"此處用本義，義爲勉勵、努力。意：字當爲悳，形近而誤，"悳"同"德"。（依孫詒讓說）。

⑲ 士：春秋戰國時有一定知識、技能的人。輔相：輔佐。承嗣：副官，助手。

⑳ 彰：顯揚。

禹湯之道①，將不可以不尚賢。夫尚賢者，政之本也。

天下兼相愛②

聖人以治天下爲事者也，必知亂之所自起③，焉能治之④。不知亂之所自起，則不能治。譬之如醫之攻人之疾者然⑤，必知疾之所自起，焉能攻之；不知疾之所自起，則弗能攻治。治亂者何獨不然？必知亂之所自起，焉能治之；不知亂之所自起，則弗能治。聖人以治天下爲事者也，不可不察亂之所自起⑥。

當察亂何自起⑦，起不相愛。臣子之不孝君父⑧，所謂亂也。子自愛不愛父，故虧父而自利；弟自愛不愛兄，故虧兄而自利；臣自愛不愛君，故虧君而自利；此所謂亂也。雖父之不慈子⑨，兄之不慈弟，君之不慈臣，此亦天下之所謂亂也。父自愛也，不愛子，故虧子而自利；兄自愛也，不愛弟，故虧弟而自利；君自愛也，不愛臣，故虧臣而自利；是何也？皆起不相愛。

雖至天下之爲盜賊者亦然⑩：盜愛其室⑪，不愛其異室⑫，故竊異室以利其室；賊愛其身，不愛人，故賊人以利其身⑬；此何也？皆起不相愛。雖至大夫之相亂家⑭，諸侯之相攻國者亦然。大夫各愛其家，不愛異家，故亂異家以利其家；諸侯各愛其國，不愛異國，故攻異國以利其國；天下之亂物⑮，具此而已矣。

---

① 祖述：師法。
② 本篇節選自《墨子·兼愛》。題目爲後加。"兼愛"是墨家學說的核心理念。文章認爲，世人不相愛，是導致天下混亂紛爭的根本原因。祇要能做到人人兼相愛，愛人如愛己，天下就能安定，百姓就能幸福。兼：副詞，廣泛地、全部地。
③ 所自起：指產生的地方。
④ 焉：連詞，才。
⑤ 攻：診治。
⑥ 察：考察，調查。
⑦ 當："嘗"的借字，改讀 cháng，嘗試。
⑧ 臣子不孝君父：意思是"臣不孝君，子不孝父"。
⑨ 雖：連詞，即使。之：連詞，用在分句中舒緩語氣，顯得語義未完，有待下文補充。慈：愛，專指上對下的愛。
⑩ 雖至：表示讓步假設，意思是"即使是"。盜：小偷。賊：強盜。然：指示代詞，如此。
⑪ 室：家。
⑫ 其：此處"其"是衍文，依王念孫說。異室：別人的家。
⑬ 賊：傷害。
⑭ 家：卿大夫的封地、采邑。
⑮ 亂：禍亂。物：事物。

察此何自起,皆起不相愛。

若使天下兼相愛,愛人若愛其身,猶有不孝者乎?視父兄與君若其身,惡施不孝①?猶有不慈者乎?視弟子與臣若其身,惡施不慈?故不孝不慈亡有②,猶有盜賊乎?故視人之室若其室,誰竊③?視人身若其身,誰賊?故盜賊亡有,猶有大夫之相亂家,諸侯之相攻國者乎?視人家若其家,誰亂?視人國若其國,誰攻?故大夫之相亂家、諸侯之相攻國者亡有。若使天下兼相愛,國與國不相攻,家與家不相亂,盜賊亡有,君臣、父子皆能孝慈④,若此則天下治。

義與不義⑤

今有一人,入人園圃⑥,竊其桃李,衆聞則非之⑦,上爲政者得則罰之⑧。此何也?以虧人自利也。至攘人犬豕雞豚者⑨,其不義又甚入人園圃竊桃李。是何故也?以虧人愈多。苟虧人愈多,其不仁茲甚⑩,罪益厚⑪。至入人欄廄,取人馬牛者⑫,其不仁又甚攘人犬豕雞豚。此何故也?以其虧人愈多。苟虧人愈多,其不仁茲甚,罪益厚。至殺不辜人也⑬,扡其衣裘,取戈劍者⑭,其不義又甚入人欄廄取人馬牛。此何故也?以其虧人愈多。苟虧人愈多,其不仁茲

---

① 惡(wū):疑問代詞,作狀語,可譯作"哪裏,在哪裏"。施:行。

② 亡:與"無"通用,改讀wú。下文"亡"字同此。

③ 誰竊:賓語前置,疑問代詞"誰"作動詞"竊"的前置賓語。下文"誰賊""誰亂""誰攻"同此。

④ 君臣、父子皆能孝慈:臣、子皆能孝,君、父皆能慈。

⑤ 本篇節選自《墨子·非攻》。題目爲後加。偷人桃李,攘人雞豚,取人牛馬,殺人越貨,被認爲是不義而遭世人指責。而攻城掠地,滅人國家,却往往受人稱讚。作者在對這種混亂現象類比分析的過程中,明確表達了對攻戰殺戮的反對態度。非:非難,反對。攻:攻戰。

⑥ 園圃:種果樹的地方叫園,種菜的地方叫圃,這裏指"園","圃"是連文。

⑦ 聞:《說文·耳部》:"聞,知聞也。从耳,門聲。"此處用本義,義爲聽到。非:指責,非難。

⑧ 得:捕獲。

⑨ 攘(rǎng):偷。豕(shǐ):猪。豚(tún):小猪。

⑩ 茲:更,後作"滋"。甚:嚴重。

⑪ 益:更。厚:重。

⑫ 欄廄(jiù):養牛、馬的圈。

⑬ 辜:《說文·辛部》:"辜,罪也。从辛,古聲。"此處用本義,義爲罪。

⑭ 扡(tuō):"拖"的異體字,拽下來。

甚矣,罪益厚。當此天下之君子皆知而非之①,謂之不義。今至大爲攻國,則弗之非②,從而譽之,謂之義。此可謂知義與不義之別乎?

殺一人,謂之不義,必有一死罪矣。若以此説往③,殺十人,十重不義,必有十死罪矣。殺百人,百重不義,必有百死罪矣。當此天下之君子皆知而非之,謂之不義。今至大爲不義攻國,則弗知非,從而譽之,謂之義。情不知其不義也④,故書其言以遺後世⑤;若知其不義也,夫奚説書其不義以遺後世哉⑥?

今有人於此,少見黑曰黑,多見黑曰白,則以此人不知白黑之辯矣⑦;少嘗苦曰苦,多嘗苦曰甘,則必以此人爲不知甘苦之辯矣;今小爲非則知而非之,大爲非攻國則不知非,從而譽之,謂之義,此可謂知義與不義之辯乎?是以知天下之君子也⑧,辯義與不義之亂也⑨。

思考與練習

一、古代漢語中的數詞可以分爲哪幾類?
二、結合下列句子,分析並指出古代漢語和現代漢語中數詞表達的異同。
  1. 今齊地方千里,百二十城。(《戰國策·齊策》)
  2. 殺士三分之一而城不拔者,此攻之災也。(《上兵伐謀》)
  3. 十有二年,必獲此土。二三子誌之。(《國語·晉語》)
  4. 三歲貫女,莫我肯顧。(《詩經·魏風·碩鼠》)
  5. 利不百,不變法;功不十,不易器。(《禮法以時而定》)
  6. 三五明月滿,四五蟾兔缺。(《古詩十九首》)
  7. 近塞之人,死者十九。(《淮南子·人間訓》)
  8. 鄒忌脩八尺有餘。(《鄒忌諷齊王納諫》)
三、分析下列句子中數量表示法的類型。
  1. 昔鬬子文三舍令尹,無一日之積。(《鬬且廷見令尹子常》)

---

① 當:對。
② 弗之非:賓語前置,否定句中代詞"之"作賓語,置於動詞"非"前。
③ 以:介詞,按照。往:類推。
④ 情:誠,確實。
⑤ 書:記錄下來。遺(wèi):留給。
⑥ 奚:疑問代詞,作狀語,怎麼。説:解釋。
⑦ 辯:"辨"的借字,分辨。下三處"辯"字同。
⑧ 是以:代詞"是"作介詞"以"的前置賓語構成的固定結構,因此。
⑨ 亂:混亂,分不清。

2. 於是乎每朝設脯一束、糗一筐。(《鬬且廷見令尹子常》)
3. 恃二先君之所職業。(《展禽使乙喜以膏沐犒師》)
4. 殺一牛,取一豆肉,餘以食士。(《韓非子·外儲説右上》)
5. 於是爲長安君約車百乘,質於齊。(《觸龍説趙太后》)
6. 禹八年於外,三過其門而不入。(《孟子·滕文公上》)
7. 魯人從君戰,三戰三北。(《韓非子·五蠹》)
8. 翼日戊午,乃社于新邑,牛一、羊一、豕一。(《尚書·召誥》)

四、標點下面短文,並翻譯成現代漢語。

邯鄲之民以正月之旦獻鳩於簡子簡子大悦厚賞之客問其故簡子曰正旦放生示有恩也客曰民知君之欲放之故競而捕之死者衆矣君如欲生之不若禁民勿捕捕而放之恩過不相補矣簡子曰然(《列子·説符》)

第十一課　副　詞

　　副詞是表示行爲、性狀的某些特徵的詞，副詞的主要作用是修飾動詞、形容詞或名詞性謂語，在句子中作狀語。在古代漢語中，副詞數量較多。下面根據意義，將副詞分爲程度副詞、範圍副詞、時間副詞、否定副詞、情態副詞、謙敬副詞。

一、程度副詞

　　（一）表示程度高的副詞主要有"最""極""殊""甚""尤""絶""良"等。例如：
　　① 老臣賤息舒祺，最少，不肖。（《觸龍説趙太后》）
　　② 便舍船，從口入，初極狹，纔通人。（陶淵明《桃花源記》）
　　③ 老臣今者殊不欲食。（《觸龍説趙太后》）
　　④ 生之者甚少，而靡之者甚多。（賈誼《論積貯疏》）
　　⑤ 蒼本好書，無所不觀，無所不通，而尤善律曆。（《史記·張丞相列傳》）
　　⑥ 秦女絶美，王可自取，而更爲太子取婦。（《史記·伍子胥列傳》）
　　⑦ 始皇默然良久。（《史記·秦始皇本紀》）
　　以上句子中，"最"與現代漢語相同，"極""殊""甚""尤""絶""良"等相當於現代漢語中的"非常""特別"。
　　（二）表示程度加深的副詞主要有"愈""益""彌""加""滋"等。例如：
　　⑧ 故主上愈卑，私門益尊。（《韓非子·孤憤》）
　　⑨ 退而修《詩》《書》《禮》《樂》，弟子彌衆。（《史記·孔子世家》）
　　⑩ 鄰國之民不加少，寡人之民不加多，何也？（《寡人之於國也》）
　　⑪ 積貨滋多，蓄怨滋厚，不亡何待？（《鬭且廷見令尹子常》）
　　以上句子中的程度副詞，相當於現代漢語中的"更加"。其中，"愈""益""彌""滋"古今意義變化不大，"加"的副詞意義在現代漢語中已不用。
　　（三）表示程度較輕或漸變的副詞主要有"略""少""稍""頗"。例如：
　　⑫ 於是項梁乃教籍兵法，籍大喜。略知其意，又不肯竟學。（《史記·項羽本紀》）
　　⑬ 輔之以晉，可以少安。（《左傳·僖公五年》）
　　⑭ 項王乃疑范增與漢有私，稍奪之權。（《史記·項羽本紀》）
　　⑮ 常著文章自娛，頗示己志。（陶淵明《五柳先生傳》）
　　例⑫中的"略"表示"稍微"義，古今變化不大。例⑬中的"少"是副詞，表示的是"稍微""略微"的含義，相當於現代漢語中的"稍"。例⑭中的"稍"是"逐漸"的意思，"稍奪其權"是指"漸漸剝奪了他的權利",不能把"稍"理解成"稍微"。由於"少""稍"古今詞義變化較大,因此,在閱讀古文時要加以注意。例⑮中的"頗"也表示"稍微"義,這個意義在古代漢語中比較常用。例如:

⑯ 僕雖怯懦,欲苟活,亦頗識去就之分矣。(司馬遷《報任安書》)
⑰ 臣願頗采古禮與秦儀雜就之。(《史記·劉敬叔孫通列傳》)

此外,"頗"在古代漢語中也可表示程度很高,相當於"很"。例如:

⑱ 賈生年少,頗通諸子百家之書。(《史記·屈原賈生列傳》)

在現代漢語中,"頗"保留了程度高的意思,如"頗為費解"等,而"稍微"義基本消失。

二、範圍副詞

(一)表示總括的範圍副詞主要有"皆""盡""咸""悉""畢""舉""具"等。例如:

① 左右皆惡之,以為貪而不知足。(《馮諼客孟嘗君》)
② 盡信書,則不如無書。(《孟子·盡心下》)
③ 村中聞有此人,咸來問訊。(陶淵明《桃花源記》)
④ 愚以為宮中之事,事無大小,悉以咨之。(諸葛亮《出師表》)
⑤ 群賢畢至,少長咸集。(王羲之《蘭亭集序》)
⑥ 百姓聞王車馬之音,見羽旄之美,舉疾首蹙頞而相告。(《孟子·梁惠王下》)
⑦ 良乃入,具告沛公。(《史記·項羽本紀》)

以上各句中的範圍副詞相當於現代漢語的"都""全"。

(二)表示限定的範圍副詞主要有"唯""獨""直""僅""特""徒""但"等。例如:

⑧ 唯天為大,唯堯則之。(《論語·泰伯》)
⑨ 其人與骨皆已朽矣,獨其言在耳!(《史記·老子韓非列傳》)
⑩ 直不百步耳,是亦走也。(《寡人之於國也》)
⑪ 狡兔有三窟,僅得免其死耳。(《戰國策·齊策》)
⑫ 且夫蘇秦特窮巷掘門桑戶棬樞之士耳。(《戰國策·秦策》)
⑬ 王徒好其言,不能用其實。(《史記·孫子吳起列傳》)
⑭ 不聞爺娘喚女聲,但聞黃河流水鳴濺濺。(《木蘭詩》)

以上各句中範圍副詞的意思相當於現代漢語的"祇"。其中"但"的古今意義差別較大,現代漢語中"但"是表示轉折的連詞,古代漢語則主要是表示範圍的副詞。

"僅"在古代漢語中除了表示"祇""纔"的意思外,還可以表示"幾乎""將近"的意思,這種用法在中古開始出現,讀音為 jìn。例如:

⑮ 初守睢陽時,士卒僅萬人,城中居人戶亦且數萬。(韓愈《張中丞傳後序》)

"僅"的第一種用法古今相同,第二種用法在現代漢語中已消失。

三、時間副詞

(一)表示動作已經或曾經發生的時間副詞有"既""已""業""曾""嘗"等。例如:

① 噲既飲酒,拔劍切肉食,盡之。(《史記·樊酈滕灌列傳》)
② 胡亥已聞扶蘇死,即欲釋蒙恬。(《史記·蒙恬列傳》)
③ 良業爲取履,因長跪履之。(《史記·留侯世家》)
④ 孝惠帝曾春出游離宮。(《史記·劉敬叔孫通列傳》)
⑤ 吾嘗終日而思矣,不如須臾之所學也。(《荀子·勸學》)

以上例句中,"既""已""業"表示動作行爲已經結束,相當於"已經","曾""嘗"表示動作行爲在過去曾經發生過,相當於現代漢語中的"曾經"。

(二)表示動作正在進行或正在實現的時間副詞有"方""適""會"等。例如:

⑥ 見人方引嬰兒而欲投之江中,嬰兒啼。(《呂氏春秋·察今》)
⑦ 此時魯仲連適游趙,會秦圍趙。(《史記·魯仲連鄒陽列傳》)
⑧ 會天大雨,道不通,度已失期。(《史記·陳涉世家》)

以上例句中,"方""適""會"相當於現代漢語中的"正""正在"。

(三)表示動作即將發生的時間副詞有"將""且""行"等。例如:

⑨ 其爲人也,發憤忘食,樂以忘憂,不知老之將至云爾。(《論語·述而》)
⑩ 胡急擊之,矢下如雨。漢兵死者過半,漢矢且盡。(《史記·李將軍列傳》)
⑪ 行略定秦地。(《史記·項羽本紀》)

以上例句中,"將""且""行"相當於現代漢語中的"將""將要"。

(四)表示動作終究發生了的時間副詞有"終""竟""卒"等。例如:

⑫ 今足下雖自以與漢王爲厚交,爲之盡力用兵,終爲之所禽矣。(《史記·淮陰侯列傳》)
⑬ 信亦知其意,怒,竟絕去。(《史記·淮陰侯列傳》)
⑭ 子胥沉江,比干剖心。此二子者,世謂忠臣也,然卒爲天下笑。(《莊子·盜跖》)

以上例句中,"終""竟""卒"相當於現代漢語中的"最終"。

(五)表示動作行爲時間短暫或長久的時間副詞有"俄""姑""素""常"等。例如:

⑮ 俄聞簾鉤復動。(蒲松齡《聊齋志異·口技》)
⑯ 多行不義必自斃,子姑待之。(《左傳·隱公元年》)
⑰ 吳廣素愛人,士卒多爲用者。(《史記·陳涉世家》)
⑱ 明主賢君,常欲坐而致之,其勢不能,故以戰續之。(《蘇秦以連橫說秦》)

例⑮中的"俄"意思爲"一會兒",例⑯中的"姑"意思爲"暫且",均表示時間的短暫;例⑰中的"素"意思爲"一向",例⑱中的"常"意思爲"常常",均表示時間的長久。

此外,還有一些副詞表示動作行爲的速度和頻率,如"立""即""亟""數""屢""復"等。例如:

⑲ 今如此走,匈奴追射,我立盡。(《漢書·李廣蘇建傳》)
⑳ 噲即帶劍擁盾入軍門。(《鴻門宴》)
㉑ 凡而器用財賄無置於許,我死,乃亟去之。(《左傳·隱公十一年》)
㉒ 好從事而亟失時,可謂知乎?(《陽貨欲見孔子》)
㉓ 范增數目項王,舉所佩玉玦以示之者三,項王默然不應。(《鴻門宴》)
㉔ 琛爲秦州刺史,諸羌外叛,屢討之,不降。(《王子坊》)
㉕ 兔不可復得,而身爲宋國笑。(《上古之世》)

以上例句中,"立""即"表示動作行爲發生的速度快,義爲"立即""馬上"。例㉑中的"亟"義爲"馬上",讀音爲"jí",例㉒中的"亟"義爲"屢次",讀音爲"qì"。例㉓中的"數"和例㉔中的"屢"均表示動作行爲發生的頻率高,義爲"屢次、多次"。例㉕中的"復"相當於現代漢語中的"再"。

四、情態副詞

(一) 古代漢語中表示肯定的情態副詞有"固""必""誠""乃""果"等。例如:

① 百工之事,固不可耕且爲也。(《孟子·滕文公上》)
② 川壅而潰,傷人必多。(《國語·周語》)
③ 此誠危急存亡之秋也。(諸葛亮《出師表》)
④ 呂公女乃呂后也。(《史記·高祖本紀》)
⑤ 留五月,秦果舉鄢、郢、巫、上蔡、陳之地。(《戰國策·楚策》)

以上例句中,"固"可譯爲"本來","必"可譯作"一定","誠"可譯作"的確","乃"可譯作"就是","果"可譯作"果真"。

(二) 表示猜度的情態副詞有"蓋""殆"。例如:

⑥ 舜目蓋重瞳子。(《史記·項羽本紀》)
⑦ 此殆天所以資將軍,將軍豈有意乎?(《三國志·蜀書·諸葛亮傳》)

例⑥中的"蓋"表示不能肯定的推測語氣,都相當於現代漢語中的"或許""大概";例⑦中的"殆"也表示一種推測。

(三) 表示反問的情態副詞有"豈""寧""獨""庸"等。例如:

⑧ 豈人主之子孫則必不善哉?(《觸龍說趙太后》)
⑨ 王侯將相寧有種乎?(《史記·陳涉世家》)

⑩ 王獨不見夫蜻蛉乎？（《戰國策·楚策》）
⑪ 吾師道也，夫庸知其年之先後生於吾乎？（韓愈《師說》）

五、否定副詞

古代漢語中常用的否定副詞有"不""弗""毋""勿""未""非"。

（一）不、弗

"不""弗"表示一般的否定。兩者意義相同，但在用法上有些區別。"不"既可以否定動詞，又可以否定形容詞；既可以否定及物動詞，又可以否定不及物動詞。例如：

① 不戰而屈人之兵，善之善者也。（《上兵伐謀》）
② 明足以察秋毫之末，而不見輿薪。（《孟子·梁惠王上》）
③ 緣木求魚，雖不得魚，無後災。（《孟子·梁惠王上》）
④ 甚矣，汝之不惠。（《列子·湯問》）

以上例句中，前三個句子中的"不"否定動詞，其中例①中的"不"否定的是不及物動詞，例②和例③中的"不"否定的是及物動詞。例④中的"不"否定的是形容詞。

"弗"在先秦時期，一般祗能否定及物動詞，但動詞後面一般不帶賓語。例如：

⑤ 雖有佳肴，弗食，不知其旨也。（《雖有佳肴》）
⑥ 愛共叔段，欲立之。亟請於武公，公弗許。（《左傳·隱公元年》）

先秦時期，"弗"也有少數後面動詞帶賓語的例子，如"雖與之俱學，弗若之矣"（《孟子·告子上》）。到漢代之後，"弗"還可以用於形容詞前。例如：

⑦ 今呂氏王，大臣弗平。（《史記·呂太后本紀》）

（二）毋、勿

"毋""勿"常用於祈使句中，表示禁止和勸阻，相當於現代漢語的"別"或"不要"。例如：

⑧ 己所不欲，勿施於人。（《論語·顏淵》）
⑨ 距關，毋內諸侯。（《史記·項羽本紀》）

"毋"常與"無"通用，寫作"無"。例如：

⑩ 苟富貴，無相忘。（《史記·陳涉世家》）
⑪ 寡君不忍，使群臣請於大國，無令輿師淹於君地。（《左傳·成公二年》）

"毋""勿"也用於陳述句中，相當於"不"。例如：

⑫ 子毋讀書游說，安得此辱乎？（《史記·張儀列傳》）

⑬ 欲人勿知，莫若勿爲。（枚乘《上書諫吳王》）

（三）未

"未"表示事情還没有發生或實現，相當於現代漢語中的"没有"。例如：

⑭ 擐甲執兵，固即死也；病未及死，吾子勉之。（《左傳·成公二年》）
⑮ 吾聞用夏變夷者，未聞變於夷者也。（《孟子·滕文公上》）

"未"有時也表示對行爲的否定，相當於"不"。例如：

⑯ 百姓多聞其賢，未知其死也。（《史記·陳涉世家》）
⑰ 宦三年矣，未知母之存否。（《晉靈公不君》）

（四）非

"非"作否定副詞時否定後面的整個謂語。例如：

⑱ 子非魚，安知魚之樂。（《莊子·秋水》）
⑲ 此庸夫之怒也，非士之怒也。（《唐雎不辱使命》）
⑳ 本無謀，又非親屬，何謂相坐？（《蘇武牧羊》）
㉑ 我逃死，非逃富也。（《鬭且廷見令尹子常》）
㉒ 今之爭奪，非鄙也，財寡也。（《上古之世》）

以上句子中例⑱⑲⑳否定的是名詞性謂語，例㉑否定的是動詞性謂語，例㉒否定的是形容詞謂語。需要注意的是，雖然"非"一般可譯爲"不是"，但它並不是判斷動詞，而祇是否定副詞。

六、謙敬副詞

謙敬副詞是表示自謙和尊敬的副詞。這類副詞一般是從動詞和形容詞演變而來，原來的詞義比較具體，用作謙敬副詞後，原有意義發生弱化，表示客氣或委婉。例如：

① 衛侯請盟，晉人弗許。（《左傳·僖公二十八年》）
② 忠之屬也，可以一戰，戰則請從。（《左傳·莊公十年》）

例①中的"請"爲動詞，表示"請求"，這句話的意思是"衛國的國君請求和晉國結盟，晉國没有同意"；例②中的"請"爲謙敬副詞，表示對對方的敬意。

在古代漢語中，表示尊敬别人的副詞還有"敬""謹""幸""惠""辱"等。例如：

③ 寡人聞之，敬以國從。（《戰國策·楚策》）
④ 誠若先生之言，謹奉社稷而以從。（《史記·平原君虞卿列傳》）
⑤ 臣從其計，大王亦幸赦臣。（《史記·廉頗藺相如列傳》）
⑥ 君惠徼福於敝邑之社稷，辱收寡君，寡君之願也。（《齊桓公伐楚》）

表示自謙的副詞有"敢""竊""伏""忝"等。例如：

⑦ 若亡鄭而有益於君，敢以煩執事。(《左傳·僖公三十年》)

⑧ 老臣竊以爲媼之愛燕后賢於長安君。(《觸龍説趙太后》)

⑨ 臣伏計之，大王奉高祖宗廟最宜稱。(《漢書·文帝紀》)

⑩ 臣忝當大任，義在安國。(《三國志·魏書·三少帝紀》)

文　選

晉獻公欲假道於虞以伐虢①

昔者晉獻公欲假道於虞以伐虢，荀息曰②："君其以垂棘之璧與屈產之乘賂虞公③，求假道焉，必假我道④。"君曰："垂棘之璧，吾先君之寶也；屈產之乘，寡人之駿馬也。若受吾幣不假之道⑤，將奈何？"荀息曰："彼不假我道，必不敢受我幣。若受我幣而假我道，則是寶猶取之内府而藏之外府也，馬猶取之内厩而著之外厩也⑥，君勿憂。"君曰："諾。"乃使荀息以垂棘之璧與屈產之乘賂虞公而求假道焉。虞公貪利其璧與馬而欲許之。宫之奇諫曰⑦："不可許。夫虞之有虢也⑧，如車之有輔⑨。輔依車，車亦依輔。虞虢之勢正是也⑩。若假之道，則虢朝亡而虞夕從之矣。不可，願勿許。"虞公弗聽，遂假之道。荀息伐

---

① 本篇選自《韓非子·十過》。題目爲後加。《韓非子》由戰國末年韓國公子韓非所作，後人編纂而成。《韓非子》集中體現了韓非的思想理念和政治主張。反對禮治，提倡法治；反對貴族階級的等級制度，提倡貴族與平民平等；反對用人唯親，提倡用人唯賢。全書共五十五篇。清人王先慎的《韓非子集解》、近人陳奇猷的《韓非子集釋》是較通行的注本。韓非(約前280—前233)是先秦時期法家學派的代表人物。本篇記述了晉國向虞國借道進攻虢國，虞君貪圖晉國的財物，不顧虞、虢兩國相互依存的地理形勢，借道給晉國，最終因貪圖小利導致了國家滅亡。晉獻公：名詭諸，晉武公之子，公元前676年即位。假：借。虞：國名，姬姓，故址在今山西省平陽縣東北。虢：國名，姬姓，故址在今河南省陝縣東南。虞國地處晉國南面，虢國又在虞國南面，晉攻虢國需經過虞國。

② 荀息：又稱荀叔，晉國大夫。

③ 其：語氣詞，表示祈使語氣，可譯作"請"。垂棘：地名。璧：寶玉。屈產：地名。乘：馬。

④ 假我道：雙賓語，"道"是直接賓語，"我"是間接賓語。

⑤ 幣：禮物。之：代詞，我，我們。

⑥ 厩：馬圈。

⑦ 宫之奇：虞國賢大夫。

⑧ 之：連詞，用在主謂結構之間，取消句子獨立性。

⑨ 車：牙牀骨。輔：面頰。

⑩ 是：代詞，作謂語，如此，這樣。

號而還,反處三年①,興兵伐虞,又剋之②。荀息牽馬操璧而報獻公。獻公說③,曰:"璧則猶是也。雖然④,馬齒亦益長矣⑤。"故虞公之兵殆而地削者何也⑥?愛小利而不慮其害。故曰:顧小利則大利之殘也⑦。

彌子瑕有寵於衛君⑧

昔者彌子瑕有寵於衛君。衛國之法,竊駕君車者罪刖⑨。彌子瑕母病,人間往夜告彌子⑩。彌子矯駕君車以出⑪。君聞而賢之⑫,曰:"孝哉!爲母之故,忘其刖罪。"異日,與君遊於果園。食桃而甘,不盡,以其半啗君⑬。君曰:"愛我哉!忘其口味以啗寡人。"及彌子色衰愛弛⑭,得罪於君。君曰:"是固嘗矯駕吾車⑮,又嘗啗我以餘桃。"故彌子之行未變於初也,而以前之所以見賢而後獲罪者⑯,愛憎之變也。

① 反:回來,後作"返"。
② 剋:戰勝,這裏指滅亡。
③ 說(yuè):高興,後作"悅"。
④ 雖:連詞,雖然。然:代詞,這樣。
⑤ 齒:年齡。益:更加。
⑥ 殆:敗。
⑦ 殘:傷害。
⑧ 本篇選自《韓非子·說難》。題目爲後加。衛靈公寵臣彌子瑕曾假稱國君的命令駕君車看望生病的母親,還把吃了一口的蜜桃給衛君吃。當他受寵時,這些行爲都受到衛君贊美;而當他失寵時,又都成爲他獲罪的原因。彌子瑕:衛靈公寵幸的小臣。衛君:指衛靈公,名元,衛襄公之子,公元前534年即位。
⑨ 竊:私自。刖(yuè):砍去受刑者脚的一種酷刑。
⑩ 間(jiàn):副詞,秘密地,悄悄地。
⑪ 矯:假傳。這裏指假傳君命。以:連詞,連接狀語和中心詞,可譯作"而"。
⑫ 賢:形容詞意動用法,以……爲賢。下"賢"字同。
⑬ 啗:"啖"的異體字,給……吃。下兩處"啗"字同。
⑭ 弛(chí):疏,消失。
⑮ 是:代詞,作主語,這個人。嘗:副詞,作狀語,曾經。
⑯ 見:助動詞,可譯作"被"。

和氏之璧①

楚人和氏得玉璞楚山中②，奉而獻之厲王③。厲王使玉人相之④，玉人曰："石也。"王以和爲誑而刖其左足⑤。及厲王薨⑥，武王即位⑦。和又奉其璞而獻之武王。武王使玉人相之，又曰："石也。"王又以和爲誑而刖其右足。武王薨，文王即位⑧。和乃抱其璞而哭於楚山之下三日三夜，淚盡而繼之以血。王聞之，使人問其故。曰："天下之刖者多矣，子奚哭之悲也⑨？"和曰："吾非悲刖也⑩，悲夫寶玉而題之以石，貞士而名之以誑⑪，此吾所以悲也。"王乃使玉人理其璞而得寶焉⑫，遂命曰"和氏之璧"。

---

① 本篇選自《韓非子·和氏》。題目爲後加。和氏兩次獻玉璞給楚王，但因玉人不識寶、被認爲是欺君而砍去了雙脚。文王即位後，和氏爲寶玉被埋沒，君子受侮辱而痛哭，終于使文王讓玉人加工玉璞，發現了無價之寶——和氏璧。和氏：一作卞和。璧：扁平而圓，中心有孔的玉。

② 璞：包着玉的石頭。

③ 奉(pěng)：後作"捧"，下"奉"字同。獻之厲王：雙賓語。厲王，指楚厲王。

④ 玉人：加工玉的工匠。相(xiàng)：《說文·目部》"相，省視也，从目，从木。"此處用本義，義爲仔細察看。

⑤ 誑(kuáng)：欺騙。

⑥ 薨：諸侯死稱薨。

⑦ 武王：指楚武王，名熊通，公元前741年即位。

⑧ 文王：指楚文王，名熊貲，楚武王之子，公元前689年即位。

⑨ 奚：疑問代詞，作狀語，爲什麽。之：指示代詞，作定語，這樣。

⑩ 悲：爲……而悲傷。

⑪ 貞士：指正直誠懇的人。

⑫ 理：《說文·玉部》："理，治玉也。从玉，里聲。"此處用本義，義爲治玉、加工玉石。

宋人有酤酒者①

宋人有酤酒者,升概甚平②,遇客甚謹③,爲酒甚美,縣幟甚高④,著然不售⑤,酒酸⑥。怪其故⑦,問其所知閭長者楊倩⑧。倩曰:"汝狗猛耶?"曰:"狗猛則酒何故而不售?"曰:"人畏焉⑨。或令孺子懷錢挈壺甕而往酤⑩,而狗迓而齕之⑪,此酒所以酸而不售也。"夫國亦有狗,有道之士懷其術而欲以明萬乘之主⑫,大臣爲猛狗迎而齕之,此人主之所以蔽脅⑬,而有道之士所以不用也。故桓公問管仲曰:"治國最奚患⑭?"對曰:"最患社鼠矣⑮。"公曰:"何患社鼠哉⑯?"對曰:"君亦見夫爲社者乎?樹木而塗之⑰,鼠穿其間,掘穴託其中。燻之則恐焚木⑱,灌之則恐塗阤⑲,此社鼠之所以不得也⑳。今人君之左右,出則

---

① 本篇選自《韓非子·外儲説右上》。題目爲後加。宋人酒美,價格公道,服務態度好,招牌挂得高,但猛狗在旁邊,所以酒酸了也賣不出去。樹木爲社,老鼠藏裏邊,既不能火燻,也不能水灌,老鼠除不掉。一個國家,如果大臣像猛狗,國君左右的人像社鼠,有道之士就不能靠近,國君就會受蒙蔽,國家就要滅亡。酤(gǔ):賣。買酒也稱酤。

② 升概:升是酒的量器,概是量穀物時刮平斗斛等量器的木板。這裏指"升","概"是連文。

③ 遇:接待。謹:恭敬有禮。

④ 縣(xuán):懸挂,後作"懸"。幟:酒幌,酒旗。

⑤ 售:賣出去。

⑥ 酸:壞。

⑦ 怪:形容詞意動用法,認爲……奇怪。故:原因。

⑧ 知:熟悉,瞭解。閭(lǚ):一種居民組織單位,鄉。長者:老者,上年紀的人。

⑨ 焉:指示代詞,之。

⑩ 或:無定代詞,作主語,可譯作"有人"。孺子:小孩子。挈(qiè):提。甕(wèng):"瓮"的異體字,一種陶製容器。

⑪ 迓(yà):迎接。齕(hé):咬。

⑫ 有道之士:有知識學問的人。明:形容詞使動用法,使……聖明。萬乘(shèng):乘,兵車。古代以兵車數量表示國家的大小,大國稱"萬乘",中等國家稱"千乘",小國稱"百乘"。主:君王。

⑬ 蔽:受蒙蔽。脅:受脅迫。

⑭ 奚患:賓語前置,疑問代詞"奚"作賓語,置於動詞"患"前,可譯作"擔心什麽"。

⑮ 社:土地神。

⑯ 何:疑問代詞,作狀語,可譯作"爲什麽"。

⑰ 樹:竪立。塗:指用泥塗抹。

⑱ 燻:燻烤。木:指用木做的神主。

⑲ 阤(zhì):崩裂脱落。

⑳ 得:指被得到,被除去。

爲勢重①而收利於民，入則比周而蔽惡於君②，內間主之情以告外③，外內爲重④，諸臣百吏以爲富⑤。吏不誅則亂法，誅之則君不安。據而有之⑥。此亦國之社鼠也。"故人臣執柄而擅禁⑦，明爲己者必利⑧，而不爲己者必害，此亦猛狗也。夫大臣爲猛狗而齕有道之士矣，左右又爲社鼠而間主之情，人主不覺，如此，主焉得無壅⑨？國焉得無亡乎？

上古之世⑩

上古之世⑪，人民少而禽獸衆，人民不勝禽獸蟲蛇⑫。有聖人作⑬，搆木爲巢以避群害⑭，而民説之，使王天下⑮，號曰有巢氏⑯。民食果蓏蜯蛤⑰，腥臊惡臭而傷害腹胃⑱，民多疾病。有聖人作，鑽燧取火以化腥臊⑲，而民説之，使王

---

① 勢重：權勢。
② 比周：相互勾結。蔽：掩蓋。
③ 間：刺探，打聽。
④ 重：這裏指勢重。
⑤ 以爲富：即"以之爲富"，意思是利用他們來致富。
⑥ 據：依靠，這裏指依靠國君。有之：指保有權勢。
⑦ 執：掌握。柄：權力。擅：專有。禁：政令。
⑧ 明：顯明。
⑨ 焉：疑問代詞，作狀語，可譯作"怎麽""哪裏"。得：能够。壅：受蒙蔽。
⑩ 本篇選自《韓非子・五蠹》。題目爲後加。文中明確反對儒家的復古和守舊，主張政治措施要"不期脩古，不法常可"，要"論世之事，因爲之備"，以便適應社會的發展。
⑪ 上古：遠古。本文把傳説中的有巢氏、燧人氏爲代表的原始社會時期稱爲上古，把指堯、舜、夏禹時期稱爲中古，把商周時期稱爲近古。
⑫ 勝(shēng)：承受得起，禁得住。
⑬ 作：出現，興起。
⑭ 搆：交錯架起。
⑮ 王(wàng)：名詞用作動詞，統治。
⑯ 號：稱。有巢氏：傳説中的遠古聖人，巢居的發明者。
⑰ 果：木本植物結的果實。蓏(luǒ)：草本植物結的果實。這裏泛指野生果實。蜯(bàng)："蚌"的異體字。蛤(gé)：蛤蜊。
⑱ 惡臭(xiù)：難聞的氣味。臭，氣味。
⑲ 燧：取火的木頭。鑽燧，指鑽木取火。

天下,號之曰燧人氏①。中古之世,天下大水,而鯀禹決瀆②。近古之世,桀紂暴亂③,而湯武征伐④。今有構木鑽燧於夏后氏之世者,必爲鯀禹笑矣⑤。有決瀆於殷周之世者,必爲湯武笑矣。然則今有美堯、舜、湯、武、禹之道於當今之世者⑥,必爲新聖笑矣⑦。是以聖人不期脩古⑧,不法常可⑨,論世之事⑩,因爲之備⑪。宋人有耕田者,田中有株⑫,兔走觸株⑬,折頸而死;因釋其耒而守株⑭,冀復得兔⑮。兔不可復得,而身爲宋國笑⑯。今欲以先王之政,治當世之民,皆守株之類也。

　　古者丈夫不耕⑰,草木之實足食也;婦人不織,禽獸之皮足衣也⑱。不事力而養足⑲,人民少而財有餘,故民不爭。是以厚賞不行⑳,重罰不用,而民自治㉑。今人有五子,不爲多;子又有五子,大父未死,而有二十五孫㉒,是以人民

①　燧人氏:傳說中的遠古聖人,人工取火的發明者。
②　鯀(gǔn):古代傳說中禹的父親。據說他治水無成效,被舜殺於羽山。禹:夏代第一個帝王,相傳曾率衆治水。決:疏通水道。瀆:河道。
③　桀:名履癸,夏代最後一個帝王。紂:名辛,商代最後一個帝王。暴亂:暴虐、昏亂。
④　湯:名天乙,又名履,商代開國之君。武:周武王,姓姬名發,周文王之子,周代第一位帝王。
⑤　夏后氏之世:即夏朝。后,《說文·后部》:"后,繼體君也。象人之形,施令以告四方。"此處用本義,義爲君主。爲(wéi):介詞,引進動作行爲的主動者,可譯作"被"。
⑥　美:形容詞意動用法,以……爲美,讚美,稱道。道:方法,措施。
⑦　新聖:新興的聖人,指韓非時代的代表人物。
⑧　期:期望,要求。脩:"修"的借字,學習。一說爲"循"字之誤。
⑨　法:效法。常可:指永久適用的辦法。
⑩　論:考慮,研究。
⑪　備:措施。爲(wéi)之備:雙賓語,"之"指代"世之事"。
⑫　株:樹樁子。
⑬　走:《說文·走部》:"走,趨也,从夭、止。"此處用本義,義爲跑。
⑭　釋:放下。耒(lěi):古代一種翻土的農具。
⑮　冀:希望。復:再,又。
⑯　身:自身,自己。爲:介詞,引進動作行爲主動者,可譯作"被"。
⑰　丈夫:成年男子的敬稱。
⑱　衣(yì):名詞用作動詞,穿。
⑲　事:使用。養:給養,生活資料。
⑳　厚:重。行:施行。
㉑　治:安定,跟"亂"相對。
㉒　大父:祖父。

衆而貨財寡①,事力勞而供養薄②,故民爭。雖倍賞累罰而不免於亂③。

堯之王天下也,茅茨不翦④,采椽不斲⑤;糲粢之食⑥,藜藿之羹⑦,冬日麑裘⑧,夏日葛衣⑨;雖監門之服養,不虧於此矣⑩。禹之王天下也,身執耒臿,以爲民先⑪,股無胈⑫,脛不生毛⑬;雖臣虜之勞⑭,不苦於此矣。以是言之,夫古之讓天子者,是去監門之養而離臣虜之勞也⑮,古傳天下而不足多也⑯。今之縣令⑰,一日身死,子孫累世絜駕⑱,故人重之⑲。是以人之於讓也⑳,輕辭古之天子,難去今之縣令者,薄厚之實異也。夫山居而谷汲者㉑,膢臘而相遺以

---

① 貨財:同義詞連用,都指財物,財産。
② 勞:辛勞,辛苦。
③ 雖:即使。倍:加倍。累(lěi):成倍增加。
④ 茅茨(cí):用茅草蓋的屋頂。翦:"剪"的異體字,修剪。
⑤ 采椽(chuán):櫟木做的椽子。采,櫟木,後作"採"。斲(zhuó):砍削。這裏指加工修整。
⑥ 糲(lì):粗米。粢(cí):與黍相比較差的糧食。
⑦ 藜:野菜。藿(huò):豆葉。羹:菜湯。
⑧ 麑裘:麑皮衣。麑,小鹿。
⑨ 葛衣:葛布做的衣服。
⑩ 監門:看門的人。虧:減損,少。
⑪ 臿(chā):鍬,鏟。先:動詞,帶頭,做出表率。
⑫ 股:大腿。胈(bá):腿上的肥肉。
⑬ 脛(jìng):小腿。
⑭ 臣虜:同義詞連用,都指奴隸。古代常以俘虜作爲奴隸。
⑮ 去:離開。
⑯ 傳天下:把天下傳給別人。足:值得。多:稱讚。
⑰ 縣令:縣長。
⑱ 累世:世世代代。絜(xié):圍束,這裏指套車。駕:駕馬拉車。累世絜駕:指世代有車馬可乘,表示仍居富貴之位。
⑲ 重:形容詞意動用法,以……爲重,看重。
⑳ 讓:指辭讓官位。
㉑ 山居:住在山上。谷汲:到溪谷去打水。"山"和"谷"都是名詞作狀語,表示處所。

水①；澤居苦水者②，買庸而決竇③。故饑歲之春④，幼弟不饟⑤；穰歲之秋⑥，疏客必食⑦。非疏骨肉，愛過客也，多少之實異也。是以古之易財⑧，非仁也，財多也；今之爭奪，非鄙也⑨，財寡也。輕辭天子，非高也，勢薄也；爭士橐⑩，非下也⑪，權重也。故聖人議多少、論薄厚為之政⑫，故罰薄不為慈，誅嚴不為戾⑬，稱俗而行也⑭。故事因於世⑮，而備適於事⑯。

思考與練習

一、古代漢語中的副詞可分為哪幾類？
二、指出下列各句中的副詞，並注意它們的用法和意義。
　1. 夫子欲之，吾二臣者皆不欲也。（《季氏將伐顓臾》）
　2.《記》曰："三王四代唯其師。"（《禮記·學記》）
　3. 成事不說，遂事不諫，既往不咎。（《哀公問社》）
　4. 不知法之義，而正法之數者，雖博，臨事必亂。（《有亂君無亂國》）
　5. 人且偃然寢於巨室，而我噭噭然隨而哭之。（《莊子妻死》）

---

① 膢(lóu)：楚人在二月祭祀飲食神的節日。臘：古代冬季（秦以前為十月，秦始皇改為十二月）舉行的對百神的祭祀。遺(wèi)：贈送。
② 澤居：在沼澤地區居住，結構同"山居"。苦：形容詞意動用法，以……為苦。水：水患。
③ 買：雇。庸：工，後作"傭"。決：挖渠。竇："瀆"的借字，改讀dú，水溝。
④ 饑：五穀不收。
⑤ 饟(xiǎng)："餉"的異體字，供給食物。
⑥ 穰(ráng)歲：豐年。
⑦ 疏：指關係疏遠。食(sì)：動詞使動用法，使……吃。
⑧ 易：輕視。
⑨ 鄙：貪吝，小氣。
⑩ 重：形容詞意動用法，認為……重。士：同"仕"，做官。橐："託"的借字，投靠，依附。
⑪ 下：卑下。
⑫ 議：研究，考慮。與下面的"論"意義相同。多少：指財物的多少。薄厚：指權勢的小大。為之政：雙賓語，"之"代社會，可譯作"制定社會的政治措施"。
⑬ 誅：懲罰。戾(lì)：暴虐。
⑭ 稱(chèn)：適應。
⑮ 因：依承，隨著。
⑯ 備：方法，措施。

6. 長不滿七尺,滑稽多辯,數使諸侯,未嘗屈辱。(《一鳴驚人》)

三、結合文選,在下列句子中填入適當的否定副詞,並注意它們的差異。

1. 雖有佳肴,(　)食(　)知其旨也。雖有至道,(　)學(　)知其善也。(《雖有佳肴》)

2. 吾(　)至於子之門則殆矣,吾長見笑於大方之家。(《秋水時至》)

3. 若假之道,則虢朝亡而虞夕從之矣。(　)可,願(　)許。(《晉獻公欲假道於虞以伐虢》)

4. 且夫水之積也(　)厚,則其負大舟也(　)力。(《北冥有魚》)

四、給下面短文加標點,並翻譯成現代漢語。

　　荆宣王問群臣曰吾聞北方之畏昭奚恤也果誠何如群臣莫對江乙對曰虎求百獸而食之得狐狐曰子無敢食我也天帝使我長百獸今子食我是逆天帝命也子以我爲不信吾爲子先行子隨我後觀百獸之見我而敢不走乎虎以爲然故遂與之行獸見之皆走虎不知獸畏己而走也以爲畏狐也今王之地方五千里帶甲百萬而專屬之昭奚恤故北方之畏昭奚恤也其實畏王之甲兵也猶百獸之畏虎也(《戰國策·齊策》)

　　注:1. 荆宣王:即楚宣王。
　　　　2. 昭奚恤:人名,楚國令尹。
　　　　3. 江乙:人名,楚國臣子。

第十二課 代　詞

代詞是指具有代替或指示人、事物作用的詞。古代漢語的代詞可以分爲人稱代詞、指示代詞、疑問代詞、無定代詞、特殊代詞等五類。它們的主要作用是在句子中充當主語、賓語、定語或補語。

一、人稱代詞

人稱代詞主要包括第一人稱代詞、第二人稱代詞和第三人稱代詞。

第一人稱代詞是指代說話者自己及自己這一方的人的代詞。

第一人稱代詞有"台（yí）、卬（áng）、朕、吾、我、予、余"等。其中"台"，主要見於《尚書》和東周銅器銘文。"卬"主要見於《詩經》，先秦其他典籍及以後文獻中均很少見到。"朕"在先秦是一般人都可以使用的第一人稱代詞。如《楚辭·離騷》："朕皇考曰伯庸。"自秦始皇統一中國後，專用做皇帝的自稱。

以上三個代詞的使用範圍較窄，常用的第一人稱代詞是"吾、我、予、余"。

在古代漢語裏，"我、予、余"三者在句中都可作主語、賓語或定語。而"吾"一般祇充當主語和定語，祇有在否定句裏纔可用於賓語，出現在動詞前面。例如：

① 我決起而飛。（《北冥有魚》）
② 予默默無以應。（劉基《賣柑者言》）
③ 王呼之曰："余不食三日矣。"（《國語·吳語》）
④ 吾視其轍亂，望其旗靡，故逐之。（《左傳·莊公十年》）
⑤ 生我者父母，知我者鮑子也。（《管鮑之交》）
⑥ 屬予作文以記之。（范仲淹《岳陽樓記》）
⑦ 名余曰正則兮，字余曰靈均。（屈原《離騷》）
⑧ 我勝若，若不吾勝。（《莊子·齊物論》）
⑨ 三人行，必有我師焉。（《論語·述而》）
⑩ 啟予足！啟予手！（《論語·泰伯》）
⑪ 自始合，而矢貫余手及肘。（《左傳·成公二年》）
⑫ 昔者吾舅死於虎，吾夫又死焉，今吾子又死焉。（《禮記·檀弓下》）

上述例子中，例①—④中的"我""予""余""吾"分別充當主語，例⑤—⑧中的"我""予""余""吾"分別充當賓語，例⑨—⑫中的"我""予""余""吾"分別充當定語。

余、予二字古音相同，意義和用法完全相同，祇是在各書中用得多少有所不同。如《尚書》《詩經》《論語》《孟子》一般用"予"，《左傳》《國語》等書多用"余"，《莊子》多用"予"，

很少用"余"。

"吾"直到中古時期,纔可以在動詞和介詞後作賓語。例如:

⑬ 東野與吾書。(韓愈《祭十二郎文》)
⑭ 與吾共定天下者,獨卿而已。(《資治通鑑·晉紀》)

例⑬中的"與吾書"是"給我書"的意思,"吾"作動詞謂語"與"的賓語。例⑭中的"與吾"是"和我"的意思,"吾"作介詞"與"的賓語。

第二人稱代詞是指代聽話及他那一方的人的代詞。

第二人稱代詞有"爾、女(汝)、若、而、乃"。從語音看,"爾""女(汝)""若"和"而""乃"古音相近。從語法看,"爾""女(汝)""若"都可作主語、賓語和定語,"而""乃"一般祇用作定語,很少作主語,不作賓語。從語義看,相對"而""乃"而言,"爾""女(汝)""若"是比較隨便的稱呼,一般用於稱呼下級、晚輩或平輩。

① 爾之愛我也不如彼。(《曾子寢疾》)
② 女聞人籟而未聞地籟,女聞地籟而未聞天籟夫。(《莊子·齊物論》)
③ 若入,前為壽。(《鴻門宴》)
④ 夫差,而忘越王之殺而父乎?(《左傳·定公十四年》)
⑤ 我無爾詐,爾無我虞。(《左傳·宣公十五年》)
⑥ 三歲貫女,莫我肯顧。(《詩經·魏風·碩鼠》)
⑦ 盡矣,吾語若!(《莊子·人間世》)
⑧ 不狩不獵,胡瞻爾庭有縣貆兮?(《詩經·魏風·伐檀》)
⑨ 往之女家,必敬必戒,無違夫子!(《孟子·滕文公下》)
⑩ 北山愚公長息曰:"汝心之固,固不可徹。"(《列子·湯問》)
⑪ 王師北定中原日,家祭無忘告乃翁。(陸游《示兒》)
⑫ 里克曰:"囊而言戲乎?"(《國語·晉語》)

上述例子中,例①—④中的"爾""女(汝)""若""而"充當主語。例⑤—⑦中的"爾""女(汝)""若"充當賓語。例⑧—⑫中的"爾""女(汝)""乃""而"充當定語。

第三人稱代詞是指代說話者和聽話者以外的其他方面的人或事物的代詞。

第三人稱代詞有"之""其""厥"等。它們既可以指代人,也可以指代事物。它們大多是從指示代詞轉變過來的,並未全部具備第三人稱代詞的語法功能,因此同現代漢語"他(她、它)"或"他(她、它)們"的詞義、功用並不完全相當。從語法功能來說,"他(她、它)"或"他(她、它)們"可以作主語、賓語、定語,而"之"一般祇作賓語。例如:

① 愛共叔段,欲立之。(《左傳·隱公元年》)
② 桓公親逆之於郊,而與之坐。(《國語·齊語》)
③ 放之山下。(柳宗元《三戒·黔之驢》)
④ 屠暴起,以刀劈狼首,又數刀斃之。(蒲松齡《聊齋志異·狼》)

例①中的"之"指代共叔段。例②中的"之"可譯為"他",指代管仲,意思是"齊桓公親

第十二課　代詞

自在郊外迎接管仲"。例③和例④中的"之"分別指代驪和狼。"之"在否定句或疑問句中一般要提前，但也有放在動詞之後的，如"祭肉，不出三日；出三日，不食之矣"（《論語·鄉黨》）。

"其"主要有兩種用法：一是作定語，表示領屬關係；二是充當主謂詞組或分句的主語。例如：

⑤ 今吾於人也，聽其言而觀其行。（《論語·公冶長》）
⑥ 北冥有魚，其名爲鯤。（《北冥有魚》）
⑦ 及其未既濟也，請擊之。（《左傳·僖公二十二年》）
⑧ 百姓多聞其賢，未知其死也。（《史記·陳涉世家》）

例⑤和例⑥中的"其"分別充當定語，例⑦和⑧中的"其"充當主語。

"厥"的用法大致與"其"相當，但衹能作定語，不能作爲主謂詞組的主語。例如：

⑨ 率時農夫，播厥百穀。（《詩經·周頌·噫嘻》）
⑩ 厥土良沃，穀麥一歲再熟。（《北史·西域傳》）

"之""其"不是完備的第三人稱代詞，它們也可以用於指代説話者或者聽話者一方。

⑪ 夫子矢之曰："予所否者，天厭之！天厭之！"（《論語·雍也》）
⑫ 士季曰："諫而不入，則莫之繼也。"（《晉靈公不君》）
⑬ 今也，父兄百官不我足也，恐其不能盡於大事，子爲我問孟子。（《孟子·滕文公上》）
⑭ 故以爲其愛不若燕后。（《觸龍説趙太后》）

例⑪的"之"指代夫子，即"我"。例⑫中的"之"是"您"的意思，指代趙盾，聽話者一方。例⑬中的"其"指代説話者自身，即滕文公。例⑭中的"其"指代聽話者，即趙太后。

值得注意的是，先秦漢語中有"他"，但"他"在上古不是第三人稱代詞，衹表示"其他""別的"等義。如"王顧左右而言他"（《孟子·梁惠王下》）。"他"作爲人稱代詞是中古時期纔產生的用法。

古代漢語的人稱代詞，單複數基本上是同一形式，衹能根據上下文語意來判斷。有時也會在第一或第二人稱代詞後加"儕、屬、曹、輩"等表示複數，意思是"這些人、我們這些（這幫）人、你們這些（這幫）人"等。

⑮ 吾儕偷食，朝不謀夕，何其長也？（《左傳·昭公元年》）
⑯ 不若，若屬皆且爲所虜。（《鴻門宴》）
⑰ 戲問垂綸客，悠悠見汝曹。（杜甫《渡江》）
⑱ 狼曰："吾非固欲負汝，天生汝輩，固需吾輩食也。"（馬中錫《東田文集·中山狼傳》）

除此之外，還常用"二三子""諸君"等表示第二人稱複數，帶有敬意，相當於"諸位、各位"。

二、指示代詞

指示代詞是指用於指稱或區別人或事物的代詞,主要分近指和遠指兩類,有"是、之、此、斯、茲、彼、夫、其"等。

"是、之、此、斯、茲"表示近指,相當於現代漢語的"這"。其中"是""此""斯""茲"可以作句子的主語、賓語或定語。例如:

① 是謀非吾能所及也。(《孟子•梁惠王下》)
② 彼一時,此一時也。(《孟子•公孫丑下》)
③ 斯季孫之賜也。(《曾子寢疾》)
④ 茲可謂一勞而久逸,暫費而永寧也。(班固《封燕然山銘》)
⑤ 吾祖死於是,吾父死於是。(柳宗元《捕蛇者説》)
⑥ 王如知此,則無望民之多於鄰國也。(《寡人之於國也》)
⑦ 子在川上曰:"逝者如斯夫,不舍晝夜!"(《論語•子罕》)
⑧ 揮手自茲去,蕭蕭班馬鳴。(李白《送友人》)
⑨ 是鳥也,海運則將徙於南冥。(《北冥有魚》)
⑩ 大任有身,生此文王。(《詩經•大雅•大明》)
⑪ 微斯人,吾誰與歸?(范仲淹《岳陽樓記》)
⑫ 書於石,所以賀茲丘之遭也。(柳宗元《鈷鉧潭記》)

上述例子中,例①—④中的"是""此""斯""茲"作主語。例⑤—⑧中的"是""此""斯""茲"充當動詞或介詞的賓語。例⑨—⑫中的"是""此""斯""茲"充當定語。其中,"是"字作賓語,有時還放在謂語前。例如:

⑬ 公貨足以賓獻,家貨足以共用,不是過也。(《鬭且廷見令尹子常》)
⑭ 昭王南征而不復,寡人是問。(《齊桓公伐楚》)

近指代詞"之",衹能作定語,可譯爲"這"或"這樣"。例如:

⑮ 之子于歸,遠送于野。(《詩經•邶風•燕燕》)
⑯ 以君之力,曾不能損魁父之丘,如太形王屋何?(《列子•湯問》)

"彼""夫""其"等表示遠指,相當於現代漢語的"那"。"彼"可以作主語、賓語或定語。"夫""其"一般衹能作定語。例如:

⑰ 彼亦一是非,此亦一是非。(《莊子•齊物論》)
⑱ 知彼知己,百戰不殆。(《孫子•謀攻》)
⑲ 逝將去女,適彼樂土。(《詩經•魏風•碩鼠》)
⑳ 微夫人之力不及此。(《左傳•僖公三十年》)
㉑ 予觀夫巴陵勝狀,在洞庭一湖。(范仲淹《岳陽樓記》)

㉒ 日月之行,若出其中。(曹操《步出夏門行》)

指示代詞除了近指、遠指這兩類外,還有"他、然、爾、焉、諸"等,用法各有特點。

"他"具有旁指的作用,表示某種範圍以外的人或事物,義爲"其他的"。在古代也寫作"佗"或"它",可作句子的賓語或定語。例如:

㉓ 蕭同叔子非他,寡君之母也。(《左傳·成公二年》)
㉔ 佗邑唯命。(《左傳·隱公元年》)
㉕ 它山之石,可以攻玉。(《詩經·小雅·鶴鳴》)

"然、爾"作爲指示代詞,主要作謂語,表示"如此",指代上面所講的情況。例如:

㉖ 雖有槁暴,不復挺者,輮使之然也。(《荀子·勸學》)
㉗ 問君何能爾,心遠地自偏。(陶淵明《飲酒》)

"焉""諸"是兩個比較特殊的詞,一般稱爲兼詞。其中,"焉"常用作補語,相當於"於+是(之)";"諸"字相當於代詞"之"和介詞"於(乎)"的合音。例如:

㉘ 積水成淵,蛟龍生焉。(《荀子·勸學》)
㉙ 投諸渤海之尾,隱土之北。(《列子·湯問》)

例㉘中的"生焉"相當於"生於是",即"生長在那裏"。例㉙中的"投諸"相當於"投之於",即"投放在……"

三、疑問代詞

疑問代詞是指用來提出問題或表示疑問的代詞。

根據所指代的詢問對象,疑問代詞可分爲指代人、事物或處所等幾類,常見的有"誰、孰、何、曷、胡、安、惡、焉、奚"。

(一) 誰、孰

"誰""孰"上古用法相近,兩者所指代的詢問對象都可指代人,但"誰"限於指人,而"孰"則既可指人,也可指事物。"誰"可作句子的主語、謂語、賓語和定語,"孰"則一般祇作主語或賓語。

① 人誰無過,過而能改,善莫大焉。(《晉靈公不君》)
② 此誰也?(《馮諼客孟嘗君》)
③ 吾誰欺,欺天乎?(《論語·子罕》)
④ 章父之惡,取笑諸侯,吾誰鄉而入?(《國語·晉語》)
⑤ 其如是,孰能禦之?(《孟子·梁惠王上》)
⑥ 客有爲齊王畫者,齊王問曰:"畫孰最難者?"(《韓非子·外儲說左上》)

例①—④中的"誰"分別充當主語、謂語、賓語和定語,指代對象都是人。例⑤和⑥中的"孰"分別充當主語和賓語,作主語時指代人,作賓語時指代物。

"孰"表示疑問時常常用在選擇問句中,而且一般都有先行詞。

⑦ 平公問叔向曰:"群臣孰賢?"(《韓非子·外儲說左下》)
⑧ 禮與食孰重?(《孟子·告子下》)
⑨ 子謂子貢曰:"女與回也孰愈?"(《女與回也孰愈》)

例⑦指群臣中"哪一個賢能"。例⑧問"禮"和"食"中"哪一個更重要"。例⑨問子貢和顏回中"哪一個更好"。

(二) 何、曷、奚、胡

"何、曷、奚、胡"上古聲紐相同(匣母),用法相近,主要用於詢問事物,一般位於謂語前作狀語,表示"怎麼""爲什麼"。例如:

⑩ 嫂何前倨而後卑也?(《戰國策·秦策》)
⑪ 汝曷弗告朕?(《尚書·盤庚上》)
⑫ 或謂孔子曰:"子奚不爲政?"(《論語·爲政》)
⑬ 不稼不穡,胡取禾三百廛兮?(《詩經·魏風·伐檀》)

"何"的使用範圍要寬泛一些,除作賓語、狀語外,還可作定語或謂語,表示"什麼"或"什麼原因"等。有時也作主語,表示"什麼東西",但這種用法很少。例如:

⑭ 以此攻城,何城不克?(《左傳·僖公四年》)
⑮ 胡,兄弟之國也,子言伐之,何也?(《韓非子·說難》)
⑯ 何貴何賤?(《左傳·昭公三年》)

例⑭的"何"充當定語,表示"哪一座",例⑮的"何"充當謂語,表示"什麼原因",例⑯的"何"充當主語,表示"什麼東西"。

"曷、奚、胡"用作賓語時,常和介詞"以""爲"組成"奚爲""胡爲""曷爲"等介賓結構,在句中充當狀語,詢問原因,表示"爲什麼"。例如:

⑰ 許子奚爲不自織?(《孟子·滕文公上》)
⑱ 胡爲至今不朝也?(《戰國策·齊策》)
⑲ 曷爲久居此圍城之中而不去也?(《戰國策·趙策》)

(三) 惡(烏)、安、焉

"惡(烏)、安、焉"上古用法相似,主要用於詢問處所,在句中作賓語,表示"哪裏"。例如:

⑳ 道惡乎往而不存?(《莊子·齊物論》)
㉑ 泰山其頹,則吾將安仰?(《禮記·檀弓上》)
㉒ 皮之不存,毛將安傅?(《左傳·僖公十四年》)

"惡(烏)、安、焉"用於反問句,作狀語,加強反問語氣,表示"怎麼"。例如:

㉓ 先生飲一斗而醉,惡能飲一石哉?(《史記·滑稽列傳》)
㉔ 子非魚,安知魚之樂?(《莊子·秋水》)
㉕ 吳人焉敢攻吾邑?(《呂氏春秋·察微》)

疑問代詞不管詢問人、事物、處所等,還是用於選擇疑問,一般在句中充當動詞和介詞的賓語時,都要置於動詞和介詞前。

四、特殊代詞

"者、所"是古漢語中比較特殊的代詞。這種特殊體現在它們不能單獨充當句子成分,必須和其他詞(詞組)構成"者"字詞組、"所"字詞組,纔能充當句子成分。

(一) 者

"者"字詞組的構成有如下幾種情況:

1. 形容詞(詞組)、動詞(詞組)、主謂詞組＋者

"者"字前面的形容詞(詞組)、動詞(詞組)或主謂詞組作爲定語,修飾"者"所指代的人或事物,組成具有偏正關係的詞組,表示"……的人"或"……的事物"。例如:

① 賢者識其大者,不賢者識其小者。(《論語·子張》)
② 子苟赦越國之罪,又有美於此者將進之。(《國語·越語》)
③ 往者不可諫,來者猶可追。(《論語·微子》)
④ 黔無驢,有好事者船載以入。(柳宗元《三戒·黔之驢》)
⑤ 臣聞地廣者粟多,國大者人衆,兵彊則士勇。(李斯《諫逐客書》)

2. 名詞(詞組)＋者

"者"字有時也與名詞或名詞詞組構成"者"字詞組,用於複指它前面的名詞,起到區別人或事物的作用。例如:

⑥ 廉頗者,趙之良將也。(《史記·廉頗藺相如列傳》)
⑦ 昔者吾友嘗從事於斯矣。(《論語·泰伯》)

3. 數詞＋者

有時數詞出現在"者"前面,與"者"組成"者"字詞組,這時"者"所指代的人或事物可能在上文已出現過,數詞是對出現過的事物加以總括或提示,表示幾類人、幾件事或幾樣東西。

⑧ 春耕,夏耘,秋收,冬藏,四者不失時,故五穀不絕,而百姓有餘食也。(《聖王之制也》)
⑨ 魚,我所欲也;熊掌,亦我所欲也。二者不可得兼,舍魚而取熊掌者也。(《孟

子·告子上》)

有時祇是表示在某個範圍內與其他部分的區別,多爲表示年齡。例如:

⑩ 五十者可以衣帛矣。(《寡人之於國也》)

可以看出,"者"字詞組所表達的具有什麽特點的人、事、物,是按照某種特點從總體中區別出來的一部分。

當"者"字所指代的對象已經出現時,"者"字詞組作爲定語,放於名詞(詞組)後面,作補充說明。有時還通過"之"將名詞(詞組)與"者"字詞組連接起來。表現爲以下兩種形式:

1. 名詞(詞組)+"者"字詞組

⑪ 太子及賓客知其事者,皆白衣冠以送之。(《史記·刺客列傳》)

⑫ 於是漢王求人類張耳者斬之。(《史記·張耳陳餘列傳》)

⑬ 問左右群臣習事通經術者,莫能知。(《史記·滑稽列傳》)

2. 名詞(詞組)+之+"者"字詞組

⑭ 會冬,大寒雨雪,卒之墮指者十二三。(《史記·匈奴列傳》)

⑮ 馬之千里者,一食或盡粟一石。(韓愈《雜説》)

(二) 所

"所"字也是一個特別的指示代詞,它不能單獨使用,有如下幾種使用情况:

1. 所+動詞(詞組)

"所"字用在謂詞性的動詞(或詞組)前,構成一個名詞性詞組,稱代的是受它後面的謂詞所修飾的人或事物,可以充當主語、賓語、謂語和定語。例如:

⑯ 始臣之解牛之時,所見無非牛者。(《莊子·養生主》)

⑰ 酈元之所見聞,殆與余同。(蘇軾《石鐘山記》)

⑱ 女亦無所思,女亦無所憶。(《木蘭詩》)

⑲ 視駝所種樹,或移徙,無不活。(柳宗元《種樹郭橐駝傳》)

⑳ 和氏璧,天下所共傳寶也。(《史記·廉頗藺相如列傳》)

㉑ 子夏、子張、子游以有若似聖人,欲以所事孔子事之。(《孟子·滕文公上》)

例⑯中"所見"是所+動詞,作主語。例⑰中"所見聞"是所+動詞詞組,作主語。例⑲中"所思""所憶"是所+動詞,作賓語。例⑲中"所種"是所+動詞,作定語,修飾"樹"。例⑳中"所共傳"是所+動詞詞組,作定語,修飾"寶"。例㉑中"所事孔子"是所+動詞詞組作介詞"以"的賓語。

如果"所"和形容詞、數詞、名詞、代詞等構成"所"字詞組,這些詞往往就具有了動詞的性質。例如:

㉒ 然則是所重者,在乎色樂珠玉;而所輕者,在乎人民也。(李斯《諫逐客書》)

㉓ 夫天下也者，萬物之所一也。(《莊子·田子方》)
㉔ 是以令吏人完客所館。(《左傳·襄公三十一年》)
㉕ 道者，萬物之所然也。(《韓非子·解老》)

例㉒中的"所重""所輕"，重、輕本都是形容詞，重視的、輕視的，但在"所"字後用作動詞，表示"重視""輕視"。例㉓"所一"中的"一"本是數詞，用於"所"後具有了動詞的性質，表示"同一"。例㉔中的"所館"，"館"本是名詞，表示住的地方，此處是"住"的意思。例㉕中的"所然"，"然"是代詞"這樣的"，此處用於"所"後，表示"是這樣"的動詞意義。

2. 所＋介詞＋動詞(詞組)

"所"字與介詞連用，修飾動詞，用以指代與動作有關的處所、原因、工具、相關的人事等。常用的有：表處所的有"所從""所由"，表原因的有"所以""所爲"，表工具或依據的有"所以""所由"，表相關的人的有"所與"。其中以"所以"最爲常見。例如：

㉖ 見漁人，乃大驚，問所從來，具答之。(陶淵明《桃花源記》)
㉗ 此鼠所以不可得殺者，以社故也。(《晏子春秋·內篇問上》)
㉘ 臣所以不死者，爲此事也。(《國語·越語》)
㉙ 民者，在上所以牧之。(鼂錯《論貴粟疏》)
㉚ 秦之所爲重王者，以王之有齊也。(《史記·楚世家》)
㉛ 其妻問所與飲食者，則盡富貴也。(《孟子·離婁下》)

例㉖中"所從"表示處所，"所從來"指來的地方。例㉗和㉘中的"所以"都表示原因，"所以不可得殺者""所以不死者"分別指"不能被殺的原因""不死的原因"。例㉙中的"所以"表示方法，"所以牧之"指"治理百姓的方法"。例㉚中的"所爲"表示原因，"所爲重王者"指"重視王的原因"。例㉛中的"所與"表示相關的人，"所與飲食者"指"與他一起吃喝的人"。

此外，"者"字詞組與"所"字詞組都是偏正關係的名詞詞組，但是兩者不完全相同。從語序看，"者"字詞組是前偏後正，"所"字詞組是前正後偏。從語義看，"者"字詞組中的"者"用在動詞後，表示動詞的施事；"所"字詞組中的"所"用在動詞前，表示動詞的受事。如"學者"是指學習的人，"所學"是指學到的東西。

五、無定代詞

無定代詞是指代對象爲不定的代詞，所指代的並不肯定是何人、何物。主要有"或""莫"。

"或"是肯定性的無定代詞，指代人或事物，作主語，表示"有人""有的"。例如：

① 或謂之曰："子必窮矣。"(《韓非子·說林上》)
② 今灘上有石，或圓如簞。(《水經注·江水》)

這種指代往往是泛指某種人、物。有時"或"的前面有先行詞語表示指代的範圍，

"或"表示其中的一部分。例如：

③ 奇計或頗祕,世莫能聞也。(《史記·陳丞相世家》)
④ 宋人或得玉,獻諸子罕。(《宋人獻玉》)

例③中的"或"表示"有的奇計",指代的是先行詞"奇計"中的一部分。例④中的"或"表示"有的宋人",指代的是先行詞"宋人"中的一部分。

有時候,還可以連用幾個"或",分別指代整體中的不同部分。例如：

⑤ 鈞是人也,或爲大人,或爲小人。(《孟子·告子上》)
⑥ 項燕爲楚將,數有功,愛士卒,楚人憐之。或以爲死,或以爲亡。(《史記·陳涉世家》)
⑦ 怪石森然,周於四隅,或列或跪,或立或仆。(柳宗元《永州韋使君新堂記》)

古代漢語中的"或"除作無定代詞外,還作副詞、連詞用,要注意辨別三者的不同用法。無定代詞"或"在句中充當主語,副詞"或"一般在謂語前用作狀語,連詞"或"則位於句首。例如：

⑧ 或謂惠子曰："莊子來,欲代子相。"(《惠子相梁》)
⑨ 公孫丑曰："昔者辭以病,今日弔,或者不可乎?"(《孟子·公孫丑下》)
⑩ 或僧有所欲記錄,當作數句留院中。(蘇軾《答謝民師推官書》)

例⑧中的"或"是無定代詞,作主語,位於謂語動詞"謂"前,表示"有人"。例⑨中的"或"是副詞,用在謂語前,作狀語,表示不敢肯定,可譯爲"大概""或許"等。例⑩中的"或"是連詞,位於句首,表示所連接的分句之間是假設關係,可譯爲"如果"。

此外也要注意的是,無定代詞"或"已不用於現代漢語,現代漢語中的"或"多爲"或者"義。

"莫"是否定性的無定代詞。指代人或事物,作主語,表示"沒有……"。例如：

⑪ 諫而不入,則莫之繼也。(《晉靈公不君》)
⑫ 東西南北,莫可奔走。(《鹽鐵論·非鞅》)

例⑪中的"莫"表示"沒有什麼人"。例⑫中的"莫"表示"沒有什麼地方"。

有時"莫"前面有名詞,表示"莫"所指代的人或事物的範圍。例如：

⑬ 吾有司死者三十三人,而民莫之死也。(《孟子·梁惠王下》)
⑭ 國人莫敢言,道路以目。(《召公諫厲王弭謗》)
⑮ 人誰無過?過而能改,善莫大焉。(《晉靈公不君》)

"莫"有時寫作"無",語義和用法完全相同。例如：

⑯ 臣少好相人,相人多矣,無如季相。(《史記·高祖本紀》)
⑰ 吾矛之利,於物無不陷也。(《韓非子·難一》)
⑱ 百物唯其可者,將無不趨也。(《展禽使乙喜以膏沐犒師》)

例⑯中的"無"表示"沒有什麼人",例⑰和⑱中的"無"都表示"沒有什麼東西"。

古代漢語中"莫"除作無定代詞外,還作副詞用,要注意區別兩者的不同。無定代詞"莫"在句中充當主語,表示"沒有……";副詞"莫"一般在謂語前用作狀語,表示"不""不要"。例如:

⑲ 我心傷悲,莫知我哀。(《詩經·小雅·采薇》)
⑳ 默然遙相許,欲往心莫遂。(李白《江上望皖公山》)

例⑲中的"莫"是無定代詞,位於動詞謂語"知"前,作主語,表示"沒有什麼人"。例⑳中"莫"位於主語"心"後,謂語"遂"前,是副詞,作狀語,表示"不"。

文選

繞梁三日①

薛譚學謳於秦青②,未窮青之技③,自謂盡之④,遂辭歸⑤。秦青弗止⑥。餞於郊衢⑦,撫節悲歌⑧,聲振林木⑨,響遏行雲⑩。薛譚乃謝求反⑪,終身不敢言

---

① 本篇選自《列子·湯問》。題目爲後加。《列子》是道家的重要經典之一,後世尊稱爲"清虛經"。全書分八卷,闡釋了道家清虛無爲、任化自守的思想。《列子》相傳爲戰國時人列御寇所作,根據歷代學者的考據,今本《列子》並非先秦古籍,而是魏晉時人根據《管子》《晏子》《莊子》《呂氏春秋》等古籍編纂出的僞託之作。《列子》最早的注本是晉人張湛的注本,今人楊伯峻著有《列子集釋》一書。本篇通過秦青的講述,展現出韓娥高超的歌唱技藝,她的歌聲能夠深深地打動人心,左右聽衆的心理和情緒,這是音樂至爲動人的力量。

② 薛譚、秦青:秦國善於唱歌的人。謳(ōu):不用樂器伴奏的歌唱。於:介詞,可譯爲"向"。

③ 窮:窮盡、窮究。

④ 自謂盡之:自己以爲窮盡了秦青歌唱的技藝。之,代詞,指代秦青歌唱的技藝。

⑤ 辭:告別,辭別。

⑥ 止:留住,留下。

⑦ 餞:以酒食送行。衢(qú):四通八達的道路。

⑧ 撫節:輕輕地敲打節拍。撫,"拊"的借字,輕輕地敲擊。

⑨ 振:"震"的借字,震撼,震動。

⑩ 遏:遏止。

⑪ 乃:副詞,於是。謝:道歉。反:返回,後作"返"。

歸①。秦青顧謂其友曰②:"昔韓娥東之齊③,匱糧④,過雍門⑤,鬻歌假食⑥。既去⑦,而餘音繞梁欐⑧,三日不絕⑨,左右以其人弗去⑩。過逆旅⑪,逆旅人辱之⑫。韓娥因曼聲哀哭⑬,一里老幼悲愁⑭,垂涕相對⑮,三日不食。遽而追之⑯。娥還,復爲曼聲長歌,一里老幼喜躍抃舞⑰,弗能自禁,忘向之悲也⑱。乃厚賂發之⑲。故雍門之人至今善歌哭,放娥之遺聲⑳。"

紀昌學射㉑

甘蠅㉒,古之善射者,彀弓而獸伏鳥下㉓。弟子名飛衛,學射于甘蠅,而巧

---

① 終身:一輩子,終盡此身。
② 顧:《説文·頁部》:"顧,還視也。"此處用本義,義爲回頭看。
③ 韓娥:戰國時韓國擅長歌唱的女子。東:方位名詞作狀語,向東。之:動詞,到……去。
④ 匱(kuì):竭盡,缺乏。
⑤ 雍門:齊國的城門。
⑥ 鬻(yù)歌假(jiǎ)食:通過賣唱來求得糧食。鬻,賣。假,借,這裏指求食。
⑦ 去:離開。
⑧ 欐(lì):屋梁。
⑨ 絕:停止。
⑩ 左右:附近的人。以:動詞,認爲。
⑪ 逆旅:客舍,旅店。
⑫ 之:代詞,指代韓娥。
⑬ 因:於是。曼聲:拉長的聲音。曼,長。
⑭ 里:古代居民組織單位。《周禮·地官·遂人》:"五家爲鄰,五鄰爲里。"
⑮ 涕:眼淚。
⑯ 遽(jù):迅速,急忙。
⑰ 躍:跳。抃(biàn):鼓掌表示歡欣。
⑱ 向:之前,從前。
⑲ 賂:贈送財物。發:派遣,遣送,這裏指讓韓娥回鄉。
⑳ 放:"仿"的借字,仿效。
㉑ 本篇選自《列子·湯問》。題目爲後加。本篇描述了紀昌向神箭手飛衛學習射箭的故事。紀昌經過艱苦的訓練,終於箭術大成。之後,他嫉妒飛衛的成就,謀殺飛衛,最終被飛衛的箭術所折服,二人拜爲父子。
㉒ 甘蠅:古代著名的神箭手,他的事跡又見於《吕氏春秋》。
㉓ 彀(gòu)弓而獸伏鳥下:衹要張滿弓(還沒發射),鳥獸就被嚇得紛紛伏下。彀,張滿弓。

過其師①。紀昌者,又學射于飛衛。飛衛曰:"爾先學不瞬②,而後可言射矣③。"紀昌歸,偃臥其妻之機下④,以目承牽挺⑤。二年之後,雖錐末倒眥而不瞬也⑥。以告飛衛⑦。飛衛曰:"未也⑧,必學視而後可。視小如大,視微如著⑨,而後告我。"昌以氂懸虱于牖⑩,南面而望之。旬日之間⑪,浸大也⑫;三年之後,如車輪焉。以睹餘物,皆丘山也⑬。乃以燕角之弧、朔蓬之簳射之⑭,貫虱之心⑮,而懸不絕⑯。以告飛衛。飛衛高蹈拊膺曰⑰:"汝得之矣!"紀昌既盡衛之術⑱,計天下之敵己者一人而已⑲,乃謀殺飛衛⑳。相遇于野,二人交射㉑;

① 巧:(射箭的)技巧,技能。過:超過,超出。
② 爾:你。瞬:眨眼。
③ 而後可以言射矣:然後纔可以(和你)談論射箭之道。言,談論,討論。
④ 偃:仰面臥倒。機:這裏指織布機。
⑤ 承:承受,接受,這裏指向上看。牽挺:織布機的腳踏板。
⑥ 雖錐末倒眥(zì)而不瞬也:即使是用錐子的尖端碰到眼眶也不眨眼。末,末端,末梢,這裏指錐尖。倒,"到"的借字。眥,眼眶。
⑦ 以:介詞,省略代詞賓語"之",指代"錐末倒眥而不瞬"。
⑧ 未:否定副詞,表示事情還沒有實現,這裏指還沒(達到)。
⑨ 視小如大,視微如著:(由於眼力好)能把小的東西看成大的東西,把細微的東西看成顯著的東西。著,明顯,顯著。
⑩ 以氂(máo)懸虱于牖(yǒu):用長毛把虱子懸掛在窗戶上。氂,動物身上的長毛。牖,窗戶。
⑪ 旬:十天。
⑫ 浸:程度副詞,表示逐步進行,漸漸。大:形容詞用作動詞,變大。
⑬ 以睹餘物,皆丘山也:再看其他的事物,都像丘陵、山峰一樣高大。
⑭ 燕角之弧、朔蓬之簳(gǎn):燕國出產的獸角製成的弓,北方出產的蓬草製成的箭杆。弧,《說文·弓部》:"弧,木弓也。"此處用本義,義爲木弓。朔,北方。簳,箭杆。
⑮ 貫:貫穿。
⑯ 懸:懸掛,吊掛。這裏指懸掛虱子的長毛。絕:斷絕。
⑰ 高蹈拊膺(yīng):高高跳起,用手敲擊胸膛,形容激動的樣子。蹈,跳。拊,敲擊,拍打。膺,胸。
⑱ 既:副詞,已經。盡:窮盡,這裏指全部學到。術:技藝,這裏指的是射箭的技藝。
⑲ 計:估計。敵己:和自己匹敵。
⑳ 謀:考慮,謀劃。殺:殺害。
㉑ 交射:對射。

中路矢鋒相觸①,而墜于地②,而塵不揚。飛衛之矢先窮③。紀昌遺一矢④,既發,飛衛以棘刺之端扞之⑤,而無差焉⑥。于是二子泣而投弓⑦,相拜于塗⑧,請爲父子⑨。尅臂以誓⑩,不得告術于人。

九方皋相馬⑪

秦穆公謂伯樂曰⑫:"子之年長矣,子姓有可使求馬者乎?⑬"伯樂對曰:"良馬可形容筋骨相也⑭。天下之馬者⑮,若滅若沒,若亡若失⑯,若此者絕塵弭躅⑰。臣之子皆下才也,可告以良馬⑱,不可告以天下之馬也。臣有所與共擔

---

① 中路矢鋒相觸:兩支箭射到一半,箭頭相碰擊。觸,碰撞。
② 墜(zhuì):落下。
③ 窮:用盡。
④ 遺:剩下。
⑤ 以棘刺之端扞(hàn)之:用荊棘的尖刺把射來的箭擋下來。扞,抵禦,抵擋。
⑥ 差:誤差,偏差。
⑦ 子:古代對男子的敬稱。投弓:把弓扔掉。
⑧ 塗:道路,後作"途"。
⑨ 請爲父子:請求結爲父子關係。
⑩ 尅:"刻"的借字。
⑪ 本篇選自《列子·説符》。題目爲後加。本篇通過講敘伯樂推薦九方皋爲秦穆公尋找千里馬的故事,説明看事物不能局限於外在的現象,要透過現象看到本質。九方皋(Gāo):九方是複姓,皋是名。相(xiàng):省察,考察。
⑫ 秦穆公:春秋時秦國國君,嬴姓,名任好,春秋五霸之一。伯樂:相傳爲秦穆公時的人,姓孫名陽,善於相馬。
⑬ 子姓:子孫。
⑭ 良馬可形容筋骨相也:(尋找)一般的駿馬,可以根據它的形體、外貌以及筋肉、骨骼的生長狀態來考察。
⑮ 天下之馬:這裏指天下罕有的千里馬,和"良馬"相對而言。
⑯ 若滅若沒,若亡若失:千里馬的形態特徵若明若暗,若有若無,恍惚迷離,很不容易識別。意思是千里馬是不能夠通過形態特徵來相的。
⑰ 絕塵:腳不沾塵土,形容奔行迅速。絕,斷絕。弭(mǐ):消除。躅:"轍"的異體字,車輪輾過的痕跡,這裏指蹄跡。
⑱ 告以良馬:把如何考察良馬的知識告訴他。告,告訴,教誨。

第十二課　代詞

纆薪菜者①,有九方皋,此其于馬非臣之下也②。請見之③。"穆公見之,使行求馬④。三月而反⑤,報曰⑥:"已得之矣,在沙丘⑦。"穆公曰:"何馬也?"對曰:"牝而黄⑧。"使人往取之,牡而驪⑨。穆公不説⑩,召伯樂而謂之曰:"敗矣⑪,子所使求馬者!色物、牝牡尚弗能知⑫,又何馬之能知也⑬?"伯樂喟然太息曰⑭:"一至于此乎⑮!是乃其所以千萬臣而無數者也⑯。若皋之所觀,天機也⑰,得其精而忘其麤⑱,在其内而忘其外⑲;見其所見,不見其所不見;視其所視,而遺其所不視⑳。若皋之相者,乃有貴乎馬者也。㉑"馬至,果天下之馬也。

---

① 臣有所與共擔纆(mò)薪菜者:我有一個曾經和他一起肩扛繩索、采集木柴的老朋友。擔,肩挑,肩扛。纆,繩索。薪菜,即"薪采",也就是采薪,采集木柴。菜,"采"的借字。

② 此其于馬非臣之下也:他對於相馬的本領不在於我之下。

③ 見:召見。之:代詞,指代九方皋。

④ 行:外出,出行。求:尋找。

⑤ 反:返回,後作"返"。

⑥ 報:答覆,報告。

⑦ 沙丘:地名。

⑧ 牝(pìn):鳥獸的雌性。

⑨ 牡:鳥獸的雄性。驪(lí):深黑色的馬。

⑩ 説:高興,喜悦,後作"悦"。

⑪ 敗:糟糕,失敗。

⑫ 色物:(馬的)毛色。

⑬ 何馬之能知:賓語前置,"何馬"作爲"知"的前置賓語,用代詞"之"複指。

⑭ 喟(kuì)然:嘆息的樣子。

⑮ 一:專心,專一。

⑯ 是乃其所以千萬臣而無數者也:這正是九方皋(相馬的本領)超過我千萬倍甚至無數倍的地方。是,指示代詞,指代上文穆公所説的情況。乃,情態副詞,正是。其,指示代詞,指代九方皋。千萬,數詞用作動詞,超過……千萬倍。

⑰ 天機:天地之間的玄機,指事物精微的、内在的方面。

⑱ 忘:忽視,遺忘。麤:"粗"的異體字。

⑲ 在:省察,注重。

⑳ 遺:遺留,剩下。

㉑ 若皋之相者,乃有貴乎馬者也:像九方皋這樣善於相馬的人,實在是有比千里馬更可貴的地方啊。

思考與練習

一、指出下列句中的人稱代詞,分析語法功能並翻譯。
 1. 自夫子之死也,吾無以爲質矣,吾無與言之矣。(《運斤成風》)
 2. 我逃死,非逃富也。(《國語·周語》)
 3. 若入,前爲壽,壽畢,請以劍舞。(《鴻門宴》)
 4. 必死是間,余收爾骨焉。(《左傳·僖公三十二年》)
 5. 賜女土地,質之以犧牲,世世子孫無相害也。(《展禽使乙喜以膏沐犒師》)
 6. 齊人歸其玉而予之罍。(《臧文仲如齊告糴》)
 7. 顏淵季路侍。子曰:"盍各言爾志?"(《顏淵季路侍》)
 8. 彼不假我道,必不敢受我幣。(《晉獻公欲假道於虞以伐虢》)
 9. 倩曰:"汝狗猛耶?"(《宋人有酤酒者》)
 10. 自始合,而矢貫余手及肘。(《左傳·成公二年》)

二、結合文選,根據所提示的意義,在下列句子中填入適當的疑問代詞,並注意它們的差異。
 1. 子謂子貢曰:"女與回也(　)愈?"(《女與回也孰愈》)(哪一個)
 2. 天下之刖者多矣,子(　)哭之悲也?(《和氏之璧》)(爲什麽)
 3. 臣死且不避,卮酒(　)足辭!(《鴻門宴》)(哪裏)
 4. 主晉祀者,非君而(　)?(《介子推不言祿》)(誰)
 5. 晏子對曰:"據亦同也,(　)得爲和?"(《晏嬰論和》)(怎麽)
 6. 孟嘗君曰:"客(　)好?"(《馮諼客孟嘗君》)(什麽)

三、說明下列加着重號的詞的詞性和語法功能,並翻譯。
 1. 物唯其可者,將無不趨也。(《展禽使乙喜以膏沐犒師》)
 2. 公馬足以稱賦,不是過也。(《鬭且廷見令尹子常》)
 3. 承王命以爲過賓於陳,而司事莫至。(《國語·周語》)
 4. 或百步而後止,或五十步而後止。(《寡人之於國也》)
 5. 頒白者不負戴於道路矣。(《寡人之於國也》)
 6. 人誰無過?過而能改,善莫大焉。(《晉靈公不君》)
 7. 范增數目項王,舉所珮玉玦以示之者三。(《鴻門宴》)
 8. 微斯人,吾誰與歸?(范仲淹《岳陽樓記》)

四、標點下面短文,並翻譯成現代漢語。
　　北二百里曰發鳩之山其上多柘木有鳥焉其狀如烏文首白喙赤足名曰精衛其鳴自詨是炎帝之少女名曰女娃女娃游于東海溺而不返故爲精衛常銜西山之木石以堙于東海漳水出焉東流注于河(《山海經·北山經》)

第四單元

第十三課　介　詞

一、介詞的定義及特點

　　介詞是從動詞虛化而來的一種詞類。介詞和動詞都能帶賓語，但是它們的語法功能不同：動詞屬於實詞，在句子裏主要充當謂語；介詞屬於虛詞，介賓結構不能充當句子的謂語，而主要用在謂語前面作狀語，或是用在謂語後面作補語。試看以下例句：

　　① 秋七月庚寅，鄭師入郊。猶在郊，宋人、衛人入鄭。《左傳·隱公十年》
　　② 疾不可爲也。在肓之上，膏之下。《左傳·成公十年》

　　以上兩句中沒有出現其他謂語動詞，而是由"在"充當句子的謂語，因此"在"爲動詞。再看下面例句：

　　③ 夫賞，國之典也，藏在盟府，不可廢也，子其受之！《左傳·襄公十一年》

　　"藏在盟府"句中，謂語動詞爲"藏"，"在"爲介詞，與賓語"盟府"組成介賓結構，在動詞"藏"後充當補語。因此，可以根據詞在句中充當什麽成分來區別介詞和動詞。

　　介詞的基本功能是與所帶的名詞、代詞或名詞性詞組組成介賓結構，介紹動詞謂語所表示動作行爲的時間、處所、工具、方式、原因、對象等，也可用在形容詞謂語後介紹比較的對象。

　　介紹與動作行爲有關的時間的如：

　　④ 學業之敗也，道術之廢也，從此生矣。《呂氏春秋·誣徒》

"從"表示行爲的起始時間。

　　⑤ 及莊公即位，爲之請制。《左傳·隱公元年》

"及"表示"到……時"。

　　⑥ 竟頃公卒，百姓附，諸侯不犯。《史記·齊太公世家》

"竟"表示"直到……時"。

　　介紹處所的如：

　　⑦ 子在齊聞韶，三月不知肉味，曰："不圖爲樂之至於斯也！"《論語·述而》
　　⑧ 越子以三軍潛涉，當吳中軍而鼓之，吳師大亂。《左傳·哀公十七年》

195

"在"表示"在何處","當"表示"向着……""正對……"。

介紹工具、方式的如：

⑨ 醒，以戈逐子犯。（《左傳·僖公二十三年》）
⑩ 齊氏用戈擊公孟。（《左傳·昭公二十年》）

介紹動作行爲的原因或目的的如：

⑪ 然後知生於憂患，而死於安樂也。（《孟子·告子下》）
⑫ 漢之敗楚彭城，布又稱病不佐楚，項王由此怨布。（《史記·黥布列傳》）
⑬ 天下熙熙，皆爲利來；天下壤壤，皆爲利往。（《史記·貨殖列傳》）

前兩例"於""由"介紹原因，後一例"爲"介紹目的。

介紹動作行爲所支配或涉及對象的如：

⑭ 秦亦不以城予趙，趙亦終不予秦璧。（《史記·廉頗藺相如列傳》）
⑮ 鬼侯有子而好，故入之於紂。（《戰國策·趙策》）

"以城予趙"即"把城贈給趙國"，"入之於紂"即"把她進獻給紂"，介詞"以""於"分別介紹動作行爲支配和涉及的對象。

介詞所表示的語法意義在古今漢語裏大致相同，祇是古代漢語的介詞結構主要有以下不同於現代漢語的特點：

1. 介詞賓語有時省略。現代漢語的介詞賓語是不能省略的，古代漢語的介詞賓語在介詞位於謂語前面充當狀語時有時可以省略。如：

① 項羽大怒，曰："旦日饗士卒，爲擊破沛公軍！"（《史記·項羽本紀》）

介詞"爲"省略賓語"我"。

② 衛鞅復見孝公，公與語，不自知膝之前於席也。（《史記·商君列傳》）

介詞"與"省略賓語"之（指代商君）"。

2. 介詞賓語有時前置。古代漢語介詞的賓語同現代漢語一樣，通常放在介詞的後面，但是也有少數介詞的賓語因爲表達的需要，有時放在介詞的前面。如：

③ 君若以力，楚國方城以爲城，漢水以爲池，雖衆，無所用之。（《齊桓公伐楚》）
④ 諺曰："誰爲爲之？孰令聽之？"（司馬遷《報任安書》）
⑤ 死者若可作也，吾誰與歸？（《國語·晉語》）

瞭解古代漢語介詞用法的這個特點，在閱讀古文時就應當注意介詞賓語的辨認，以免誤讀。

3. 一些介詞結構的位置較靈活。古代漢語有些介詞如"因""爲""與""從"等組成的介賓結構一般位於謂語前充當狀語，但介詞"以""於"組成的介賓結構，位置可以在動詞謂語後，也可以在動詞謂語前。如：

⑥ 項伯亦拔劍起舞，常以身翼蔽沛公。（《鴻門宴》）

⑦ 何不試之以足？（《韓非子·外儲說左上》）
⑧ 子擊磬於衛。（《論語·憲問》）
⑨ 褒於道病死。（《漢書·王褒傳》）

以上前二例"以"介紹的都是行爲的工具，"以身"位於動詞謂語前充當狀語，"以足"位於動詞謂語後充當補語；後二例"於"介紹的都是行爲的處所，"於衛"位於動詞謂語後充當補語，"於道"位於動詞謂語前充當狀語。在閱讀文言文時，對於這些表達功能大致相仿的介賓結構，要注意它們所處位置的特點。

二、古代漢語常用介詞介紹

古代漢語的介詞大都延續到現代漢語，其中不少介詞如"由""自""從"等古今用法基本相同，一些用法相對複雜的介詞如"於""以""爲""與"的常見用法也大都保存在現代漢語裏，掌握起來並不困難。下面討論幾個用法較多的介詞。

（一）于（於、乎）

在文言文裏，"于"是一個純粹的介詞。介詞"于"也寫作"於""乎"，其用法主要有以下四種：

1. 引進動作行爲的時間、處所或涉及的範圍，可譯爲"在""從""向""到""在……方面"。

① 初，宣子田於首山，舍于翳桑。（《晉靈公不君》）
② 千里之行，始於足下。（《老子》六十四章）
③ 賜我先君履，東至于海，西至于河，南至于穆陵，北至于無棣。（《齊桓公伐楚》）

以上三句，"于（於）"引進行爲的處所，可分別譯爲"在""從""到"。

④ 子於是日哭，則不歌。（《論語·述而》）
⑤ 受任於敗軍之際，奉命於危難之間，爾來二十有一年矣。（諸葛亮《前出師表》）

以上兩句，"於"引進時間。

⑥ 敏於事而慎於言。（《論語·學而》）
⑦ 屈原者，名平，楚之同姓也。爲楚懷王左徒。博聞彊志，明於治亂，嫺於辭令。（《史記·屈原賈生列傳》）

以上兩句，"于（於）"介紹動作行爲涉及的範圍。

2. 引進動作行爲所涉及的對象，可譯爲"給"或"對於"。

① 凡諸侯有四夷之功則獻于王。（《左傳·莊公三十一年》）

② 曾子以子游之言告於有子。(《禮記·檀弓上》)
③ 始吾於人也,聽其言而信其行;今吾於人也,聽其言而觀其行。(《論語·公冶長》)

3. 用在形容詞或少數表心理活動動詞的後面充當補語,引進比較的對象,可譯爲"比……更……"。

① 老臣竊以爲媼之愛燕后賢於長安君。(《觸龍説趙太后》)
② 苛政猛於虎也。(《禮記·檀弓下》)

4. 用在被動句的動詞後面,引進動作行爲的主動者,可譯爲"被"。

① 郤克傷於矢,流血及屨,未絶鼓音。(《左傳·成公二年》)
② 勞心者治人,勞力者治於人;治於人者食人,治人者食於人:天下之通義也。(《孟子·滕文公上》)

介詞"于"在古籍裏有時寫作"乎","乎"作介詞的用法與"于(於)"大致相同。如:

③ 楚人生乎楚,長乎楚,而楚言,不知其所受之。(《吕氏春秋·用衆》)
④ 生乎吾前,其聞道也,固先乎吾,吾從而師之。(韓愈《師説》)

以上兩句前句"乎"引進處所,後句"生乎吾前","乎"引進時間,"固先乎吾","乎"引進比較的對象。

⑤ 或問乎曾西曰:"吾子與子路孰賢?"(《孟子·公孫丑上》)
⑥ 孔子曰:"魯今且郊。如致膰乎大夫,則吾猶可以止。"(《史記·孔子世家》)

以上兩句,"乎"都引進動作行爲的對象。

"乎"也可以用在被動句裏引進行爲的主動者,例如:

⑦ 萬嘗與莊公戰,獲乎莊公。(《公羊傳·莊公十二年》)

"獲乎莊公",即被莊公擒獲。但較之前面幾個用法,"乎"引進被動句的行爲主動者的情況並不多見。

"焉"的用法常相當於一個介賓結構"於是",具體見第十二課"代詞"。

(二) 以

"以"本來是動詞,基本意義是"用",如《論語·憲問》:"桓公九合諸侯,不以兵車,管仲之力也。""以"虚化爲介詞,其用法也多與"用"(憑藉)的意味相關。

"以"的介詞用法主要有以下幾種。

1. 介紹動作行爲憑藉的工具、手段、條件、依據,可譯爲"用""拿""憑""根據"。

介紹動作行爲工具的。例如:

① 姜與子犯謀,醉而遣之。醒,以戈逐子犯。(《左傳·僖公二十三年》)
② 許子以釜甑爨,以鐵耕乎?(《孟子·滕文公上》)

第十三課　介詞

③ 信乃益爲疑兵，陳船欲度臨晉，而伏兵從夏陽以木罌缻渡軍，襲安邑。(《史記·淮陰侯列傳》)

"以戈""以釜甑""以木罌缻"都是介詞"以"引進動作行爲憑藉的工具。

"以"介紹動作行爲的條件或依據的。例如：

④ 余聽獄雖不能察，必以情斷之。(《國語·魯語》)

⑤ 若以君之靈，得反晉國，晉、楚治兵，遇於中原，其辟君三舍。(《左傳·僖公二十三年》)

⑥ 以五十步笑百步，則何如？(《寡人之於國也》)

"以"有時也可以表示憑藉某種身份。例如：

⑦ 匈奴大入蕭關，而廣以良家子從軍擊胡。(《漢書·李廣蘇建傳》)

⑧ 燕王盧綰反，上使樊噲以相國將兵攻之。(《史記·陳丞相世家》)

以上兩句，"以"都表示憑藉某種身份。

2. 介紹動作行爲所處置的對象或涉及的人。

"以"介紹動作行爲所處置的對象時，相當於"把"。例如：

① 陳子以時子之言告孟子。(《孟子·公孫丑下》)

② 臣竊矯君命，以責賜諸民。(《馮諼客孟嘗君》)

③ 秦亦不以城予趙，趙亦終不予秦璧。(《史記·廉頗藺相如列傳》)

"以"介紹動作行爲所涉及的人時，常有"率領"的意思。例如：

④ 宮之奇以其族行。(《左傳·僖公五年》)

⑤ 襄王十六年，立晉文公。二十一年，以諸侯朝王於衡雍，且獻楚捷，遂爲踐土之盟，於是乎始霸。(《國語·周語》)

"以其族"即率領他的家族，"以諸侯朝王"指晉文公率領諸侯國朝見周襄王。

3. 介紹動作行爲的原因、動機，可譯爲"因爲"。

① 君子不以言舉人，不以人廢言。(《論語·衛靈公》)

"不以言舉人"即不因爲其善言辭而舉薦他，"不以人廢言"即不因其爲人差就廢止他的好言辭。

② 乃欲以一笑之故殺吾美人，不亦甚乎！(《史記·平原君虞卿列傳》)

③ 左，乃陷大澤中，以故漢追及之。(《史記·項羽本紀》)

"以一笑之故""以故"都是"因爲……的緣故"。

4. 介紹動作行爲發生的時間，可譯爲"在"。

① 文以五月五日生。(《史記·孟嘗君列傳》)

②（韓說）以太初三年爲游擊將軍。(《史記·衛將軍驃騎列傳》)

③侯生曰:"臣宜從,老,不能。請數公子行日,以至晉鄙軍之日北鄉自剄以送公子。"(《史記·魏公子列傳》)

以上三句,"以"皆介紹動作行爲發生的時間。"以至晉鄙軍之日"即在到達晉鄙軍隊的那一天。

介詞"以"還常與動詞"有""無"(亡)組成"有以""無以(亡以)"等凝固用法。"有以"相當於"有東西(或辦法)用來……","無以(亡以)"相當於"沒有東西(或辦法)用來……"。

"有以"的例子如:

④臣乃得有以報太子。(《戰國策·燕策》)
⑤信喜,謂漂母曰:"吾必有以重報母。"(《史記·淮陰侯列傳》)

以上兩句的"有以"都是有辦法報答的意思。

"無以"的例子如:

⑥爾貢包茅不入,王祭不共,無以縮酒。(《齊桓公伐楚》)
⑦河曲智叟亡以應。(《列子·湯問》)

"無以縮酒"即沒有東西用來舉行縮酒儀式。"亡以應"即沒有話來應答。

"以"組成的介詞結構位置比較靈活,可以位於謂語動詞前面充當狀語,也可以位於謂語動詞後面充當補語。試看下面的例句:

⑧南方有鳥焉,名曰蒙鳩,以羽爲巢,而編之以髮,繫之葦苕。(《荀子·勸學》)

同樣是表示蒙鳩鳥築巢的材料,"以羽"位於動詞"爲"的前面,"以髮"位於動詞"編"的後面。再如"以"介紹動作行爲所處置的對象時,位置也比較靈活:

⑨及河,子犯以璧授公子。(《左傳·僖公二十四年》)
⑩及宋,宋襄公贈之以馬二十乘。(《左傳·僖公二十三年》)

同樣是介紹贈授的對象,"以璧"位於動詞"授"之前,"以馬二十乘"位於動詞"贈"之後。

"以"作介詞常有省略賓語的情況,在閱讀理解時,要補出賓語以完整理解文意。如:

⑪將行,謀於桑下。蠶妾在其上,以告姜氏。(《左傳·僖公二十三年》)

"以告"意思是蠶妾把偷聽來的話告訴姜氏,"以"省略賓語。

⑫忠之屬也,可以一戰,戰則請從。(《左傳·莊公十年》)

"可以"是助動詞"可"(可以)和介詞"以"(憑藉)的連用,意思是可以憑藉這一點打一仗。"以"省略賓語。

⑬鬼侯有子而好,故入之於紂。紂以爲惡,醢鬼侯。(《戰國策·趙策》)

"以爲"是介詞"以"和動詞"爲"的連用,相當於"紂以鬼侯之子爲惡(紂認爲鬼侯的女兒長得醜陋)"。

名詞或代詞充當介詞"以"的賓語有時前置。例如：

⑭ 楚國方城以爲城，漢水以爲池，雖衆，無所用之。(《齊桓公伐楚》)
⑮ 《詩》三百，一言以蔽之，曰："思無邪。"(《論語·爲政》)

"方城以爲城，漢水以爲池"即以方城山爲城牆，以漢水爲護城河。"一言以蔽之"即以一言蔽之(用一句話概括它)。"方城""漢水""一言"都是介詞"以"的前置賓語。代詞充當介詞"以"的前置賓語最常見的用例是組成"是以"的固定結構。例如：

⑯ 吾聞國家之立也，本大而末小，是以能固。(《左傳·桓公二年》)
⑰ 余，而所嫁婦人之父也。爾用先人之治命，余是以報。(《左傳·宣公十五年》)

"是以"相當於"因此"(憑着這個，因爲這個)。對於"以"的賓語前置的現象，在學習時要予以注意。

（三）爲

"爲"在古代原是一個意義非常廣泛的動詞，音 wéi，虛化爲介詞後，除在被動句中引進行爲主動者時讀音仍爲 wéi 外，其餘的介詞用法讀音均爲 wèi。

"爲"組成介詞結構用法主要有以下幾種：

1. 介紹動作行爲關聯的對象，表示動作行爲爲誰(什麼事物)或向誰(什麼事物)所發。

"爲"表示動作行爲爲誰而發，可譯爲"給""替""幫"。例如：

① 及莊公即位，爲之請制。(《左傳·隱公元年》)
② 公輸般爲楚造雲梯之械。(《墨子·公輸》)

"爲"表示動作行爲向誰發出，可譯爲"向""對"。如：

③ 犀首以梁爲齊戰于承匡而不勝。(《戰國策·齊策》)

"以梁爲齊戰"即率領魏國軍隊向齊軍作戰，"爲"介紹作戰的對象。

④ 淮陰人爲余言，韓信雖爲布衣時，其志與衆異。(《史記·淮陰侯列傳》)

"爲余言"即"對我説"，"爲"介紹説話的對象。

2. 介紹動作行爲的原因或目的。

介紹動作行爲原因的"爲"可譯爲"因爲"，例如：

① 天行有常，不爲堯存，不爲桀亡。(《荀子·天論》)
② 十餘萬人皆入睢水，睢水爲之不流。(《史記·項羽本紀》)

介紹原因的"爲"可譯爲"爲""爲了"，例如：

③ 天下熙熙，皆爲利來，天下壤壤，皆爲利往。(《史記·貨殖列傳》)
④ 魏其鋭身爲救灌夫。(《史記·魏其武安侯列傳》)

3. 在被動句裏,引進動作行爲的主動者。

"爲"在被動句裏位於動詞前引進動作行爲的主動者,可譯爲"被"。例如:

① 兔不可復得,而身爲宋國笑。(《上古之世》)
② 多多益善,何爲爲我禽?(《史記·淮陰侯列傳》)

有時,介詞"爲"省略賓語,即不出現行爲的主動者,這樣"爲"就直接與動詞連用,來表示被動。如:

③ 誠令成安君聽足下計,若信者亦已爲禽矣。(《史記·淮陰侯列傳》)
④ 胥之父兄爲僇於楚。(《史記·吳太伯世家》)

(四) 與

介詞"與"也是從動詞虛化而來的。"與"充當動詞意義主要有參與、幫助、給與,作爲介詞主要有以下幾種用法:

1. 介紹出動作行爲發出時所涉及的對方,説明動作行爲是與誰共同完成的。可譯爲"和""同""跟"等。例如:

① 王割子期之心以與隨人盟。(《左傳·定公四年》)
② 沛公曰:"君安與項伯有故?"(《史記·項羽本紀》)
③ 懷王與諸將約曰:"先破秦入咸陽者王之。"(《鴻門宴》)

以上例句裏,"與"都與賓語組成介賓結構修飾動詞,説明主語發出的動作行爲所涉及的對方。

有時,"與"所帶賓語省略,但所表意思不變。如:

④ 天方授楚,未可與爭。雖晉之强,能違天乎?(《左傳·宣公十五年》)

"未可與爭"即"未可與之爭"的省略。

⑤ 衛鞅復見孝公,公與語,不自知膝之前於席也。(《史記·商君列傳》)

"公與語"即"公與之語"的省略。這種省略一般是"與"賓語所代表的內容在前文已經出現,行文追求簡潔的緣故。

2. 介紹動作行爲的服務對象,可譯爲"爲""替""給"。例如:

① 所欲,與之聚之;所惡,勿施爾也。(《孟子·離婁上》)

"與之聚之"即爲之聚之。

② 陳涉少時,嘗與人傭耕。(《史記·陳涉世家》)

"與人傭耕"即爲人傭耕。

③ 十二月,詔曰:"秦皇帝、楚隱王、魏安釐王、齊湣王、趙悼襄王皆絶亡後。其與秦始皇帝守冢二十家,楚、魏、齊各十家,趙及魏公子亡忌各五家,令視其冢,

復亡與它事。"(《漢書·高帝紀》)

"與秦始皇帝守冢……"即爲秦始皇守墓。

  3. 介紹比較的對象，可譯爲"跟……相比""對……來說"。

    ① 受時與治世同，而殃禍與治世異。(《荀子·天論》)

"與治世同""與治世異"都是把治世作爲比較的對象。

    ② 秦之與魏，譬若人之有腹心疾。(《史記·商君列傳》)

"秦之與魏"即强秦對於魏國來說。

    ③ 父與夫孰親？(《左傳·桓公十五年》)
    ④ 吾與徐公孰美？(《鄒忌諷齊王納諫》)

"與"引進比較的對象"夫""徐公"。

  "與"和疑問代詞"孰"搭配使用表比較，後來形成一個固定結構"孰與"，大致意思是"和……比誰(哪一個)更……"。例如：

    ⑤ 我孰與城北徐公美？(《鄒忌諷齊王納諫》)

"孰與城北徐公美"即和城北徐公比誰更美。

    ⑥ 陛下觀臣能孰與蕭何賢？(《史記·曹相國世家》)

"孰與蕭何賢"即和蕭何比誰能力更"賢"(勝一籌)。

  有時比較的內容因爲在上文出現而省略，如：

    ⑦ 田侯召大臣而謀曰："救趙孰與勿救？"(《戰國策·齊策》)

"救趙孰與勿救"，是比較救趙和不救趙兩種做法的優劣得失。

    ⑧ 公之視廉將軍孰與秦王？(《史記·廉頗藺相如列傳》)

"廉將軍孰與秦王"，是比較兩人誰更兇猛厲害。

  有時比較已有結論，"孰與"就帶有"哪裏比得上"的反問意味。例如：

    ⑨ 大天而思之，孰與物畜而制之？從天而頌之，孰與制天命而用之？望時而待之，孰與應時而使之？因物而多之，孰與騁能而化之？思物而物之，孰與理物而勿失之也？願於物之所以生，孰與有物之所以成？(《荀子·天論》)

以上一段用"孰與"構成一連串的反問句，從而加强了作者對結論的認定。

文 選

吳起治西河①

吳起治西河之外，王錯譖之於魏武侯②。武侯使人召之。吳起至於岸門③，止車而望西河，泣數行而下④。其僕謂吳起曰："竊觀公之意，視釋天下若釋躧⑤，今去西河而泣⑥，何也？"吳起抿泣而應之曰⑦："子不識。君知我而使我畢能西河⑧，可以王⑨。今君聽讒人之議而不知我⑩，西河之爲秦取不久矣⑪。魏從此削矣。"吳起果去魏入楚。有間⑫，西河畢入秦。秦日益大。此吳起之所先見而泣也⑬。

---

① 本篇選自《吕氏春秋·長見》。題目爲後加。《吕氏春秋》是秦相吕不韋授意他的門客們集體編寫的。《吕氏春秋》分十二紀、八覽、六論，共一百六十篇。書中以儒、道思想爲主，兼採百家學說，所以世稱"雜家"。因書中有"八覽"，故又稱《吕覽》。東漢高誘最早爲《吕氏春秋》作注，近人許維遹著有《吕氏春秋集釋》，陳奇猷著有《吕氏春秋校釋》。吕不韋（？—前235）本爲陽翟（今河南省禹縣）的大商人，後任秦莊襄王丞相，封文信侯。秦王政時被尊爲相國。本篇記述了魏武侯聽信讒言，將守衛西河的名將吳起召回。吳起意識到隨着自己不再被魏君信任，西河將爲秦國所有，于是棄魏入楚。不久，西河果爲秦攻占，秦日益強大。吳起：衛國人，善用兵，魏文侯用爲將，攻取秦國五城，奉文侯命率軍駐守西河以拒秦國。西河：地名，地處黃河與北洛河之間，在黃河西部，故稱西河。

② 王錯：魏國大夫。譖(zèn)：進讒言，説壞話。魏武侯：名擊，魏文侯之子，公元前396年即位。

③ 岸門：地名，在今山西省河津縣南。

④ 泣：眼泪。

⑤ 釋：放棄。躧(xǐ)：草鞋。

⑥ 去：《説文·去部》："[去]，人相違也。从人，凵(qù)聲。"此處用本義，義爲離開。

⑦ 抿(mǐn)：拭，抹。

⑧ 畢：全部施展。能：才能。

⑨ 王(wàng)：名詞用作動詞，稱王。

⑩ 君：指魏武侯。讒人：喜歡説別人壞話的小人。知：了解，這裏指信任。

⑪ 之：連詞，用在主謂結構之間，取消句子獨立性。爲秦取，被動句式，介詞"爲"表示被動，可譯作"被"。取：攻占。

⑫ 有間(jiàn)：不久。

⑬ 所以：表示……的原因。先見：事先預見。

第十三課　介詞

奇　鬼①

梁北有黎丘部②,有奇鬼焉。喜効人之子姪昆弟之狀③。邑丈人有之市而醉歸者④,黎丘之鬼効其子之狀,扶而道苦之⑤。丈人歸,酒醒而誚其子曰⑥:"吾爲汝父也,豈謂不慈哉⑦？我醉,汝道苦我,何故？"其子泣而觸地曰:"孽矣⑧,無此事也。昔也往責於東邑⑨,人可問也。"其父信之,曰:"譆！是必夫奇鬼也⑩,我固嘗聞之矣⑪。"明日,端復飲於市⑫,欲遇而刺殺之。明旦之市而醉。其真子恐其父之不能反也⑬,遂逝迎之⑭。丈人望其真子,拔劍而刺之。丈人智惑於似其子者而殺於真子⑮。夫惑於似士者而失於真士,此黎丘丈人之智也。

荆人欲襲宋⑯

荆人欲襲宋,使人先表澭水⑰。澭水暴益⑱,荆人弗知。循表而夜涉⑲,溺

---

① 本篇選自《呂氏春秋·疑似》。題目爲後加。黎丘丈人被模仿成他的兒子的奇鬼所迷惑,結果殺死了自己的親生兒子。
② 梁:即魏國,因魏國以大梁爲首都,所以也稱梁國。部:鄉。
③ 効:"效"的異體字,模仿。姪:"侄"的異體字。昆:兄。
④ 丈人:老人。之:動詞,前往。市:市場。
⑤ 道:名詞作狀語,在路上。苦:形容詞使動用法,使……受苦。
⑥ 誚(qiào):責備。
⑦ 豈:副詞,作狀語,難道。慈:上輩對晚輩的愛。
⑧ 孽:動詞,作孽,制造災禍。
⑨ 責(zhài):討債,後作"債"。
⑩ 是:代詞,這。夫:指示代詞,那個。
⑪ 固:副詞,本來。嘗:副詞,曾經。聞:聽說。
⑫ 端:專門。
⑬ 反:回來,後作"返"。
⑭ 逝:前往。
⑮ 惑於似其子者:被動句式,介詞"於"引進動作行爲的主動者。
⑯ 本篇選自《呂氏春秋·察今》。題目爲後加。楚軍夜襲宋國,途中要渡過澭河。澭河水暴漲,楚人仍沿着事先標好的路標涉水渡河,結果千餘人被淹死。文章借此說明,時代發展了,條件變化了,變法是必需的。荆:楚國的別稱。
⑰ 表:名詞用作動詞,做標記。澭水:水名,黃河的支流。
⑱ 暴:突然。益:上漲,後作"溢"。
⑲ 循:《說文·彳部》:"循,行順也。"此處用本義,義爲順着、沿着。

死者千有餘人，軍驚而壞都舍①。嚮其先表之時可導也②，今水已變而益多矣，荆人尚猶循表而導之③，此其所以敗也。今世之主法先王之法也④，有似於此。其時已與先王之法虧矣⑤，而曰"此先王之法也"而法之以爲治⑥，豈不悲哉！故治國無法則亂，守法而弗變則悖⑦，悖亂不可以持國⑧。世易時移⑨，變法宜矣⑩。譬之若良醫，病萬變，藥亦萬變。病變而藥不變，嚮之壽民⑪，今爲殤子矣⑫。

魏文侯燕飲⑬

魏文侯燕飲，皆令諸大夫論己。或言⑭："君之智也。"至於任座⑮，任座曰："君，不肖君也⑯。得中山不以封君之弟而以封君之子⑰，是以知君之不肖也。"文侯不說，知於顔色⑱。任座趨而出⑲。次及翟黃⑳，翟黃曰："君，賢君也。臣

---

① 而："如"的借字，好像。壞：倒塌。都（dū）：大。舍：房屋。
② 嚮：從前。導：引導，指順着標記過河。
③ 尚猶：同義連用，還，仍然。
④ 法：效法。
⑤ 虧："詭"的借字，改讀 guǐ，異，不同。
⑥ 治：指治理國家的標準。
⑦ 悖：逆，違背事理。
⑧ 持：保有，守護。
⑨ 易：變化。移：推移。
⑩ 宜：合適，應該。
⑪ 壽民：長壽的人。
⑫ 殤子：未成年而死的人。
⑬ 本篇選自《呂氏春秋·自知》。題目爲後加。大臣任座直言，魏文侯不悅。翟黃用"君賢臣直"贊美文侯，終于化解危機，使任座被召回，並成爲上客。魏文侯：姬姓，魏氏，名斯，一名都，公元前445年即位。他禮賢下士，實行變法，使魏成爲戰國初期的強國之一。燕："宴"的借字。
⑭ 或：無定代詞，作主語，有的人。
⑮ 任座：魏國大夫。
⑯ 不肖（xiào）：不賢，不成材。
⑰ 中山：國名，在今河北省平山縣一帶。君之子：指太子擊。魏文侯四十年（公元前406），魏軍攻破了中山國，魏文侯派太子擊（後來的魏武侯）治理中山。
⑱ 知：顯露。顔色：面色。
⑲ 趨：快步走。
⑳ 次：按照順序。及：輪到。翟黃：魏國大夫。

第十三課　介詞

聞,其主賢者,其臣之言直①。今者任座之言直,是以知君之賢也。"文侯喜曰:"可反歟②?"翟黄對曰:"奚爲不可③?臣聞,忠臣畢其忠④,而不敢遠其死⑤。座殆尚在於門⑥。"翟黄往視之。任座在於門,以君令召之。任座入,文侯下階而迎之,終座以爲上客⑦。文侯微翟黄則幾失忠臣矣⑧。上順乎主心以顯賢者⑨,其唯翟黄乎⑩!

思考與練習

一、辨析下面成組句子中加着重號的詞哪些是介詞,哪些是動詞。

1. 爲
  (1) 見兔而顧犬,未爲晚也;亡羊而補牢,未爲遲也。(《戰國策·楚策》)
  (2) 父母之愛子,則爲之計深遠。(《觸龍説趙太后》)
  (3) 今有搆木鑽燧於夏后氏之世者,必爲鯀禹笑矣。(《上古之世》)
  (4) 是社稷之臣也。何以伐爲?(《季氏將伐顓臾》)
  (5) 君子疾夫舍曰"欲之"而必爲之辭。(《季氏將伐顓臾》)

2. 與
  (1) 自以爲無患,與人無爭也。(《戰國策·楚策》)
  (2) 昔者仲尼與於蜡賓,事畢,出遊於觀之上,喟然而歎。(《大同與小康》)
  (3) 爲湯武敺民者,桀與紂也。(《桀紂之失天下》)
  (4) 子欲子之王之善與?我明告子。(《子欲子之王之善與》)
  (5) 日月逝矣,歲不我與。(《陽貨欲見孔子》)

二、説明下列句中哪些"乎"的用法與"於"相同。

1. 奮其六翮而凌清風,飄搖乎高翔。(《戰國策·楚策》)
2. 故晝遊乎江河,夕調乎鼎鼐。(《戰國策·楚策》)

---

① 直:坦率,直接。
② 反:後作"返",動詞使動用法,使……返回。歟:語氣詞,表示詢問。
③ 奚:疑問代詞,作介詞"爲"的前置賓語。"奚爲"可譯作"爲什麼"。
④ 畢:竭盡。其忠:他的忠心。
⑤ 遠:形容詞用作動詞,遠離。
⑥ 殆:大約。尚:還。
⑦ 上客:指最受尊重的人。
⑧ 微:如果没有。幾:幾乎。
⑨ 顯:形容詞使動用法,使……尊顯。
⑩ 其:語氣詞,表示測度語氣,可譯作"大概"。唯:副詞,祇有。

3. 萬嘗與莊公戰,獲乎莊公。(《公羊傳·莊公十二年》)
4. 懷其寶而迷其邦,可謂仁乎?(《陽貨欲見孔子》)
5. 生乎吾前,其聞道也,固先乎吾。(韓愈《師說》)
6. 敢問夫子惡乎長?(《孟子·公孫丑上》)

三、找出下列句子中哪些是介詞,並説説哪些句中介詞的用法基本相同。
1. 寡君使群臣爲魯、衛請,曰無令輿師陷入君地。(《左傳·成公二年》)
2. 冰,水爲之而寒於水。(《荀子·勸學》)
3. 漢王爲義帝發喪。(《漢書·高帝紀》)
4. 志乎古,必遺乎今。(韓愈《答李翊書》)
5. 吾長見笑於大方之家。(《秋水時至》)
6. 勞心者治人,勞力者治於人。(《孟子·滕文公上》)
7. 子於是日哭,則不歌。(《論語·述而》)
8. 吾子,白帝子也,化爲蛇,當道,今爲赤帝子斬之。(《史記·高祖本紀》)
9. 或問乎曾西曰:"吾子與子路孰賢?"(《孟子·公孫丑上》)
10. 武以始元六年春至京師。(《漢書·李廣蘇建傳》)

四、給下列短文加標點,並翻譯成現代漢語。
　　莊子與惠子遊於濠梁之上莊子曰儵魚出游從容是魚樂也惠子曰子非魚安知魚之樂莊子曰子非我安知我不知魚之樂惠子曰我非子固不知子矣子固非魚也子之不知魚之樂全矣莊子曰請循其本子曰女安知魚樂云者既已知吾知之而問我我知之濠上也(《莊子·外篇·秋水》)

第十四課　連　詞

一、連詞的定義及特點

連詞是在詞、詞組、分句、句、句群之間起連接作用,表示它們之間的語法關係或邏輯關係的一類虛詞。連詞與介詞不同之處在於介詞能帶賓語,組成介賓結構,充當句子的狀語或補語,連詞不能帶賓語,而祇是在詞、詞組、句子之間起到連接作用。例如:

① 齊侯以諸侯之師侵蔡。(《齊桓公伐楚》)
② 齊侯登巫山以望晉師。(《左傳·襄公十八年》)

前句"以"為介詞,與"諸侯之師"組成介賓結構,充當狀語,修飾謂語"侵蔡";後句"以"為連詞,連接"登巫山"和"望晉師"兩個動作,"以"與所連接的前後兩項不組成結構關係。又如:

③ 蜩與學鳩笑之曰。(《北冥有魚》)
④ 漢王為義帝發喪。(《漢書·高帝紀》)

前句中"與"為連詞,連接兩名詞"蜩""學鳩",表示兩名詞的關係是平列的,"與"並不與其中哪個名詞發生結構關係;後句中"為"為介詞,帶賓語"義帝",表示謂語"發喪"服務的對象。根據不同的語法作用,可以把連詞和介詞區別開來。

連詞表示的關係可以有並列、順承、轉折、選擇、遞進、讓步、因果、假設等。例如:

⑤ 坎坎伐檀兮,寘之河之干兮,河水清且漣猗。(《詩經·魏風·伐檀》)
⑥ 生莊公及公叔段。(《左傳·隱公元年》)

以上為並列關係。

⑦ 見兔而顧犬,未為晚也;亡羊而補牢,未為遲也。(《戰國策·楚策》)
⑧ 於是至則圍王離,與秦軍遇。(《漢書·項籍傳》)

以上為順承關係。

⑨ 《關雎》,樂而不淫,哀而不傷。(《論語·八佾》)
⑩ 臣與將軍戮力而攻秦,將軍戰河北,臣戰河南,然不自意能先入關破秦,得復見將軍於此。(《史記·項羽本紀》)

以上為轉折關係。

⑪ 為肥甘不足於口與?輕煖不足於體與?抑為采色不足視於目與?聲音不足

聽於耳與？便嬖不足使令於前與？（《孟子·梁惠王上》）

⑫ 富貴者驕人乎，且貧賤者驕人乎？（《史記·魏世家》）

以上爲選擇關係。

⑬ 以志吾過，且旌善人。（《左傳·僖公二十四年》）

⑭ 死馬且買之五百金，況生馬乎？（《戰國策·燕策》）

以上爲遞進關係。

⑮ 雖君有命，寡人弗敢與聞。（《左傳·隱公十一年》）

⑯ 縱江東父兄憐而王我，我何面目見之？（《史記·項羽本紀》）

以上爲讓步關係。

⑰ 江海所以能爲百谷王者，以其善下之，故能爲百谷王。（《老子》六十六章）

⑱ 仲尼曰："始作俑者，其無後乎！"爲其象人而用之也。（《孟子·梁惠王上》）

以上爲因果關係。

⑲ 若使燭之武見秦君，師必退。（《左傳·僖公三十年》）

⑳ 王即不聽用鞅，必殺之，無令出境。（《史記·商君列傳》）

以上爲假設關係。

二、古代漢語常用連詞介紹

古代漢語的連詞很多，從連詞的連接作用和所表示的語法邏輯關係來看，古今漢語是基本相同的。下面介紹幾個在古代漢語裏用法較爲複雜的連詞。

（一）而

"而"是古代漢語裏極常見且用法最爲靈活的連詞。"而"可以連接單句裏的謂詞性成分，也可以連接分句和分句。由於"而"所處語法位置的多樣，以及所連接對象在語義上的豐富多變，使連詞"而"的用法顯得較爲複雜。

1. 連接謂詞性詞語或分句，兩項之間的關係爲並列或遞進關係。

"而"連接並列關係可以譯爲"又"或不譯，連接遞進關係可以譯爲"並且""而且"。例如：

① 公子鮑美而豔。（《左傳·文公十六年》）

② 夫舞所以節八音而行八風。（《左傳·隱公五年》）

③ 天子建德，因生以賜姓，胙之土而命之氏。（《左傳·隱公八年》）

以上"而"連接單句裏並列的形容詞和動詞。

④ 故謀用是作而兵由此起。（《大同與小康》）

⑤ 近者説服而遠者懷之,此大學之道也。(《雖有佳肴》)
⑥ 馬陵道陿,而旁多阻隘,可伏兵。(《史記·孫子吳起列傳》)

以上"而"連接並列複句的分句。

"而"連接的謂詞性詞語可以是動詞、形容詞,也可以是名詞或名詞性詞組。例如:

⑦ 今夫蜀,西辟之國,而戎狄之長也。(《戰國策·秦策》)
⑧ 魏公子無忌者,魏昭王少子,而魏安釐王異母弟也。(《史記·魏公子列傳》)

以上兩句,"而"連接的名詞性詞組充當判斷句謂語。也有名詞性詞組充當描寫句謂語用"而"連接的。如:

⑨ 且是人也,蠭目而豺聲,忍人也,不可立也。(《左傳·文公元年》)
⑩ 蟹六跪而二螯。(《荀子·勸學》)

2. 連接謂詞性詞語或分句,表示前後兩項動作行爲在時間上有先後承接或事理上有原因、條件、目的等關係。

表示前後兩項動作行爲在時間上一先一後相承接的。例如:

① 晉靈公不君,厚斂以彫牆。從臺上彈人而觀其辟丸也。(《晉靈公不君》)
② 許君焦、瑕,朝濟而夕設版焉。(《左傳·僖公三十年》)
③ 入而徐趨,至而自謝。(《觸龍説趙太后》)
④ 覺而起,起而歸。(柳宗元《始得西山宴遊記》)

"而"所連接的一先一後的兩項動作行爲,有時在邏輯上前者是後者的原因或條件,或後者是前者的目的等情況。例如:

⑤ 是故質的張而弓矢至焉,林木茂而斧斤至焉,樹成蔭而衆鳥息焉,醯酸而蜹聚焉。(《荀子·勸學》)
⑥ 故蘇秦相於趙而關不通。(《戰國策·秦策》)

以上兩句,"而"連接的兩項後者是前者的結果,可根據上下文相應譯爲"因此""所以""以致"等。

⑦ 焚符破璽,而民樸鄙;掊斗折衡,而民不爭;殫殘天下之聖法,而民始可與論議。(《莊子·胠篋》)
⑧ 鉗楊墨之口,攘棄仁義,而天下之德始玄同矣。(《莊子·胠篋》)

以上兩句,"而"連接條件複句的兩個分句,表示祇有在前者條件具備的情況下,纔可能出現後者的結果。

⑨ 天之道損有餘而補不足。(《老子》六十四章)
⑩ 止子路宿,殺雞爲黍而食之。(《論語·微子》)

以上兩句,"而"連接的兩項後者是前者的目的,可以相應譯爲"來"。

3. 連接謂詞性詞語或分句,表示前後兩項動作行爲或性狀在事理上是不一致的,相

反的,"而"帶有表轉折的意味。例如:

① 子温而厲,威而不猛,恭而安。(《論語·述而》)

"而"連接的前後性狀"温和"與"嚴厲","威嚴"與"不兇猛","恭謹"與"安詳"都是相對的關係。又如:

② 學而不思則罔,思而不學則殆。(《論語·爲政》)
③ 目不能兩視而明,耳不能兩聽而聰。(《荀子·勸學》)
④ 遠人不服而不能來也,邦分崩離析而不能守也,而謀動干戈於邦內。(《季氏將伐顓臾》)

以上幾句中的"而"都表示轉折,可譯爲"却""但是"等。

4. 連接狀語和謂語中心語,表示偏正關係,"而"可以不譯。

① 啟呱呱而泣。(《尚書·大禹謨》)
② 昔者仲尼與於蜡賓,事畢,出遊於觀之上,喟然而歎。(《大同與小康》)
③ 若闕地及泉,隧而相見,其誰曰不然?(《左傳·隱公元年》)

"隧而相見"即通過挖隧道相見。

④ 令初下,群臣進諫,門庭若市。數月之後,時時而間進。(《鄒忌諷齊王納諫》)

"時時而間進"即斷斷續續地有人來進諫。

5. 連接主語和謂語,表示轉折或假設關係。

"而"連接主語和謂語表示轉折,一般是表示主語和謂語之間本不該出現這樣的聯繫。例如:

① 相鼠有皮,人而無儀。(《詩經·鄘風·相鼠》)

"而"連接主語"人"和謂語"無儀",意思是人不如老鼠,居然没有威儀。

② 先生獨未見夫僕乎?十人而從一人者,寧力不勝,智不若耶?畏之也。(《戰國策·趙策》)

"而"連接主語"十人"和謂語"從一人",即根據"十人"的力量不應該出現"從一人"的情況。

"而"連接主語和謂語表示假設的。例如:

③ 夫許,大岳之胤也,天而既厭周德矣,吾其能與許爭乎?(《左傳·隱公十一年》)

"而"連接主語"天"和謂語"厭",帶有假設的意味。

④ 且舉世而譽之而不加勸,舉世而非之而不加沮。(《北冥有魚》)

"而"連接主語"舉世"和謂語"譽之""非之",帶有假設的意味。

⑤ 子而思報父母之仇讎,臣而思報君之讎,其有敢不盡力者乎?(《國語·越語》)

"而"用在主語"子""臣"後面連接謂語,也是表示假設。"而"的這個用法可譯爲"如果""假如"。

(二) 以

連詞"以"是從介詞"以"虛化而來的。"以"的連詞用法主要有以下幾種:

1. 連接形容詞和形容詞,表示並列關係,可譯爲"又"。

   ① 治世之音安以樂,其政和;亂世之音怨以怒,其政乖;亡國之音哀以思,其民困。(《禮記·樂記》)
   ② 古之民樸以厚,今時民巧以僞。(《商君書·開塞》)

2. 連接動詞和動詞,表示前後兩個動作行爲是一前一後的承接關係。例如:

   ① 自始合,而矢貫余手及肘,余折以御,左輪朱殷。(《左傳·成公二年》)
   ② 於是帝錫禹玄圭,以告成功于天下。(《史記·夏本紀》)
   ③ 舜登用,攝行天子之政,巡狩。行視鯀之治水無狀,乃殛鯀於羽山以死。(《史記·夏本紀》)

"以"連接先後兩個動作行爲,有時兩者在邏輯關係上表現爲後一動作行爲是前一動作行爲的目的或結果。表示目的可譯爲"來",如:

   ④ 君人者將昭德塞違,以臨照百官,猶懼或失之。故昭令德以示子孫。(《左傳·桓公二年》)
   ⑤ 周武王崩,武庚與管叔、蔡叔作亂,成王命周公誅之,而立微子於宋,以續殷後焉。(《史記·殷本紀》)
   ⑥ 彼趙高素諛日久,今事急,亦恐二世誅之,故欲以法誅將軍以塞責,使人更代將軍以脫其禍。(《史記·項羽本紀》)

表示結果可譯爲"以致",如:

   ⑦ 發憤忘食,樂以忘憂。(《論語·述而》)
   ⑧ 二國治戎,臣不才,不勝其任,以爲俘馘。(《楚歸晉知罃》)
   ⑨ 臣之罪重,敢有不從,以怒君心,請歸死於司寇。(《左傳·襄公三年》)

3. 連接因果複句,"以"用在表示原因的分句前。

"以"常連接由果溯因的兩個分句:

   ① 王使召伯廖賜齊侯命,且請伐衛,以其立子頽也。(《左傳·莊公二十七年》)
   ② 夏,諸侯伐鄭,以其逃首止之盟故也。(《左傳·僖公六年》)

"以"也用於由因及果的複句:

   ③ 左右以君賤之也,食以草具。(《馮諼客孟嘗君》)

④ 先帝屬將軍以幼孤,寄將軍以天下,以將軍忠賢,能安劉氏也。(《漢書·霍光傳》)

在因果複句裏,"以"常和"故"搭配使用,這時"以"的連詞意味更為明顯:

⑤ 以不能取容當世,故終身不仕。(《史記·張釋之馮唐列傳》)

⑥ 誠令成安君聽足下計,若信者亦已為禽矣;以不用足下,故信得待耳。(《史記·淮陰侯列傳》)

4. 連接狀語和動詞中心語,前者是動作行為進行的條件、方式、狀態等。例如:

① 若潛師以來,國可得也。(《左傳·僖公三十二年》)

"潛師"說明"來"的方式。

② 所謂道,忠於民而信於神也。上思利民,忠也;祝史正辭,信也。今民餒而君逞欲,祝史矯舉以祭,臣不知其可也。(《左傳·桓公六年》)

"矯舉"說明"祭"是無誠信的裝模作樣。

③ 木欣欣以向榮,泉涓涓而始流。(陶淵明《歸去來兮》)

"以"連接狀語"欣欣"和謂語"向榮",並且與"而"對用,說明"以"和"而"在這個用法上有相同之處。

5. "以"還可以連接名詞與時間方位詞。如:

① 有烈山氏之子曰柱為稷,自夏以上祀之。(《左傳·昭公二十九年》)

② 宋公子鮑禮於國人,宋饑,竭其粟而貸之。年自七十以上,無不饋詒也。(《左傳·文公十六年》)

③ 自生民以來,未有孔子也。(《孟子·公孫丑上》)

④ 項王乃與漢約,中分天下,割鴻溝以西者為漢,鴻溝而東者為楚。(《史記·項羽本紀》)

"以上""以來"表示時間,"以西"表示方位。"以西"和"而東"對用,也顯示了"以"作用相當於連詞"而"的地方。

連詞"以"從介詞"以"虛化而來的歷史淵源關係,以及介詞"以"時常省略賓語在形式上混同連詞的特點,使"以"的介詞用法和連詞用法有時容易混淆,需要加以辨別。在這方面,首先要明確介詞和連詞在語法作用上的區別:"以"充當連詞,主要連接動詞、形容詞,構成並列、順承等關係,也連接分句,構成各種關係的複句,但"以"與其所連接的成分之間沒有發生結構關係,"以"祇起到連接的鏈條作用;"以"充當介詞,則與名詞或名詞性詞語組成介賓結構,充當狀語或補語,基本意義是表示"用""憑藉"等。

"以"的連詞、介詞用法易於混淆主要有兩種情況。一種是在"以"充當連詞和充當介詞都表示原因時。試對比以下例句:

⑤ 君子不以言舉人,不以人廢言。(《論語·衛靈公》)

⑥ 漢所以不擊取楚，以昧在公所。(《史記・淮陰侯列傳》)

前句"以言""以人"都是介賓結構，修飾後面的謂語動詞，"以"爲介詞。後句"以"是連詞，與後面的"昧在公所"不發生結構關係，祇是連接結果和原因分句。另一種情況是，在介詞"以"省略賓語，直接與它所修飾的謂語動詞相連時，容易和連詞用法混淆。試比較以下兩句中的"以"：

⑦ 圉人歸，以告夫人。(《左傳・襄公二十六年》)
⑧ 公聞其期，曰："可矣!"命子封帥車二百乘以伐京。(《左傳・隱公元年》)

以上兩句中的"以"都直接出現在動詞前，但是前例"歸以告夫人"中，"告"的內容在上句"圉人歸"裏沒有出現，必須通過"以"介紹，因此這句的"以"應當是介詞，今譯時要根據前面的文意補出賓語的內容來；後句"以伐京"看起來"以"也可以補出介詞賓語"之"，但是補出的賓語"之"實即指代"以"前的"帥車二百乘"，所以這句的"以"實際上是連接"帥車二百乘"和"伐京"兩個動作，後者是前者的目的。

(三) 與

作爲連詞，"與"的主要功能有以下兩種：

1. 連接名詞性詞語，表示並列關係，可譯爲"和"。例如：

① 晉人歸楚公子穀臣與連尹襄老之尸於楚，以求知罃。(《楚歸晉知罃》)
② 請以屈產之乘與垂棘之白璧往。(《公羊傳・僖公二年》)
③ 王使問禮於左師與子產。(《左傳・昭公四年》)

2. 和"不如""寧""孰若"等詞連用，構成"與……不如……""與……寧……""與其……孰若……"等格式，連接分句和分句，表示選擇關係。例如：

① 與吾得革車千乘，不如聞行人燭過之一言也。(《韓非子・難二》)
② 與人刃我，寧自刃。(《史記・魯仲連鄒陽列傳》)
③ 與其害於民，寧我獨死。(《左傳・定公十三年》)
④ 喪禮，與其哀不足而禮有餘也，不若禮不足而哀有餘也；祭禮，與其敬不足而禮有餘也，不若禮不足而敬有餘也。(《禮記・檀弓上》)

"與"既是連詞，又是介詞，有時容易混淆。例如：

⑤ 蜩與學鳩笑曰。(《北冥有魚》)
⑥ 吾與先君言矣。(《左傳・僖公九年》)

以上兩句中，"與"都位於兩名詞之間，但前句"與"連接兩並列關係的名詞性詞語，是連詞，後句"與"與"先君"組成介賓結構，修飾動詞"言"，說明動作行爲所涉及的人或事物，是介詞。但是"吾與先君"在形式上與"蜩與學鳩"相似，容易被誤認爲並列關係。

對於"與"的這兩種易於混淆的用法，主要可從以下幾點加以辨認。

一是看位於"與"前後的兩個詞語在不改變原句基本意義的前提下是否可以位置互

相交换:能交换的,說明它們是並列關係,"與"是連詞;不能交換的,說明它們有主次之分,"與"把後面的名詞性詞語介紹給謂語,以陳述主語,"與"是介詞。如前例"蜩與學鳩",可以換成"學鳩與蜩",原句的意思基本不變,而"吾與先君言","吾"是行爲的施事者,不能換成"先君與吾言",那樣意思就不同了。

二是看在不改變原句基本結構的前提下,"與"前能否再插入其他修飾成分:能插入的,說明"與"僅與後面的詞語發生結構關係,"與"是介詞;不能插入的,是連詞。試看以下例句:

⑦ 齊侯欲與衛侯乘,與之宴。(《左傳·定公十三年》)
⑧ 孫臏嘗與龐涓俱學兵法。(《史記·孫子吳起列傳》)
⑨ 忌數與齊諸公子馳逐重射。(《史記·孫子吳起列傳》)
⑩ 昆莫父難兜靡本與大月氏俱在祁連、焞煌間,小國也。(《漢書·張騫李廣利傳》)

以上例句,"與"的前面都帶有修飾成分"欲""嘗""數""本",說明"與"同前面的名詞性詞語不屬於同一個結構,祇是介紹後面的詞語而已。至於連詞"與"連接的並列結構裏,"與"前就不可能插入這類詞語。

此外,介詞"與"的賓語有時可省略,所在句子也可能省略主語,這些情況,也是辨認"與"是連詞還是介詞的依據。例如:

⑪ 公之爲公子也,(公)與鄭人戰于狐壤,止焉。(《左傳·隱公十一年》)
⑫ 鄭伯始朝于楚,楚子賜之金,既而悔之,(楚)與之盟曰:"無以鑄兵。"故以鑄三鍾。(《左傳·僖公十八年》)
⑬ 下義其罪,上賞其姦,上下相蒙,難與(之)處矣!(《左傳·僖公二十四年》)
⑭ 庸人曰:"楚不足與(之)戰矣。"(《左傳·文公十六年》)

以上例句中,"與"有的省略賓語,或是因爲句子省略主語而前面不出現名詞性詞語,類似這樣的"與"無疑都是介詞。

(四) 則

"則"用作連詞時,主要連接謂詞性成分或分句。常見的用法有以下幾種:

1. 連接兩個謂詞性詞語或分句,表示事理上的承接關係,往往前面的動作行爲與後面的動作行爲在時間上有先後順序,存在假設或條件關係,可譯爲"那麼""就"。例如:

① 於是至則圍王離。(《史記·項羽本紀》)

兩動作"至"和"圍"一前一後相承接。

② 欲與大叔,臣請事之;若弗與,則請除之。(《左傳·隱公元年》)
③ 吾非至於子之門則殆矣。(《秋水時至》)

以上兩句"則"用在假設複句的分句之間。

有時"則"用在複句緊縮句的兩謂語動詞之間,使語氣變得較爲急促。但表達的還是複句的意思。如：

④ 獻圖則地削，效璽則名卑。地削則國削，名卑則政亂矣。（《韓非子•五蠹》）
⑤ 故木受繩則直，金就礪則利。（《荀子•勸學》）

2. 用在並列的分句裏，表示對各種情況的列舉和對比。這類"則"今譯時一般不必譯出。如：

① 鄒魯之臣，生則不得事養，死則不得飯含，然且欲行天子之禮於鄒魯之臣，不果納。（《戰國策•趙策》）

"生則不得事養，死則不得飯含"，列舉了鄒魯國君生前和死後的窘迫狀況。"則"起到幫助列舉的作用。再如以下例句"則"分別用於"入""出"和"居""行"情況下的列舉對比：

② 入則無法家拂士，出則無敵國外患者，國恒亡。（《孟子•告子下》）
③ 不腆敝邑，爲從者之淹，居則具一日之積，行則備一夕之衛。（《左傳•僖公三十三年》）

3. 連接動詞性詞語或分句，表示後一項情況的出現是前項動作施事者所未料到的，"則"有表示發現的意味，可譯爲"原來已經""竟然"。如：

① 公使陽處父追之，及諸河，則在舟中矣。（《左傳•僖公三十三年》）

秦國將領"在舟中矣"是在黃河邊被追趕上後發現的新情況。

② 王之臣有託其妻子於其友而之楚遊者，比其反也，則凍餒其妻子。（《孟子•梁惠王下》）

"凍餒其妻子"，是"之楚遊者"返回後發現的未料到的情況。

4. 連接謂詞性詞語或分句，前後兩項含有轉折意味，可譯爲"却"。例如：

① 寡人願事君朝夕不倦，將奉質幣以無失時，則國家多難，是以不獲。（《左傳•昭公三年》）

"則國家多難"即"但是由於國家多有難處"。

② 竭力以事大國，則不得免焉。（《孟子•梁惠王下》）

"則不得免"即"却不能免除被侵略的命運"。

③ 欲速則不達，見小利則大事不成。（《論語•子路》）

以上兩個"則"也是表示轉折。

5. 連接謂詞性詞語或分句，表示讓步關係，可譯爲"倒是"。例如：

① 其室則邇，其人甚遠。（《詩經•鄭風•東門之墠》）
② 包胥曰：善則善矣，未可以戰也。（《國語•吳語》）

③ 治則治矣,非書意也。(《韓非子·外儲説左上》)

表示讓步的"則"有時與"雖然"搭配使用,更顯示出其表示讓步的意味:

④ 匠石曰:"臣則嘗能斲之,雖然,臣之質死久矣!"(《運斤成風》)

6. 連接謂詞性詞語或分句,表示假設和結果關係,可譯爲"如果"。例如:

① 項王乃謂海春侯大司馬曹咎等曰:"謹守成皋,則漢欲挑戰,慎勿與戰,毋令得東而已。"(《史記·項羽本紀》)

"則漢欲挑戰"即"如果漢軍要挑戰的話"。

② 使君所言公事,之曹與長史掾議之,吾且奏之;則私,吾不受私語。(《漢書·爰盎鼂錯傳》)

"則私"即"如果是私事的話"。以上兩句"則"皆表示假設。

(五) 之

"之"作爲連詞,主要連接定語和中心語,構成名詞性的偏正結構;也可以連接主語和謂語,取消句子獨立性,使主謂結構變成名詞性的偏正結構。

1. "之"連接定語和名詞中心語,構成名詞性的偏正結構,可譯爲"的"或不譯。如:

① 衛莊公娶于齊東宮得臣之妹,曰莊姜,美而無子。(《左傳·隱公三年》)
② 君姑脩政而親兄弟之國,庶免於難。(《左傳·桓公六年》)

以上是名詞"得臣"作"妹"的定語、"兄弟"作"國"的定語,都用"之"連接。

③ 虎兕出於柙,龜玉毁於櫝中,是誰之過與?(《季氏將伐顓臾》)

以上是代詞"誰"作"過"的定語,用"之"連接。

④ 小大之獄,雖不能察,必以情。(《左傳·莊公十年》)
⑤ 萬乘之國,弑其君者,必千乘之家;千乘之國,弑其君者,必百乘之家。(《孟子·梁惠王上》)

以上是形容詞"小大"作"獄"的定語,數量詞"千乘""百乘"作"國"的定語,都用"之"連接。

⑥ 是宜爲君,有恤民之心。(《左傳·莊公十一年》)

以上是動賓詞組"恤民"作"心"的定語,用"之"連接。

2. "之"連接主語和謂語,取消句子獨立性,使原來的主謂結構轉變爲名詞性偏正結構,在句子中充當主語、賓語、狀語和判斷句謂語,或是充當複句的分句。

"之"連接主語和謂語而成的名詞性偏正結構經常在單句中充當主語、賓語,或是表示時間關係的狀語,有時亦可充當判斷句的謂語。如:

① 且王者之不作,未有疏於此時者也;民之憔悴於虐政,未有甚於此時者也。(《孟子·公孫丑上》)

第十四課　連詞

②　子之哭也，壹似重有憂者？（《禮記·檀弓下》）
③　今夫弈之爲數，小數也。（《孟子·告子上》）

以上幾句，"之"連接主語和謂語而成的名詞性偏正結構充當主語。

④　歲寒，然後知松柏之後彫也。（《論語·子罕》）
⑤　王如知此，則無望民之多於鄰國也。（《寡人之於國也》）
⑥　以德服人者，中心悦而誠服也，如七十子之服孔子也。（《孟子·公孫丑上》）

以上幾句，"之"連接主語和謂語而成的名詞性偏正結構充當賓語。

"之"連接主語和謂語而成的名詞性偏正結構充當狀語，主要是表示時間上的修飾，可譯爲"……的時候"。例如：

⑦　大道之行也，天下爲公。（《大同與小康》）
⑧　昔者文王之治岐也：耕者九一，仕者世禄，關市譏而不征，澤梁無禁，罪人不孥。（《孟子·梁惠王下》）
⑨　媪之送燕后也，持其踵爲之泣，念悲其遠也。（《觸龍説趙太后》）

"之"連接主語和謂語而成的名詞性偏正結構在判斷句中充當謂語的。例如：

⑩　此天之亡我，非戰之罪也。（《史記·項羽本紀》）

"天之亡我"爲判斷句謂語。

"之"連接主語和謂語而成的名詞性偏正結構也常充當複句的分句，一般是在表示假設條件關係的偏正複句中充當偏句，這時，"之"位於主語和謂語之間，使主謂結構不能獨立成句，表示語意未完，等待下文。如：

⑪　苟子之不欲，雖賞之不竊。（《論語·顔淵》）

"苟子之不欲"，即"假如您不貪欲財貨的話"。

⑫　孟子曰："王之好樂甚，則齊國其庶幾乎！"（《孟子·梁惠王下》）

"王之好樂甚"，即"如果大王您對音樂喜好得很厲害的話"。

⑬　雖我之死，有子存焉。（《列子·湯問》）

"雖我之死"，即"即使我死掉的話"。

⑭　父母之愛子，則爲之計深遠。（《觸龍説趙太后》）

"父母之愛子"，即"如果父母疼愛子女的話"。以上幾句，"之"都位於主語和謂語之間，所形成的結構均充當假設複句的偏句。

有時"之"也可以連接主語和介詞結構，組成名詞性的偏正結構，充當句子的成分。例如：

⑮　子曰："民之於仁也，甚於水火。水火，吾見蹈而死者矣，未見蹈仁而死者也！"（《論語·衛靈公》）

⑯ 麒麟之於走獸,鳳凰之於飛鳥,太山之於丘垤,河海之於行潦,類也。聖人之於民,亦類也。(《孟子·公孫丑上》)

以上兩句"之"位於主語和介詞"於"組成的介賓結構之間,所組成的名詞性偏正結構充當全句的主語。例如:

⑰ 荆之地方五千里,宋之地方五百里,此猶文軒之與敝輿也。(《墨子·公輸》)

上句"之"位於主語"文軒"和介賓結構"與敝輿"之間,組成的名詞性偏正結構充當動詞"猶"的賓語。

(六) 雖然、然而、然則

"雖然""然而""然則"在現代漢語裏都是一個連詞,但在古代漢語裏,它們是代詞"然"和連詞搭配使用後形成的凝固形式,學習時應當注意這個特點。

1. 雖然

"雖然"是連詞"雖"和代詞"然"的搭配使用。

"雖"是表示讓步的連詞,意思是"雖然"或"即使"。例如:

① 子謂公冶長:"可妻也。雖在縲絏之中,非其罪也!"以其子妻之。(《論語·公冶長》)

② 君若以德綏諸侯,誰敢不服?君若以力,楚國方城以爲城,漢水以爲池,雖衆,無所用之!(《齊桓公伐楚》)

以上兩句"雖"都表示讓步,相當於"雖然"。"雖"還可以表示假設性的讓步,即設想即使某種情況出現,也不能改變後項的結論,這樣的"雖"可譯爲"即使""縱然"。例如:

③ 請子奉之,以主社稷,寡人雖死,亦無悔焉。(《左傳·隱公三年》)

④ 雖九死其猶未悔。(屈原《離騷》)

連詞"雖"與代詞"然"(如此、這樣)組成凝固形式"雖然",意思相當於"雖然如此,……",其作用是在讓步複句裏充當偏句,以引起後面正句的轉折。例如:

⑤ 諸侯之禮,吾未之學也。雖然,吾嘗聞之矣。三年之喪,齊疏之服,飦粥之食,自天子達於庶人,三代共之。(《孟子·滕文公上》)

⑥ 孟子曰:"於齊國之士,吾必以仲子爲巨擘焉。雖然,仲子惡能廉?充仲子之操,則蚓而後可者也。"(《孟子·滕文公下》)

⑦ 王曰:"善哉!雖然,公輸盤爲我爲雲梯,必取宋。"(《墨子·公輸》)

上述"雖然"都相當於複句的一個分句,因此標點時在"雖然"後面應當點斷。

2. 然而

"然而"是代詞"然"(如此、這樣)和表示轉折的連詞"而"的搭配使用,"然"總結上文,表示對上文所說內容的肯定,"而"引起下文的轉折。"然而"的意思大致是"雖然如此,但是……""這樣却"。例如:

① 樂以天下，憂以天下，然而不王者，未之有也。（《孟子·梁惠王下》）
② 爲人臣者懷利以事其君，爲人子者懷利以事其父，爲人弟者懷利以事其兄，是君臣、父子、兄弟終去仁義，懷利以相接，然而不亡者，未之有也。（《孟子·告子下》）
③ 此三臣者，豈不忠哉，然而不免於死，身死而所忠者非也。（《史記·李斯列傳》）

3. 然則

"然則"是代詞"然（如此、這樣）"和表示順承的連詞"則（那麽、就）"的搭配使用，"然"總結上文，表示對上文所説内容的肯定，"則"根據事理推出下文，意思相當於"既然如此，那麽（就）……"。例如：

① 秋七月，楚子在城父，將救陳。卜戰，不吉；卜退，不吉。王曰："然則死也！再敗楚師，不如死。棄盟逃讎，亦不如死。死一也，其死讎乎！"（《左傳·哀公六年》）
② 子貢問："師與商也孰賢？"子曰："師也過，商也不及。"曰："然則師愈與？"子曰："過猶不及。"（《論語·先進》）
③ 萬章曰："堯以天下與舜，有諸？"孟子曰："否。天子不能以天下與人。""然則舜有天下也，孰與之？"曰："天與之。"（《孟子·萬章上》）

文　選

蘇秦以連橫説秦①

蘇秦始將連橫，説秦惠王曰②："大王之國，西有巴、蜀、漢中之利③，北有胡

---

① 本篇選自《戰國策·秦策》。題目爲後加。《戰國策》是戰國時期的史料彙編，主要記載了戰國時期謀臣策士的謀議和活動。《戰國策》作者不可考，相傳由戰國各國的史官和策士集録而成。西漢劉向考訂整理後，按東周、西周等十二國依次編寫，共三十三篇，定名爲《戰國策》。爲《戰國策》作注的有東漢高誘，後宋代鮑彪改變原書次序，爲《戰國策》作新注。此外還有元代吴師道著《戰國策校注》以及近人金正煒《戰國策補釋》、繆文遠《戰國策新校注》。本篇講述了蘇秦用連橫之策遊説秦王却未被採納的故事。
② 蘇秦：字季子，洛陽人，戰國時期縱橫家代表人物之一。連橫：戰國時期縱橫家的一種主張，即秦國與六國中的個別國家建立聯盟，採取各個擊破的方法實現對六國的統一。横，東西爲橫，秦國在西，六國在東，故以秦爲中心的聯盟叫連橫。説（shuì）：動詞，遊説。秦惠王：即秦惠文君，姓嬴名駟，秦孝公之子。
③ 巴：古國名，戰國時被秦所滅，改爲巴郡，在今四川省東部地區。蜀：古國名，戰國時被秦所滅，改爲蜀郡，在今四川省西部地區。漢中：郡名，在今陝西省南部和湖北省西北部。利：物産豐富。

貉、代馬之用①。南有巫山、黔中之限②，東有殽、函之固③。田肥美，民殷富，戰車萬乘④，奮擊百萬⑤，沃野千里，蓄積饒多，地勢形便⑥，此所謂天府⑦，天下之雄國也。以大王之賢⑧，士民之衆，車騎之用⑨，兵法之教⑩，可以并諸侯⑪，吞天下，稱帝而治。願大王少留意⑫，臣請奏其效⑬。"

秦王曰："寡人聞之，毛羽不豐滿者不可以高飛，文章不成者不可以誅罰⑭，道德不厚者不可以使民⑮，政教不順者不可以煩大臣⑯。今先生儼然不遠千里而庭教之⑰，願以異日⑱。"

① 胡：古代對西北少數民族的稱呼，這裏指北方匈奴地區。貉(hé)：獸名，毛皮可製裘。代：古地名，以產良馬著名。戰國時被趙消滅，改爲代郡，在今山西省北部和河北西北部。

② 巫山：山名，在今重慶市巫山縣東。黔中：古地名，戰國時屬楚國，後屬秦，在今湖南省西部和貴州省東北部。限：《説文·阜部》："限，阻也。"此處用本義，義爲阻隔、界限。

③ 殽：也作"崤""殽"。山名，在今河南省洛寧縣西北。函：函谷關，在今河南省靈寶縣。

④ 乘(shèng)：古代四馬一車爲一乘。

⑤ 奮擊：奮力攻擊，這裏指奮勇作戰的士兵。

⑥ 地勢形便：地理形勢有利，便於攻守。

⑦ 天府：物產豐富的地方。府，儲存財物的地方。

⑧ 以：介詞，引進動作行爲憑藉的對象，可譯作"憑藉"。之：連詞，連接定語與中心語。

⑨ 騎(jì)：名詞，騎兵。用：作用。

⑩ 教：教習。

⑪ 并：吞併、統一。

⑫ 少：副詞，稍微、略微。

⑬ 請：謙敬副詞。奏其效：說明這件事情的效應。奏，陳述、說明。其，代詞，代指秦統一天下。

⑭ 文章：法令制度。誅罰：懲罰。

⑮ 厚：厚重，這裏指對百姓施恩。使民：役使百姓，這裏指役使百姓作戰。

⑯ 不順：不順從，這裏指違背人心。煩大臣：煩勞大臣，這裏指讓大臣帶兵出戰。

⑰ 儼然：鄭重的樣子。不遠千里：不以千里爲遠。遠，形容詞意動用法，認爲……遠。庭："廷"的借字，名詞作狀語，在朝廷上。

⑱ 願以異日：希望在他日（接受指教），這裏指秦惠王不願意採納蘇秦的意見。以，介詞，可譯作"在"。異日，他日。

第十四課　連詞

　　蘇秦曰:"臣固疑大王之不能用也①。昔者神農伐補遂②,黃帝伐涿鹿而禽蚩尤③,堯伐驩兜④,舜伐三苗⑤,禹伐共工⑥,湯伐有夏⑦,文王伐崇⑧,武王伐紂⑨,齊桓任戰而伯天下⑩。由此觀之,惡有不戰者乎⑪?古者使車轂擊馳⑫,言語相結⑬,天下爲一⑭。約縱連橫,兵革不藏⑮;文士並餙,諸侯亂惑⑯;萬端

---

　①　固:情態副詞,本來。大王之不能用:大王不能採用(連橫之策)。之,連詞,用在主謂結構之間,取消句子獨立性。
　②　神農:古代部落首領,傳說他教民務農,因而被稱爲"神農氏"。補遂:古代部落名,又作"蒲遂""輔遂"。
　③　黃帝:即軒轅氏,姬姓,傳說爲華夏始祖。涿鹿:山名,在今河北省涿鹿縣。禽:擒獲,後作"擒"。蚩尤:黃帝時部落首領。
　④　堯:傳說中的上古帝王,即陶唐氏,名放勳,傳位給舜。驩(huān)兜:堯臣,爲當時四凶之一。
　⑤　舜:傳說中的上古帝王,即有虞氏,名重華,傳位給禹。三苗:古代少數民族部落名,也稱"有苗"。
　⑥　禹:即夏禹、大禹,姒姓,名文命,因治水有功,被推舉爲舜的繼承人。共工:傳說爲堯的大臣。
　⑦　湯:即商湯,子姓,名履,商朝的開國之君。有夏:即夏朝,夏朝的最後一個國君桀殘暴無道,最後被湯擊敗。
　⑧　文王:即周文王,姬姓,名昌,殷末周部族的首領,又稱"西伯"。崇:古國名,在今河北省崇縣東北。它的首領崇侯助紂爲虐,最後被周文王誅滅。
　⑨　武王:周文王的兒子,名發,西周開國之君。紂:即商紂王,名辛,商代最後的國君,非常殘暴,最後被周武王擊敗。
　⑩　齊桓:即齊桓公,春秋時齊國國君,春秋五霸之一。任戰:採用戰爭手段。伯:"霸"的借字,改讀 bà,稱霸。
　⑪　惡(wū):疑問代詞,哪裏。
　⑫　車轂(gǔ)擊馳:車輪相撞擊而奔馳,形容古代諸侯國之間的使臣來往頻繁。轂,車輪中間中空的圓木。
　⑬　言語相結:用言辭說動對方締結聯盟。結,締結,這裏指締結、建立某種關係。
　⑭　天下爲一:天下合爲一體,這裏指統一天下。
　⑮　約縱連橫,兵革不藏:有約縱連橫的情況,就會戰爭不斷。兵革,兵器鎧甲。藏,收存。
　⑯　文人並餙(shì):文人爭相用巧飾的言辭(遊説諸侯)。並,一起,此處可理解爲爭相。餙,"飾"的異體字,修飾,這裏指修飾(言辭)。亂惑:迷惑,無所適從。

223

俱起①,不可勝理②;科條既備③,民多僞態;書策稠濁④,百姓不足;上下相愁,民無所聊⑤。明言章理,兵甲愈起⑥;辯言偉服,戰攻不息⑦;繁稱文辭,天下不治⑧;舌弊耳聾,不見成功⑨;行義約信⑩,天下不親。於是乃廢文任武⑪,厚養死士⑫,綴甲厲兵⑬,效勝於戰場⑭。夫徒處而致利⑮,安坐而廣地⑯,雖古五帝、三王、五伯⑰,明主賢君,常欲坐而致之⑱,其勢不能⑲,故以戰續之。寬則兩軍相攻⑳,迫則杖戟相橦㉑,然後可建大功。是故兵勝於外,義強於內;威立於上,

---

① 萬端:各種各樣的情况。
② 勝(shēng):盡、全部。
③ 科條:法律條文。既:副詞,已經。備:完備。
④ 書策:文書、政令。稠濁:繁多而混亂。
⑤ 上下:指君臣。聊:依靠。
⑥ 明言章理:話說得明白清楚,道理講得冠冕堂皇。明,形容詞使動用法,使……明白。章,明顯,後作"彰",形容詞使動用法,使……彰顯。兵甲:指戰爭。
⑦ 辯言偉服:說着雄辯的言辭,穿着莊重的禮服。辯,形容詞使動用法,使……雄辯。偉,形容詞使動用法,使……莊重。息:停止。
⑧ 繁稱文辭:旁徵博引,講華麗的言辭。稱,徵引。文,華麗。不治:沒有治理好。
⑨ 舌弊耳聾:舌頭磨破,耳朵震聾。成功:成就功業。
⑩ 約信:用誠信相約束。
⑪ 廢文任武:放棄華麗的言辭而使用武力。
⑫ 厚養:以優厚的待遇供養。死士:敢於獻出生命的人。
⑬ 綴甲厲兵:縫製鎧甲,磨礪兵器,這裏指做好出戰準備。綴,縫合、連接。厲,磨礪,後作"礪"。
⑭ 效:取得。
⑮ 夫:語氣詞,放在句首,用來引發議論。徒處:這裏指什麼都不做。致:取得,得到。
⑯ 廣地:擴充土地。廣,形容詞使動用法,使……擴充。
⑰ 雖:連詞,即使。五帝:傳說中的上古帝王,說法不一。《史記·五帝本紀》中以黄帝、顓頊、帝嚳、堯、舜爲五帝。三王:指夏、商、周三代的開國國君,即禹、湯、周武王。也有人認爲是指禹、湯、周文王和周武王。五伯:春秋時期諸侯的五個霸主,通常指齊桓公、晉文公、楚莊王、秦穆公、宋襄公。
⑱ 致:使……到來。之:代詞,代指上文的"徒處而致利,安坐而廣地"。
⑲ 其勢不能:他們當時所處的形勢使他們做不到"徒處而致利,安坐而廣地"。
⑳ 寬:距離遠,這裏指兩軍相距較遠。
㉑ 迫:距離近,這裏指兩軍相距較近。杖戟(jǐ):泛指武器。戟,古代兵器的一種,合戈、矛於一體,可刺可砍。橦(chōng):"衝"的借字,撞擊。

民服於下①。今欲并天下,凌萬乘②,詘敵國③,制海内④,子元元⑤,臣諸侯⑥,非兵不可!今之嗣主⑦,忽於至道⑧,皆惽於教,亂於治⑨,迷於言,惑於語⑩,沈於辯,溺於辭⑪。以此論之,王固不能行也⑫。"

觸龍説趙太后⑬

趙太后新用事⑭,秦急攻之⑮。趙氏求救於齊⑯。齊曰:"必以長安君爲質⑰,兵乃出⑱。"太后不肯,大臣強諫⑲。太后明謂左右⑳:"有復言令長安君爲質者㉑,老婦必唾其面㉒。"

---

① 威:權威。立:建立。
② 凌:凌駕。萬乘:這裏指擁有上萬輛兵車的大國。
③ 詘(qū):形容詞使動用法,使……屈服。
④ 海内:指天下。
⑤ 子:名詞使動用法,使……成爲(自己的)子女。元元:平民,百姓。
⑥ 臣:名詞使動用法,使……成爲(自己的)臣子。
⑦ 嗣主:繼位的君主。
⑧ 忽:忽略,忽視。至道:最重要的道理,這裏指上文所講的用兵之道。
⑨ 惽(hūn)於教:在教化民衆上糊塗。惽,糊塗,混亂。亂於治:在治理國家上混亂。
⑩ 迷於言,惑於語:被各種言論迷惑。於,介詞,引進動作行爲的主動者。
⑪ 沈於辯,溺於辭:沉溺在巧辯的言辭中。沈,沉溺,後作"沉"。
⑫ 固:情態副詞,一定。
⑬ 本篇選自《戰國策·趙策》。題目爲後加。秦國圍攻趙國,趙國向齊國求救。齊國答應出兵的條件是趙國長安君要到齊國做人質,趙太后拒絕了齊國的要求。觸龍針對趙太后的心理特點,採用委婉迂回的方式進行了勸告。觸龍:趙國大臣,《戰國策》原作"觸讋",《史記·趙世家》和長沙馬王堆三號墓出土帛書均作"觸龍"。説(shuì):勸説。趙太后:趙惠文王的妻子。
⑭ 新:新近。用事:指掌握政權。
⑮ 秦急攻之:秦國加緊攻打趙國。這裏指趙孝成王元年,秦國對趙國加緊攻勢,佔領趙國三座城邑。急,副詞,加緊。
⑯ 趙氏:指趙國。
⑰ 長安君:趙太后最小兒子的封號。質:人質。
⑱ 乃:副詞,纔。
⑲ 強(qiǎng):副詞,竭力。
⑳ 明謂:明確地告訴。左右:身邊的人。
㉑ 復:副詞,再。
㉒ 老婦必唾其面:我一定把口水吐在他臉上。

　　左師觸龍言願見太后。太后盛氣而胥之①。入而徐趨,至而自謝②,曰:"老臣病足③,曾不能疾走④,不得見久矣,竊自恕⑤,而恐太后玉體之有所郄也,故願望見太后⑥。"太后曰:"老婦恃輦而行⑦。"曰:"日食飲得無衰乎⑧?"曰:"恃鬻耳⑨。"曰:"老臣今者殊不欲食⑩,乃自強步⑪,日三四里,少益耆食⑫,和於身也⑬。"太后曰:"老婦不能。"太后之色少解⑭。
　　左師公曰⑮:"老臣賤息舒祺⑯,最少,不肖⑰。而臣衰,竊愛憐之⑱。願令得補黑衣之數⑲,以衛王宮。没死以聞⑳。"太后曰:"敬諾㉑。年幾何矣㉒?"對

―――――――――

① 盛氣:怒氣衝衝。胥:"須"的借字,等待。
② 趨:小步快走,古代拜見尊貴者的一種禮節。謝:道歉。臣子拜見君主,按照禮節應小步快走,但由於觸龍腳有毛病,而且年齡較大,衹能"徐趨",因此他向太后道歉。
③ 病足:腳有了毛病。
④ 曾(zēng):副詞,起強調作用。疾走:快跑。
⑤ 竊:謙敬副詞,私下。恕:原諒。
⑥ 玉體:貴體,這裏指太后的身體。有郄(xì):這裏指身體不舒服。郄,"隙"的異體字。望見:遠遠地看,自謙之辭,表示自己地位低下,不敢走近對方。
⑦ 恃:依靠。
⑧ 日:時間名詞作狀語,每天。得無衰乎:該不會減少吧? 得無……乎,古代漢語習慣句式,表示反問,可譯作"該不會……吧"。衰,減少。
⑨ 恃鬻耳:靠喝粥罷了。鬻,"粥"的異體字。耳,語氣詞,表示限止,相當於"罷了"。
⑩ 今者:近來。殊:程度副詞,特別。
⑪ 強步:勉強走一走。
⑫ 少:程度副詞,略微。益:程度副詞,漸漸地。耆:"嗜"的借字,改讀 shì,喜愛。
⑬ 和:安適,舒適。
⑭ 色:《説文・色部》:"色,顏氣也。"此處用本義,義為臉色。少解:略微和緩。
⑮ 左師:春秋戰國時宋、趙等國的官制有左師、右師。公:古時對人的尊稱。
⑯ 賤息:對別人謙稱自己的子女。息,子女。舒祺:觸龍的兒子。
⑰ 不肖(xiào):原指不像自己的父親,後泛指不成材。
⑱ 憐:愛。
⑲ 願令得補黑衣之數:希望讓他能補充王宮衛士的數目。意思是希望他在王宮中當一名侍衛。黑衣,趙國王宮衛士的代稱,因當時趙國衛士穿黑色衣服,故稱"黑衣"。
⑳ 没死:冒着死罪。没,"冒"的借字,改讀 mào。以:介詞,後面省略賓語。聞:動詞使動用法,使……聽見,這裏指稟告。
㉑ 敬:謙敬副詞。
㉒ 年幾何:年齡多大。

曰:"十五歲矣。雖少,願及未填溝壑而託之①。"太后曰:"丈夫亦愛憐其少子乎②?"對曰:"甚於婦人③。"太后笑曰:"婦人異甚④。"對曰:"老臣竊以爲媼之愛燕后賢於長安君⑤。"曰:"君過矣⑥,不若長安君之甚⑦。"

左師公曰:"父母之愛子,則爲之計深遠⑧。媼之送燕后也,持其踵爲之泣⑨,念悲其遠也⑩,亦哀之矣⑪。已行,非弗思也,祭祀必祝之⑫,祝曰:'必勿使反⑬!'豈非計久長⑭,有子孫相繼爲王也哉⑮?"太后曰:"然。"左師公曰:"今三世以前⑯,至於趙之爲趙⑰,趙主之子孫侯者⑱,其繼有在者乎⑲?"曰:"無

---

① 及:到。填溝壑:謙稱自己的死亡,意思是死後沒有資格墓葬,屍首祇能被填塞在山溝裏。託:託付。

② 丈夫:古代男子的通稱。

③ 甚於婦人:比婦人(愛孩子)還厲害。於,介詞,表示比較,可譯作"比"。

④ 異甚:特別嚴重。

⑤ 以爲:認爲。媼(ǎo):對老年婦女的稱呼。燕后:燕國的王后,這裏指趙太后嫁給燕王的女兒。賢:超過。

⑥ 過:錯。

⑦ 不若長安君之甚:比不上愛長安君那樣厲害。

⑧ 爲(wèi):介詞,表示動作行爲爲誰而發,可譯作"替"。計:計算,考慮。深遠:長遠。

⑨ 持其踵爲之泣:握着她的腳後跟,爲她(遠嫁)而落淚。踵,腳後跟。泣,無聲地哭。

⑩ 念悲其遠:惦念感傷她的遠嫁。

⑪ 亦:副詞,表示強調。哀:哀憐。

⑫ 祝:禱告。

⑬ 必勿使反:一定別讓她回來。古代諸侯之女出嫁,祇有被廢棄或亡國後,纔會返回母家,因此趙太后纔這樣爲她禱告。反,返回,後作"返"。

⑭ 豈:情態副詞,表反詰,可譯作"難道"。

⑮ 子孫相繼爲王:子子孫孫世代爲王。

⑯ 今三世以前:從這一輩上推到三世以前。三世以前,指趙武靈王之時,孝成王之父爲惠文王,惠文王之父爲武靈王。世,父子相繼爲一世。

⑰ 趙之爲趙:趙氏成爲趙國,這裏指趙氏建立趙國的時候。前一個"趙"指"趙氏",周穆王賜造父以趙城,始有趙氏。後一個"趙"指趙國,公元前376年,魏、韓、趙三家分晉,始有趙國,趙國經趙武靈王到趙惠文王的發展,疆域有所擴大。

⑱ 侯者:被封侯的人。侯,名詞用作動詞,封侯。

⑲ 繼:後人。

有。"曰:"微獨趙,諸侯有在者乎①?"曰:"老婦不聞也②。""此其近者禍及身,遠者及其子孫③。豈人主之子孫則必不善哉?位尊而無功,奉厚而無勞④,而挾重器多也⑤。今媼尊長安君之位⑥,而封之以膏腴之地⑦,多予之重器⑧,而不及今令有功於國⑨。一旦山陵崩⑩,長安君何以自託於趙⑪?老臣以媼爲長安君計短也⑫,故以爲其愛不若燕后。"太后曰:"諾。恣君之所使之⑬。"

於是爲長安君約車百乘,質於齊⑭,齊兵乃出。

馮諼客孟嘗君⑮

齊人有馮諼者⑯,貧乏不能自存⑰,使人屬孟嘗君⑱,願寄食門下⑲。孟嘗君曰:"客何好⑳?"曰:"客無好也㉑。"曰:"客何能㉒?"曰:"客無能也。"孟嘗君

---

① 微獨:不僅。
② 不聞:没有聽説。
③ 及:到,這裏指(災禍)降臨。
④ 奉:俸禄,後作"俸"。勞:功勞。
⑤ 挾:擁有。重器:指象徵國家權力的貴重器物。
⑥ 尊:形容詞使動用法,使……尊貴。
⑦ 膏腴:肥沃。
⑧ 予之重器:雙賓語。之,代詞,代指長安君。
⑨ 不及:比不上。
⑩ 山陵崩:對國君之死的委婉説法。
⑪ 何以:賓語前置,疑問代詞"何"作賓語,置於介詞"以"前。自託於趙:在趙國託身,即在趙國立住脚。
⑫ 以:認爲。短:短淺。
⑬ 恣:聽任。所使之:指派遣長安君的做法。
⑭ 約車:套車。質:作爲人質。
⑮ 本篇選自《戰國策·齊策》。題目爲後加。本篇通過對齊國策士馮諼爲孟嘗君謀取政治地位和利益的描述,展現了馮諼高明的政治才能。馮諼(Xuān):齊國遊説之士。孟嘗君:齊國的貴族,姓田,名文,孟嘗君是他的封號。他是戰國四公子之一(另外三個是魏國的信陵君、趙國的平原君、楚國的春申君),門下有食客數千人。
⑯ 有馮諼者:有馮諼這樣一個人。
⑰ 貧乏:貧窮。自存:自己養活自己。
⑱ 屬(zhǔ):囑托,後作"囑"。
⑲ 寄食:依附別人生活,這裏指做食客。
⑳ 何好(hào):愛好什麼?賓語前置,疑問代詞"何"作賓語,置於動詞"好"前。
㉑ 好:名詞,愛好。
㉒ 何能:能做什麼?賓語前置,疑問代詞"何"作賓語,置於動詞"能"前。

第十四課　連詞

笑而受之。曰："諾。"

左右以君賤之也①，食以草具②。居有頃③，倚柱彈其劍，歌曰："長鋏歸來乎④！食無魚。"左右以告⑤。孟嘗君曰："食之，比門下之客⑥。"居有頃，復彈其鋏，歌曰："長鋏歸來乎！出無車。"左右皆笑之，以告。孟嘗君曰："爲之駕⑦，比門下之車客⑧。"於是乘其車，揭其劍⑨，過其友曰⑩："孟嘗君客我⑪。"後有頃，復彈其劍鋏，歌曰："長鋏歸來乎！無以爲家⑫。"左右皆惡之⑬，以爲貪而不知足。孟嘗君問："馮公有親乎⑭?"對曰："有老母。"孟嘗君使人給其食用⑮，無使乏⑯。於是馮諼不復歌。

後孟嘗君出記⑰，問門下諸客："誰習計會⑱？能爲文收責於薛者乎⑲?"馮

---

① 左右：指在孟嘗君身邊爲他辦事的人。以：連詞，因爲。賤之：認爲馮諼很卑賤，看不起他。賤，形容詞意動用法，認爲……卑賤。
② 食(sì)：動詞使動用法，給……吃。以：介詞，用。草具：粗劣的飯菜。
③ 居有頃：過了不久。
④ 鋏(jiá)：劍柄，這裏指劍。
⑤ 以告：以(之)告，把(馮諼唱歌的事)告訴(孟嘗君)。以，介詞，省略了賓語"之"，代指馮諼唱歌的事。
⑥ 比門下之客：比照一般門客。比，比照。
⑦ 爲之駕：雙賓語，給他車馬。爲，動詞，給、賜予。之，代詞，代指馮諼。駕，這裏指車馬。
⑧ 車客：出門可以乘車的門客。
⑨ 揭：高舉。
⑩ 過：拜訪。
⑪ 客我：把我當客看待。客，名詞意動用法，認爲……是客。
⑫ 無以爲(wéi)家：沒有用來養家的東西。無以，凝固用法，相當於"沒有東西用來……"。爲，動詞，養活。
⑬ 惡(wù)：厭惡。
⑭ 親：父母。
⑮ 給：供給。其：指示代詞，代指馮諼的老母。
⑯ 無：與"毋"通用，否定副詞，不要。
⑰ 記：文告。
⑱ 習：熟習。計會(kuài)：即會計。
⑲ 爲(wèi)：介詞，表示動作行爲爲誰而發，可譯作"替"。責(zhài)：債款，後作"債"。薛：孟嘗君的封邑，在今山東微山縣東。

諼署曰①："能。"孟嘗君怪之②,曰:"此誰也?"左右曰:"乃歌夫'長鋏歸來'者也③。"孟嘗君笑曰:"客果有能也,吾負之④,未嘗見也⑤。"請而見之,謝曰⑥:"文倦於事⑦,憒於憂⑧,而性懧愚⑨,沈於國家之事⑩,開罪於先生⑪。先生不羞⑫,乃有意欲爲收責於薛乎⑬?"馮諼曰:"願之。"於是約車治裝⑭,載券契而行⑮,辭曰:"責畢收⑯,以何市而反⑰?"孟嘗君曰:"視吾家所寡有者⑱。"

　　驅而之薛⑲,使吏召諸民當償者悉來合券⑳,券徧合㉑,起矯命以責賜諸民㉒,因燒其券㉓,民稱萬歲。

① 署:簽名。
② 怪:形容詞意動用法,認爲……奇怪。
③ 乃:情態副詞,就是。夫:指示代詞,可譯作"那"。
④ 負:對不起。
⑤ 未嘗:從來沒有。
⑥ 謝:道歉。
⑦ 倦於事:被瑣事弄得很疲倦。於,介詞,引進動作行爲的主動者。
⑧ 憒於憂:被憂慮的事情弄得很心亂。憒,心亂。
⑨ 懧(nuò)愚:軟弱無能。懧,"懦"的異體字,軟弱。
⑩ 沈:沉溺,後作沉。
⑪ 開罪:得罪。
⑫ 羞:形容詞意動用法,認爲……羞恥,後省略賓語。
⑬ 乃:情態副詞,竟然。
⑭ 約車:套車。約,捆紮。治裝:整理行裝。
⑮ 券(quàn)契:借債的契約。古代的券契由竹木做成,分兩半,旁邊刻齒,雙方各執一半。對證時,合齒驗看。
⑯ 畢:全部。
⑰ 以何市而反:用收回的債款買什麽東西回來?以,介詞,可譯作"用",後省略賓語"債款"。何市,賓語前置,疑問代詞"何"作賓語,置於動詞"市"前。反,返回,後作"返"。
⑱ 所寡有者:缺少的東西。
⑲ 驅:趕車。之:動詞,到……去。
⑳ 諸民:衆百姓。當償者:應當還債的人。悉:範圍副詞,全部。合券:合齒驗證。
㉑ 徧:"遍"的異體字,全部。
㉒ 起:起身。矯命:假託(孟嘗君)的命令。以責賜諸民:把債券賜給衆百姓,這裏指不用百姓還債。
㉓ 因:副詞,於是。其:代詞,那些。

長驅到齊①,晨而求見②。孟嘗君怪其疾也③,衣冠而見之④,曰:"責畢收乎?來何疾也!⑤"曰:"收畢矣。""以何市而反?"馮諼曰:"君云'視吾家所寡有者'。臣竊計⑥,君宫中積珍寶,狗馬實外廄⑦,美人充下陳⑧。君家所寡有者,以義耳⑨!竊以爲君市義⑩。"孟嘗君曰:"市義奈何⑪?"曰:"今君有區區之薛⑫,不拊愛子其民⑬,因而賈利之⑭。臣竊矯君命,以責賜諸民,因燒其券,民稱萬歲。乃臣所以爲君市義也⑮。"孟嘗君不説⑯,曰:"諾,先生休矣!"

後期年⑰,齊王謂孟嘗君曰⑱:"寡人不敢以先王之臣爲臣⑲。"孟嘗君就國

---

① 長驅:向前奔馳不止。齊:這裏指齊國的都城臨淄。
② 晨而求見:清晨就求見孟嘗君。而,連詞,連接狀語和謂語中心詞。
③ 怪其疾也:認爲馮諼回來這麼快很奇怪。怪,形容詞意動用法,認爲……奇怪。疾,快。
④ 衣冠:名詞用作動詞,穿好衣服,戴好帽子。
⑤ 何:疑問代詞作狀語,可譯作"怎麼"。
⑥ 竊:謙敬副詞,可譯作"私自"。計:考慮。
⑦ 實:充實。廄(jiù):馬房。
⑧ 充:充滿。下陳:堂下陳放財物、站立婢妾的地方,因在堂下,故稱下陳。
⑨ 以義耳:不過是義罷了。以,衍文,即古文在傳抄過程中誤增的字。
⑩ 以爲(wèi)君市義:用(債券)替您買回了義。以,介詞,用,後省略賓語。爲,介詞,替。
⑪ 奈何:怎麼樣。
⑫ 區區:小小的。
⑬ 拊(fǔ):安撫。子其民:把薛地的百姓當作自己的孩子。子,名詞意動用法,把……當作(自己的)子女。
⑭ 因:介詞,引進動作行爲的憑藉,後面省略賓語,可譯作"憑藉(佔有薛地)"。賈(gǔ)利之:用商人的方法向百姓取利。賈,名詞作狀語,用商人的方法。利,名詞用作動詞,取利。
⑮ 乃臣所以爲君市義也:(這)就是我用來爲您買義的方式。此句爲判斷句,省略主語,主語指馮諼廢除百姓債務,百姓感激萬分的情況。所以,凝固用法,表示"……的方式"。
⑯ 説(yuè):高興,後作"悦"。
⑰ 期(jī)年:一周年。
⑱ 齊王:這裏指齊湣王。
⑲ 寡人不敢以先王之臣爲臣:我不敢把先王的臣子作爲我的臣子。這是委婉的説法,實際上是剥奪了孟嘗君的權利。

於薛①，未至百里②，民扶老攜幼，迎君道中③。孟嘗君顧謂馮諼④："先生所爲文市義者⑤，乃今日見之。"

一、辨析下面成組句子中加着重號的詞哪些是介詞，哪些是連詞。

1. 以
(1) 斧斤以時入山林，材木不可勝用也。（《寡人之於國也》）
(2) 命子封帥車二百乘以伐京。（《左傳·隱公元年》）
(3) 發憤忘食，樂以忘憂。（《論語·述而》）
(4) 責畢收，以何市而反？（《馮諼客孟嘗君》）
(5) 木欣欣以向榮，泉涓涓而始流。（陶淵明《歸去來辭》）
(6) 信喜，謂漂母曰："吾必有以重報母。"（《史記·淮陰侯列傳》）
(7) 君人者將昭德塞違，以臨照百官，猶懼或失之。（《左傳·桓公二年》）

2. 與
(1) 受時與治世同，而殃禍與治世異。（《荀子·天論》）
(2) 殺人以梃與刃，有以異乎？（《孟子·梁惠王上》）
(3) 自夫子之死也，吾無以爲質矣，吾無與言之矣。（《運斤成風》）
(4) 若使天下兼相愛，國與國不相攻，家與家不相亂，盜賊亡有，君臣、父子皆能孝慈，若此則天下治。（《天下兼相愛》）
(5) 此三子者，皆布衣之士也，懷怒未發，休祲降於天，與臣而將四矣。（《唐雎不辱使命》）
(6) 我孰與城北徐公美？（《鄒忌諷齊王納諫》）

二、分析並歸納下列句中"之"的用法。
1. 吾妻之美我者，私我也。（《鄒忌諷齊王納諫》）
2. 是故爲川者決之使導，爲民者宣之使言。（《召公諫厲王弭謗》）
3. 夫民心之愠也，若防大川焉，潰而所犯必大矣。（《鬬且廷見令尹子常》）
4. 民之有口，猶土之有山川也。（《召公諫厲王弭謗》）
5. 吳起懼得罪，遂去，即之楚。（《史記·孫子吳起列傳》）

---

① 就：前往。國：這裏指孟嘗君的封地。
② 未至百里：距離薛地還有百里。
③ 道中：半路上。
④ 顧：《說文·頁部》："還視也。"此處用本義，義爲回頭看。
⑤ 先生所爲文市義者：先生替我買義的道理。者，特殊代詞，指代"……的道理"。

6.《詩》曰:"孝子不匱,永錫爾類。"其是之謂乎?(《左傳·隱公元年》)

7. 君子疾夫舍曰"欲之"而必爲之辭。(《季氏將伐顓臾》)

8. 之二蟲又何知?(《北冥有魚》)

三、分析並歸納下列句中"而"的用法。

1. 永州之野產異蛇,黑質而白章。(柳宗元《捕蛇者說》)

2. 木欣欣以向榮,泉涓涓而始流。(陶淵明《歸去來辭》)

3. 吾有卿之名,而無其實。(《叔向賀貧》)

4. 子路率爾而對。(《論語·先進》)

5. 管氏而知禮,孰不知禮?(《論語·八佾》)

6. 相鼠有皮,人而無儀。(《詩經·鄘風·相鼠》)

7. 故蘇秦相於趙而關不通。(《戰國策·秦策》)

8. 余,而祖也。(《左傳·宣公三年》)

四、給下面短文加標點,並翻譯成現代漢語。

　　昔者魏武侯謀事而當群臣莫能逮朝而有喜色吳起進曰今者有以楚莊王之語聞者乎武侯曰未也莊王之語奈何吳起曰楚莊王謀事而當群臣莫能逮朝而有憂色申公巫臣進曰君朝而有憂色何也莊王曰吾聞之諸侯自擇師者王自擇友者霸足己而群臣莫之若者亡今以不穀之不肖而議於朝且群臣莫能逮吾國其幾於亡矣吾是以有憂色也莊王之所以憂而君獨有喜色何也武侯逡巡而謝曰天使夫子振寡人之過也天使夫子振寡人之過也(《新序·雜事》)

第十五課　語氣詞

各種句子都具有自己特定的語氣,句子表達語氣的手段是多樣的。語氣詞就是表達句子語氣的一類虛詞。古代漢語的語氣詞有用在句尾的,也有用在句首和句中的。下面介紹最常見的幾類語氣詞。

一、句尾語氣詞

文言文使用的語氣詞,最主要的是用在句子末尾表示語氣的句尾語氣詞。句尾語氣詞的使用與句子的類型密切相關。從所表達的語氣來分,可以有陳述語氣、疑問語氣和感歎語氣。

(一) 陳述句的句尾語氣詞

陳述句敍述一個動作行爲或其變化,或描寫一種形狀,或表達一種判斷。一般説來,句子的語氣比較舒緩,平鋪直敍。表達陳述語氣所用的語氣詞主要有"也""矣""耳""爾""焉"等。

1. 也

"也"用作句尾語氣詞,基本用法是對某種情況表示肯定、確認,表達一種確信不疑的語氣。這種肯定確認的語氣又分別用於不同的句子中。

第一,用於判斷句末尾幫助判斷。判斷句是對主語和謂語間的邏輯關係表示認定,因此判斷句多用"也"來煞尾,以加重判斷的語氣。例如:

　　① 董狐,古之良史也。(《左傳·宣公二年》)
　　② 陳勝者,陽城人也。(《史記·陳涉世家》)

否定判斷也是一種認定,因此也可以用"也"煞尾。例如:

　　③ 人各有耦,齊大,非吾耦也。(《左傳·桓公六年》)
　　④ 此非臣之所敢任也。(《史記·平原君虞卿列傳》)

第二,用於敍述句末尾,表示對所敍述的情況確信不疑。例如:

　　⑤ 吾見師之出而不見其入也。(《左傳·僖公三十二年》)
　　⑥ 小子識之,苛政猛於虎也。(《禮記·檀弓下》)

"也"還可以用來表示對所敍述事件存在因果關係的確認。如:

　　⑦ 元年春,不稱即位,公出故也。公出復入,不書,諱之也。(《左傳·隱公元年》)

第十五課　語氣詞

⑧ 吾所以爲此者,以先國家之急而後私讎也。(《史記·廉頗藺相如列傳》)

以上兩例是對原因的確認。還有表示對結果確認的,如:

⑨ 君子之於禽獸也,見其生,不忍見其死;聞其聲,不忍食其肉。是以君子遠庖廚也。(《孟子·梁惠王上》)

⑩ 由湯至於武丁,賢聖之君六七作,天下歸殷久矣,久則難變也。(《孟子·公孫丑上》)

第三,用於祈使句、疑問句末尾,仍然表示肯定確認的語氣。"也"用於祈使句末尾的如:

⑪ 不及黃泉,無相見也。(《左傳·隱公元年》)

⑫ 願伯具言臣之不敢倍德也。(《史記·項羽本紀》)

以上兩例,前例用"也"表示"不及黃泉不相見"的堅定決心,後例用"也"加強"臣之不敢倍德"的肯定語氣。至於句子所具有的祈使語氣,則是通過"無""願"兩詞表達出來的。

疑問句末尾用"也"的如:

⑬ 孟嘗君怪之,曰:"此誰也?"(《馮諼客孟嘗君》)

⑭ 何由知吾可也?(《孟子·梁惠王上》)

以上兩句疑問句的疑問語氣都是通過句中的疑問代詞"誰""何"表達出來的。至於"也"的作用則是在前句中幫助判斷,在後句中加強對"吾可"的認定,而並不在句中表示疑問。試比較以下句子:

⑮ 夫執輿者爲誰?(《論語·微子》)

⑯ 何以戰?(《左傳·莊公十年》)

以上兩句因有疑問代詞"誰""何",因此成爲疑問句;兩句句尾均不用"也",可知"也"並不表示疑問語氣。又如:

⑰ 以母則不食,以妻則食之;以兄之室則弗居,以於陵則居之,是尚爲能充其類也乎?(《孟子·滕文公下》)

"是尚爲能充其類也乎"也是一句疑問句,但是其疑問語氣是由疑問語氣詞"乎"表達出來,"也"是對"尚能充其類"的認定,該句如果去掉"乎",則成爲陳述句,這也説明疑問句末的"也"仍然表示其固有的肯定確認語氣。

2. 矣

"矣"是表示動態的句尾語氣詞,它總表示把事物發展到一定階段的狀況作爲新情況陳述出來,帶有動作已經完成的意味。"矣"的用法大致有以下幾種:

第一,表示情況已經如何。如:

① 衛國褊小,老夫耄矣,無能爲也。(《左傳·隱公四年》)

"老夫耄矣",即"我已經到耄耋之年了"。相對於原先未到耄耋之年而言,是一個新情況。

② 吾知所過矣,將改之。(《晉靈公不君》)

"吾知所過矣",即"我已經知道所犯的過錯了"。相對原先不知所過而言,是一個新情況。

③ 亞父聞項王疑之,乃怒曰:"天下事大定矣,君王自爲之!願請骸骨歸!"(《史記·陳丞相世家》)

"天下大事定矣",相對先前天下大事未定而言,也是一個新情況。

"矣"帶有已經完成的意味,因此用"矣"煞尾的句子中常出現表示已然的時間副詞"已""既""嘗"等。例如:

④ 秦晉圍鄭,鄭既知亡矣。(《左傳·僖公三十年》)

⑤ 且君嘗爲晉君賜矣。(《左傳·僖公三十年》)

⑥ 良曰:"聞大王有意督過之,脫身獨去,已至軍矣。"(《鴻門宴》)

第二,表示將要或必將出現某種新的情況。在這類句子中,常出現表示將然和必然的副詞"將""今""必"等。如:

⑦ 宮之奇以其族行,曰:"虞不臘矣,在此行也,晉不更舉矣。"(《左傳·僖公五年》)

⑧ 諾,吾將仕矣。(《陽貨欲見孔子》)

⑨ 奪項王天下者,必沛公也,吾屬今爲之虜矣!(《鴻門宴》)

⑩ 虢必亡矣,虐而聽於神。(《左傳·莊公三十二年》)

"矣"常用在假設條件複句的末尾,表示在某個條件具備的情況下會出現的新情況。例如:

⑪ 今我逃楚,楚必驕,驕則可與戰矣。(《左傳·襄公十年》)

⑫ 使梁睹秦稱帝之害,則必助趙矣。(《戰國策·趙策》)

⑬ 誠用客之謀,陛下事去矣。(《史記·留侯世家》)

除了用於陳述句外,"矣"也可以用於祈使句、疑問句、感歎句的末尾。在這些句子中,"矣"看似帶有祈使、疑問、感歎的意味,其實它仍然保留着自己特有的那種報導新情況的語氣。

"矣"用於疑問句末的如:

⑭ 太后曰:"敬諾。年幾何矣?"(《觸龍說趙太后》)

問現在年齡多大了,即現在的新情況。

⑮ 德何如,則可以王矣?(《孟子·梁惠王上》)

問道德要修養到什麼程度纔可憑藉它稱王天下。"可以王"是期待在條件具備後出現的新情況。

"矣"用於祈使句末的如:

⑯ 三窟已就，君姑高枕爲樂矣！（《戰國策·趙策》）

相對於原先"今君有一窟，未得高枕而卧也"，現在條件具備，可以高枕而卧了，也是報導新情況。

"矣"用於感歎句末的如：

⑰ 子曰："甚矣，吾衰也！久矣，吾不復夢見周公！"（《論語·述而》）
⑱ 天下苦秦久矣！（《史記·陳涉世家》）

"甚矣""久矣"都是報導發展變化的新情況。

和"也"相比較，"矣"表動態，一般把事情發展變化的新情況報導出來，"也"是靜態的，表示一般的肯定確認，並不含有因時間推移造成的變化。因此兩詞的用法有所不同。

第一，如前所述，用"矣"煞尾的句子中可以有表示已然、將然、必然的副詞出現，而用"也"煞尾的句子中一般不能出現上述時間副詞；至於一般地否定過去，表示某種情況沒有出現的副詞如"未""未嘗"等，則祇能出現在用"也"煞尾的句子裹。如：

⑲ 陳亢問於伯魚曰："子亦有異聞乎？"對曰："未也。"（《論語·季氏》）
⑳ 自古及今，未嘗有兩而能精者也。（《荀子·解蔽》）

下面的句子很能説明"也""矣"的上述區别：

㉑ 俎豆之事，則嘗聞之矣；軍旅之事，未之學也。（《論語·衛靈公》）
㉒ 子曰："由也升堂矣，未入於室也。"（《論語·先進》）
㉓ 我未見力不足者。蓋有之矣，我未之見也。（《論語·里仁》）

以上幾句都是已然和未然對用。前半句表已然，句末用"矣"煞尾，後半句表示還沒有發生某種情況，祇是一般的對情況的確認，所以用"也"煞尾，兩者不能互換。

第二，"也"用於判斷句末，以加強肯定的語氣，"矣"則不能用於判斷句的末尾。例如："董狐，古之良史也。"（《左傳·宣公二年》）不能説成："董狐，古之良史矣。"因爲對董狐是古代良史的這個認定，並不包含時間的變化。

第三，"也"是靜態的肯定確認，因此常用在因果複句的末尾，加強對因果關係的肯定；"矣"則常用於條件句的末尾，表示某個條件具備後出現的結果（即新情況）。

3. 焉

"焉"是一個特殊的指示代詞，由於經常位於句尾，因此後來從指示代詞兼語氣詞的用法虚化爲純粹的語氣詞。例如：

① 將有西師過軼我。擊之，必大捷焉。（《左傳·僖公三十二年》）
② 仲尼之徒，無道桓文之事者，是以後世無傳焉。（《孟子·梁惠王上》）
③ 及至秦之季世，焚詩書，坑術士，六藝從此缺焉。（《史記·儒林列傳》）

但是，即便是虚化爲純粹的語氣詞，"焉"還帶有較强的指示性，帶有指點和引人注意的意味。

4. 耳、爾

"耳"也是表示陳述的句尾語氣詞。"耳"與"也""矣""焉"的不同之處在於,"耳"表示肯定,帶有限制的意味,相當於"不過……而已""不過……罷了"。例如:

① 夫道若大路然,豈難知哉?人病不求耳。(《孟子·告子下》)

"人病不求耳",意思是道並不難知,人患在不求道罷了。

② 曰:"日食飲得無衰乎?"曰:"恃鬻耳。"(《觸龍説趙太后》)

"恃鬻耳"即"靠吃粥罷了"。

③ 從此道至吾軍,不過二十里耳。(《鴻門宴》)

"不過二十里耳",即"不過二十里罷了"。"耳"都是表示限制的語氣。

"耳"也寫作"爾"。例如:

④ 葉公子高入據楚,誅白公,定楚國,如反手爾。(《荀子·非相》)

⑤ 莊王圍宋,軍有七日之糧爾。(《公羊傳·宣公十五年》)

由於帶有限制的意味,"耳"常與表示限制的範圍副詞"直""僅""特""獨""但""止""唯"等一起使用。如:

⑥ 王變乎色,曰:"寡人未能好先王之樂也,直好世俗之樂耳。"(《孟子·梁惠王下》)

⑦ 狡兔有三窟,僅得免其死耳。(《戰國策·齊策》)

⑧ 南方有雲夢,陛下弟出僞游雲夢,會諸侯於陳。陳,楚之西界,信聞天子以好出游,其勢必無事而郊迎謁。謁,而陛下因禽之,此特一力士之事耳。(《史記·陳丞相世家》)

⑨ 其人與骨皆已朽矣,獨其言在耳。(《史記·老子韓非列傳》)

⑩ 翁曰:"無他,但手熟爾。"(歐陽修《賣油翁》)

⑪ 技止此耳。(柳宗元《三戒》)

"耳"因爲具有表示限制的特點,所以常用於複句的前一分句末,先對所述內容加以限制,使後一分句或遞進或轉折的意味更加強烈。例如:

⑫ 諸將易得耳,至如信者,國士無雙。(《史記·淮陰侯列傳》)

這是把諸將同韓信對比,貶抑前者,以突出後者的人材難得。

⑬ 今肅等可迎操耳,於將軍不可也。(《資治通鑑》卷六十五)

前句用"耳"煞尾,表示魯肅等可以迎操的無足輕重,更強調孫權不可以逢迎曹操。

⑭ 田橫,齊之壯士耳,猶守義不辱;況劉豫州王室之胄,英才蓋世,衆士慕仰,若水之歸海。若事之不濟,此乃天也,安能復爲之下乎?(《資治通鑑》卷六十五)

在"田橫,齊之壯士"後用"耳"煞尾,是對田橫身份的貶抑,從而更突出劉備"王室之胄"的高貴身份,強調在守義不辱方面不能不如田橫。"耳"的這種表示限制的意味是"也""矣""焉"都沒有的。

(二) 疑問句的句尾語氣詞

疑問句主要包括特指問句、是非問句、選擇問句。

特指疑問句,是就事情的某一方面有針對性地提出疑問的句子,所詢問的內容用疑問代詞來指代,這使句子自身就帶有較強的疑問語氣。因此,特指疑問句可以不用表疑問的句尾語氣詞。如:

① 姜氏欲之,焉辟害?(《左傳·隱公元年》)
② 父與夫孰親?(《左傳·桓公十五年》)
③ 高祖崩,何事惠帝。何病,上親自臨視何疾,因問曰:"君即百歲後,誰可代君?"(《漢書·蕭何曹參傳》)

特指問句也有用疑問語氣詞煞尾加重疑問語氣的情況,但相對而言,特指問句用疑問語氣詞煞尾的祇是一小部分。

是非問句提出問題,要求對方作肯定或否定的回答。是非問句因為不用疑問代詞提問,因此其疑問語氣需要通過句末表示疑問的語氣詞表達出來。選擇問句是問從一定的範圍或項目中選擇哪一個,一般是把兩種或兩種以上的情況列出,問是這一種還是那一種。選擇問句因為不用疑問代詞提出問題,所以其疑問語氣也需要通過句尾表疑問的語氣詞來予以表達。

"乎""與(歟)""邪(耶)""哉"是古代漢語疑問句常用的句尾語氣詞,它們所表疑問語氣的輕重及在不同類型疑問句末的用法各有特點。

從所表疑問語氣的輕重程度看,"乎"的疑問語氣最為強烈,甚至可以說,"乎"是其中最為純粹的疑問語氣詞。"與(歟)""邪(耶)"的語法作用及疑問語氣的輕重大致相似,這兩個詞古音相近,祇是在先秦古書裏出現的場合略有不同。"與(歟)""邪(耶)"的疑問語氣,較之"乎"要輕得多,它們更多的是表示一種探詢的語氣。

"乎""與(歟)""邪(耶)""哉"所表疑問語氣的不同,決定了它們在古代漢語疑問句裏或有不同的出現場合,或雖出現於同一類型疑問句裏,但所表語氣輕重也有所不同。下面介紹幾個常見的句尾語氣詞的主要用法。

1. 乎

在諸多表疑問的句尾語氣詞中,"乎"的疑問語氣最為強烈,甚至可以說,"乎"是其中最為純粹的疑問語氣詞。"乎"可用於各種疑問句中。

"乎"用於特指問句的如:

① 夫今之歌者其誰乎?(《莊子·山木》)
② 誰習計會,能為文收責於薛者乎?(《馮諼客孟嘗君》)
③ 漢王謂陳平曰:"天下紛紛,何時定乎?"(《史記·陳丞相世家》)

"乎"用於是非問句的如：

④ 子路從而後，遇丈人，以杖荷蓧。子路問曰："子見夫子乎？"（《論語·微子》）
⑤ 冬，曹大子來朝，賓之以上卿，禮也。享曹大子，初獻，樂奏而歎。施父曰："曹大子其有憂乎？非歎所也。"（《左傳·桓公九年》）
⑥ 虞卿欲以信陵君之存邯鄲爲平原君請封。公孫龍聞之，夜駕見平原君曰："龍聞虞卿欲以信陵君之存邯鄲爲君請封，有之乎？"（《史記·平原君虞卿列傳》）

"乎"用於選擇問句的如：

⑦ 此龜者，寧其死爲留骨而貴乎？寧其生而曳尾於塗中乎？（《莊子·秋水》）
⑧ 子以秦爲將救韓乎？其不乎？（《戰國策·韓策》）

"諸"常常是代詞"之"和疑問語氣詞"乎"的合音，所以古漢語疑問句也時常可見用"諸"煞尾的情況。如：

⑨ 冉有問："聞斯行諸？"子曰："聞斯行之。"（《論語·先進》）
⑩ 齊宣王問曰："文王之囿方七十里，有諸？"（《孟子·梁惠王下》）

以上兩句句尾的"諸"都相當於"之乎"。"聞斯行諸"和"聞斯行之"是一個很好的對比：前句以"諸"煞尾，因爲含有疑問語氣詞"乎"在內，所以是疑問句，後句以"之"煞尾，不含有疑問語氣詞，所以是陳述句。

2. 與（歟）、邪（耶）

在疑問語氣詞中，"與（歟）""邪（耶）"的語法作用及疑問語氣的輕重大致相似，這兩個詞古音相近，祇是在先秦古書裏出現的場合略有不同。"與（歟）""邪（耶）"的疑問語氣，較之"乎"要輕得多，它們更多的是表示一種探詢的語氣。

用於特指問句的如：

① 丘何爲是栖栖者與？（《論語·憲問》）
② 虎兕出於柙，龜玉毀於櫝中，是誰之過與？（《季氏將伐顓臾》）
③ 王薦之曰："若與偕來者何人邪？"對曰："臣之所能造倡者。"（《列子·湯問》）

用於是非問句的如：

④ 子曰："道不行，乘桴浮于海。從我者，其由與？"（《論語·公冶長》）
⑤ 贊曰：仲尼有言"君子欲訥於言而敏於行"，其萬石君、建陵侯、塞侯、張叔之謂與？（《漢書·萬石衛直周張傳》）
⑥ 秦急圍邯鄲，邯鄲急，且降，平原君甚患之。邯鄲傳舍吏子李同說平原君曰："君不憂趙亡邪？"（《史記·平原君虞卿列傳》）
⑦ 上召布罵曰："若與彭越反邪？"（《史記·季布欒布列傳》）

值得指出的是，儘管"乎""與（歟）""邪（耶）"都可以用於各種疑問句尾，但是它們所表語氣是有差異的。"乎"的疑問語氣最強，因此，用"乎"的問句，一般都是純粹的發問。

如用"乎"煞尾的是非問句,問話者對於回答的"是"與"非"事先並沒有自己的看法,而用"與(歟)""邪(耶)"煞尾的是非問句,表達的多爲探詢、推測的語氣,問話者本來對問題的答案已經有先入之見,發問的目的是等待對方來證實自己的看法。細心體會以上的例句,可以感覺到它們的區別。

用於選擇問句的如:

⑧ 子禽問於子貢曰:"夫子至於是邦也,必聞其政。求之與?抑與之與?《夫子至於是邦也》
⑨ 此天下之害與?天下之利與?《墨子·兼愛》
⑩ 天之蒼蒼,其正色邪?其遠而無所至極邪?《北冥有魚》
⑪ 儻所謂天道,是邪?非邪?《史記·伯夷列傳》

3. 哉

"哉"本身沒有疑問的意味,它的基本作用是表示感歎,而且是比較強烈的感歎。用"哉"煞尾的疑問句一般都是特指問句,如:

① 余以所聞由、光義至高,其文辭不少概見,何哉?《史記·伯夷列傳》
② 汲黯何如人哉?《史記·汲鄭列傳》

以上疑問句中的疑問語氣其實是靠疑問代詞來表達的。

(三) 反問句的句尾語氣詞

反問句是說話的人對某件事和某個問題本來並沒有疑問,而是明知故問,用問句的方式來表示對某一件事和某個問題的否定或肯定。不正面說出自己的意思而採取反問的方式,目的是加重語氣,使之更有力量。反問句不同於疑問句,但反問句所用句尾語氣詞和疑問句相同。

"乎""邪(耶)""與(歟)""哉"均可用於反問句,它們常常與疑問代詞和表示反問的語氣副詞配合使用,以表達出反問句所具有的那種強烈語氣。與疑問代詞配合使用的如:

① 安能以皓皓之白,而蒙世俗之塵埃乎?《楚辭·漁父》
② 燕雀安知鴻鵠之志哉?《史記·陳涉世家》
③ 閭巷之人,欲砥行立名者,非附青雲之士,惡能施于後世哉?《史記·伯夷列傳》

與表示反問的語氣副詞配合使用的如:

④ 晉,吾宗也,豈害我哉?《左傳·僖公五年》
⑤ 欲加之罪,其無辭乎?《左傳·僖公十年》
⑥ 王侯將相寧有種乎?《史記·陳涉世家》
⑦ 夫人生百體堅彊,手足便利,耳目聰明,而心聖智,豈非士之願與?《史記·范雎蔡澤列傳》

⑧ 朱家心知其季布也，買置田舍。乃之雒陽見汝陰侯滕公，説曰："季布何罪？臣各爲其主用，職耳。項氏臣豈可盡誅邪？"(《漢書·季布欒布田叔傳》)

古代漢語反問句還有一些習慣句式"不亦……乎""得無(毋)……乎""無乃……乎"，句尾也都需要有語氣詞煞尾。例如：

⑨ 學而時習之，不亦説乎？有朋自遠方來，不亦樂乎？人不知而不愠，不亦君子乎？(《論語·學而》)

⑩ 舟已行矣，而劍不行，求劍若此，不亦惑乎？(《吕氏春秋·察今》)

"不亦……乎"，一般可譯爲"不是很……嗎"。

⑪ 日食飲得無衰乎？(《觸龍説趙太后》)

⑫ 堂下得微有疾臣者乎？(《韓非子·內儲説下》)

"得無……乎"帶有揣度意味，使反問句語氣比較委婉，一般可譯爲"該不會……吧"或"莫非……吧"。

⑬ 去順效逆，所以速禍也。君人者將禍是務去，而速之，無乃不可乎？(《左傳·隱公三年》)

⑭ 蹇叔曰："勞師以襲遠，非所聞也。師勞力竭，遠主備之，無乃不可乎？"(《左傳·僖公三十二年》)

"無乃……乎"所表語氣也比較委婉，一般可譯爲"恐怕……吧"。

古代漢語還有一種表示反問的句式"何以……爲""何……爲"，"爲"也是句尾語氣詞。例如：

⑮ 夫顓臾，昔者先王以爲東蒙主，且在邦域之中矣，是社稷之臣也。何以伐爲？(《季氏將伐顓臾》)

⑯ 君子質而已矣，何以文爲？(《論語·顔淵》)

"何以……爲"有時也作"奚以……爲""惡用……爲"。如：

⑰ 我決起而飛，搶榆枋，時則不至，而控於地而已矣；奚以之九萬里而南爲？(《北冥有魚》)

⑱ 惡用是鶃鶃者爲哉？(《孟子·滕文公下》)

"何以……爲"意思是"爲什麼要……""哪裏用得着……"。"何……爲"的例句如：

⑲ 湯母曰："湯爲天子大臣，被惡言而死，何厚葬爲？"(《漢書·張湯傳》)

"何……爲"意思相當於"爲什麼……呢"。"何厚葬爲"即爲什麼厚葬呢。"何……爲"也有表示疑問的，如：

⑳ 人曰："子卒也，而將軍自吮其疽，何哭爲？"(《史記·孫子吳起列傳》)

"何哭爲"即"爲什麼哭呢"，是有疑而問。

242

二、句首句中語氣詞

古代漢語的語氣詞除了用以煞句的句尾語氣詞外,還有一些位於句首或句中的語氣詞。後者是古代漢語特有的語言現象。下面介紹幾個常見的句首、句中語氣詞的主要用法。

1. 夫

"夫"是古書中常見的句首語氣詞,它表示要發議論,或要概述事物的特徵,起到引起下文的作用。有的語法書稱之爲"發語詞"。

"夫"作句首語氣詞的例子如:

① 夫戰,勇氣也。一鼓作氣,再而衰,三而竭。(《左傳·莊公十年》)
② 夫積貯者,天下之大命也。(賈誼《論積貯疏》)
③ 夫以秦王之威,而相如廷叱之,辱其群臣,相如雖駑,獨畏廉將軍哉!(《史記·廉頗藺相如列傳》)
④ 吾師道也,夫庸知其年之先後生於吾乎?(韓愈《師說》)

這些位於句首的"夫"都表示要發議論,起到提起下文的作用。現代漢語裏沒有與之相對應的詞,今譯時不必譯出。

句首語氣詞"夫"有時和指示代詞"夫"有類似之處,容易混淆。可以根據以下幾點加以辨別:

第一,根據語法作用和所處位置加以確定。指示代詞"夫"主要充當定語修飾名詞性詞語,它在句中的位置比較靈活,而語氣詞"夫"則位於句首,表示要發議論。因此,不在句首的"夫"肯定不是句首語氣詞;"夫"後所接如果不是名詞性詞語,則應當是語氣詞。試看下面例子:

⑤ 君子疾夫舍曰"欲之"而必爲之辭。(《季氏將伐顓臾》)
⑥ 左右曰:"乃歌夫'長鋏歸來'者也。"(《馮諼客孟嘗君》)

以上兩句,"夫"都位於句中,因此都不是句首發語詞。

⑦ 夫腹飢不得食,膚寒不得衣,雖慈母不能保其子,君安能以有其民哉?(鼂錯《論貴粟疏》)

上句"夫"雖然位於句首,但後面緊接的不是名詞性詞語,因此可以確定它不是指示代詞,而是句首發語詞。

第二,根據文意加以確定。如果"夫"位於句首,而且後面所接的又是名詞性詞語,難以根據其所處位置和語法作用判斷詞性的話,那麼就要看該句的文意。語氣詞"夫"用在句首表示後面要發表議論,而且所議論的問題多帶有普遍性;指示代詞"夫"則對所修飾的名詞性詞語加有特指的意味,相當於"那",後面的名詞性詞語往往是個別的具體的對象。試對比以下例句:

⑧ 夫大國，難測也，懼有伏焉。（《左傳·莊公十年》）

⑨ 夫晉何厭之有？（《左傳·僖公三十年》）

前句"夫大國"，説的是凡是大國都很難測，是普遍的現象，因此"夫"是引起議論的發語詞；後句"夫晉"是對具體的一個國家的特指，因此"夫"是指示代詞。

此外，句首語氣詞"夫"還常用在"且""故""若""今"等詞之後結合成"且夫""今夫""若夫""故夫"等凝固結構，仍然用在句首。如：

⑩ 今夫顓臾，固而近於費。（《季氏將伐顓臾》）

⑪ 今秦婦人嬰兒，皆言商君之法，是商君反爲主，大王更爲臣也。且夫商君，固大王之仇讎也。願大王圖之。（《戰國策·秦策》）

⑫ 君子創業垂統，爲可繼也。若夫成功，則天也。（《孟子·梁惠王下》）

⑬ 故夫河冰結合，非一日之寒；積土成山，非斯須之作。（《論衡·狀留篇》）

2. 惟（維、唯）

"惟（維、唯）"既可以作句首語氣詞，也可作句中語氣詞。

"惟（維、唯）"作句首語氣詞主要有兩個作用。一是提示強調，引出主語或時間。如：

① 惟十有三年春，大會于孟津。（《尚書·泰誓上》）

② 惟十有三祀，王訪于箕子。（《尚書·洪範》）

以上兩句是引出時間。引出主語的如：

③ 維此奄息，百夫之特。（《詩經·秦風·黃鳥》）

④ 維此文王，小心翼翼。（《詩經·大雅·大明》）

"惟（維、唯）"作句首語氣詞的另一個作用是，強調希冀、期望的語氣。如：

⑤ 闕秦以利晉，唯君圖之。（《左傳·僖公三十年》）

⑥ 陛下未有繼嗣，子無貴賤，唯留意！（《漢書·外戚傳》）

⑦ 故敢略陳其愚，惟君子察焉。（楊惲《報孫會宗書》）

⑧ 臣乘願披腹心而效愚忠，惟大王少加意念惻怛之心於臣乘言。（枚乘《上書諫吴王》）

"惟（維、唯）"用在句中，主要是起強調的作用。如：

⑨ 蚩尤惟始作亂。（《尚書·吕刑》）

⑩ 方今唯秦雄天下。（《戰國策·趙策》）

現代漢語没有與"惟（維、唯）"相對的詞，今譯時可以不譯。

3. 蓋

"蓋"常作句首語氣詞，有時也用在句中。"蓋"的作用經常是表示要對某事發表議論或提出看法。如：

① 朕聞，蓋天下萬物之萌生，靡不有死。（《史記·孝文本紀》）

② 蓋聞，王者莫高於周文，霸者莫高於齊桓。（《漢書·高帝紀》）
③ 蓋老子百有六十餘歲，或言二百餘歲。（《史記·老子韓非列傳》）

4. 其

語氣詞"其"既可用在句首，又可用在句中，表示一種委婉的語氣。"其"有推測擬議的意思，可譯爲"恐怕""大概"等。例如：

① 知進退存亡而不失其正者，其唯聖人乎！（《周易·乾·文言》）
② 《詩》曰："孝子不匱，永錫爾類。"其是之謂乎？（《左傳·隱公元年》）

在祈使句中，"其"表示一種委婉的語氣，可譯爲"希望""還是"。如：

③ 昭王之不復，君其問諸水濱！（《齊桓公伐楚》）

"君其問諸水濱"即"您還是到水邊去詢問這件事吧"。

④ 秦王使人謂安陵君曰："寡人欲以五百里之地易安陵，安陵君其許寡人！"（《唐雎不辱使命》）

"安陵君其許寡人"即"安陵君您可一定要答應我啊"。

"其"也可用於反問句，仍然表示委婉的語氣，可譯爲"怎麼""難道"。如：

⑤ 宮之奇諫曰："虢，虞之表也。虢亡，虞必從之。晉不可啟，寇不可翫。一之謂甚，其可再乎？"（《左傳·僖公五年》）

"一之謂甚，其可再乎"即"一次已經是過分的了，怎麼可以還來第二次呢？"這是宮之奇對虞君進諫，所以語氣比較謙和委婉。

⑥ 若闕地及泉，隧而相見，其誰曰不然？（《左傳·隱公元年》）

"其誰曰不然"也是反問句，意思是"難道誰會説不是這樣呢"。這是潁考叔對鄭莊公提建議，語氣也比較委婉。

5. 也

句中語氣詞"也"常用在主語之後，起提頓作用，使全句的語氣變得舒緩。例如：

① 子貢問："師與商也孰賢？"子曰："師也過，商也不及。"（《論語·先進》）
② 平原君曰："勝也何敢言事？百萬之衆折於外，今又內圍邯鄲而不去。魏王使客將軍辛垣衍令趙帝秦，今其人在是。勝也何敢言事？"（《戰國策·趙策》）
③ 是以知天下之君子也，辯義與不義之亂也。（《義與不義》）

"也"有時也用在表示時間的狀語之後，起舒緩語氣、提起下文的作用。如：

④ 媼之送燕后也，持其踵爲之泣，念悲其遠也。（《觸龍説趙太后》）
⑤ 宋人有曹商者，爲宋王使秦。其往也，得車數乘。（《莊子·列御寇》）

現代漢語中没有與這種句中語氣詞"也"對應的詞，今譯時可以不譯。

文　選

唐雎不辱使命①

秦王使人謂安陵君曰②："寡人欲以五百里之地易安陵③，安陵君其許寡人④！"安陵君曰："大王加惠⑤，以大易小，甚善；雖然⑥，受地於先王，願終守之，弗敢易！"秦王不說⑦。安陵君因使唐雎使於秦⑧。

秦王謂唐雎曰："寡人以五百里之地易安陵，安陵君不聽寡人，何也？且秦滅韓亡魏，而君以五十里之地存者⑨，以君爲長者⑩，故不錯意也⑪。今吾以十倍之地，請廣於君⑫，而君逆寡人者⑬，輕寡人與⑭？"唐雎對曰："否，非若是也⑮。安陵君受地於先王而守之，雖千里不敢易也⑯，豈直五百里哉⑰？"

秦王怫然怒⑱，謂唐雎曰："公亦嘗聞天子之怒乎？"唐雎對曰："臣未嘗聞也。"秦王曰："天子之怒，伏屍百萬，流血千里。"唐雎曰："大王嘗聞布衣之怒

---

① 本篇選自《戰國策·魏策》。題目爲後加。本篇通過唐雎（jū）和秦王的對話，展現了唐雎不畏强暴、敢於維護國家利益的英勇形象。

② 秦王：即秦始皇嬴政。當時還未稱帝，故稱秦王。安陵君：魏襄王的弟弟。戰國時，安陵爲魏的附屬國，魏襄王將他的弟弟封爲安陵君。

③ 以：介詞，引進動作行爲的條件，可譯作"用"。易：交換。安陵：魏國的附庸國。魏國滅亡後曾保持過獨立的地位。在今河南鄢陵西北。

④ 其：語氣詞，表示委婉語氣。許：答應。

⑤ 加惠：施與恩惠。加，施與。

⑥ 雖然：即便如此。雖，連詞，表示轉折。然，代詞，這樣。

⑦ 説（yuè）：高興，後作"悦"。

⑧ 因：副詞，於是。使於秦：出使到秦國。

⑨ "且秦滅"句：況且秦消滅了韓國和魏國，而安陵君憑藉五十里的地方存留下來的原因。者，特殊代詞，表示"……的原因"。

⑩ 以……爲：把……當作。

⑪ 故：因此。不錯意：没有打（安陵）的主意。錯意，在意。錯，放置，後作"措"。

⑫ 廣：擴充，這裏指擴充土地。君：指安陵君。

⑬ 逆：違背。者：特殊代詞，表示"……的原因"。

⑭ 輕：輕視。與：語氣詞，表示疑問。

⑮ 是：代詞，代指前面秦王所說的內容。

⑯ 雖：連詞，表示讓步關係，可譯作"即使"。

⑰ 直：範圍副詞，僅僅。

⑱ 怫然：憤怒的樣子。

第十五課　語氣詞

乎①?"秦王曰:"布衣之怒,亦免冠徒跣②,以頭搶地爾③。"唐雎曰:"此庸夫之怒也④,非士之怒也。夫專諸之刺王僚也⑤,彗星襲月⑥;聶政之刺韓傀也⑦,白虹貫日⑧;要離之刺慶忌也⑨,蒼鷹擊於殿上⑩。此三子者,皆布衣之士也,懷怒未發,休祲降於天⑪,與臣而將四矣⑫。若士必怒,伏屍二人,流血五步,天下縞素⑬,今日是也⑭。"挺劍而起。

秦王色撓⑮,長跪而謝之曰⑯:"先生坐!何至於此!寡人諭矣⑰。夫韓、魏滅亡,而安陵以五十里之地存者,徒以有先生也⑱。"

---

① 布衣:指平民。
② 免冠:摘掉帽子。徒跣(xiǎn):光着腳。
③ 搶:撞。爾:語氣詞,可譯作"罷了"。
④ 庸夫:平庸的人。
⑤ 之:連詞,用在主謂結構之間,取消句子獨立性。"專諸刺王僚",指吳國公子光(後來的吳王闔閭)爲了爭奪王位,派專諸將短劍藏在魚腹內,向王僚獻食,并借機刺死王僚。事見《左傳·昭公二十七年》和《史記·刺客列傳》。
⑥ 彗星襲月:彗星的尾巴掃過月亮。古人認爲天變和人事相應,將"彗星襲月"看作是專諸刺殺王僚的徵兆。後文中的"聶政刺韓傀""要離刺慶忌"均如此。
⑦ 聶政刺韓傀:韓國大夫嚴遂同韓傀爭權,派聶政把韓傀刺殺了。事見《戰國策·韓策》和《史記·刺客列傳》。
⑧ 貫:穿過。
⑨ 要離刺慶忌:公子光派專諸殺死吳王僚後,吳王僚的兒子慶忌逃到衛國,公子光又派要離到衛國假裝依附慶忌,最後刺殺了慶忌。事見《吳越春秋》。
⑩ 擊:撲擊。
⑪ 休祲(jìn):吉凶的徵兆。休,吉祥。祲,災禍之氣。
⑫ 與臣而將四矣:(上邊的專諸、聶政、要離)加上我,將是四個人,這裏的意思是說唐雎要效法他們三個刺殺秦王。
⑬ 縞(gǎo)素:未經染色的絲織品,借指喪服。名詞用作動詞,穿喪服。
⑭ 是:代詞,代指唐雎上文所說的情況。
⑮ 色:臉色。撓(náo):屈服。
⑯ 長跪:挺直身子跪着,用來表示敬意。古人席地而坐,坐時兩膝着地,臀部坐在腳後跟上,當挺直身子時,身體要伸長些,因此叫長跪。謝:道歉。
⑰ 諭:明白,理解。
⑱ 徒:範圍副詞,祇,僅僅。以:連詞,因爲。

鄒忌諷齊王納諫①

鄒忌脩八尺有餘②,形貌昳麗③。朝服衣冠④,窺鏡,謂其妻曰:"我孰與城北徐公美⑤?"其妻曰:"君美甚,徐公何能及君也⑥!"城北徐公,齊國之美麗者也。忌不自信⑦,而復問其妾曰:"吾孰與徐公美?"妾曰:"徐公何能及君也!"旦日⑧,客從外來,與坐談⑨,問之:"吾與徐公孰美?"客曰:"徐公不若君之美也⑩!"明日,徐公來,孰視之⑪,自以爲不如⑫;窺鏡而自視,又弗如遠甚。暮寢而思之,曰:"吾妻之美我者⑬,私我也⑭;妾之美我者,畏我也;客之美我者,欲有求於我也。"

於是入朝,見威王曰:"臣誠知不如徐公美,臣之妻私臣,臣之妾畏臣,臣之客欲有求於臣,皆以美於徐公⑮。今齊地方千里⑯,百二十城。宮婦左右,莫不私王;朝廷之臣,莫不畏王;四境之內,莫不有求於王。由此觀之,王之蔽甚矣⑰!"王曰:"善。"乃下令:"群臣吏民,能面刺寡人之過者⑱,受上賞;上書諫寡

---

① 本篇選自《戰國策·齊策》。題目爲後加。鄒忌利用生活中的道理做比喻來勸説齊威王要廣開言路,齊威王採納了他的建議,勵精圖治,使齊國的政治地位大大提高。鄒忌:齊國人,齊威王時爲相,封於下邳,號成侯。諷:婉言規勸。
② 脩:"修"的借字,長,這裏指身高。尺:古代尺比現在短,因此八尺相當於今六尺左右。有:和"又"通用,用來連接大數和小數。
③ 昳(yì)麗:美麗。
④ 朝:早晨,時間名詞作狀語。服:穿戴。
⑤ 我孰與城北徐公美:我和城北徐公比起來誰更美? 孰與,凝固用法,表示比較。
⑥ 何:疑問代詞作狀語,怎麼。及:比得上。
⑦ 不自信:自己不相信(比徐公美)。
⑧ 旦日:第二天。
⑨ 與:介詞,後面省略賓語"之",指代"客人"。
⑩ 不若:不如。
⑪ 孰視:仔細地看。孰,仔細,後作"熟"。
⑫ 自以爲:自己認爲。不如:比不上(徐公)。
⑬ 美我:認爲我美。美,形容詞意動用法,認爲……美。
⑭ 私:偏愛。
⑮ 於:介詞,引進比較的對象,可譯作"比"。
⑯ 地方:土地方圓。
⑰ 蔽:蒙蔽。
⑱ 面刺:當面指出。面,名詞作狀語。

人者,受中賞;能謗議於市朝①,聞寡人之耳者②,受下賞。"

令初下,群臣進諫,門庭若市。數月之後,時時而間進③。期年之後④,雖欲言,無可進者。燕、趙、韓、魏聞之,皆朝於齊。此所謂戰勝於朝廷⑤。

展禽使乙喜以膏沐犒師⑥

齊孝公來伐魯⑦,臧文仲欲以辭告⑧,病焉⑨,問於展禽。對曰:"獲聞之,處大教小,處小事大,所以禦亂也⑩,不聞以辭。若爲小而崇,以怒大國⑪,使加己亂⑫,亂在前矣,辭其何益?"文仲曰:"國急矣!百物唯其可者,將無不趨也⑬。願以子之辭行賂焉,其可賂乎?"

展禽使乙喜以膏沐犒師⑭,曰:"寡君不佞⑮,不能事疆場之司⑯,使君盛怒,以暴露於敝邑之野,敢犒輿師⑰。"齊侯見使者曰:"魯國恐乎?"對曰:"小人

---

① 謗:指出別人的過失。市朝:指公共場所。
② 聞:動詞使動用法,使……聽見。
③ 時時:隔了一些時候。間進:間或有人進諫。
④ 期(jī)年:一周年。
⑤ 戰勝於朝廷:在朝廷上就能戰勝(其他的國家)。意思是國內政治清明,不必用兵就能制服其他國家。
⑥ 本篇選自《國語·魯語》。題目爲後加。《國語》是我國最早的一部國別體史書,全書按周、魯、齊、晉、鄭、楚、吳、越八國編次,記載了從周穆王到周貞定王前後五百餘年的史事。《國語》最早的注本是三國時代吳國人韋昭的注本,比較著名的有清人董增齡的《國語正義》和近人徐元誥的《國語集解》。《國語》相傳爲左丘明所作,但尚無定論。魯國大夫乙喜憑藉自己的機智,對齊國曉之以理,實現了退齊兵的目的。展禽:即柳下惠,魯國大夫,姓展,名獲,字子禽。乙喜:即展喜,魯國大夫。犒:犒勞。
⑦ 齊孝公:齊桓公之子,名昭,諡號孝公。
⑧ 告:請求,這裏指向對方請罪。
⑨ 病:擔心,擔憂。焉:兼詞,相當於"於是",其中"是"指代向齊國請罪這件事。
⑩ 禦:阻止。
⑪ 崇:高,這裏指不考慮小國家的地位而自視甚高,得罪大國。
⑫ 加:增加。亂:禍亂。
⑬ 百物唯其可者,將無不趨也:各種貴重的物品,祇要能用以送禮,沒有捨不得給的。無,否定性無定代詞,沒有什麼。
⑭ 膏沐不是貴重的禮物,用此送禮,以明主要在於用道理説服對方,而非賄賂。
⑮ 不佞(nìng):謙辭,不才。
⑯ 場(yì):邊界,邊境。司:官吏。
⑰ 敢:副詞,表示自謙。輿:衆,衆人。

恐矣,君子則否。"公曰:"室如懸罄,野無青草①,何恃而不恐②?"對曰:"恃二先君之所職業③。昔者成王命我先君周公及齊先君太公曰:'女股肱周室④,以夾輔先王⑤。賜女土地,質之以犧牲⑥,世世子孫無相害也。'君今來討敝邑之罪,其亦使聽從而釋之⑦,必不泯其社稷⑧,豈其貪壤地而棄先王之命?其何以鎮撫諸侯?恃此以不恐。"齊侯乃許爲平而還⑨。

臧文仲如齊告糴⑩

魯饑⑪,臧文仲言於莊公曰:"夫爲四鄰之援,結諸侯之信⑫,重之以婚姻⑬,申之以盟誓⑭,固國之艱急是爲⑮。鑄名器⑯,藏寶財,固民之殄病是待⑰。今國病矣,君盍以名器請糴於齊⑱!"公曰:"誰使?"對曰:"國有饑饉⑲,卿出告

---

① 懸罄:懸掛起來的罄,用"懸空"的特點形容魯國國庫空虛。野無青草:說明魯國旱災,寸草不生。
② 何恃:賓語前置,疑問代詞"何"作賓語,置於動詞"恃"前。恃,倚仗。
③ 職業:主管的事。職,動詞,主管。業,名詞,事務。
④ 股肱(gōng):大腿和胳膊,比喻左右輔佐之臣。這裏是名詞用作動詞,輔佐。
⑤ 先王:指周武王。
⑥ 質:以財物或人作保證,這裏指要通過祭祀進奉犧牲來回報所賜土地之恩。
⑦ 釋:放下,這裏指寬恕(對方的過失)。
⑧ 泯:泯滅。
⑨ 平:和解,講和。
⑩ 本篇選自《國語·魯語》。題目爲後加。本篇講述了魯國卿士臧文仲憑藉自己的口才和機智反應,實現了向齊請糴的目的,展現了優秀的外交才能。臧文仲:魯國的卿士,名辰。如:到……去。告:請求。糴(dí):買進糧食。
⑪ 饑:饑荒。
⑫ 夫爲四鄰之援,結諸侯之信:此句中的四鄰、諸侯互文。援,援助。
⑬ 重(chóng):進一步,加深。之:代詞,指代四鄰諸侯。
⑭ 申:重複。
⑮ 固國之艱急是爲:賓語前置,"國之艱急"作"爲"的前置賓語,用代詞"是"複指。可理解爲:本來就是爲了應付國家的艱難危急。固,情態副詞,表示肯定,本來。
⑯ 名器:名貴的器物,這裏指鍾鼎。
⑰ 固民之殄(tiǎn)病是待:賓語前置,"民之殄病"作"待"的前置賓語,用代詞"是"複指。可理解爲:本來就是爲了救助百姓的疲敝困苦。殄,消滅,滅絕。病,飢餓。殄病,這裏主要指的是疲敝、饑荒。
⑱ 病:疲惫。盍:何不。
⑲ 饑饉(jǐn):穀物或菜類歉收,泛指災荒。

糴,古之制也。辰也備卿①,辰請如齊。"公使往。

　　從者曰:"君不命吾子,吾子請之,其爲選事乎②?"文仲曰:"賢者急病而讓夷③,居官者當事不避難,在位者恤民之患,是以國家無違④。今我不如齊,非急病也⑤。在上不恤下,居官而惰,非事君也。"

　　文仲以鬯圭與玉磬如齊告糴⑥,曰:"天災流行,戾於敝邑⑦,饑饉荐降⑧,民羸幾卒⑨,大懼乏周公、太公之命祀,職貢業事之不共而獲戾⑩。不腆先君之敝器⑪,敢告滯積⑫,以紓執事⑬,以救敝邑,使能共職。豈唯寡君與二三臣實受君賜,其周公、太公及百辟神祇實永饗而賴之⑭!"齊人歸其玉而予之糴⑮。

---

① 備:湊數,充數,這裏指位列卿位。

② 吾子:古時對人的尊稱。其爲選事乎:難道這不是自己挑選差事嗎?其,語氣詞,表示委婉的語氣,可譯作"難道"。

③ 急病:以危難爲可着急的事。急,形容詞意動用法,以……爲急。夷:平和,安定。

④ 是以國家無違:因此國家纔能安定。

⑤ 非:否定副詞,不是。

⑥ 鬯(chàng)圭:古代一種玉制的禮器,用於祭祀時酌鬯酒(用於祭祀的香酒)。玉磬(qìng):古代的一種石製樂器,用於宮廷演奏雅樂。

⑦ 戾:至,到達。

⑧ 荐:再,又。

⑨ 羸(léi):瘦弱。幾(jī):將近,幾乎。卒:盡,完畢。

⑩ 這句話的句法結構是:謂語"大懼",賓語"乏周公、太公之命祀,職貢業事之不共而獲戾"。乏:缺少。周公:魯國始祖。太公:齊國始祖。共:供職,奉職,後作"供"。戾:罪。

⑪ 不腆(tiǎn):謙辭,不豐厚。

⑫ 敢:副詞,表示自謙。告:請求。滯積:這裏指齊國積餘在糧倉裏的糧食。

⑬ 以紓(shū)執事:來減輕齊國管糧人的負擔。紓,緩解。執事,有職守的人。糧食積久也會腐敗,所以臧文仲説把穀子賣給魯國,這也是緩減齊國管糧食的人的負擔。

⑭ 其:語氣詞,表示推測,可譯作"大概"。辟(bì):君主。神:天神。祇(qí):地神。饗(xiǎng):鬼神享用祭品。

⑮ 歸:歸還。予之糴:雙賓語,"之"是間接賓語,"糴"是直接賓語。

思考與練習

一、説明下列句中加着重號的詞哪些是語氣詞。

1. 其
    (1) 若闕地及泉,隧而相見,其誰曰不然?(《左傳·隱公元年》)
    (2) 惡在其爲民父母也。(《孟子·滕文公上》)

2. 夫
    (1) 夫戰,勇氣也。(《左傳·莊公十年》)
    (2) 夫晉何厭之有?(《左傳·僖公三十年》)

3. 爲
    (1) 是社稷之臣也。何以伐爲?(《季氏將伐顓臾》)
    (2) 豈不穀是爲?先君之好是繼!(《齊桓公伐楚》)

4. 唯
    (1) 闕秦以利晉,唯君圖之。(《左傳·僖公三十年》)
    (2) 故進不求名,退不避罪,唯人是保,而利合於主,國之寶也。(《孫子兵法·地形》)

5. 與
    (1) 誰與,哭者?(《禮記·檀弓上》)
    (2) 是以獨鬱悒而誰與語?(司馬遷《報任安書》)

二、在下列句子末尾填上適當的句尾語氣詞。

1. 廣曰:"是必射鵰者( )。"(《漢書·李廣蘇建傳》)
2. 老臣病足,曾不能疾走,不得見久( )。(《觸龍説趙太后》)
3. 秦晉圍鄭,鄭既知亡( )。(《左傳·僖公三十年》)
4. 夫專諸之刺王僚( ),彗星襲月;聶政之刺韓傀( ),白虹貫日;要離之刺慶忌( ),蒼鷹擊於殿上。(《唐雎不辱使命》)
5. 直不百步( ),是亦走( )。(《寡人之於國也》)
6. 王無罪歲,斯天下之民至( )。(《寡人之於國也》)
7. 孔子曰:"諾!吾將仕( )。"(《陽貨欲見孔子》)
8. 微管仲,吾其被髮左衽( )。(《論語·憲問》)

三、説明"諸"在以下句子中的用法。

1. 冉有問:"聞斯行諸?"子曰:"聞斯行之。"(《論語·先進》)
2. 投諸渤海之尾,隱土之北。(《列子·湯問》)
3. 文王之囿方七十里,有諸?(《孟子·梁惠王下》)
4. 公伐諸鄢。(《左傳·隱公元年》)
5. 驅而之薛,使吏召諸民當償者悉來合券。(《馮諼客孟嘗君》)

四、給下面短文加標點，並翻譯成現代漢語。

靖郭君將城薛客多以諫靖郭君謂謁者無爲客通齊人有請者曰臣請三言而已矣益一言臣請烹靖郭君因見之客趨而進曰海大魚因反走君曰客有於此客曰鄙臣不敢以死爲戲君曰亡更言之對曰君不聞大魚乎網不能止鉤不能牽蕩而失水則螻蟻得意焉今夫齊亦君之水也君長有齊奚以薛爲夫齊雖隆薛之城到於天猶之無益也君曰善乃輟城薛（《戰國策·齊策》）

第五單元

第十六課　判斷句

　　古代漢語單句的分類，根據不同標準可以分爲各種類型。其中根據語氣分類，可以分爲陳述句、疑問句、祈使句、感歎句；根據謂語意義及其作用，可以分爲判斷句、描寫句、敍述句；根據謂語的性質（即用什麽詞類充當謂語），可以分爲名詞謂語句、形容詞謂語句、動詞謂語句和主謂謂語句。據後兩種標準劃分的句類有一定對應關係：判斷句一般是名詞性成分充當謂語，描寫句一般是形容詞充當謂語，敍述句一般是動詞（或動詞性詞組）以及主謂詞組充當謂語。本節討論的判斷句，就是根據謂語性質和作用分類得出的一類句型。

　　古代漢語的判斷句與現代漢語的判斷句不同。現代漢語的判斷句一般用繫詞（也叫判斷詞）"是"表示判斷。例如：

　　① 曹雪芹是《紅樓夢》的作者。
　　② 揚州是一座歷史文化名城。
　　③ 知識就是力量。

否定判斷用副詞"不"放在繫詞"是"前：

　　④ 鯨不是魚類。

而在先秦文言文和後世文人的仿古作品裏，判斷句都不用繫詞。下面介紹古代漢語的判斷句及相關的一些問題。

一、古代漢語判斷句的構成和基本格式

　　古代漢語的判斷句是以名詞或名詞性詞組充當謂語，對事物的屬性作出判斷的一類句子。例如：

　　① 洚水者，洪水也。（《孟子·滕文公下》）
　　② 廉頗，趙人。（《史記·廉頗藺相如列傳》）

"洪水""趙人"都是名詞性謂語，分別對主語"洚水""廉頗"表示判斷，因此這兩句句子都是判斷句。

　　有時謂語是名詞性的，但不表示判斷，例如下面的句子：

　　③ 蟹六跪而二螯。（《荀子·勸學》）

第十六課　判斷句

④ 永州之野產異蛇,黑質而白章。(柳宗元《捕蛇者說》)

"六跪而二螯""黑質而白章"都是用"而"連接的兩個並列的名詞性偏正詞組,分別充當"蟹"和"蛇"的謂語,但是這兩個句子謂語都是描寫主語,因此就不是判斷句。

古漢語判斷句構成的基本條件是名詞直接充當謂語,表示判斷。除了代詞充當主語外,一般在主語和名詞性謂語之間有個停頓,標點時要予以斷開。判斷句的格式主要有以下幾種。

1. 主語+謂語。

① 杜,甘棠。(《爾雅·釋木》)
② 兵,凶器。(《漢書·爰盎鼂錯傳》)
③ 仲弓父,賤人。(《史記·仲尼弟子列傳》)
④ 是炎帝之少女。(《山海經·北山經》)

以上幾句都是名詞性謂語直接構成判斷,在主語後面有一停頓。最末一句主語是代詞"是",謂語是"炎帝之少女"。

2. 主語+謂語+"也"。

由於判斷句是確定事物是什麼或不是什麼,因此表示肯定確認語氣的句尾語氣詞"也"常常用在判斷句後煞尾,以加強判斷的語氣。例如:

① 我,周之卜正也。薛,庶姓也。(《左傳·隱公十一年》)
② 周公,弟也;管叔,兄也。(《孟子·公孫丑下》)
③ 昔者鬼侯、鄂侯、文王,紂之三公也。(《戰國策·趙策》)
④ 是非君子之言也。(《禮記·檀弓上》)

以上都是名詞性謂語後面用"也"煞尾,以加強判斷句的肯定確認語氣。

3. 主語+"者",謂語。

由於判斷句主語和謂語之間有一個語音停頓,因此在主語後面常用代詞"者"複指主語,加強提頓語氣。例如:

① 虎者,戾蟲;人者,甘餌。(《戰國策·秦策》)
② 兵者,凶器。(《史記·酷吏列傳》)

4. 主語+"者",謂語+"也"。

這種格式在主語後用"者",與謂語後的"也"互相呼應,構成"……者,……也"的句型,這是古代漢語判斷句的典型格式。例如:

① 南冥者,天池也。(《北冥有魚》)
② 兵者,凶器也。(《韓非子·存韓》)
③ 夫明堂者,王者之堂也。(《孟子·梁惠王下》)
④ 楚左尹項伯者,項羽季父也。(《史記·項羽本紀》)

古代漢語的句子經常省略主語,判斷句也常有省略主語的情況。例如:

⑤ 對曰:"(我,)翳桑之餓人也。"(《晉靈公不君》)
⑥ 冬十二月,齊侯游于姑棼,遂田于貝丘。見大豕,從者曰:"(大豕,)公子彭生也。"(《左傳·莊公八年》)
⑦ 子曰:"(丈人,)隱者也。"(《論語·微子》)
⑧ 亂政亟行,(此)所以敗也。(《左傳·隱公五年》)
⑨ 張良曰:"(此)沛公之參乘樊噲者也。"(《鴻門宴》)

對於這種省略主語的判斷句,在古書閱讀時要加以辨別。

二、古代漢語判斷句的繫詞問題

1. "是"

"是"作爲判斷詞是後來發展而成的用法。在先秦文言作品裏,"是"是一個指示代詞,意思相當於"此"(這)。有時在判斷句裏,"是"很容易被誤解爲繫詞,其實"是"是指示代詞,充當主語或謂語。例如:

① 夫顓臾,昔者先王以爲東蒙主,且在邦域之中矣。是社稷之臣也。(《季氏將伐顓臾》)
② 無父無君,是禽獸也。(《孟子·滕文公下》)

以上兩句的"是",都是指示代詞充當判斷句的主語。"是"在句中有複指前面所述事情的作用。有時也可以用意義和"是"相當的指示代詞"此"來複指。如:

③ 我騰躍而上,不過數仞而下,翱翔蓬蒿之間,此亦飛之至也。(《莊子·逍遙遊》)

有時,在同一篇古文裏,"是"和"此"交替使用。例如:

④ 是皆率民而出於孝情者也,胡爲至今不朝也?(《戰國策·齊策》)
⑤ 此率民而出於無用者,何爲至今不殺乎?(《戰國策·齊策》)

由此可見,"是"的功能與"此"相同。

"是"也可充當判斷句的謂語。例如:

⑥ 若士必怒,伏屍二人,流血五步,天下縞素,今日是也。(《唐雎不辱使命》)
⑦ 取之而燕民悦,則取之。古之人有行之者,武王是也。取之而燕民不悦,則勿取。古之人有行之者,文王是也。(《孟子·梁惠王下》)
⑧ 臣聞七十里爲政於天下者,湯是也。(《孟子·梁惠王下》)

在以上句子中,"是"都是判斷句的謂語,可譯爲"(是)這樣的"。

2. "非""惟""乃""皆""即""則"

在判斷句裏,常可以看到在主語和謂語之間出現"非""惟""乃""皆""盡""即""則"等詞。這些詞所處的位置和句子今譯後的意義都很類似繫詞。例如：

① 子曰："非吾徒也。小子鳴鼓而攻之可也。"（《論語·先進》）
② 是何異於刺人而殺之，曰："非我也，兵也。"（《寡人之於國也》）
③ 此庸夫之怒也，非士之怒也。（《唐雎不辱使命》）

"非"也寫作"匪"。如：

④ 我心匪石，不可轉也。我心匪席，不可卷也。（《詩經·邶風·柏舟》）

以上"非"（匪）均可譯爲"不是"，但不是繫詞，而是謂語前充當狀語的副詞。此外，在判斷句主語和謂語之間還有一些經常出現的副詞。例如：

⑤ 予惟小子。（《尚書·大誥》）
⑥ 是乃仁術也。（《孟子·梁惠王上》）
⑦ 是乃狼也，其可畜乎？（《左傳·宣公四年》）
⑧ 蘇秦喟然歎曰："妻不以我爲夫，嫂不以我爲叔，父母不以我爲子，是皆秦之罪也。"（《戰國策·秦策》）
⑨ 夫士卒盡家人子。（《史記·張釋之馮唐列傳》）
⑩ 梁父即楚將項燕。（《史記·項羽本紀》）
⑪ 君若伐鄭以除君害，君爲主，敝邑以賦與陳、蔡從，則衛國之願也。（《左傳·隱公四年》）

以上句中"惟""乃""皆""盡""即""則"都出現在判斷句的主語和謂語之間，一般譯爲"就是""全是"，但它們都不是繫詞，祇是用在謂語前充當狀語的副詞。

3. "爲"

在文言文裏，"爲"有時很像是繫詞。例如下面的句子：

① 穎考叔爲穎谷封人。（《左傳·隱公元年》）
② 鄭武公、莊公爲平王卿士。（《左傳·隱公三年》）
③ 長沮曰："夫執輿者爲誰？"子路曰："爲孔丘。"（《論語·微子》）
④ 爾爲爾，我爲我。（《孟子·公孫丑上》）

以上句子中"爲"字很像現代漢語的繫詞"是"，但是古代漢語裏的"爲"是一個涵義非常廣泛的及物動詞，用"爲"作謂語的句子屬於動詞謂語句，即敍述句，"爲"與其後的名詞性詞語構成動賓詞組。在上面這些例句裏，雖然"爲"可以對譯爲"是"，但"爲"並不是繫詞。

繫詞"是"是從代詞的複指用法逐漸發展爲繫詞的。在戰國時代的古書裏，出現了極少數這樣的用法。例如：

⑤ 此是何種也？（《韓非子·外儲說左上》）

"是"前面出現了判斷句的主項"此"，說明這個"是"已經不是句子的主語，而是繫詞。

又如：

⑥ 韓是魏之縣也。(《戰國策·魏策》)

漢代以後，"是"作爲繫詞的用法逐漸增多。例如：

⑦ 是是帚彗，有內兵，年大孰。(《馬王堆三號墓帛書》)

前"是"爲代詞充當主語，後"是"爲繫詞。

⑧ 騶夷氏是其後也。(《論衡·龍虛》)
⑨ 客人不知其是商君也。(《史記·商君列傳》)
⑩ 西門豹曰："巫嫗弟子是女子也。"(《史記·滑稽列傳》)
⑪ 此必是豫讓也。(《史記·刺客列傳》)

末句"是"前還出現了狀語"必"，也證明了"是"的繫詞性質。

三、古代漢語判斷句的表達功能

古代漢語判斷句有以下表達功能：

1. 表示領屬關係或等同關係，即主語所代表的人或事物是謂語所表達人或事物的同類，或與之具有同一的關係。

表示類屬關係的如：

① 並后、匹嫡、兩政、耦國，亂之本也。(《左傳·桓公十八年》)
② 平原君趙勝者，趙之諸公子也。(《史記·平原君虞卿列傳》)

表示同一關係的如：

③ 周禮未改。今之王，古之帝也。(《左傳·僖公二十五年》)
④ 衛莊公娶于齊東宮得臣之妹，曰莊姜，美而無子，衛人所爲賦《碩人》也。(《左傳·隱公三年》)
⑤ 且夫賤妨貴，少陵長，遠間親，新間舊，小加大，淫破義，所謂六逆也。君義，臣行，父慈，子孝，兄愛，弟敬，所謂六順也。(《左傳·隱公三年》)

後兩句都是省略主語的判斷句，"衛人所爲賦《碩人》"意即"衛人爲她賦《碩人》"的那個人"；"所謂六逆""所謂六順"是分別對前面六種行爲的總括。

2. 表示比喻關係，即用謂語所代表的人或事物比喻主語。可譯爲"好比是……"。例如：

① 仲尼，日月也。(《論語·子張》)
② 君子之德，風；小人之德，草。(《論語·顏淵》)
③ 君者，舟也；庶人者，水也。(《荀子·王制》)

以上判斷句主語和謂語的關係不是普通的判斷關係，而是一種比喻。意思大致是

"仲尼好比是太陽和月亮";"君子之德好比風,小人之德好比草";"君主好比是船,百姓好比是水"。

3. 表示造成某種結果的原因,即在敍述某件事情和觀點後,用判斷句説明原因。例如:

① 桓公九合諸侯,不以兵車,管仲之力也。(《論語·憲問》)
② 君子創業垂統,爲可繼也。若夫成功,則天也。(《孟子·梁惠王下》)
③ 良庖歲更刀,割也;族庖月更刀,折也。(《莊子·養生主》)

以上幾句都是用省略主語的判斷句説明前面所述事實的原因。

4. 表示主語同謂語之間有某種邏輯關係。這種判斷句主語和謂語的關係不能用"是什麼""不是什麼"來加以分析,而是用判斷句的形式濃縮了一種邏輯關係。例如:

① 夫戰,勇氣也。(《左傳·莊公十年》)
② 百乘,顯使也。(《戰國策·齊策》)

前句"戰"和"勇氣"既不是等同關係,也不是類屬關係,而是説明作戰就是要憑藉勇氣的;後句"百乘"是車輛的數目,"顯使"是使者的地位,二者也不是普通的邏輯關係,百乘是標誌使者的顯赫地位的。類似這樣的判斷句,在今譯時要注意分析其主語和謂語的關係。

文　選

鬬且廷見令尹子常①

鬬且廷見令尹子常,子常與之語,問蓄貨聚馬②。

歸以語其弟③,曰:"楚其亡乎④? 不然,令尹其不免乎⑤? 吾見令尹,令尹問蓄聚積實⑥,如餓豺狼焉,殆必亡者也⑦。

---

① 本篇選自《國語·楚語》。題目爲後加。本篇通過楚國大夫鬬且與令尹子常在處理政務上的對比,説明爲政應以民爲本,不能壓榨百姓,聚斂錢財,否則就會使民心離散。鬬且(jū):楚國大夫。廷:"迋"的訛字(依王引之《經義述聞·卷二十一》之説)。迋(wàng):前往。令尹:楚國官名,相當於宰相。子常:楚康王時期令尹子囊的孫子,名囊瓦。
② 貨:財物,物資。
③ 以:連詞,連接前後兩個動作,表示承接關係,可譯作"來"。語(yù):動詞,告訴。
④ 其:語氣詞,表示推測,可譯作"大概"。
⑤ 然:代詞,這樣。免:免除(禍難)。
⑥ 實:《説文·宀部》:"實,富也。从宀从貫。貫,貨貝也。"此處用本義,義爲財富。
⑦ 殆:情態副詞,表示猜度,大概。

"夫古者聚貨不妨民衣食之利①,聚馬不害民之財用,國馬足以行軍②,公馬足以稱賦③,不是過也④。公貨足以賓獻⑤,家貨足以共用⑥,不是過也。夫貨、馬郵則闕於民⑦,民多闕則有離叛之心,將何以封矣⑧!

"昔鬭子文三舍令尹⑨,無一日之積⑩,恤民之故也。成王聞子文之朝不及夕也⑪,於是乎每朝設脯一束、糗一筐⑫,以羞子文⑬。至於今秩之⑭。成王每出子文之祿,必逃,王止而後復⑮。人謂子文曰:'人生求富,而子逃之,何也?'對曰:'夫從政者,以庇民也。民多曠者,而我取富焉⑯,是勤民以自封也⑰,死

---

① 夫:句首語氣詞,表示發議論,起到引起下文的作用。妨:《說文·女部》:"妨,害也。"此處用本義,義爲損害。
② 國馬:國家從民間徵用的馬。
③ 公馬:公卿的戎馬。稱(chèn):與……相應。
④ 不是過也:賓語前置,否定句中指示代詞"是"作賓語,置於動詞"過"前。是,代詞,指代上文古代徵收財物的標準。過,動詞,超過。
⑤ 公貨足以賓獻:公卿的財貨足夠饋贈進獻所用。賓,賓客,這裏指的是饋贈。獻,進獻。
⑥ 家貨足以共用:大夫家的財貨足夠供給使用。家,大夫。共(gōng),供給,後作"供"。
⑦ 夫貨、馬郵則闕於民:如果(國家)在徵收財物和馬匹上出現過失,就會造成百姓財產缺失,(生活變得貧困)。郵,過失。闕,缺失。
⑧ 何以:憑藉什麼,賓語前置,疑問代詞"何"置於介詞"以"前。封:封國。
⑨ 鬭子文:即鬭穀於菟,字子文,鬭伯比的兒子。舍:捨去,這裏指放棄令尹這個官職。
⑩ 積:積儲,這裏指儲藏的糧食。
⑪ 成王:即楚成王。楚文王的兒子,名熊頵。朝不及夕:指吃了早飯沒有晚飯。
⑫ 脯:肉乾。糗(qiǔ):炒熟或焙熟的乾糧。
⑬ 羞:《說文·羊部》:"羞,進獻也。"此處用本義,義爲獻上。
⑭ 秩:常規。名詞意動用法,把……當作常規。之:代詞,指代上文成王給子文預備肉乾、乾糧這件事。
⑮ 復:返回,這裏指重新擔任令尹。
⑯ 曠:空,這裏指家中沒有財物。焉:兼詞,相當於"於是",其中"是"指代"百姓家中無財物"這件事。
⑰ 是勤民以自封也:判斷句式,指示代詞"是"充當判斷句的主語。勤,《說文·力部》:"勤,勞也。从力,堇聲。"此處用本義,義爲勞累、辛苦。這裏是動詞使動用法,使……勞累、辛苦。封,富厚。

無日矣。我逃死,非逃富也①。'故莊王之世②,滅若敖氏,唯子文之後在③,至於今處鄖④,爲楚良臣。是不先恤民而後己之富乎⑤?

"今子常,先大夫之後也⑥,而相楚君無令名于四方⑦。民之羸餒⑧,日已甚矣⑨。四境盈壘⑩,道殣相望⑪,盜賊司目⑫,民無所放⑬。是之不恤⑭,而蓄聚不厭⑮,其速怨於民多矣⑯。積貨滋多,蓄怨滋厚,不亡何待!

"夫民心之慍也⑰,若防大川焉⑱,潰而所犯必大矣⑲。子常其能賢於成、靈乎⑳?成不禮於穆㉑,願食熊蹯,不獲而死㉒。靈不顧於民,一國棄之,如遺

---

① 非:否定副詞,不是。
② 莊王:楚莊王,楚成王的孫子。
③ 若敖氏:鬬子文的家族。魯宣公四年,子文的侄子鬬椒作亂,楚莊王滅掉了若敖氏一族。鬬子文的孫子克黃出使齊國回到楚國,自拘請罪。楚莊王念在子文治楚的功勞上,赦免了克黃。
④ 鄖:楚地名,在今湖北安陸。鬬子文的後代在楚昭王時被封爲鄖公。
⑤ 先:動詞意動用法,以……爲先。後:動詞意動用法,以……爲後。
⑥ 先大夫:指子囊。
⑦ 相(xiàng):輔助,幫助。令:"靈"的借字,美好的。
⑧ 羸(léi):瘦弱。餒(něi):飢餓。
⑨ 日:名詞作狀語,一天天地。
⑩ 四境盈壘:(楚國)邊境四周佈滿了堡壘。盈,滿。壘,軍營墻壁。
⑪ 道:名詞作狀語,在路上。殣(jìn):路上餓死的人。
⑫ 盜賊司目:當官的人都是盜賊。一說:盜賊張目窺伺。司,主管。目,眼睛,這裏指充當君主管理百姓的眼睛。
⑬ 放(fǎng):依靠。
⑭ 是之不恤:賓語前置。"是"作"不恤"的前置賓語,用代詞"之"複指。
⑮ 厭:滿足。
⑯ 速:招致。
⑰ 之:連詞,用在主謂結構之間,取消句子獨立性。慍(yùn):惱怒。
⑱ 防:堵塞。
⑲ 潰:水冲破堤防。犯:侵害。
⑳ 於:介詞,引進比較的對象,可譯作"比……更……"。成:指楚成王,楚穆王商臣的父親。靈:指楚靈王。
㉑ 禮:名詞用作動詞,以禮待人。
㉒ 蹯(fán):獸的腳掌。楚成王想廢黜商臣而立商臣之弟職。於是商臣率兵圍成王,成王要求吃熊掌以後再死,但商臣不答應,成王遂自殺。

跡焉。子常爲政,而無禮不顧甚於成、靈①,其獨何力以待之②?"

期年③,乃有柏舉之戰④,子常奔鄭,昭王奔隨⑤。

召公諫厲王弭謗⑥

厲王虐⑦,國人謗王⑧,召公告曰:"民不堪命矣!⑨"王怒,得衛巫⑩,使監謗者。以告⑪,則殺之。國人莫敢言,道路以目⑫。

王喜,告召公曰:"吾能弭謗矣,乃不敢言⑬。"

召公曰:"是障之也⑭。防民之口,甚於防川⑮。川壅而潰⑯,傷人必多,民亦如之。是故爲川者決之使導⑰;爲民者宣之使言⑱。故天子聽政,使公卿至

---

① 甚:超過,勝過。
② 其:語氣詞,表示委婉的反問,可譯作"怎麼"。待:對待。
③ 期(jī)年:一年。
④ 柏舉之戰:柏舉,楚地名,在今湖北麻城東北。蔡昭侯和唐成公來朝見楚昭王時,子常想要蔡昭侯的佩玉和唐成公的驌驦馬。二人不答應,所以子常把他們扣留了三年,直到交出纔放他們回國。蔡昭侯、唐成公回國後聯合吳國討伐楚國,並於魯定公四年在柏舉打敗了楚國。
⑤ 隨:隨國,在今湖北隨縣。
⑥ 本篇選自《國語·周語》。題目爲後加。本篇講述了周厲王暴虐無道,不聽召公勸諫,鎮壓百姓的批評,最終遭到放逐而滅亡的下場,說明爲政應以民爲本。召(shào)公:召穆公,名虎,周王的卿士。厲王:周厲王,公元前878年—前842年在位,名胡,周夷王之子。弭(mǐ):制止、消除。謗:公開地議論別人的過失。
⑦ 虐:殘暴。
⑧ 國人:住在都邑裏的人。
⑨ 堪:經受得住。命:政令。
⑩ 巫:巫師。
⑪ 以告:(衛國的巫師)把(百姓指責周厲王的話)報告給(周厲王)。以,介詞,後省略賓語。
⑫ 莫:無定代詞,沒有誰。道路:名詞作狀語,在路上。以目:用目光。
⑬ 乃:纔。
⑭ 障:名詞用作動詞,堵塞。
⑮ 防:堵塞。甚:厲害。於:介詞,引出比較對象,可譯作"比……更……"。
⑯ 壅:堵塞。而:連詞,可譯爲"就"。潰:決堤氾濫。
⑰ 是故爲川者決之使導:因此治水的人用疏導的方法使水通暢。爲,動詞,治理。決,疏導,排除。導,通暢。
⑱ 爲民者宣之使言:治理國家的人表彰百姓讓百姓評論政事得失。宣,宣揚,表彰。言,發表言論。

第十六課　判斷句

於列士獻詩①；瞽獻曲②；史獻書③；師箴④；瞍賦⑤；矇誦⑥；百工諫⑦；庶人傳語⑧；近臣盡規⑨；親戚補察⑩；瞽史教誨；耆艾修之⑪；而後王斟酌焉，是以事行而不悖⑫。民之有口，猶土之有山川也，財用於是乎出⑬；猶其有原、隰、衍、沃也⑭，衣食於是乎生；口之宣言也，善敗於是乎興⑮。行善而備敗，其所以阜財用衣食者也⑯。夫民慮之於心而宣之於口⑰，成而行之⑱，胡可壅也？若壅其口，其與能幾何⑲？"

---

① 公卿：朝廷的高級官員，指三公和九卿。三公指太師、太傅、太保。九卿指少師、少傅、少保、冢宰、司徒、宗伯、司馬、司寇、司空。列士：朝廷的一般官員。由於古代一般官員稱爲士，又分爲上士、中士、下士，故稱列士。詩：有諷諫意味的民間詩歌。

② 瞽（gǔ）：樂官。本指瞎眼，古代以瞽者爲樂官，故爲樂官的代稱。

③ 史：史官。

④ 師：少師，次於太師的樂官，不是九卿中的少師。箴（zhēn）：勸告，規勸。

⑤ 瞍（sǒu）：瞎子。賦：有一定音節的吟誦。

⑥ 矇：有眸子而看不見，特指睜眼瞎。誦：不配合樂曲的誦讀。

⑦ 百工：從事各種手藝的人。

⑧ 庶人：平民。傳語：指平民對政事的意見間接傳到國君那裏。

⑨ 近臣盡規：左右親近的臣子盡力謀劃。盡規：竭力謀劃。

⑩ 親戚補察：同宗的親屬彌補（君王的過失）和督察（君王的政事）。親戚，與國君同宗的大臣。

⑪ 耆（qí）艾修之：德高望重的人教導他。耆，六十歲的人。艾，五十歲的人。這裏指的是國君師傅、老臣等一些人。修，整治，教導。

⑫ 悖：違背，這裏指違背情理。

⑬ 財用於是乎出：財物從這裏生產出來。是，指示代詞，指代土地。乎，句中語氣詞，可不譯。

⑭ 其：指示代詞，指代土地。原：高而平坦的土地。隰（xí）：低下而潮濕的土地。衍：低下而平坦的土地。沃：有河流灌溉的土地。

⑮ 興：體現。

⑯ "行善而備敗"句：凡是人民認爲好的就加以推行，認爲壞的就加以防範，這樣纔能使人民財源旺盛、衣食富足。阜，大，豐富。

⑰ 夫民慮之於心而宣之於口：人民在心裏考慮成熟後用言論傳播出來。夫，句首語氣詞，表示發議論，起到引起下文的作用。

⑱ 成：成熟。行：傳播。之：指代心裏考慮的東西。

⑲ 其與（yǔ）能幾何：會有多少人贊同呢？與，動詞，贊成，贊許。幾何，多少。

王弗聽，於是國人莫敢出言。三年①，乃流王於彘②。

叔向賀貧③

叔向見韓宣子④，宣子憂貧，叔向賀之。

宣子曰："吾有卿之名，而無其實⑤，無以從二三子⑥，吾是以憂，子賀我何故？"對曰："昔欒武子無一卒之田⑦，其宮不備其宗器⑧，宣其德行⑨，順其憲則⑩，使越於諸侯⑪，諸侯親之，戎、狄懷之，以正晉國，行刑不疚⑫，以免於難⑬。及桓子驕泰奢侈⑭，貪欲無藝⑮，略則行志⑯，假貸居賄⑰，宜及於難⑱，而賴武之

---

① 三年：過了三年。指公元前842年。
② 流：流放。彘(zhì)：地名，在今山西霍縣東北。
③ 本篇選自《國語·晉語》。題目爲後加。叔向借晉國欒氏、郤氏兩大家族的興亡史，向韓宣子賀貧，說明安於貧賤，樹立德行的道理。叔向：春秋晉國大夫羊舌肸(xī)，字叔向。
④ 韓宣子：名起，是晉國的卿。卿的爵位在公之下，大夫之上。
⑤ 實：《說文·宀部》："實，富也。从宀从貫。貫，貨貝也。"此處用本義，義爲財富。
⑥ 無以從二三子：(家裏貧窮)沒有供給賓客往來的費用，不能跟晉國的卿大夫交往。二三子，這裏指晉國的卿大夫。無以，凝固用法，沒有什麼東西用來……。
⑦ 欒武子：即欒書，晉國的上卿。無一卒之田：沒有一百人所有的田畝。古代軍隊編制，一百人爲"卒"。
⑧ 宮：《說文·宀部》："宮，室也。"此處用本義，義爲房屋，住宅。後專指帝王所住的房屋。宗器：祭祀的器皿。
⑨ 宣：顯示，顯露。
⑩ 憲則：法制。
⑪ 越：傳播，遠揚。
⑫ 刑：法，這裏指前文所講的"憲則"。疚：內心痛苦。
⑬ 以免於難：因此避免了禍患。這裏指沒有遭到殺害或被迫逃亡。
⑭ 桓子：欒桓子，欒武子的兒子欒黶。驕：驕慢放縱。泰：奢侈。
⑮ 藝：標準，準則。
⑯ 略則行志：忽略法制，任意行事。
⑰ 假貸居賄：把財貨借給人家從而取利。賄：《說文·貝部》："賄，財也。从貝，有聲。"此處用本義，義爲財物。
⑱ 及：趕上、遭到。

第十六課　判斷句

德以没其身①。及懷子改桓之行②,而修武之德③,可以免於難,而離桓之罪④,以亡於楚⑤。夫郤昭子⑥,其富半公室⑦,其家半三軍⑧,恃其富寵⑨,以泰於國⑩,其身尸於朝⑪,其宗滅於絳⑫。不然⑬,夫八郤,五大夫三卿⑭,其寵大矣,一朝而滅,莫之哀也⑮,唯無德也。今吾子有欒武子之貧,吾以爲能其德矣⑯,是以賀。若不憂德之不建,而患貨之不足,將弔不暇⑰,何賀之有⑱?"

宣子拜稽首焉,曰:"起也將亡⑲,賴子存之,非起也敢專承之⑳,其自桓叔

---

① 而賴武之德以没其身:但是依靠欒武子的德望,終生没有遭到禍患。其,指示代詞,指代欒桓子。

② 懷子:欒懷子,欒桓子的兒子欒盈。桓:欒桓子。

③ 修:研究,學習。

④ 而離桓之罪:但是(懷子)因桓子的罪惡而遭罪。而,轉折連詞。離,"罹"的借字,遭到。

⑤ 以亡於楚:終於逃亡到楚國。亡,逃跑。

⑥ 郤(xì)昭子:即郤至,晉國的卿。

⑦ 其富半公室:他的財富抵得上半個晉國。公室,公家,這裏指國家。

⑧ 其家半三軍:他家裏的傭人抵得上三軍的一半。當時的兵制,諸侯大國三軍,合三萬七千五百人。

⑨ 寵:尊貴榮華。

⑩ 以泰於國:就在國内非常奢侈。

⑪ 其身尸於朝:(郤昭子後來被晉厲公派人殺掉)他的屍體擺在朝堂(示衆)。

⑫ 其宗滅於絳:他的宗族在絳這個地方被滅掉了。絳,晉國的舊都,在今山西翼城縣東南。

⑬ 然:指示代詞,這樣。

⑭ 夫八郤,五大夫三卿:郤氏八個人,其中五個大夫,三個卿。夫,句首語氣詞,表示發議論,起到引起下文的作用。

⑮ 莫之哀也:没有誰同情他們。莫,無定代詞,没有什麼人。賓語前置,否定句中代詞"之"作賓語,置於動詞"哀"前。

⑯ 能其德:能夠行他的道德了。

⑰ 弔:憂慮。

⑱ 何賀之有:賓語前置,"何賀"作"有"的前置賓語,用代詞"之"複指。可理解爲:有什麼可祝賀的?

⑲ 起:韓起,即韓宣子。古人自稱名。

⑳ 敢:副詞,表示自謙。專承:獨自一個人承受。之:代詞,指代前面的"賴存"。

以下，嘉吾子之賜。①"

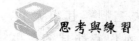

一、説説古代漢語判斷句的定義，古代漢語判斷句在構成上與現代漢語有什麼不同之處？

二、指出下列句子哪些是判斷句，哪些不是，説明理由。

    1. 謂之君子而射之，非禮也。(《左傳·成公二年》)

    2. 鼎之輕重，未可問也。(《左傳·宣公三年》)

    3. 對曰："翳桑之餓人也。"(《晉靈公不君》)

    4. 此其所以敗也。(《吕氏春秋·察今》)

    5. 潁考叔爲潁谷封人。(《左傳·隱公元年》)

    6. 是謂大同。(《大同與小康》)

三、指出下列句中的"是"的詞性和作用。

    1. 吾祖死於是，吾父死於是。(柳宗元《捕蛇者説》)

    2. 是社稷之臣也。何以伐爲？(《季氏將伐顓臾》)

    3. 吾不能早用子，今急而求子，是寡人之過也。(《左傳·僖公三十年》)

    4. 取之而燕民悦，則取之。古之人有行之者，武王是也。(《孟子·梁惠王下》)

    5. 當是時也，禹八年於外，三過其門而不入，雖欲耕，得乎？(《孟子·滕文公上》)

    6. 爾貢包茅不入，王祭不共，無以縮酒，寡人是徵。(《齊桓公伐楚》)

四、給下面短文加標點，並翻譯成現代漢語。

    晉平公問於師曠曰吾年七十欲學恐已暮矣師曠曰何不炳燭乎平公曰安有爲人臣而戲其君乎師曠曰盲臣安敢戲其君乎臣聞之少而好學如日出之陽壯而好學如日中之光老而好學如炳燭之明炳燭之明孰與昧行乎平公曰善哉

    河間獻王曰湯稱學聖王之道者譬如日焉靜居獨思譬如火焉夫捨學聖王之道若捨日之光何乃獨思若火之明也可以見小耳未可用大知惟學問可以廣明德慧也(《説苑·建本》)

---

① 其自桓叔以下，嘉吾子之賜：恐怕從我的祖宗桓叔以下的子孫，都要感激您的恩賜。桓叔，晉穆侯之子，名成師，號桓叔。桓叔的兒子名萬，封邑在韓，稱韓萬，因此韓宣子尊桓叔爲韓氏的祖先。

第十七課 被動句和被動表示法

被動句都是動詞謂語句。主動關係和被動關係是就主語和謂語動詞之間的施受關係的不同來加以區分的：主語是謂語動詞所表示動作行爲的施事者，該句子就是主動句；主語是謂語動詞所表示動作行爲的受事者，該句子就是被動句。

被動句以其被動的表示法的不同，可分爲無形式標誌的被動句和有形式標誌的被動句，後者也叫被動句式。下面具體介紹。

一、無形式標誌的被動句

無形式標誌的被動句看起來和主動句很類似，祇能從語義上來辨別其被動的用法。因此無形式標誌的被動句也叫作語義上的被動句。例如：

① 蔓草猶不可除，況君之寵弟乎？（《左傳·隱公元年》）
② 故不能推車而及。（《左傳·成公二年》）
③ 諫行言聽。（《孟子·離婁下》）
④ 蓋文王拘而演《周易》，仲尼厄而作《春秋》，屈原放逐，乃賦《離騷》。（司馬遷《報任安書》）

以上句中加着重號的動詞都表被動關係，但句子在形式上與主動句沒有什麼區別，需要根據上下文句意來辨別其被動用法。

語義上的被動句有時在動詞後面會出現其動作行爲的主動者。例如：

⑤（大樹）不夭斤斧，物無害者。（《莊子·逍遙遊》）
⑥ 當此時，諸郡縣苦秦吏者，皆刑其長吏，殺之以應陳涉。（《史記·陳涉世家》）
⑦ 且下之化上疾於景響。（《張釋之諫孝文帝》）

"不夭斤斧"即不被斤斧夭傷，"苦秦吏"即被秦吏患苦，"下之化上"即"下被上教化"，主語也都是謂語動詞的受事者。

二、有形式標誌的被動句式

有形式標誌的被動句式指的是在句中有某些介詞或助動詞可以作爲表示被動的標誌。古代漢語被動句式主要有以下幾種。

1. 用介詞"于(於)"引進動作行爲主動者的被動句式。

在動詞後面用介詞"于(於)"引進動作行爲主動者的被動句式出現較早。其格式是：

謂語動詞＋"于(於)"＋行爲主動者。

例如：

① 郤克傷於矢，流血及屨。(《左傳·成公二年》)
② 吾聞用夏變夷者，未聞變於夷者也。(《孟子·滕文公上》)
③ 此非孟德之困于周郎者乎？(蘇軾《前赤壁賦》)

以上例句中介詞"于(於)"分別引進動作行爲的主動者"矢""夷""周郎"。這種被動句式的構成，介詞"于(於)"起到關鍵作用。試比較以下句式：

④ 勞心者治人，勞力者治於人；治於人者食人，治人者食於人。(《孟子·滕文公上》)
⑤ 先發制人，後發制於人。(《漢書·陳勝項籍傳》)

以上均爲主動和被動對用。"治人"是主動句，"治於人"就成了被動句；"食人"是主動句，"食於人"就成了被動句；"制人"是主動句，"制於人"就成了被動句。可以看出，介詞"于(於)"的加入，起到了改變句式的作用。這種用"于(於)"引進動作行爲主動者的句式，今譯時可用"被"來表示，如"傷於矢"即被矢射傷。

由於介詞"于(於)"的用法較多(參見第十三課"介詞")，因此在被動句裏位於介詞"于(於)"後面的名詞性成分有時祇是介紹行爲的處所，而不是引進動作行爲的主動者。例如：

⑥ 傅說舉於版築之間，膠鬲舉於魚鹽之中，管夷吾舉於士，孫叔敖舉於海，百里奚舉於市。(《孟子·告子下》)
⑦ 西伯，伯也，拘於羑里。(司馬遷《報任安書》)
⑧ 絳侯誅諸呂，權傾五伯，囚於請室。(司馬遷《報任安書》)

以上句中，動詞皆爲被動用法，但是後面的介詞"於"引進的都是處所。因此以上句子都屬於語義上的被動句。對於這些易於混淆的句子，在學習時要注意辨別。

"于"古代和"乎"讀音接近，因此該介詞也寫作"乎"。用"乎"引進動作行爲主動者的被動句式如：

⑨ 萬嘗與莊公戰，獲乎莊公。(《公羊傳·莊公十二年》)
⑩ 志乎古，必遺乎今。(韓愈《答李翊書》)

以上兩句"乎"都爲介詞引進動作行爲的主動者。"獲乎莊公"即被莊公擒獲，"遺乎今"即被今人遺棄。

2. 用介詞"爲"引進動作行爲的主動者的被動句式，"爲……所……"式。

用介詞"爲"引進動作行爲主動者的被動句式在先秦已出現。其格式是："爲"＋行爲主動者＋謂語動詞。

例如：

① 然則今有美堯、舜、湯、武之道於當今之世者，必爲新聖笑矣。(《上古之世》)

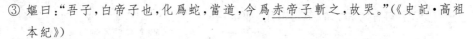

第十七課　被動句和被動表示法

② 奪項王天下者，必沛公也，吾屬今爲之虜矣！（《鴻門宴》）
③ 嫗曰："吾子，白帝子也，化爲蛇，當道，今爲赤帝子斬之，故哭。"（《史記·高祖本紀》）

有時在上文已經交代清楚的情況下，"爲"後面的行爲主動者可以不出現，這樣"爲"就直接位於動詞前，成爲表示被動的標誌。如：

④ 自今無有代其君任患者。有一於此，將爲戮乎？（《左傳·成公二年》）
⑤ 父母宗族，皆爲戮没。（《戰國策·燕策》）
⑥ 子聽吾言，與子分國；不聽吾言，身死，妻子爲戮。（《國語·越語》）
⑦ 誠令成安君聽足下言，若信者亦已爲禽矣。（《史記·淮陰侯列傳》）

以上句中，介詞"爲"後面都省略了動作行爲的主動者。

介詞"爲"構成的被動句式後來又進一步發展，即在動詞前用介詞"爲"引進動作行爲主動者，又在動詞前加上"所"，構成"爲……所……"句式。這種句式在戰國時代的古書裏已經出現。例如：

⑧ 方術不用，爲人所疑。（《荀子·堯問》）
⑨ 申徒狄諫而不聽，負石自投於河，爲魚鱉所食。（《莊子·盜跖》）
⑩ 楚遂削弱，爲秦所輕。（《戰國策·秦策》）

到了漢代，"爲……所……"句式得到廣泛應用。例如：

⑪ 梁父即楚將項燕，爲秦將王翦所戮者也。（《史記·項羽本紀》）
⑫ 以轊折車敗，爲燕所虜。（《史記·田單列傳》）
⑬ 吾聞先即制人，後則爲人所制。（《史記·項羽本紀》）

例⑥"制人"與"爲人所制"也是主動和被動對用。可以看出"爲"和"所"成爲表示被動關係的形式標誌。

有時動作行爲的主動者在上文已經交代過，於是在介詞"爲"後不再出現，這樣就成爲"爲"與"所"直接連用的情況：

⑭ 不者，若屬皆且爲所虜。（《鴻門宴》）
⑮ 沮授爲操軍所執，乃大呼曰："授不降也，爲所執耳！"（《後漢書·袁紹劉表列傳》）

例⑧交代了"爲操軍所執"，所以後面就省略了主動者"操軍"。

3. 用助動詞"見"位於動詞前的被動句式，"見……於……"式。

用助動詞"見"位於動詞前表示被動的做法出現較早，先秦古書裏不乏其例。如：

① 隨以漢東諸侯叛楚。冬，楚鬬縠於菟帥師伐隨，取成而還。君子曰："隨之見伐，不量力也。"（《左傳·僖公二十年》）
② 愛人者必見愛也，而惡人者必見惡也。（《墨子·兼愛》）

③ 故君子恥不修，不恥見汙；恥不信，不恥不見信。(《荀子·非十二子》)

"見"字句有時和"爲"字句對用，如：

④ 厚者爲戮，薄者見疑，則非知之難也，處之則難也。(《韓非子·說難》)

漢以後的作品裏也常見這種用法：

⑤ 屈原既死之後，楚有宋玉、唐勒、景差之徒者，皆好辭而以賦見稱。(《史記·屈原賈生列傳》)

⑥ 城中人見齊諸降者盡劓，皆怒，堅守唯恐見得。(《史記·田單列傳》)

用"見"構成的被動句不同於用介詞"于(於)""爲"的被動句，"見"本身是助動詞，不能引進動作行爲的主動者。因此，就出現了把"見"字句和"于(於)"字句結合使用的做法，構成"見……于(於)……"的句式。如：

⑦ 吾長見笑於大方之家。(《秋水時至》)

⑧ 以四百里之地見信於天下。(《呂氏春秋·貴信》)

也有用於主動和被動對比的情況。如：

⑨ 且夫臣人與見臣於人，制人與見制於人，豈可同日而道哉？(《史記·李斯列傳》)

值得注意的是，魏晉南北朝時，被動助動詞"見"發展出一種新的用法，"見"仍出現在動詞前，形式上與被動句式一樣，但是"見"不再表示被動，句子的主語是施事者。此時，"見"有指代第一人稱的作用，可理解爲"我"或"自己"。如：

⑩ 生孩六月，慈父見背。(李密《陳情表》)

"慈父見背"不是慈父被背棄，而是慈父背棄(去世丟下)我。

⑪ 後布詣允，陳卓幾見殺狀。(《三國志·魏書·呂布傳》)

"陳卓幾見殺狀"即陳述董卓差一點殺掉自己(呂布)的情況。一般稱這種用法的"見"爲具有指代性的副詞。對於"見"的這些用法，在閱讀古書時要注意辨析。

4. "被"字句

"被"表示被動的用法有一個發展的過程。在先秦漢語裏，"被"本是一個及物動詞，意思是"覆蓋""遭受""蒙受"。例如：

① 大子曰："君實不察其罪，被此名也以出，人誰納我？"(《左傳·僖公四年》)

② 今有仁心仁聞而民不被其澤，不可法於後世者，不行先王之道也。(《孟子·離婁上》)

③ 項王身亦被十餘創。(《史記·項羽本紀》)

④ 高祖被酒，夜徑澤中。(《史記·高祖本紀》)

⑤ 世之有饑穰，天之行也，禹湯被之矣。(賈誼《論積貯疏》)

第十七課　被動句和被動表示法

以上句中，"被"都帶名詞性賓語，爲及物動詞。從戰國末期起，"被"出現助動詞用法，位於動詞前面表示被動，這種用法在漢代作品中多見。如：

⑥ 國一日被攻，雖欲事秦，不可得也。（《戰國策·齊策》）
⑦ 今兄弟被侵，必攻者，廉也；知友辱，隨仇者，貞也。（《韓非子·五蠹》）
⑧ 雖萬被戮，豈有悔哉？（司馬遷《報任安書》）
⑨ 信而見疑，忠而被謗，能無怨乎？（《史記·屈原賈生列傳》）
⑩ 曾子見疑而吟，伯奇被逐而歌。（《論衡·感虛》）

後兩句"被"與"見"對用，顯現"被"的助動詞性質。

東漢以後，"被"的用法有了新的發展。"被"可以介紹動作行爲的主動者，這時"被"的性質成爲介詞。例如：

⑪ 瑒、楨各被太祖辟爲丞相掾屬。（《三國志·魏書·王粲傳》）
⑫ 禰衡被魏武謫爲鼓史。（《世說新語·言語》）
⑬ 諸葛恢大女適太尉庾亮兒，……亮子被蘇峻害，改適江彪。（《世說新語·方正》）

"被"作爲介詞引進動作行爲主動者的被動句的出現，是被動句發展的一個重要階段，爲現代漢語被動句奠定了基礎。"被"字句在口語中逐步佔據了主導的地位。但是在文言作品裏，表示被動仍多用其他幾種被動句式。

文　選

鴻門宴①

沛公旦日從百餘騎來見項王②，至鴻門③，謝曰："臣與將軍戮力而攻秦④，

---

① 本篇選自《史記·項羽本紀》。題目爲後加。《史記》是我國第一部紀傳體的通史，記載了自黃帝開始，到漢武帝後期長達三千多年的歷史。全書包括十二本紀、十表、八書、三十世家、七十傳記，共一百三十篇。該書開創了"紀傳體"的史書體例，爲後世樹立了楷模。歷來爲《史記》作注的很多，現在最通行的注本是"三家注"本：南朝宋·裴駰《史記集解》、唐·司馬貞《史記索隱》、唐·張守節《史記正義》。《史記》作者司馬遷（前145—前87年），字子長，夏陽（今陝西韓城縣南）人，我國古代偉大的史學家和傑出的文學家。本篇講述了項羽與劉邦在鴻門宴上的一次較量，由於項羽目光短淺，優柔寡斷，坐失消滅劉邦勢力的良機，這在一定程度上影響了楚漢相爭的最終結果。
② 從（zòng）：及物動詞使動用法，使……跟隨。騎（jì）：名詞，指一人一馬，即騎兵。
③ 鴻門：即鴻門坂（坂，斜坡），在今陝西臨潼東。當時項羽兵四十萬，駐紮在新豐鴻門。
④ 戮力：並力，合力。

將軍戰河北,臣戰河南①,然不自意能先入關破秦②,得復見將軍於此。今者有小人之言③,令將軍與臣有郤——④"項王曰:"此沛公左司馬曹無傷言之。不然,籍何以至此⑤?"項王即日因留沛公與飲⑥。項王、項伯東嚮坐,亞父南嚮坐⑦。亞父者,范增也。沛公北嚮坐,張良西嚮侍⑧。范增數目項王⑨,舉所佩玉玦以示之者三⑩,項王默然不應。范增起,出召項莊⑪,謂曰:"君王爲人不忍⑫。若入,前爲壽⑬,壽畢,請以劍舞,因擊沛公於坐,殺之⑭。不者⑮,若屬皆且爲所虜⑯。"莊則入爲壽⑰。壽畢,曰:"君王與沛公飲,軍中無以爲樂⑱,請以劍舞。"項王曰:"諾。"項莊拔劍起舞,項伯亦拔劍起舞,常以身翼蔽沛公⑲,莊

---

① 河北、河南:黃河以北地區、黃河以南地區的泛稱。戰河北,指項王救助鉅鹿之戰。戰河南,指當時起義軍尊奉的義帝懷王令沛公略地入函谷關。

② 不自意:自己也沒有料到。意,意想,料到。

③ 有小人之言:指有壞人搬弄是非。

④ 郤(xì):"隙"的借字,縫隙,嫌隙,指感情上的裂痕。這句話沛公尚未說完,即被項王搶先答話打斷。

⑤ 籍:項羽名項籍,以名自稱,是禮貌的表現。何以至此:憑什麼到這個地步。

⑥ 即日:就在這天。與飲:同沛公一起飲酒。與,介詞,後面省略賓語。

⑦ 東嚮、南嚮:面朝東、面朝南。"東""南"爲方位名詞作狀語。坐:古人雙膝着席,臀部壓在腳跟上,叫作坐。亞父:地位僅次於父親的人,這是項羽對謀臣范增的尊稱。

⑧ 侍:卑幼者在尊長身旁作陪。這裏項羽和沛公坐位的朝向體現了尊卑之分。古代禮儀,室內坐位以東嚮爲尊,南嚮爲次尊,再次是北嚮,末位是西嚮。鴻門宴是在軍帳內舉行,座次按照室內排定。雙方的座次安排表現了項羽的倨傲和劉邦的屈就。

⑨ 數(shuò)目:屢次使眼色。數,屢次。目,名詞用作動詞,以目光示意。

⑩ 玉玦(jué):有缺口的環形佩玉。舉所佩玉玦以示之者三:舉起所佩戴的玉玦多次向項王示意。"玦""決"同音,范增借此暗示項王立刻決斷把沛公殺掉。這句中的代詞"者"和前面"舉所佩玉玦以示之"結合成名詞性成分,充當句子的主語,數詞"三"充當謂語。這是古代漢語表示動量的一種形式。

⑪ 項莊:項羽的堂兄弟。

⑫ 不忍:不狠心,心腸軟。

⑬ 若:你,第二人稱代詞。前爲壽:上前祝壽(祝對方健康長壽)。

⑭ 因:趁機。坐:座位。這句指借舞劍爲由趁機攻擊坐着的沛公,殺死他。

⑮ 不者:不這樣的話。

⑯ 若屬:你們這些人。且:將。爲所虜:被他俘虜。被動句式,介詞"爲"後省略行爲主動者"沛公"。

⑰ 則:即,就。

⑱ 無以爲樂:沒有什麼可以來助興取樂。

⑲ 以身翼蔽沛公:用身體遮掩住沛公。翼,名詞作狀語,像翅膀一樣。

第十七課　被動句和被動表示法

不得擊。

　於是張良至軍門見樊噲①。樊噲曰："今日之事何如？"良曰："甚急！今者項莊拔劍舞，其意常在沛公也②。"噲曰："此迫矣③！臣請入，與之同命④。"噲即帶劍擁盾入軍門⑤。交戟之衛士欲止不内⑥，樊噲側其盾以撞，衛士仆地，噲遂入。披帷西嚮立⑦，瞋目視項王⑧，頭髮上指，目眥盡裂⑨。項王按劍而跽⑩，曰："客何爲者⑪？"張良曰："沛公之參乘樊噲者也⑫。"項王曰："壯士！賜之卮酒。"則與斗卮酒⑬。噲拜謝，起，立而飲之。項王曰："賜之彘肩⑭。"則與一生彘肩。樊噲覆其盾於地，加彘肩上，拔劍切而啗之⑮。項王曰："壯士能復飲乎？"樊噲曰："臣死且不避，卮酒安足辭⑯！夫秦王有虎狼之心，殺人如不能舉，刑人如恐不勝⑰，天下皆叛之。懷王與諸將約曰：'先破秦入咸陽者王

---

① 樊噲(kuài)：沛縣人，屠狗出身。後隨劉邦起義，是劉邦重要的親信和將領。漢建國後，爲左丞相，封舞陽侯。

② 其意常在沛公：他的意圖常在沛公身上，即想殺害沛公。

③ 迫：緊急，危急。

④ 與之同命：同他（沛公）同生死共命運。

⑤ 擁：持。

⑥ 交戟(jǐ)之衛士：站在兩側持戟對叉着把守軍門的警衛。欲止不内(nà)：想要阻擋樊噲不讓他進去。内，後作"納"。

⑦ 披帷：揭開營帳。西嚮立：向西站立着，即直面東嚮坐的項羽。西，方位名詞作狀語。

⑧ 瞋(chēn)目：睜大眼睛，指怒目而視。

⑨ 上指：向上豎起。目眥(zì)盡裂：眼眶都撐裂了。這是對樊噲怒目而視的誇張形容。

⑩ 按劍：握住劍。跽(jì)：古人坐時臀部壓在腳跟上，準備起身要先挺起腰，臀部離開腳跟，這種姿勢叫"跽"。"按劍而跽"形容項王緊張戒備的樣子。

⑪ 客何爲者：客人是做什麽的？何爲，疑問代詞"何"作賓語，置於動詞"爲"前。

⑫ 參乘：即"車右"，站在車右邊任警衛者。

⑬ 斗卮(zhī)：盛一斗酒的大杯。

⑭ 彘(zhì)肩：豬的前腿。彘，豬，特指大豬。

⑮ 覆：翻轉過來。這是樊噲把盾牌向外的一面放在地上。啗(dàn)：吃。

⑯ 且：尚且。安足辭：哪裏值得推辭。意思是，我連死都不怕，哪在乎再多喝酒呢。

⑰ 殺人如不能舉，刑人如恐不勝：殺人好像擔心殺不盡，處罰人好像擔心處罰不完。舉，盡。勝，盡。

之。①'今沛公先破秦入咸陽,豪毛不敢有所近②,封閉宮室,還軍霸上,以待大王來。故遣將守關者,備他盜出入與非常也。勞苦而功高如此,未有封侯之賞,而聽細説③,欲誅有功之人,此亡秦之續耳④。竊爲大王不取也!"項王未有以應⑤,曰:"坐。"樊噲從良坐⑥。坐須臾,沛公起如廁⑦,因招樊噲出。

沛公已出,項王使都尉陳平召沛公⑧。沛公曰:"今者出,未辭也⑨,爲之奈何?"樊噲曰:"大行不顧細謹,大禮不辭小讓⑩。如今人方爲刀俎,我爲魚肉⑪,何辭爲?⑫"於是遂去。乃令張良留謝⑬。良問曰:"大王來何操?⑭"曰:"我持白璧一雙,欲獻項王;玉斗一雙,欲與亞父⑮。會其怒⑯,不敢獻。公爲我獻之。"張良曰:"謹諾⑰。"當是時,項王軍在鴻門下,沛公軍在霸上,相去四十

---

① 先破秦入咸陽者王(wàng)之:先攻破秦朝國都進入咸陽的人就在那裏稱王。王,名詞用作動詞,稱王。之,指代咸陽。

② 豪毛:細毛,比喻細微的東西。

③ 細説:小人之言,讒言。

④ 此亡秦之續:這是延續已被滅亡的秦朝的做法,意思是走亡秦的老路。

⑤ 未有以應:相當於"無以應",沒有什麼話用來回答。

⑥ 從良坐:挨着張良坐下。

⑦ 如:往,到……去。

⑧ 都尉:軍中參謀之類的副官。陳平:秦陽武縣(今河南蘭考縣)人,這時爲項羽部下,後投奔劉邦,成了重要謀士,在漢惠帝、文帝時做了丞相。

⑨ 未辭:沒有告辭。

⑩ 細謹:指瑣屑的事情。讓:責備。這句話的意思是,在大的作爲上不能顧及小節,在大的禮數上不能推掉小的指責。

⑪ 如今人方爲刀俎(zǔ),我爲魚肉:現在別人好比是刀和砧板,我們好比是砧板上的魚和肉。俎,切菜用的砧板。

⑫ 何辭爲:爲什麼要告辭。何……爲,古漢語表示反問的一種固定句式,可譯爲"爲什麼……"。爲,語氣詞,表反問。

⑬ 留謝:留下來向項王表示辭謝。

⑭ 何操:帶了什麼禮物。疑問代詞"何"作動詞"操"的賓語,置於"操"前。操,持、拿。

⑮ 璧:古代一種隨身佩帶的玉質裝飾品,形狀扁平而正圓,中間有小孔,一般用作朝聘、祭祀、喪葬時的禮品。玉斗:一種玉質的舀酒用的杓(sháo)。與:贈給。

⑯ 會:適逢,正碰上。

⑰ 謹諾:意思是恭謹地照辦。謹,表敬意的副詞。

里①。沛公則置車騎,脫身獨騎②,與樊噲、夏侯嬰、靳彊、紀信等四人持劍盾步走③,從酈山下,道芷陽閒行④。沛公謂張良曰:"從此道至吾軍,不過二十里耳⑤。度我至軍中,公乃入⑥。"沛公已去,閒至軍中,張良入謝⑦,曰:"沛公不勝桮杓⑧,不能辭。謹使臣良奉白璧一雙,再拜獻大王足下;玉斗一雙,再拜奉大將軍足下⑨。"項王曰:"沛公安在⑩?"良曰:"聞大王有意督過之⑪,脫身獨去,已至軍矣。"項王則受璧,置之坐上。亞父受玉斗,置之地,拔劍撞而破之⑫。曰:"唉!豎子不足與謀⑬!奪項王天下者,必沛公也,吾屬今爲之虜矣⑭!"沛公至軍,立誅殺曹無傷⑮。

---

① 相去:相隔。去,距離。

② 置:放棄,留下。車騎(jì):指來時所乘的車和所帶的騎從。脫身:抽身脫險。這裏指劉邦一人獨自騎馬逃走。

③ 夏侯嬰:沛人,從劉邦起義,成爲重要親信,後封汝陰侯。靳(Jìn)彊:劉邦部將,後封汾陽侯。紀信:劉邦部將,在後來項羽圍劉邦於滎陽時,紀信爲掩護劉邦而出城詐降,被項羽燒死。步走:徒步逃跑。

④ 酈山:即驪山,在今陝西西安臨潼區東南。道:動詞,經由。芷陽(Zhǐyáng):秦縣名,在今陝西長安縣東。閒(jiàn):秘密地,後作"間"。

⑤ 不過:不超過。耳:表限制性的敍述語氣,相當於"罷了"。

⑥ 度(duó):猜測,估量。乃:副詞,纔。

⑦ 謝:道歉。

⑧ 不勝(shēng)桮杓(sháo):禁不起酒力,即喝醉了。這是一種委婉的言辭。勝,禁得起。桮杓,酒器,這裏代酒。桮,"杯"的異體字。

⑨ 再拜:下拜兩次,這裏祇是表示敬意的言辭,並非實指。足下:對人的敬稱。這裏敬稱項羽。大將軍:對范增的敬稱。范增在懷王派宋義、項羽救趙時任末將,所以這裏尊稱他爲大將軍。

⑩ 安在:賓語前置,疑問代詞"何"作賓語,置於動詞"在"前。安,疑問代詞,代處所。

⑪ 督過:同義連用,責問、問罪。

⑫ 置之地:置之於地,把它放在地上。拔劍撞而破之:拔出劍砍擊玉斗,把它砍破了。破,形容詞使動用法,使……破碎。

⑬ 豎子:古代的僮僕,也用爲對人的輕蔑稱呼。與謀:與之謀;介詞"與"後省略賓語。豎子不足與謀,意思是這小子不值得同他商量大事。范增表面上罵項莊,實際是罵項羽。

⑭ 吾屬今爲之虜矣:意思是我們這些人就要被他俘虜了。吾屬,我們這班人。今,將要,表示事實即將發生。爲之虜,被動句式,被他俘虜。之,指代劉邦。

⑮ 立:副詞,立即。誅殺:含有判罪殺死的意思。

即墨之戰①

田單知士卒之可用②,乃身操版插,與士卒分功③,妻妾編於行伍之間④,盡散飲食饗士⑤。令甲卒皆伏,使老弱女子乘城⑥,遣使約降於燕,燕軍皆呼萬歲。田單又收民金,得千溢⑦,令即墨富豪遺燕將⑧,曰:"即墨即降⑨,願無虜掠吾族家妻妾,令安堵⑩。"燕將大喜,許之。燕軍由此益懈。

田單乃收城中得千餘牛,爲絳繒衣⑪,畫以五彩龍文⑫,束兵刃於其角,而灌脂束葦於尾,燒其端⑬。鑿城數十穴,夜縱牛⑭,壯士五千人隨其後。牛尾熱,怒而奔燕軍,燕軍夜大驚。牛尾炬火光明炫燿⑮,燕軍視之皆龍文,所觸盡

---

① 本篇選自《史記·田單列傳》。題目爲後加。田單是戰國時期齊國田氏宗室的遠房子弟,曾任臨菑管理市場的職員,纔能不爲人所知。在燕將樂毅攻破齊國、齊湣王出奔被殺、齊僅困守莒和即墨兩城的形勢下,田單顯示了他臨危不驚、靈活應對的智謀和能力,被即墨人推舉爲將軍,率領全城士卒百姓抗擊燕軍光復齊國。這裏節選的,就是田單率領士卒出奇兵,擊破燕軍,收復齊國失地的一段故事。

② 可用:指可以用於作戰。這是由於燕軍的暴虐激起了齊國士卒的鬥志。

③ 操:持,拿着。版:築牆的工具。插:"鍤"的借字,掘土的工具,相當於今天的鍬。功:工作。這句指田單親身參與修築防禦工事,和士兵分擔辛勞。

④ 行(háng)伍:古代軍隊編制,五人爲伍,五伍爲行,行伍泛指軍隊。這裏指把妻妾編入軍隊服役。

⑤ 饗(xiǎng)士:以酒食犒勞士兵。

⑥ 乘:登。這裏指田單把有戰鬥力的甲士埋伏起來,讓老弱者和婦女登上城樓防守,以此迷惑燕軍。

⑦ 溢:古代重量單位,二十兩爲一溢,後作"鎰"。

⑧ 遺(wèi):贈給。燕將:由於田單施用反間計,使燕王撤換了名將樂毅,此時燕將爲騎(jì)劫。

⑨ 即:很快就要。

⑩ 願:希望。族家:同族。安堵:安居,不受侵擾。

⑪ 絳:深紅色。繒(zēng):綢緞。

⑫ 五彩龍文:五顏六色的龍形花紋。文,花紋,後作"紋"。

⑬ 束:縛,捆紮。這句是說,把鋒利的尖刀綁在牛角上,把淋了油脂的蘆葦捆紮在牛尾上,再把蘆葦的末端點燃。

⑭ 城:城牆。縱:放開,任其自由行動。

⑮ 炬火:火把,指點燃的蘆葦。炫燿:光亮耀眼。

死傷①。五千人因銜枚擊之②,而城中鼓譟從之③,老弱皆擊銅器爲聲,聲動天地。燕軍大駭,敗走。齊人遂夷殺其將騎劫④。燕軍擾亂奔走,齊人追亡逐北⑤,所過城邑皆畔燕而歸⑥。田單兵日益多⑦,乘勝,燕日敗亡,卒至河上⑧,而齊七十餘城皆復爲齊。乃迎襄王於莒⑨,入臨菑而聽政。襄王封田單,號曰安平君。

管鮑之交⑩

管仲夷吾者,潁上人也⑪。少時常與鮑叔牙游,鮑叔知其賢。管仲貧困,常欺鮑叔⑫,鮑叔終善遇之,不以爲言⑬。已而鮑叔事齊公子小白,管仲事公子糾⑭。及小白立,爲桓公,公子糾死,管仲囚焉⑮。鮑叔遂進管仲⑯。管仲既

---

① 觸:撞。這句指被牛撞到的燕軍士兵非死即傷。
② 銜枚:古代行軍,爲避免被敵軍發現,讓每個士兵將"枚"(形如筷子)銜在口中,枚的兩端用繩子繫在脖子後,這樣士兵便不能講話出聲,叫銜枚。
③ 鼓譟(zào):擂鼓呐喊。從之:追擊燕軍。
④ 夷殺:殺。
⑤ 亡:逃跑。北:敗逃。這裏均指敗逃的燕軍。
⑥ 畔:"叛"的借字。這裏指田單進軍所經過的城邑都重新回歸齊國。
⑦ 日益多:一天天增多。日,名詞作狀語,表示情況的逐漸發展;下文"燕日敗亡"用法同。益,增益。
⑧ 卒:終於。河上:地名,齊國的北部邊界。
⑨ 襄王:名法章,湣王之子,湣王出亡逃到莒地,被楚將淖齒所殺,法章改名換姓隱於民間,後在莒地被立爲襄王。因此田單到莒迎接襄王。
⑩ 本篇節選自《史記·管晏列傳》。題目爲後加。管仲是春秋時期著名政治家,他輔佐齊桓公治理齊國,稱霸天下,建立了輝煌的業績。但是管仲能爲齊桓公重用以施展其才能,得力於他的知交鮑叔牙的無私推薦。本篇記載的就是管、鮑之交以及鮑叔牙以知人讓賢的美德爲天下人所稱道的故事。
⑪ 潁上:地名,潁水北岸,也叫潁陽,相傳爲古代高士巢父、許由隱居之地。
⑫ 欺:欺騙。管仲與鮑叔在南陽合夥做買賣分財利時,管仲自己故意多取財利。
⑬ 善遇:善待。不以爲言:不因爲(受欺)而説什麼。
⑭ 據《左傳·莊公十年》記載,齊襄公即位後,法令無常,鮑叔牙預見齊國將有內亂,奉公子小白出奔到莒地避難;齊國內亂發生時,管仲和召忽奉公子糾逃到魯國。齊襄公被殺後,小白獲內援搶先回國,被立爲齊君(即齊桓公),魯國遵照齊君的盼咐殺公子糾,召忽爲公子糾殉難,管仲被囚禁送回齊國。
⑮ 焉:相當於介詞結構"於是",表示被動。"囚焉"即"囚於是(桓公)"。
⑯ 進:推薦,推舉。

用,任政於齊,齊桓公以霸,九合諸侯,一匡天下①,管仲之謀也。

管仲曰:"吾始困時,嘗與鮑叔賈②,分財利多自與③,鮑叔不以我爲貪,知我貧也;吾嘗爲鮑叔謀事而更窮困,鮑叔不以我爲愚,知時有利不利也;吾嘗三仕三見逐於君④,鮑叔不以我爲不肖,知我不遭時也⑤;吾嘗三戰三走⑥,鮑叔不以我爲怯,知我有老母也;公子糾敗,召忽死之⑦,吾幽囚受辱,鮑叔不以我爲無恥,知我不羞小節而恥功名不顯于天下也⑧。生我者父母,知我者鮑子也。"

鮑叔既進管仲,以身下之⑨。子孫世祿於齊⑩,有封邑者十餘世,常爲名大夫。天下不多管仲之賢而多鮑叔能知人也⑪。

一、説説古代漢語表示被動有哪些方式,其中哪些表示法延續到現代漢語。
二、找出下列句子中的被動句,説明每句被動句分別屬於什麽類型。
　1. 君能補過,衮不廢矣。(《晉靈公不君》)
　2. 吾長見笑於大方之家。(《秋水時至》)
　3. 先即制人,後則爲人所制。(《史記·項羽本紀》)
　4. 勞心者治人,勞力者治於人;治於人者食人,治人者食於人。(《孟子·滕文公上》)
　5. 城中人見齊諸降者盡劓,皆怒,堅守唯恐見得。(《史記·田單列傳》)
　6. 父母宗族,皆爲戮沒。(《戰國策·燕策》)
　7. 蓋文王拘而演《周易》,仲尼厄而作《春秋》,屈原放逐,乃賦《離騷》。(司馬遷《報任安書》)

---

① 匡:匡正。一匡天下,使整個天下得到匡正。
② 賈(gǔ):做買賣。
③ 與:給與。多自與,即多給自己(財利)。
④ 見逐:被驅逐。"見"用在動詞前表示被動。
⑤ 不肖:不才,缺乏才能。
⑥ 走:跑,這裏指逃跑。
⑦ 召忽死之:召忽爲他(子糾)殉難。
⑧ 羞小節:以小節操的失誤爲羞。羞,形容詞意動用法。恥:形容詞意動用法,以……爲恥。
⑨ 以身下之:使自身位於管仲之下,即地位甘居管仲之下。
⑩ 世祿於齊:世代在齊國享有爵祿。世,代,父子相承爲世。
⑪ 多:看重,贊許。

8. 萬嘗與莊公戰,獲乎莊公。(《公羊傳·莊公十二年》)

三、説明下列句中"被"的意義和用法。
1. 世之有饑穰,天之行也,禹湯被之矣。(賈誼《論積貯疏》)
2. 幸大雪逾嶺,被南越中數州。(柳宗元《答韋中立論師道書》)
3. 國一日被攻,雖欲事秦,不可得也。(《戰國策·齊策》)
4. 項王身亦被十餘創。(《史記·項羽本紀》)
5. 禰衡被魏武謫爲鼓吏。(《世説新語·言語》)
6. 信而見疑,忠而被謗,能無怨乎?(《史記·屈原賈生列傳》)

四、給下面短文加標點,並翻譯成現代漢語。
　　樂羊爲魏將以攻中山其子在中山中山懸其子示樂羊樂羊不爲衰志攻之愈急中山因烹其子而遺之樂羊食之盡一杯中山見其誠也不忍與其戰果下之遂爲文侯開地文侯賞其功而疑其心孟孫獵得麑使秦西巴持歸其母隨而鳴秦西巴不忍縱而與之孟孫怒而逐秦西巴居一年召以爲太子傅左右曰夫秦西巴有罪於君今以爲太子傅何也孟孫曰夫以一麑而不忍又將能忍吾子乎故曰巧詐不如拙誠樂羊以有功而見疑秦西巴以有罪而益信由仁與不仁也(《説苑·貴德》)

第十八課　語序和省略

一、古代漢語的語序

語序指充當句法成分的詞語在句中的位置順序。作爲一種無詞形變化的語言,漢語的詞語在句中的語法功能和作用主要是通過詞語的順序來體現的。漢語語序的基本規律是主謂關係,主語在前,謂語在後;動賓關係,動詞在前,賓語在後;偏正關係,狀語、定語在中心語前,補語在中心語後。這些基本語序自古至今保持了巨大的繼承性和穩定性。古今漢語在語序上的繼承性和共同性是漢語作爲全民交際工具所必備的特點。

但是,古漢語也有部分特殊語序是現代漢語所沒有的。這些特殊語序主要存在於先秦上古漢語裏,以及保留在後世仿古的文言作品裏。在閱讀文言文時,需要注意這些變化。

下面介紹古代漢語特殊語序中的主謂倒裝和賓語前置現象。

(一) 主謂倒裝句

古代漢語的主謂順序基本和現代漢語一樣,即主語在前,謂語在後。祇是在感歎句和疑問句中,有時爲了強調謂語,而把謂語提前到主語之前。這樣的語序由於不同於通常的主謂順序,因此習慣上稱之爲主謂倒裝句。

表示感歎的主謂倒裝句如:

① 有是哉,子之迂也!(《論語·子路》)
② 賢哉,回也!(《論語·雍也》)
③ 甚矣,汝之不惠!(《列子·湯問》)

表示疑問的主謂倒裝句如:

④ 誰與,哭者?(《禮記·檀弓上》)
⑤ 何哉,爾所謂達者?(《論語·顏淵》)
⑥ 子邪,言伐莒者?(《呂氏春秋·重言》)

古代漢語的主謂倒裝句是強調謂語的一種表達方式,在閱讀文言文遇到這類句式時,祇要辨認其語序的特殊性,就能準確理解文意。

(二) 賓語前置句

古代漢語的動賓結構通常的語序是動詞在前,賓語在後,但是在某些特定的語法條

第十八課　語序和省略

件下,賓語要置於動詞之前;此外,在古代漢語的介賓結構裏,賓語也在一定條件下置於介詞之前。這種語言現象,通常叫作賓語前置。

古代漢語常見的賓語前置格式主要有以下幾種:

1. 在疑問句中,如果賓語是疑問代詞,一般都位於動詞或介詞前。

這種賓語前置有兩個條件:一是必須是疑問句,二是必須是疑問代詞充當賓語。充當前置賓語的疑問代詞主要有"誰""何""安""奚""孰""焉""胡""惡"等。下面分別舉例。

先看疑問代詞充當動詞賓語前置的情況。可對比以下句子:

① 吾誰欺?欺天乎?(《論語·子罕》)

以上句中,前後兩句都是動詞"欺"帶賓語,前句賓語爲疑問代詞"誰",因此位於動詞"欺"前,後句賓語是名詞"天",所以不前置。又如:

② "許子冠乎?"曰:"冠。"曰:"奚冠?"曰:"冠素。"(《孟子·滕文公上》)

以上句中,"奚冠"和"冠素"也是一個對比,"奚"爲疑問代詞充當賓語,所以位於動詞"冠"前,"素"爲名詞充當賓語,所以位於動詞"冠"的後面。下面都是疑問代詞充當前置賓語的例子:

③ 臣實不才,又誰敢怨?(《楚歸晉知罃》)

④ 君何患焉?(《左傳·隱公元年》)

⑤ 大王來何操?(《鴻門宴》)

⑥ 衛君待子而爲政,子將奚先?(《論語·子路》)

⑦ 朝者曰:"公焉在?"其人曰:"吾公在壑谷。"(《左傳·襄公三十年》)

⑧ 爲民父母,行政,不免於率獸而食人,惡在其爲民父母也?(《孟子·梁惠王上》)

⑨ 沛公安在?(《鴻門宴》)

再看疑問代詞充當介詞賓語前置的情況。介詞賓語前置常見於介詞"爲""以""與"的用例,介詞"于(於)"的賓語不前置。例如:

⑩ 何以戰?(《左傳·莊公十年》)

⑪ 奚以知其然也?(《北冥有魚》)

⑫ 即不幸有方二三千里之旱,國胡以相恤?卒然邊境有急,數千百萬之衆,國胡以餽之?(賈誼《論積貯疏》)

⑬ 曷爲久居此圍城之中而不去也?(《戰國策·趙策》)

⑭ 許子奚爲不自織?(《孟子·滕文公上》)

⑮ 何爲紛紛然與百工交易?(《孟子·滕文公上》)

⑯ 是皆率民而出於孝情者也,胡爲至今不朝也?(《戰國策·齊策》)

⑰ 諺曰:"誰爲爲之?孰令聽之?"(司馬遷《報任安書》)

⑱ 顧自以爲身殘處穢,動而見尤,欲益反損,是以獨鬱悒而誰與語?(司馬遷《報

任安書》)

⑲ 微斯人,吾誰與歸?(范仲淹《岳陽樓記》)

介詞"於"的賓語不前置,但是與"於"功能相當的"乎"在與疑問代詞"惡"的組合中,賓語"惡"前置:

⑳ 敢問夫子惡乎長?(《孟子·公孫丑上》)
㉑ 學惡乎始?惡乎終?(《荀子·勸學》)

以上"惡乎"都是賓語前置結構,相當於"于何"。"惡乎長"即在哪方面擅長;"學惡乎始惡乎終"即求學從哪裏開始,到哪裏終結。

2. 在否定句中,如果賓語是代詞,常位於動詞之前。

這種前置有兩個條件:一是必須是否定句,即句中必須有否定詞如"不""弗""勿""莫""未"等,二是賓語必須是代詞,包括人稱代詞和指示代詞。例如:

① 初,申侯,申出也,有寵於楚文王。文王將死,與之璧,使行,曰:"唯我知女,女專利而不厭,予取予求,不女疵瑕也。後之人將求多於女,女必不免。我死,女必速行。無適小國,將不女容焉。"(《左傳·僖公七年》)

"不女疵瑕"即"不疵瑕汝"(不挑你的疵瑕),"不女容"即"不容汝"(不容納你),都是在"不"作爲否定詞的否定句中,以人稱代詞"女(汝)"充當賓語而前置。又如:

② 君子病無能焉,不病人之不己知也。(《論語·衛靈公》)

"不己知"即"不知己","不"爲否定詞,"己"爲代詞充當前置賓語。

③ 大道之行也,與三代之英,丘未之逮也,而有志焉。(《禮記·禮運》)

"未之逮"即"未逮之","未"爲否定詞,"之"爲代詞充當前置賓語。

④ 豈若匹夫匹婦之爲諒也,自經於溝瀆而莫之知也。(《論語·憲問》)

"莫之知"即"莫知之","莫"爲否定性無定代詞,"之"爲代詞充當前置賓語。

⑤ 我無爾詐,爾無我虞。(《左傳·宣公十五年》)

"無爾詐"即"毋詐爾","無我虞"即"毋虞我","無(毋)"爲否定詞,"爾""我"爲代詞充當前置賓語。

⑥ 故作事不以禮,弗之敬矣;出言不以禮,弗之信矣。(《禮記·禮器》)

"弗之敬"即"弗敬之","弗之信"即"弗信之","弗"爲否定詞,"之"爲代詞充當前置賓語。

在古代漢語中,否定句中代詞充當賓語前置的規則並不嚴格,有些否定句中雖然代詞充當賓語,但是不一定前置。例如:

⑦ 知我者,謂我心憂;不知我者,謂我何求。(《詩經·王風·黍離》)

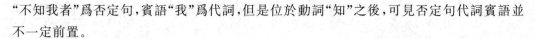

"不知我者"爲否定句,賓語"我"爲代詞,但是位於動詞"知"之後,可見否定句代詞賓語並不一定前置。

3. 賓語借助代詞的複指而前置。

這類賓語前置句式的重要特點是在前置賓語和動詞之間有一個代詞來複指賓語,構成"前置賓語＋代詞＋動詞"。常用於複指賓語的代詞有"之"或"是"。例如:

① 夫晉何厭之有?(《左傳·僖公三十年》)

"何厭之有"即"有何厭",代詞"之"複指前置賓語"何厭"。

② 夫始如處女,適人開户;後如脱兔,適不及距。其田單之謂邪!(《史記·田單列傳》)

"田單之謂"即"謂田單"(説的是田單),代詞"之"複指前置賓語"田單"。

③ 吾以子爲異之問,曾由與求之問。(《論語·先進》)

"異之問"即"問異"(問别人的事),"由與求之問"即"問由與求的事",都是用代詞"之"複指前置賓語。

④ 豈不穀是爲?先君之好是繼!(《齊桓公伐楚》)

"不穀是爲"即"爲不穀","先君之好是繼"即"繼先君之好",都是用代詞"是"複指前置賓語"不穀"和"先君之好"。

⑤ 將虢是滅,何愛於虞?(《左傳·僖公五年》)

"虢是滅"即"滅虢",用代詞"是"複指前置賓語"虢"。

如果被複指的前置賓語本身是由代詞充當,那麼一般用代詞"之"來複指賓語。例如:

⑥《詩》曰:"孝子不匱,永錫爾類。"其是之謂乎?(《左傳·隱公元年》)

"是之謂"即"謂是",由於前置賓語爲代詞"是",因此用"之"複指。又如:

⑦ 羊舌職曰:"吾聞之,'禹稱善人,不善人遠',此之謂也夫。"(《左傳·宣公十六年》)

"此之謂"即"謂此",由於前置賓語爲代詞"此",因此用"之"複指。

這類用代詞複指前置賓語的句式有時在賓語前加上一個表示強調的語氣副詞"唯(惟)",以突出表現動作行爲對象的單一性和排他性。例如:

⑧ 父母唯其疾之憂。(《論語·爲政》)

⑨ 其一人專心致志,惟弈秋之爲聽。(《孟子·告子上》)

⑩ 雞鳴而食,唯命是聽。(《左傳·成公十六年》)

⑪ 故進不求名,退不避罪,唯人是保,而利合於主,國之寶也。(《孫子兵法·地形》)

直到今天,這種古老的句式還保留在"唯利是圖""惟命是從""唯才是舉"等成語中。

除了以上幾種,古代漢語裏還有一些爲強調賓語而使賓語前置的情況。其中最常見的是介詞"以"的賓語因強調而前置。如:

⑫ 楚國方城以爲城,漢水以爲池,雖衆,無所用之!(《齊桓公伐楚》)

"方城""漢水"都是介詞"以"的前置賓語。又如:

⑬ 子曰:"參乎!吾道一以貫之。"(《論語·里仁》)

"一以貫之"即"以一貫之"(用一個道理貫穿起來),"一"爲介詞"以"的前置賓語。

最常見的是固定格式"是以",其實是代詞"是"充當介詞"以"的前置賓語組成的結構。例如:

⑭ 子曰:敏而好學,不恥下問,是以謂之文也。(《論語·公冶長》)

⑮ 是以知天下之君子也,辯義與不義之亂也。(《義與不義》)

此外,古漢語裏還有少數特殊的賓語前置例子。例如:

⑯ 爾貢包茅不入,王祭不共,無以縮酒,寡人是徵;昭王南征而不復,寡人是問。(《齊桓公伐楚》)

"寡人是徵",即"寡人徵是","寡人是問"即"寡人問是"。兩句中"是"都是前置賓語。這種賓語前置的例子在古漢語裏不多,在形式上與"先君之好是繼"相似,容易引起誤解,祇有根據上下文意細心體察,纔能辨別其差異。

二、古代漢語句法成分的省略

省略指的是在一定的語言環境裏句子被省略了其中某個成分,被省略的成分一般可以從上下文找到並確定地補上。語言的省略現象,古今漢語都存在,但是古代漢語比現代漢語更爲突出。如果不瞭解古漢語的省略,就會給閱讀文言文帶來困難,甚至引起誤解。

(一) 主語的省略

在古代漢語裏,主謂句中主語的省略是常見的現象。比較常見的是主語承前省略,即主語在上文已經出現過,爲了行文簡潔,後句省略主語。例如:

① 初,鄭武公娶於申,曰武姜。(武姜)生莊公及公叔段。(《左傳·隱公元年》)

上文出現"武姜",下句主語承前省略。

② 宣子驟諫,公患之,(公)使鉏麑賊之。(鉏麑)晨往,寢門闢矣,(宣子)盛服將朝。(《晉靈公不君》)

上文出現"宣子""公""鉏麑",所以下文這些對象分別充當主語時均承上省略。

③ 初,宣子田於首山,舍于翳桑,(宣子)見靈輒餓,(宣子)問其病。(靈輒)曰:"(我)不食三日矣。"(宣子)食之,(靈輒)舍其半。(宣子)問之。(靈輒)曰:"(我)宦三年矣,未知母之存否。今近焉,(我)請以遺之。"(宣子)使盡之,而爲之簞食與肉,置諸橐以與之。既而(靈輒)與爲公介,(靈輒)倒戟以禦公徒而免之。(宣子)問何故。(靈輒)對曰:"(我,)翳桑之餓人也。"(宣子)問其名居,(靈輒)不告而退,(宣子)遂自亡也。(《晉靈公不君》)

以上短文敍述趙宣子和靈輒的交往經歷。上文"宣子"和"靈輒"都已出現,所以下文兩人的相識、對話以及後來靈輒救宣子的敍述主語均省略。

有時文言文的敍述主語是既定的,在行文中也可以省略主語。例如:

④ 冬,曹大子來朝,(魯君)賓之以上卿,(此)禮也。(魯君)享曹大子,初獻,樂奏而(曹大子)歎。(《左傳·桓公九年》)

《左傳》的敍述主語是本國即魯國,因此在敍述魯國的行爲時省略主語"魯君"。句中由於"曹大子"在上文出現,所以下文省略。

在對話環境下,如果雙方第一會合的對話,主語已經出現,以後常都省去主語。例如:

⑤ 長沮曰:"夫執輿者爲誰?"子路曰:"爲孔丘。"(長沮)曰:"是魯孔丘與?"(子路)曰:"是也。"(長沮)曰:"是知津矣。"問於桀溺。桀溺曰:"子爲誰?"(子路)曰:"爲仲由。"(桀溺)曰:"是魯孔丘之徒與?"(子路)對曰:"然。"(桀溺)曰:"滔滔者,……"(《論語·微子》)

這一段對話參與者"長沮""子路""桀溺"在上文都交代過,所以後來均省略。對於對話中省略的主語,在閱讀時要根據上下文具體判斷說話者是誰,以免誤解文意。

主語也有探下文而省略的,即上文被省略的主語在下文裏出現。例如:

⑥ 七月(蟋蟀)在野,八月(蟋蟀)在宇,九月(蟋蟀)在戶,十月蟋蟀入我牀下。(《詩經·豳風·七月》)

⑦ 沛公謂張良曰:"從此道至吾軍,不過二十里耳。(公)度我至軍中,公乃入。"(《鴻門宴》)

對於主語探下文而省略的情況,在閱讀時也要根據上下文確定主語,以準確理解文意。

(二) 賓語的省略

古代漢語裏賓語的省略也是常見的現象。賓語省略包括動詞賓語省略和介詞賓語省略。下面分別介紹。

1. 動詞賓語的省略

動詞賓語的省略一般都是賓語所代表的人或事物在上文已經出現過,因此承上省略。例如：

① 王奪鄭伯政，鄭伯不朝(王)。(《左傳·桓公五年》)
② 人皆有兄弟，我獨亡(兄弟)。(《論語·顏淵》)
③ 雖有佳肴，弗食(佳肴)，不知其旨也。雖有至道，弗學(至道)，不知其善也。(《雖有佳肴》)
④ 夫慕仁義而弱亂者，三晉也；不慕(仁義)而治强者，秦也。(《韓非子·外儲說左上》)

省略是爲了使行文更爲簡潔。但是在理解時需要補足上述賓語。

2. 介詞賓語的省略

在古代漢語裏，介詞"以""爲""與"的賓語常可省略，而介詞"于(於、乎)"的賓語不可省略。下面舉例説明。

① 鄭伯始朝于楚，楚子賜之金，既而悔之，與之盟曰："無以(金)鑄兵。"故以(金)鑄三鍾。(《左傳·僖公十八年》)
② 小人有母，皆嘗小人之食矣，未嘗君之羹。請以(羹)遺之。(《左傳·隱公元年》)
③ 忠之屬也，可以(之)一戰，戰則請從。(《左傳·莊公十年》)

以上爲介詞"以"的賓語省略。從省略的實際用例來看，祇有位於動詞謂語前的"以"可以省略賓語。下面是介詞"爲"賓語省略的用例：

④ 晉人，虎狼也，若背其言，臣死，妻子爲(之)戮，無益於君，不可悔也。(《左傳·文公十三年》)
⑤ 衛甯武子來聘，公與之宴，爲(之)賦《湛露》及《彤弓》。(《左傳·文公四年》)
⑥ 是女子不好。煩大巫嫗爲(我)入報河伯，得更求好女，後日送之。(《史記·滑稽列傳》)

下面是介詞"與"省略的用例：

⑦ 庸人曰："楚不足與(之)戰矣。"遂不設備。(《左傳·文公十六年》)
⑧ 可與(之)言而不與之言，失人；不可與(之)言而與之言，失言。(《論語·衛靈公》)
⑨ 豎子不足與(之)謀！(《鴻門宴》)

介詞賓語省略的情況在文言文裏多見。對於這些被省略的介詞賓語，今譯時一般需要補上，否則不符合現代漢語的表達習慣。

文選

一鳴驚人①

淳于髡者,齊之贅婿也②。長不滿七尺,滑稽多辯③,數使諸侯④,未嘗屈辱。齊威王之時喜隱⑤,好爲淫樂長夜之飲⑥,沈湎不治⑦,委政卿大夫。百官荒亂,諸侯並侵,國且危亡,在於旦暮,左右莫敢諫。淳于髡說之以隱曰:"國中有大鳥,止王之庭,三年不蜚又不鳴⑧,不知此鳥何也?"王曰:"此鳥不飛則已,一飛沖天;不鳴則已,一鳴驚人。"於是乃朝諸縣令長七十二人⑨,賞一人,誅一人⑩,奮兵而出。諸侯振驚,皆還齊侵地⑪。威行三十六年。語在《田完世家》中。

威王八年,楚大發兵加齊。齊王使淳于髡之趙請救兵⑫,齎金百斤⑬,車馬

---

① 本篇節選自《史記·滑稽列傳》。題目爲後加。本篇記載了淳于髡用隱語勸諫齊威王的兩則故事。

② 淳于髡(kūn):姓淳于,名髡,戰國時齊人,曾是齊稷下學派學者,以博聞強記、能言善辯著稱。贅婿:婚後定居在女家的男子,所生子女從母姓,承繼母方宗祧。先秦時期贅婿地位等同奴婢,後世有所改變。

③ 滑稽(gǔ jī):善於言談,應對如流。

④ 數(shuò):屢次,多次。

⑤ 齊威王:齊國國君,田氏,名因齊。喜隱:喜好隱語。隱語,古代也稱"廋詞",指不直接說明本意而用借用比喻等手法暗示的表達方法。

⑥ 淫樂(lè):過分地縱慾作樂。

⑦ 沈湎(chén miǎn):沉湎於飲酒享樂。沈,後作"沉"。

⑧ 蜚:"飛"的借字。

⑨ 朝(cháo)諸縣令長:讓各個縣令縣長來朝見。秦漢時期,縣人口有萬户以上,其長官稱令,人口在萬户以下,其長官稱長。朝,動詞使動用法,使……朝見。

⑩ 賞一人,誅一人:獎賞即墨大夫,誅殺阿大夫。即墨大夫治縣有實效,但由於不奉承威王身邊的人,因而蒙受惡名;威王派人考察他的政績,獎賞他萬户爲食邑。阿大夫善於奉承威王身邊的人,名聲甚佳,實際上在阿縣玩忽職守,還疏於防治,被敵國侵佔了土地;威王派人考察後,烹殺了他。事在《史記·田敬仲完世家》。

⑪ 振驚:即震驚。振,"震"的借字。這裏指齊威王起兵戰勝了魏國和趙國軍隊,迫使魏、趙歸還侵佔的土地。

⑫ 之:動詞,到……去。

⑬ 齎(jī):拿錢物贈送人。

十駟①。淳于髡仰天大笑,冠纓索絕②。王曰:"先生少之乎?"③髡曰:"何敢!"王曰:"笑豈有説乎?"髡曰:"今者臣從東方來,見道傍有禳田者④,操一豚蹄,酒一盂,祝曰⑤:'甌窶滿篝⑥,汙邪滿車⑦,五穀蕃熟⑧,穰穰滿家。'⑨臣見其所持者狹而所欲者奢,故笑之。"於是齊威王乃益齎黄金千溢⑩,白璧十雙,車馬百駟。髡辭而行,至趙。趙王與之精兵十萬,革車千乘⑪。楚聞之,夜引兵而去⑫。

張釋之諫孝文帝⑬

張廷尉釋之者⑭,堵陽人也⑮,字季。有兄仲同居。以訾爲騎郎⑯,事孝文帝,十歲不得調⑰,無所知名。釋之曰:"久宦減仲之産,不遂⑱。"欲自免歸⑲。

---

① 駟:四匹馬拉的車。
② 冠纓索絕:繫冠的帶子都(因大笑而震)斷了。冠纓,繫冠的帶子。索,盡、全。絕,斷。
③ 少之:認爲少。少,形容詞意動用法。
④ 傍(páng):邊側,這個意思後寫作"旁"。禳(ráng):古代除邪消災的祭祀。禳田,祭神祈求農事平安無災。
⑤ 祝:祝禱,祭祀時説出自己的祝願。
⑥ 甌窶(ōu lóu)滿篝:狹小的旱地收成能裝滿筐籠。甌窶,高而狹小的旱地。篝,筐籠。
⑦ 汙邪(wū xié)滿車:地勢低斜的田地收成也能裝滿車子。汙邪,地勢低斜的田。
⑧ 蕃熟:繁茂成熟。
⑨ 穰穰(ráng ráng):豐盛,衆多。這裏指收成豐盛,家裏裝得滿滿的。
⑩ 益:增加。溢:古代重量單位,二十兩爲一溢,後作"鎰"。
⑪ 革車:兵車。
⑫ 引兵而去:退兵離去。
⑬ 本篇選自《史記·張釋之馮唐列傳》。題目爲後加。本篇記述了張釋之執法嚴明、公正不阿、敢於爲捍衛法律公平犯顏抗爭的事蹟。張釋之:漢文帝時任廷尉。
⑭ 廷尉:九卿之一,爲當時最高司法長官。張釋之任廷尉時聲名最著,故稱"張廷尉"。古人有稱官職以表示尊重的習慣。
⑮ 堵(zhě)陽:今河南省方城縣東,漢屬南陽郡。
⑯ 訾(zī):"資"的借字。騎郎:守門户、充車騎的侍衛官。這裏指因家産殷實被選拔爲騎郎。
⑰ 調:指升遷。
⑱ 宦:在外做官。不遂:指不合心意。
⑲ 免:辭職。

中郎將袁盎知其賢,惜其去,乃請徙釋之補謁者①。釋之既朝畢,因前言便宜事②。文帝曰:"卑之,毋甚高論③,令今可施行也。"於是釋之言秦漢之間事,秦所以失而漢所以興者久之。文帝稱善,乃拜釋之爲謁者僕射④。

　　釋之從行⑤,登虎圈⑥。上問上林尉諸禽獸簿⑦,十餘問,尉左右視,盡不能對。虎圈嗇夫從旁代尉對上所問禽獸簿甚悉⑧,欲以觀其口對響應無窮者⑨。文帝曰:"吏不當若是邪?尉無賴⑩!"乃詔釋之拜嗇夫爲上林令。釋之久之前曰:"陛下以絳侯周勃何如人也?⑪"上曰:"長者也。"⑫又復問:"東陽侯張相如何如人也?⑬"上復曰:"長者。"釋之曰:"夫絳侯、東陽侯稱爲長者,此兩人言事曾不能出口⑭,豈斅此嗇夫諜諜利口捷給哉⑮!且秦以任刀筆之吏⑯,

----

①　徙:調動。補:擔任。謁者:爲皇帝掌管迎賓、傳達事務的官員。
②　便(biàn)宜:有利國家、合乎時宜。
③　卑之,毋甚高論:把意見説得切實可行,不要憑空高論。卑,形容詞使動用法,使……低微。之,指代張釋之要説的話。
④　拜:授予(官職)。謁者僕射(yè):謁者之長,當時手下掌管的謁者凡七八十人。
⑤　從行:跟隨(漢文帝)出行。
⑥　虎圈(juàn):養虎的地方。
⑦　上林:即上林苑,秦時創立,苑中多養禽獸,供皇帝春秋打獵取樂。尉:指上林苑中管理事務的官員。這句指漢文帝問上林尉各種禽獸登記簿的情況。
⑧　虎圈嗇夫:管理虎圈的小官吏。甚悉:十分詳盡。
⑨　觀:顯示。響應:像回聲一樣立即回應,極言其速。響,回聲。這句指嗇夫想要借此顯示自己能脱口迅速回答問題而又滔滔不絕的能力。
⑩　無賴:(能力)靠不住。
⑪　以:動詞,認爲。周勃:漢沛地人,隨劉邦起兵反秦,屢立戰功,封絳侯;吕后死,諸吕作亂,周勃與陳平共同平定内亂,迎立文帝,在文帝朝任丞相。
⑫　長者:忠厚有德的人。
⑬　張相如:漢高祖時爲中大夫,任河間守,擊陳豨有功,封東陽侯,文帝時爲太子傅。
⑭　曾(zēng):副詞,表示事實出人意外或已達到某種極限,相當於"乃""竟"。
⑮　斅(xiào):仿效。諜諜(diédié):《漢書》作"喋喋",指話多。捷給(jǐ):應對敏捷,隨口説出迎合對方心理的話。
⑯　以:因爲。刀筆之吏:主辦文案的官員。刀筆,原指在竹簡上筆寫刀削,這裏指秦朝任用主辦文案的官員善於舞文弄墨。

吏爭以亟疾苛察相高①,然其敝徒文具耳②,無惻隱之實③。以故不聞其過④,陵遲而至於二世,天下土崩⑤。今陛下以嗇夫口辯而超遷之⑥,臣恐天下隨風靡靡⑦,爭爲口辯而無其實。且下之化上疾於景響⑧,舉錯不可不審也⑨。"文帝曰:"善。"乃止不拜嗇夫。

上就車⑩,召釋之參乘⑪,徐行⑫,問釋之秦之敝。具以質言⑬。至宮,上拜釋之爲公車令⑭。

---

① 亟(jí)疾:緊迫迅速。苛察:苛刻繁瑣。高:形容詞意動用法,以爲高,看重。這句指官吏以辦事緊急、苛刻繁瑣來爭勝。
② 徒:徒然,空。這句指秦的弊端是空有表面文章而無其實。
③ 惻隱:同情,憐憫。
④ 不聞其過:聽不到自己(秦朝)的過錯。
⑤ 陵遲:衰頹,衰落。土崩:比喻崩潰敗壞,無法收拾。
⑥ 口辯:口才。超遷:越級提拔。
⑦ 隨風靡靡:比喻群起而仿效之。
⑧ 下之化上:等於說"下之化於上",下面被上面教化。疾:急速,快速。景(yǐng)響:光影和回聲。景,後作"影"。
⑨ 舉錯:舉動措施。錯,後作"措"。審:仔細,謹慎。
⑩ 就:走向。就車,即登車。
⑪ 參乘:坐在車的右邊陪乘。這是文帝對張釋之欣賞信任的表示。
⑫ 徐:慢慢地。
⑬ 具:全,皆。質:誠。這句指張釋之對文帝提出的問題全都以推心置腹的態度回答。
⑭ 公車令:公車是漢代官署名,其中掌管司馬門警衛、臣民上書和徵召工作的官員稱公車令。

第十八課　語序和省略

蘇武牧羊①

單于使使曉武②，會論虞常，欲因此時降武③。劍斬虞常已④，律曰⑤："漢使張勝謀殺單于近臣，當死⑥。單于募降者赦罪⑦。"舉劍欲擊之，勝請降。律謂武曰："副有罪，當相坐⑧。"武曰："本無謀⑨，又非親屬，何謂相坐？"復舉劍擬之⑩，武不動。律曰："蘇君，律前負漢歸匈奴⑪，幸蒙大恩，賜號稱王。擁眾數萬，馬畜彌山⑫，富貴如此！蘇君今日降，明日復然⑬。空以身膏草野⑭，誰復知之！"武不應。律曰："君因我降⑮，與君爲兄弟；今不聽吾計，後雖欲復見我，

----

① 本篇選自《漢書·李廣蘇建傳》。題目爲後加。《漢書》是我國第一部紀傳體斷代史的著作，記載漢高祖元年（前206）至王莽地皇四年（23）共二百三十年的史事，是繼《史記》之後我國古代又一部重要史書。《漢書》包括帝紀十二篇，表八篇，志十篇，列傳七十篇，共一百篇。通行的注本有唐·顏師古的集注本以及清·王先謙的《漢書補注》等。《漢書》的編著者班固（32—92），字孟堅，東漢扶風安陵（位於今陝西省咸陽東北）人。本篇記述了蘇武出使匈奴，被扣留十幾年的艱辛歷程，刻畫了蘇武面對威脅利誘堅守節操的愛國形象。

② 單（chán）于：匈奴人對君主的稱呼。使使：派使者。第一個"使"爲動詞，第二個"使"爲名詞。曉：告知。

③ 會：一起。論：判決定罪。虞常：原爲漢朝官員，後投降匈奴。在蘇武出使匈奴時，虞常等人謀反，並與蘇武的副使張勝謀劃射殺衛律。後事情敗露，虞常被匈奴抓獲。因：介詞，趁着。降：動詞使動用法，使……投降。

④ 劍斬：用劍斬殺。劍，名詞作狀語，用劍。已：完畢。

⑤ 律：即衛律，原爲漢朝官員，後投降匈奴，被封爲丁零王。

⑥ 張勝：漢朝官員，蘇武的副使。當（dāng）：判處。

⑦ 募：招募。

⑧ 副：這裏指張勝。相坐：相連坐。古代法律規定一個人犯罪，他的親屬或和他有關係的人一同受罰。

⑨ 本無謀：本來沒有參與謀劃。

⑩ 擬：作樣子，這裏指作出要殺蘇武的樣子。

⑪ 負：背棄。歸：歸順。

⑫ 彌：滿。

⑬ 復然：也會像這樣。然，代詞，代指衛律享受的榮華富貴。

⑭ 空：副詞，白白地。以：介詞，可譯作"用"。膏：油脂，名詞用作動詞，表示滋養。

⑮ 因：介詞，憑藉，通過。

291

尚可得乎①?"武罵律曰:"女爲人臣子,不顧恩義②,畔主背親③,爲降虜於蠻夷④,何以女爲見⑤?且單于信女,使決人死生,不平心持正⑥,反欲鬭兩主⑦,觀禍敗。南越殺漢使者,屠爲九郡⑧;宛王殺漢使者,頭縣北闕⑨;朝鮮殺漢使者,即時誅滅⑩;獨匈奴未耳⑪!若知我不降明⑫,欲令兩國相攻,匈奴之禍,從我始矣。"

律知武終不可脅⑬,白單于⑭。單于愈益欲降之⑮。乃幽武⑯,置大窖中⑰,

---

① 雖:連詞,即使。尚:副詞,還。可得:能夠做到。
② 爲(wéi):動詞,作爲。顧:顧念。
③ 畔主背親:背叛國君和親人。畔,"叛"的借字,背叛。
④ 降虜:投降的俘虜。蠻夷:古代對四方邊遠少數民族的蔑稱,這裏指匈奴。
⑤ 何以女爲見:爲什麼要見你。
⑥ 平心持正:用心公平,主持公正。
⑦ 反:反而。鬭:使動用法,使……相互攻打。
⑧ 南越殺漢使者,屠爲九郡:這裏指漢武帝元鼎五年,漢朝派使者鎮服南越,南越呂嘉殺死了漢使和南越王並自立爲王。次年,漢武帝派兵征討,誅殺了呂嘉並把南越分爲九郡。南越,古國名,故址在今廣東、廣西一帶。屠,屠殺,這裏指平定。
⑨ 宛王殺漢使者,頭縣(xuán)北闕:這裏指漢武帝太初元年,漢朝派使者壯士車令到大宛求良馬,大宛王毋寡不肯獻馬,將漢使殺害在回去的路上。後來漢武帝派兵討伐大宛,大宛貴族殺了毋寡並獻馬投降。宛,即大宛,古西域國名,故址在今烏茲別克斯坦境內。頭縣北闕,指毋寡的頭懸掛在漢宮殿北面的門樓之上。縣,懸掛,後作"懸"。北闕,古代宮殿北面的門樓,是大臣等候朝見或上書奏事的地方。
⑩ 朝鮮殺漢使者,即時誅滅:這裏指漢武帝元封二年,漢朝派使者涉何說服朝鮮王右渠投降,但右渠不但未降,還殺了涉何。後武帝派兵征討,右渠的臣下將右渠殺死,投降了漢朝。即時,立刻。
⑪ 獨匈奴未耳:祇有匈奴還没有(因爲殺害漢朝使者而被誅滅)而已。獨,範圍副詞,祇有。
⑫ 若:第二人稱代詞。明:明確,顯然。
⑬ 終:最終。不可:不能。脅:逼迫。
⑭ 白:禀告。
⑮ 愈益:更加,同義副詞連用。降:動詞使動用法,使……投降。
⑯ 幽:囚禁。
⑰ 窖:地窖。

絕不飲食①。天雨雪②,武臥齧雪③,與旃毛并咽之④,數日不死。匈奴以爲神。乃徙武北海上無人處⑤,使牧羝,羝乳乃得歸⑥。別其官屬常惠等⑦,各置他所⑧。武既至海上,廩食不至⑨,掘野鼠去草實而食之⑩。杖漢節牧羊⑪,臥起操持,節旄盡落⑫。積五六年,單于弟於靬王弋射海上⑬。武能網紡繳⑭,檠弓弩⑮,於靬王愛之,給其衣食⑯。三歲餘,王病,賜武馬畜、服匿、穹廬⑰。王死後,人衆徙去⑱。其冬,丁令盜武牛羊,武復窮厄⑲。

論貴粟疏⑳

鼂錯

聖王在上而民不凍飢者,非能耕而食之,織而衣之也㉑,爲開其資財之道

---

① 絕不飲食:(將蘇武)和外界隔絕並且不讓他喝水吃飯。飲食,動詞使動用法,使……喝水吃飯。
② 雨(yù)雪:下雪。雨,動詞。
③ 齧(niè):吃。
④ 旃(zhān):"氈"的借字,一種毛織物。并:一起。
⑤ 徙:遷徙。北海:匈奴的北界,即今俄羅斯的西伯利亞貝加爾湖。
⑥ 羝(dī):公羊。乳:動詞,生育。乃:情態副詞,纔。得:能夠。
⑦ 別:動詞使動用法,使……分開。其:指示代詞,代指蘇武。
⑧ 各:分別。他所:其他地方。
⑨ 既:時間副詞,已經。廩食:供給的食物。
⑩ 去:"弆"的借字,改讀 jǔ,收藏。草實:草籽。
⑪ 杖:名詞用作動詞,拿着,拄着。漢節:漢朝的符節。
⑫ 旄:指符節上用旄牛尾作的裝飾。盡:完全。
⑬ 積:累積。於靬(wū jiān):匈奴的王號。弋(yì)射:射獵禽鳥。
⑭ "網"字前應有"結"。繳(zhuó):繫在箭上的絲繩。
⑮ 檠(qíng):校正弓弩的器具,名詞用作動詞,校正(弓弩)。
⑯ 給(jǐ):供給。
⑰ 服匿:盛酒的容器。穹廬:古代遊牧民族居住的圓形氈帳。
⑱ 徙去:遷徙離開。
⑲ 丁令:又作"丁靈""丁零",古代民族名,漢代時是匈奴的屬國。厄:窮困。
⑳ 本篇選自《漢書·食貨志》。題目爲後加。這是鼂錯給漢文帝上的一封奏疏,在這篇奏疏裏,鼂錯論述了"貴粟"對於國家富強和人民安定的重要意義。鼂錯(前200年—前154年),潁川(今河南禹縣一帶)人,西漢政論家。
㉑ 食(sì):動詞使動用法,給……吃。衣(yì):名詞使動用法,給……穿。

也①。故堯、禹有九年之水②,湯有七年之旱③,而國亡捐瘠者④,以畜積多而備先具也⑤。今海內爲一⑥,土地人民之衆,不避禹、湯⑦,加以亡天災數年之水旱,而畜積未及者⑧,何也?地有遺利⑨,民有餘力,生穀之土未盡墾⑩,山澤之利未盡出也,游食之民未盡歸農也⑪。民貧,則姦邪生⑫。貧生於不足,不足生於不農⑬,不農則不地著⑭,不地著,則離鄉輕家⑮,民如鳥獸,雖有高城深池⑯,嚴法重刑,猶不能禁也。

夫寒之於衣,不待輕煖⑰;飢之於食,不待甘旨⑱。飢寒至身,不顧廉恥。人情一日不再食則飢⑲,終歲不製衣則寒。夫腹飢不得食,膚寒不得衣,雖慈

---

① 爲(wèi):介詞,後省略賓語"之",指代"百姓"。資財:物資財富。道:途徑,方法。

② 據《史記·五帝本紀》及《史記·夏本紀》記載,堯時洪水泛濫,堯命鯀治水,九年而不見成功,後來鯀的兒子禹繼續治水並最終取得成功,因此這裏並言"堯禹"。

③ 湯:成湯,商朝的建立者。《說苑·君道》記載"湯之時,大旱七年"。

④ 亡:與"無"通用,改讀wú。捐瘠者:被拋棄和瘦得不成樣子的人。捐,拋棄。瘠,瘦弱。

⑤ 以:連詞,表示原因,可譯作"因爲"。畜(xù):積蓄。備先具:防備的措施提前做好。具,準備充分。

⑥ 海內爲一:四海之內成爲一體,即天下統一。

⑦ 不避:不亞於。

⑧ 未及:趕不上。

⑨ 地有遺利:土地還有遺留下的利益,指還沒有充分使用。

⑩ 生穀之土:生長糧食的土地。未盡墾:沒有完全開墾。

⑪ 游食之民:四處游蕩的百姓。

⑫ 姦邪:姦佞邪惡,這裏指各種壞人壞事。

⑬ 農:名詞用作動詞,從事農業生產。

⑭ 地著(zhù):定居在一個地方,這裏指不隨便遷徙。著,固定。

⑮ 輕家:不重視家園。輕,形容詞意動用法,把……看得很輕。

⑯ 雖:連詞,即使。城:城牆。池:護城河。

⑰ 夫寒之於衣,不待輕煖:人在寒冷的時候,對於衣服的要求,不會等到有又輕又暖的衣服纔穿。輕煖,這裏指又輕又暖的衣服。煖,"暖"的異體字。

⑱ 甘旨:味美的食物。

⑲ 不再食:不吃兩頓飯。再,兩次。

第十八課　語序和省略

母不能保其子①,君安能以有其民哉②?明主知其然也③,故務民於農桑④,薄賦斂,廣畜積⑤,以實倉廩⑥,備水旱,故民可得而有也⑦。

民者,在上所以牧之⑧,趨利如水走下⑨,四方亡擇也⑩。夫珠玉金銀,飢不可食,寒不可衣,然而衆貴之者⑪,以上用之故也⑫。其爲物輕微易臧,在於把握⑬,可以周海內而亡飢寒之患⑭。此令臣輕背其主⑮,而民易去其鄉⑯,盜賊有所勸⑰,亡逃者得輕資也⑱。粟米布帛⑲,生於地,長於時⑳,聚於力,非可一日成也;數石之重㉑,中人弗勝㉒,不爲姦邪所利㉓,一日弗得而飢寒至。是

---

① 保:保有。
② 安:疑問代詞,怎麽。以:介詞,後面省略賓語"之",指代百姓飢寒交迫的情況。有其民:保有(自己)的百姓。其,代詞,代指國君。
③ 明主:賢能的國君。知其然:知道道理是這樣的。
④ 務民於農桑:使百姓致力於農業生產。務,動詞使動用法,使……致力於……。桑,指种桑養蠶。
⑤ 薄:形容詞使動用法,使……減輕。廣:形容詞使動用法,使……增加。
⑥ 以:連詞,表目的,可譯作"來"。實:充實。倉廩:儲藏米穀的地方。
⑦ 可:能夠。得:得到,這裏指得到百姓的心。有:保有。
⑧ 在上所以牧之:在於國君用什麽方法去治理。牧,牧養,這裏指統治。
⑨ 趨利:奔赴財富利益。走下:向低處流。走,跑,這裏指水流快速地流向(低處)。
⑩ 四方亡擇:對於東西南北是沒有選擇的。亡,與"無"通用,改讀 wú。
⑪ 貴:形容詞意動用法,認爲……很珍貴。
⑫ 以:介詞,因爲。故:原因,緣故。
⑬ 其:代詞,代指珠玉金銀。爲物:作爲物品。臧:收藏,後作"藏"。在:動詞,存放。把握:握着、拿着,這裏用作名詞,指握起來的手掌。
⑭ 周海內:走遍天下。周,動詞,走遍。
⑮ 輕:輕易。背:背離。
⑯ 去:離開。
⑰ 有所勸:受到鼓勵。勸,鼓勵,這裏指引誘助長。
⑱ 輕資:輕便的資財。
⑲ 粟米布帛:泛指糧食桑麻類的農產品。
⑳ 長於時:成長要靠天時。時,天時。
㉑ 石(dàn):古容量單位,一石十斗,一百二十斤。
㉒ 中人:平常的人。弗勝(shēng):不能勝任,這裏指拿不動。
㉓ 爲(wéi):介詞,引進動作行爲的主動者。利:名詞意動用法,把……看成是有利益的。

故明君貴五穀而賤金玉①。

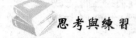 思考與練習

一、説説古代漢語的語序與現代漢語有什麽異同,並説説古代漢語賓語前置有哪些類型。

二、指出下列句子哪些具有賓語前置,並説明它們構成賓語前置的條件。
 1. 昭王南征而不復,寡人是問。(《齊桓公伐楚》)
 2. 是以腸一日而九迴。(司馬遷《報任安書》)
 3. 臣實不才,又誰敢怨?(《楚歸晉知罃》)
 4. 知我者,謂我心憂;不知我者,謂我何求。(《詩經·王風·黍離》)
 5. 《詩》曰:"孝子不匱,永錫爾類。"其是之謂乎?(《左傳·隱公元年》)
 6. 老者衣帛食肉,黎民不飢不寒,然而不王者,未之有也。(《寡人之於國也》)
 7. 許子奚爲不自織?(《孟子·滕文公上》)
 8. 求,無乃爾是過與?(《季氏將伐顓臾》)

三、下列句子,哪些地方存在成分省略?在省略的地方加上括弧,補出省略的成分。
 1. 反,誅屨於徒人費。弗得,鞭之,見血。走出,遇賊于門,劫而束之。費曰:"我奚御哉!"袒而示之背,信之。費請先入,伏公而出。鬭,死于門中。石之紛如死于階下。遂入,殺孟陽于牀。曰:"非君也,不類。"(《左傳·莊公八年》)
 2. 明日,子路行,以告。子曰:"隱者也。"使子路反見之。至,則行矣。(《論語·微子》)
 3. 將諫,士季曰:"諫而不入,則莫之繼也。會請先,不入,則子繼之。"三進及溜,而後視之,曰:"吾知所過矣,將改之。"稽首而對曰:"人誰無過,過而能改,善莫大焉!"(《晉靈公不君》)

四、給下面短文加標點,並翻譯成現代漢語。
　　屈原至於江濱被髮行吟澤畔顏色憔悴形容枯槁漁父見而問之曰子非三閭大夫歟何故而至此屈原曰舉世混濁而我獨清衆人皆醉而我獨醒是以見放漁父曰夫聖人者不凝滯於物而能與世推移舉世混濁何不隨其流而揚其波衆人皆醉何不餔其糟而歠其醨(1)何故懷瑾握瑜而自令見放爲屈原曰吾聞之新沐者必彈冠新浴者必振衣人又誰能以身之察察受物之汶汶者乎(2)寧赴常流而葬乎江魚腹中耳又安能以皓皓之白而蒙世俗之溫蠖乎(3)乃作懷沙之賦(《史記·屈原賈生列傳》)
　　　注:(1) 餔(bū),食。糟,酒糟。歠(chuò),喝。醨(lí),薄酒。
　　　　　(2) 察察,潔淨的樣子。汶汶(ménmén),污濁的樣子。
　　　　　(3) 常流,長流,指江水。皓皓,潔白的樣子。溫蠖(huò),昏昧。

---

① 是故:因此。貴:形容詞意動用法,認爲……很貴重。賤:形容詞意動用法,認爲……很輕賤。

第六單元

第十九課　古代文獻的閱讀

　　古代漢語是基礎課,同時也是工具課,教學目的是能真正培養學生的文言文閱讀能力,因此就有必要瞭解古代文獻的面貌和閱讀古代文獻時會遇到的一些特殊問題;並且還要學會利用前人作的注釋來閱讀古文。因此,從本課起,我們要接觸到古書閱讀的一些知識。

　　我國古代有歷史參考價值的文獻典籍浩如煙海,如何對這些典籍進行分類整理、編目,就涉及目錄學。

　　目錄學是文獻典籍編目、提要、分類、校理和有關文獻編制體例的學問。我國的目錄學是西漢成帝至哀帝時劉向、劉歆父子首創的,經由兩晉的發展,至唐代正式確立了四部分類法,即將衆多的文獻典籍分爲經、史、子、集四部。

　　瞭解中國古代文獻的分類常識,對我們直接閱讀古書、從古典文獻中查找所需資料是很有幫助的。

一、中國古代文獻的分類

　　中國文獻目錄分類的形成是在西漢末年,由劉向的《別錄》到劉歆的《七略》,形成了我國古典文獻早期的分類;經由兩晉的發展,至唐代臻於成熟。

(一) 劉歆《七略》對中國文獻進行了初步的分類

　　劉向(公元前77—前6),原名更生,成帝時改名爲向,字子政。漢成帝時奉詔入秘府校理古籍,專門負責經傳、諸子、詩賦等典籍的校勘整理。每校完一部書就寫出該書的篇目,歸納該書的旨意,記錄在冊並上奏給成帝。他的這一工作就類似於後來的書目提要。等到經傳、諸子、詩賦所有圖書校理完後,他把所寫的書目提要彙聚一起,就形成《別錄》一書,這是最早對我國圖書進行目錄分類的一次嘗試。可惜,該書失傳了,清人洪頤煊、馬國翰有輯佚①本。

　　劉向的《別錄》還不是對所有圖書進行分類和編目的著作,因爲兵書、數術(天文、曆法、占卜)和方技(醫藥)等類書籍是由別人校訂整理的,《別錄》都沒涉及。劉向死了以後,漢哀帝讓其子劉歆(?—23,字子駿)繼承父業,整理校訂秘府(國家圖書館)群書,把所有的圖書分成部類,編成目錄,輯成《七略》一書。劉歆《七略》纔是最早對我國所有文獻進行分類編目的一部書。

---

① 輯佚,也叫"輯逸",就是把失傳的書在其他書中被引用的章節和語句搜集起來,彙編成書。

《七略》將當時能見到的文獻典籍分爲七個類別：輯略、六藝略、諸子略、詩賦略、兵書略、術數略、方技略。

輯略爲群書之總要，與清代的《四庫全書總目》略同；六藝略是有關儒家經典傳注類圖書的書目提要；諸子略是有關諸子百家典籍的書目提要；詩賦略是有關詩歌辭賦等文學作品類典籍的書目提要；兵書略是有關兵法典籍的書目提要；術數略是與天文、曆法和占卜有關的典籍的書目提要；方技略是有關醫藥典籍的書目提要。原書在北宋時失傳，不過，東漢時班固著《漢書》，其中的《藝文志》節錄了《七略》的重要部分，因此可以把《漢書·藝文志》看成是劉歆《七略》的節本。另清代馬國翰、姚振宗等都有輯佚本。

到西晉武帝時，荀勖（？—289，字公曾）博學明識，精通音律，得汲郡塚中古文竹書，受詔編爲《晉中經簿》，將當時能見到的文獻典籍分成甲、乙、丙、丁四部。與《七略》的分類有差別，也有繼承。

東晉元帝時，李充（字弘度）任大著作郎，他看到由於戰亂而引起典籍的散佚、編目的混亂，於是產生了對典籍進行重新整理編目的想法。他在荀勖《晉中經簿》的基礎上，編成了《晉元帝四部書目》，以四部更換了荀勖的甲乙丙丁：以經部替換甲部，以史部替換丙部，以子部替換乙部，以詩賦替換丁部，奠定了中國文獻分類的基本格局。

到唐太宗時，魏徵等奉詔撰修《隋書》，其《經籍志》就是按經、史、子、集四部分類的，使四部分類在正史中得到確立。四部分類一直沿用到明清，清乾隆年間，召集360餘名海內學者參與編纂一套群書性質的全書，命名爲《四庫全書》，收入歷代典籍一萬零五百八十五種，共計十七萬一千五百五十八卷。所謂四庫也就是四部，所有收入的文獻典籍都是按經、史、子、集四部歸類的。全書編成以後，總纂官紀昀（字曉嵐）等撰寫了一部《四庫全書總目提要》，簡稱《四庫提要》或《提要》，以講明每部每類書籍的學術源流變遷及其得失。每一部書都有一篇提要，以概括該書的要旨並作高下優劣的評價。這是近代比較完善的一部目錄書，代表了目錄學的最高成就。《四庫全書》的歸類如下：

經部10類：易類、書類、詩類、禮類、春秋類、孝經類、五經總義類、四書類、樂類、小學類。

其中的小學類是指爲闡釋儒家經典而編纂的字書、辭書和韻書。像秦漢之際的《爾雅》、西漢時揚雄的《方言》、東漢時許慎的《說文解字》、魏時張揖的《廣雅》、梁時顧野王的《玉篇》以及宋代編的兩部韻書《廣韻》和《集韻》等都收入此類。

史部15類：正史類、編年類、紀事本末類、別史類、雜史類、詔令奏議類、傳記類、史鈔類、載記類、時令類、地理類、職官類、政書類、目錄類、史評類。

其中正史類收入了從《史記》到《明史》等二十五部史書及其注解考證的典籍。《史記》《漢書》《後漢書》和《三國志》稱爲"前四史"。

子部14類：儒家類、兵家類、法家類、農家類、醫家類、釋家類、道家類、雜家類、小說家類、類書類、天文演算法類、術數類、藝術類、譜錄類。

其中的小說家與今天的"小說"概念不一樣，這裏的"小說"相當於現在所說的野史。

第十九課　古代文獻的閱讀

在具有正統觀的史學家看來，小說家所記載的都是"街談巷語，道聽途説"之類的東西，是不能作爲信史相信的。其實，這是一種偏見。有的野史資料也是很具有參考價值的。

集部5類：楚辭類、別集類、總集類、詩文評類、詞曲類。

總集和別集之分在於是一個作家，還是指一個時代或各個時代群體作家的作品。別集爲一個作家的詩文彙編成的集子，如《謝宣城詩集》，就是謝朓一個人的作品；《歐陽文忠公全集》是宋代大文豪歐陽修的作品全集。總集爲各個時代作家作品彙集的有梁時昭明太子蕭統編的《文選》；爲一個時代作家作品彙集的有宋代呂祖謙編纂的《宋文鑒》。

在閱讀古代文獻的時候，首先要弄清它屬於四部分類的哪一部。

二、古書的標點

我國古代的書籍文字一般是沒有標點符號的，稱爲"白文"。給典籍文字加標點符號是比較晚的，大約是在南宋以後。我們閱讀古書常會遇到"白文"，也就是沒有加標點符號的典籍文字。這時，就要求我們具備斷句的能力，纔能直接閱讀古代"白文"典籍。古代從兒童入學時就開始訓練斷句能力，學了一年以後，學童在讀書的時候，就能夠把連成一片的文字一句一句地斷開，也就具備了斷句的能力。我們今天學習古代漢語仍然需要有這種能力。祇有當我們具備了這種能力之後，纔不會唯標點本是依，纔可以直接閱讀古代文獻原典，更好地接受博大精深的中華文化的熏陶。

句讀是古人的説法，一句話講完了，或者説表達了一個相對完整的意思以後的停頓叫做句；一句話没講完，或者説一個意思還没有表述完整而需要停頓的地方叫做讀。兩者合稱爲句讀。句讀大致相當於今天所説的標點。但是，今天的標點是文章的作者自己添加上去的，而古人的句讀却是讀者體會文章的一種結果，也就是説不是由作者本人添上去的，而是由讀者加進去的。這是句讀和標點最大的不同。今天給文章加標點由於是作者本人的事，所以一般不存在斷句正確與錯誤的問題，祇是存在標號和點號用得是否規範的問題。而古人的句讀由於是讀者體會文章的結果，那就有可能出現斷句不當，或者説破句，即把該標在上一句的詞語，標在了下一句，或者點出的句子牛頭不對馬嘴。因此，學習古文的句讀，特別需要訓練自己斷句的能力。

現在使用的標點符號是五四運動前後從西方引進並加以改造的，分標號和點號兩類。標號如引號、書名號、破折號等，點號如句號、逗號、頓號等。

現代人讀古書，爲了把古書的意思和語氣表達得更清楚，也給古書加上新式標點，這樣做，不僅需要斷句正確，還要對句子的意思和語氣體會正確。我們今天對文言文加以標點，有兩個要求：要作到斷句正確，符號規範。

前面説過，古文標點是由後人給前人的文章做標點符號，其基本的要求就是斷句要正確，也就是合乎古文的原意，而且合乎古漢語語法。不能把一句話點成兩句話，更不能把屬於上句的，點到下句。例如：

＊（晉公子重耳）及曹，曹共公聞其骿脅，欲觀其裸浴，薄而觀之。（《左傳·僖公

二十三年》)

这样標點就没有達到斷句正確的要求，"浴"和"薄而觀之"的主語不是一人，"浴"的主語是晉公子重耳（後來的晉文公），"薄而觀之"的主語是曹共公。這是主語暗換，主語暗換就很容易引起誤讀，因此要特别注意，因此"浴"應獨立成句。原句正確的斷句應是：

（晉公子重耳）及曹，曹共公聞其駢脅，欲觀其裸。浴，薄而觀之。

斷句正確以後還要考慮使用的標點符號是否合乎規範，尤其是引號、冒號的使用，人物對話用引號，要知道從哪裏起，到哪裏止。例如：

* 子曰："隱者也。使子路反見之。"至，則行矣。（《論語·微子》）

這樣的斷句是没有問題的，但標號用錯了。"使子路反見之"，不是孔子說的話，而是對孔子的一個動作的陳述，不能當作孔子的話打上引號。下引號應該放到"使"字之前。

要做好古文標點首先要通觀全篇。拿到一段文言文，不要急於斷句標點，應當先默讀一至兩遍，體會文章的內容大意，要在真正理解了這段文字的意思以後，再着手斷句標點。有時候前面有疑難之處，可通過下文找到答案。例如：

秦主生發三輔民治渭橋金紫光祿大夫程肱諫以爲妨農生殺之夏四月長安大風發屋拔木秦宮中驚擾或稱賊至宮門晝閉五日乃止秦主生推告賊者剖出其心左光祿大夫强平諫曰天降災異陛下當愛民事神緩刑崇德以應之乃可弭也生怒鑿其頂而殺之衛將軍廣平王黃眉前將軍新興王飛建節將軍鄧羌以平太后之弟叩頭固諫生弗聽（《資治通鑒·晉紀二十二·孝宗穆皇帝中之下》）

第一句的第三個字"生"到底是出生，還是别的意思，我們僅從這句本身看不出來，但祇要通觀全文，就會發現有"生殺之""生怒""生弗聽"等詞語，可見"生"是秦主之名。這樣，就能避免誤把"秦主生"點爲一個獨立句子的錯誤。

其次要梳理脈絡。把握一段文字描寫了什麼人物，陳述了什麼事件，説明了什麼道理，事件的前因後果如何等等綫索對正確地標點古文至關重要。就上述這段文字爲例，文中的主要人物是叫做生的秦主。他是一個專橫武斷、血腥殘暴的君主，一連殺掉了兩個直言敢諫的朝中大臣。事情起因是他征發三輔之民修建宮中的橋樑工程，妨礙農民的生產，受到大臣程肱的嚴厲批評，生不思悔改反而殺掉諫臣。長安城刮起長達數日的大風，本是上天對他暴行的警示，可他濫殺無辜，遭到太后母弟强平的批評，他不但不反省過錯，還不顧衆多大臣的諫勸，殘忍地殺掉了强平。這一綫索理清楚了，再來標點這段文字，就可以做到八九不離十了。

更重要的是必須吃透文意。對多義詞一定要結合上下文，吃透它在文中是用的哪個義項，把多義詞的義項弄錯，就會誤導我們破句或失讀。例如：

*（范蠡）乃乘扁舟浮於江湖，變名易姓。適齊爲鴟夷子皮之陶，爲朱公。朱公以爲：陶天下之中諸侯四通貨物所交易也。（《史記·貨殖列傳》）

第十九課　古代文獻的閲讀

這樣標點顯然沒有弄清"陶"在文中的意思,誤把"陶"理解爲陶器。實際上這裏的"陶"指的是山東的定陶,因其地有山如陶竈的樣子,故稱陶。我們即便沒有接觸過《史記·貨殖列傳》,也可以通過上下文推出陶爲地名。上文"適"是到的意思,"之"在古代文獻也有"到"的用法,適、之同義。"齊"爲到的地方,則"陶"也應該是到的地方。下文,"陶天下之中",更是道出了陶的地理位置。因此,原文應當這樣來標點:

(范蠡)乃乘扁舟浮於江湖,變名易姓。適齊,爲鴟夷子皮;之陶,爲朱公。朱公以爲:陶天下之中,諸侯四通,貨物所交易也。

有的虛詞也可爲我們標點古文提供重要的參考項,比如,古代漢語表示判斷句的一種固定搭配"……者,……也",遇到這種情況,我們在"者"字後打",",在"也"字後打"。"是沒有問題的。有的是句首發語詞,如"夫""蓋"等,既是句首,在它的前面就應當是句尾,所以在它前面打上"。"也是沒問題的。語氣詞"矣"一般都是放在句末的,因此在"矣"字後打"。"一般也不會出錯,可要注意"矣"有時通作"以"的情況。人物主語後面跟上一個"曰"字,一般表示後面的句子是該人物説的話,在曰字後打上":"號,把他説的話引起來一般也是沒有問題的。但要説明的是,這衹是一個輔助的手段,有的時候像"矣"這類句尾語氣詞是很少用的,像上述這段文字,通篇找不出一個"矣"字,僅僅依靠虛詞,面對這樣的白文就會束手無策。

下面再舉幾個例子説明古書標點對正確理解古書的重要作用。

古書標點最常見的錯誤是破句,就是把本來一句的破成了兩句,破句有的就不成意思,有的不得其解。例如:"長安大風發屋拔木"一句,有人標點成"長安大風發,屋拔木"這就破句了,"長安大風發"還稍微説得過去,但"屋拔木"就不可思議了。

不當斷的斷開使文意難解,當斷的不斷同樣造成文意難辨。例如:

*人生十年曰幼學。二十曰弱冠。三十曰壯有室。四十曰強而仕。五十曰艾服官政。六十曰耆指使。七十曰老而傳。(《禮記·曲禮上》)

這樣標點就有七處斷句不當。正確的標點應該是:

人生十年曰幼,學;二十曰弱,冠;三十曰壯,有室;四十曰強,而仕;五十曰艾,服官政;六十曰耆,指使;七十曰老,而傳。

有對詞義理解錯誤而標點錯誤的。例如:

*子厚前時少年,勇於爲人。不自貴重。顧藉謂功業可立就。(韓愈《柳子厚墓誌銘》)

"顧藉謂功業可立就"不可解,肯定是一個破句。標點者不明"顧藉"在唐時是顧惜、愛惜之意,本該上屬爲句,却誤點成下屬爲句。原文正確的標點應是:

子厚前時少年,勇於爲人。不自貴重顧藉,謂功業可立就。

有因語法分析錯誤而標點錯誤的。例如:

　　＊厩焚,子退朝,曰:"傷人乎不?"問馬。(《論語·鄉黨》)

這樣斷句表面上也說得過去,孔子住宅失火,燒掉了馬棚。孔子從朝廷回家以後,先問傷着人沒有,然後再問馬傷着沒有。但這樣的斷句是有問題的,問題在於古人行文沒有在疑問語氣詞後跟上一個否定副詞"不"的規則。正確的標點應是:

　　厩焚,子退朝,曰:"傷人乎?"不問馬。

有因不明用字通假而標點錯誤的。例如:

　　＊僕登夏奧尾高邱以望之,彷彿見舟及武昌,步乃還。(《東坡志林·別文甫子辨》)

"步乃還"意思費解,肯定有斷句上的不當。點校者不明此"步"爲"埠"的通假字,所以誤斷。"武昌步"即"武昌埠",用今天的話説,就是"武昌碼頭"。原文標點應爲:

　　僕登夏燠尾高邱以望之,髣髴見舟及武昌步,乃還。

有因缺乏歷史文化常識而標點錯誤的。例如:

　　＊彗星復見西方。十六日,夏太后死。(《史記·秦始皇本紀》)

十六日不是夏太后死的日期,而是彗星再次出現在西方的週期,正好經歷了十六天,"十六日"應上屬爲句。在《史記》一書中,很少直接用數目字放在"日"的前面來紀日。一般的日期是用十天干(甲乙丙丁戊己庚辛壬癸)和十二地支(子丑寅卯辰巳午未申酉戌亥)結合來紀日的。因此,"十六日"就不可能是記的夏太后死的這一天的日期。原文標點應是這樣的:

　　彗星復見西方十六日。夏太后死。

三、古代的注釋

　　閱讀古代文獻常常要依靠注釋,注釋把閱讀中的難點給予解釋,提供給我們必要的資料,幫助我們正確深入地理解古書。在文言文閱讀初期,我們參考的都是今人的注釋,注釋語言一般采用現代漢語,比較容易理解,但是我們還應當知道,今人的注釋很大程度是依靠古注的。古注是古人作的,因爲作注的時代距古書原創的時間較近,語言和思想的隔閡相對少些,準確的程度也就比較高一些。所以,在學習古代漢語時,多少瞭解一些關於古注的知識,對我們是有幫助的。

(一)古注的類別

　　古注的類別有:傳注類、章句類、音義類、義疏類、補注類、集解類。

　　傳注類最早是指對儒家經書中的文字作的古注,給經作傳,春秋時已經開始了,前面講過,《春秋》三傳,實際上就是給魯史《春秋》作注的三種注釋書,祇不過注釋的方式不同,左氏偏重史實,公、穀二家偏重義理。後來三傳也成了經,人們纔不把三傳看成是注了。西漢人作的傳就是名副其實的傳了,像《毛詩故訓傳》、孔安國的《尚書傳》(原書失傳)等,與東漢鄭玄的"三禮"注就無區別。

　　章句類是指用分章析句的方式來解釋古書的一種古注類型。它與傳注類不同的是,傳注類以解釋詞義爲主,而章句類除了釋詞外,還要串講文意,指明一章的主題意旨。從形式上看,傳注類言簡意賅,章句類就有煩瑣的特點。最有名的章句類注釋專書是東漢時趙岐的《孟子章句》,至今還有重要的參考價值。

　　音義類就是指對古書中文字進行辨音釋義的注釋類型。陳隋之際的陸德明《經典釋文》就是一部音義型的注釋專書。其中各篇都是以"音義"命名的,例如,《尚書音義》《毛詩音義》等。唐代和尚玄應、慧琳各作的《一切經音義》是全部佛經的音義總匯。

　　義疏類是指既解釋經文又給前人的注作解釋的一種古注類型。"義疏"又稱"義注""正義""義證"。六朝時產生,盛行於唐代。它主要目的是匯通經文、傳注的義理,並加以闡釋發揮。其次還有搜羅群書,補充舊注,探本求源的功用。有名的義疏類注釋專書有梁代皇侃《論語義疏》、唐代孔穎達等奉詔撰定的"五經正義"和賈公彥的《周禮疏》等。

　　補注類是指在前人注釋的基礎上加以補充修訂的一種古注類型,它與疏有相似之處,就是不僅注釋經文,同時也疏通前人的注義。但與疏不同的是,補注類重點是放在對前人舊注的補充和訂正,而唐人的疏有"疏不破注"的門法,所謂"疏不破注"就是對前人的注文進行疏解時,衹能沿襲舊注的説法,不能另立新説,即使舊注有誤,也要彌縫它的缺陷,曲爲之辯解,以此來維護舊注的權威。宋以後產生的補注就蕩棄了這種門法。最有名的補注類注釋專書是宋代洪興祖的《楚辭補注》、清代王先謙《漢書補注》等。

　　集解類是指彙集各家注解合成一書,或者説把各家的注解選集在一起,再加上自己的注解這樣一種古注類型,又稱"集注"。南宋時朱熹所作《四書章句集注》頗爲有名。需要指出的是,晉代杜預《春秋經傳集解》,名爲集解,實際衹是將《春秋經》和《左氏傳》聚集在一起進行注解,與我們所説的"集解"名同實異。

(二) 古注與今注

　　今人注大多是依據古注而作出的,例如:

　　① 文帝曰:"卑之,毋甚高論,令今可施行也。"(《張釋之諫孝文帝》)

　　本教材注説:"卑之,無甚高論:卑,形容詞使動用法,使……低微。"並且特別注明"之,指代張釋之要説的話"。這個注釋是有根據的,根據的就是唐代司馬貞《史記索隱》的注:"卑,下也。欲令且卑下其志,無甚高談論,但令依時事,無説高遠也。"可見,文帝所説的"卑之",就是讓張釋之盡可能地把意見説得切實可行,不要憑空高論。像這樣有古注作爲依據的今注是可以信從的。

　　今人注解古書,由於對古代漢語的語言規律有了更爲科學的認識,而且有大量的出土文獻材料可資參證,因此,也會有超越前人的成就。上個世紀三十年代以來,國內外許多從事古代歷史語言文化研究的學者利用商周甲骨文、金文等古文字材料,也糾正了一些傳世文獻注釋上的錯誤,這對我們閱讀古書是有重要的參考意義的。但是,今注由於距離古書作者時代較遠,加之今人的傳統文獻功底遠不及古代注釋家,所以,今注也存在着嚴重不足。有些今注祇講當然不講所以然,尤其是遇到字面上無法解釋的典故,今注往往祇注詞語的意思,而不注詞語的出處,也不管某義是否適合文意。例如:

② 麗土之毛。(徐光啟《甘藷疏序》)

有人注:"毛:草木。"

這裏機械照搬《左傳》杜預注對"毛"的解釋,就錯了,"毛"在這裏不是指草木,而是"苗"。"毛"爲"苗"的借字。

還有一些今注解釋不準確,讓人難以把握文本意思。例如:

③ 當是時,諸侯以公子賢,多客,不敢加兵謀魏十餘年。(《史記·魏公子列傳》)

有人注:"不敢加兵謀魏:不敢用兵侵略魏國。謀,作侵犯的打算。"

乍一看,這個注解也説得過去,但實際上没把詞語落到實處,注文中的"侵略"一詞是對譯的哪個詞,没有注明。從注文看,似乎"侵略"是"謀"的附加詞義,這就不準確了,"侵略"應是"加"的詞義,《左傳·襄公十一年》:"君子稱其功以加小人。"杜預注:"加,陵也。"《左傳》裏屢言"大加小",杜注和孔疏都以"侵陵""欺陵"解釋,可見,侵略義應是"加"纔具有的詞義,而不是"謀"。

還有的今注由於没有認真掌握相關資料或考據失當而完全注錯。例如:

朱門沉沉按歌舞,廄馬肥死弓斷弦。(陸游《關山月》)

有人這樣注:"按:考核、檢驗。"這個注就完全錯了。"按"的本義是向下的動作,由此可引申出"擊"的意思。《文選·屈原·招魂》:"陳鐘按鼓。"五臣注:"按,猶擊也。"再進一步引申就可引申出"排練"的意思,白居易《後宫詞》:"淚盡羅巾夢不成,夜深前殿按歌聲。"所以,這裏的"按"不是考核、檢驗,而應當是排練的意思。

遇到上述情況,我們就要參考古注和相關的小學專書,來糾正今注的失誤。

每一時代對經書的闡釋都不可能一次性完成,也不可能達到對古書詞義百分之百準確無誤的注釋。由於注釋者本人學力和時代的局限,總有這樣和那樣的失誤。因此對古注和今注我們都要有批判的眼光,隨着閱讀能力的提高,我們的識辨能力也會不斷提高。

(三) 古代的注音方法

在瞭解古注的一般知識時,應當特別知道在没有拼音工具的時代,古人怎樣給字、詞注音。瞭解了這一點,對查閱一些工具書也會有一定的好處。

古書的注音包括兩個方面的内容:一是古代的人如何給文獻中的生僻字注音;二是今人給古書作注時,遇到生僻字、異讀、變讀、讀破等情況如何注音。

在没有標音字母之前,古人給古書中的疑難生僻字注音主要有讀若、譬況、直音和反切四種。

在譬況法產生之前,古人對不認識的字詞(或比較生僻的字詞)採用了一套適合漢語

第十九課　古代文獻的閱讀

和漢字特點的注音方法，即用讀若（又説成讀如、讀似、讀近、音如、音近、聲相近）的術語爲生僻字注音，這在東漢人的經注中以及《説文解字》這類小學專書中屢見。例如：

① 玤，石之似玉者。从玉，佳聲。讀若維。（《説文·玉部》）

這種注音方式一般祇注明其近似的讀音，還不是嚴格意義上的注音。

到了東漢末年有人發明了一種譬況發音的方法，即用一些比喻和形容詞性的詞語對難字的讀音進行描寫。例如：

② 春秋伐者爲客，伐者爲主。（《公羊傳·莊公二十八年》）

何休注："伐者爲客，讀伐長言之，齊人語也。見伐者爲主，讀伐短言之，齊人語也。"長言，就是發母音時讓語音有一個持續的時間，國際音標用[:]表示。短言，就沒有這種持續，很短暫就過去了。將"伐"用長、短音區别出主動和被動，這是古代齊方言的一個特徵。

另一種方式是直音。就是用一個字爲另一個同音的字注音。古注中使用"音某""讀爲""讀曰""讀與某同"即爲直音這種注音方式。例如：

③ 先王謚以尊名。節以壹惠，恥名之浮於行也。（《禮記·表記》）

鄭玄注："壹讀爲一。"

直音就要求兩個字的讀音要一致。但有時候就難免要受局限，例如：鞥（ēng）這個字，就不好找同音的字。

以上注音和描寫語音的方法都有程度不同的缺陷。到漢末，人們發明了用兩個漢字來注一字的讀音的方法，即反切法。它的創始人一般認爲是孫炎（字叔然），但有人認爲他的老師鄭玄就已經知道反切的原理了，祇不過孫炎是第一個自覺地使用這種注音方法的人。反切注音的原理簡言之就是上字取聲，下字取韻。例如：攀，普班切，普字的聲母是 p-，班字的韻母是 -ān，兩字聲、韻合起來就是攀（pān）的讀音了。

反切的方法是受漢語中存在雙聲疊韻連綿詞的啓發。反切上字與被切字爲雙聲的關係，反切下字與被切字爲疊韻的關係。反切產生以後很快就傳播開來，因爲它比讀若、直音、譬況等方法更容易掌握，彌補了前三種方法的不足，一直延用到近代注音字母出現時纔消失。

古人注音的術語有：音、讀若、讀如、反、切、如字等。

"音"是用一個比較常用的字給另一個同音字注音。例如：

① 誕，音但；訏，音吁；茇，音沛；蘞，音廉。（晉·郭璞《爾雅注》）

"音"這種術語一般用於直音這種注音方法。

"讀若""讀如"在古注中有兩個功能，一個是注音的功能，一個是指出本字與借字關係。使用"讀若"，常常是用一個音近或音同的字爲另一個字注音。例如：

② 譿，言壯兒（貌），一曰數相怒也。从言雋聲。讀若書。（《説文·言部》）

使用"讀如",常常是引用一段熟悉的詩文,以這段詩文中與該字音近的字來注音。例如:

③ 湛丹秫三月而熾之。(《周禮·考工記·鐘氏》)

鄭玄注:"湛讀如'漸車帷裳'之漸。"

當然,有時也沒有這種區別,例如《説文》有時用"讀若"同樣可以引經文來注音。

"反"和"切"這兩個術語用於反切這種注音方法。反,又作翻,據顧炎武《音學五書·音論》所云,南北朝以上反切的術語都用"反",唐代因人們諱言反,纔改稱"切"。顧氏説有所據,唐代玄度《九經字樣·序》也有類似的説法。陳隋之際陸德明的《經典釋文》給經籍文字注的反切,都稱某某反,而唐代孫愐《唐韻》的反切,就改稱某某切了。北宋時徐鉉據《唐韻》給《説文》注反切,也稱某某切。

"如字"與"讀破"①相對,是指按常見的讀音來讀某字,並按常見的意思來理解該字。例如:

④ 窈窕淑女,君子好逑。(《詩經·周南·關雎》)

陸德明《經典釋文》:"毛如字,鄭呼報反。"

《毛傳》就是認爲"君子好逑"中的"好"可按一般讀音來讀,並按"好壞"之"好"的意思來理解。而鄭《箋》却認爲這裏是動詞,應讀破爲喜好之好。"讀破"與辨別通假的"讀若""讀如"不一樣。"讀破"是針對隨着社會和語言的發展變化而引起詞義的引申和詞性的分化現象的。某個字產生多個義項之後讀音也跟着有所改變,"讀破"就是爲了反映語音和意義的變化纔作出的。古人往往用改變聲調來反映詞性的變化,例如:"王"有平聲和去聲兩讀,平聲爲名詞,去聲爲動詞。對意義產生分化的字不僅是改變聲調,韻母也會改變,例如:度有 dù 和 duó 兩讀,讀 dù 表示尺度,讀 duó 表示思量、揣測的意思。

四、古文閱讀工具書

在學習古代漢語的過程中,還需要借助一些工具書幫助我們更好地閱讀古文。這裏我們主要介紹兩類工具書——釋義類工具書和虛詞工具書。

(一) 釋義類工具書

1.《古漢語常用字字典》

《古漢語常用字字典》是北京大學中文系漢語專業的師生同部分其他單位的人員共同編寫的。1979 年由商務印書館出版,1993 年進行了修訂,2004 年又在 1993 年版的基礎上再次修訂。該字典初版共收單字(單音詞)3700 多個,雙音詞 2000 多條,按漢語拼音

---

① 所謂"讀破"有兩種情況:一是用本字的讀音來改讀借字的讀音,例如:《吕氏春秋·本生》:"萬人操弓,共射一招。"高誘注:"招,埻也。"指明文中的"招"爲"的"(箭靶的中心)字的借字,應讀成 dì。另一種就是改變一個字原來的讀音,以顯示它的意義和作用已經發生變化。與"如字"相對的"讀破"正是屬於後者。

字母次序排列。先用漢語拼音和注音字母注音,然後分義項釋義和舉例。另附《難字表》,收難字 2600 多個,祇注音、釋義,没有例句。2004 年修訂版收單字 4317 個,主要是中學語文教材文言文中的常用字,收複音詞和詞組近 10000 條。書前附《漢語拼音音節索引》和《部首檢字表》。書後除《難字表》外,還附有《古漢語語法簡介》《我國歷代紀元表》等知識性材料,以便讀者使用。

這本字典是爲幫助中等文化程度的讀者學習古代漢語和閱讀古文獻而編寫的,閱讀古書時遇到的不認識的或不明白意義的字、詞大都可以通過翻檢《古漢語常用字字典》來解決。如:

"洎"字,如果我們不知道讀什麼,也不明白它的意思,可以首先確定它的部首是"氵"。然後在"部首目録"三畫中找到"氵"部,按照右側標出的頁數在"檢字表"中找到"氵部",然後從"六畫"中找到"洎"字,再按照右側的數字翻到相應的頁,就可以找到"洎"字,閱讀解釋文字,就知道"洎"字讀"jì",有"往鍋裏添水""浸泡、浸潤""到、至"等意義。再以此爲依據,根據文章的上下語義,確定"洎"在具體古文中的意義。

如果知道某字的讀音,祇是不明白它在具體文章中的意義,可以通過《漢語拼音音節索引》來找到這個字,根據注釋,並結合上下文意確定這個字的具體使用意義。

本書突出的特點有三:

一是注意選擇通俗易懂的例句,對難懂的例句予以注解甚至串講,以方便讀者使用。

二是在釋義的同時,還對相關近義詞和同義詞進行簡要辨析,有助於更深入全面地把握詞義。如:

【辨】法,律。"法"所指的範圍大,多偏重於法令、制度。"律"所指的範圍小,多着重在具體的規則條文,所以"變法"不能説成"變律"。用作動詞時,"法"是"效法""仿效",如"法後王";"律"是根據一定的準則來要求,如"律己甚嚴"。

三是在辨析同義詞時還指出某些詞義的歷史發展變化,提醒讀者注意。如:

【辨】憾、恨、怨。"憾"和"恨"是同義詞,都表示遺憾。先秦一般用"憾",漢以後多用"恨"。"怨"和"恨"不是同義詞。在古書中"怨"表示仇恨、懷恨,"恨"不表示仇視、懷恨。祇有"怨恨"二字連用時纔有仇恨的意思。

《古漢語常用字字典》所注釋的祇是常用詞的常用義項,例句也力求簡單易懂。但初版受歷史條件限制,引證範圍較窄,且不考慮是否首見,也不嚴格按照時代先後順序排列。1993 年和 2004 年修訂版在增加條目的同時,引例上也做了較大修改。

2.《辭源》

《辭源》由商務印書館編印,1915 年出版,本是一部以語詞爲主、兼收百科的綜合性大型語文工具書。1958 年商務印書館組織修訂,並同《辭海》《現代漢語詞典》進行了內容上的分工。1979 年起分四册出版,1983 年出齊。1988 年又出版了合訂本。修訂後的《辭源》收詞"以語文爲主,百科爲副",祇收古代漢語詞彙(收詞下限爲 1840 年),成爲一部閱

讀古籍用的工具書和古典文史研究工作者的參考書。

修訂後的《辭源》共收單字 12890 個,複合詞語 84134 條。全書按部首筆畫排列法編排,共分 208 部(書後附有《四角號碼索引》和《漢語拼音索引》以便查檢)。注音先用漢語拼音字母和注音字母注音,同時標明《廣韻》的反切和調類、韻部、聲紐,以便溯源。釋義先列義項,然後列出源頭例證。多義詞的義項按照本義、引申義、假借義依次排列。同一字頭的詞語依字數和筆畫順序列於單音詞條目之後。例如:

要查"倨",先查"人部",然後查八畫的字,就可以查到"倨"字。以下是《辭源》對"倨"的注釋:

> 倨 jù 居御切,去,御韵,見。ㄐㄩ
> ㊀傲慢。《戰國策·秦策一》"嫂何前倨而後卑也?" ㊁微曲。《禮·樂記》:"倨中矩,句中鈎。"疏:"倨中矩者,言其音聲雅曲感動人心,如中當於矩也。" ㊂蹲坐。通"踞"。莊子天運:"老聃方將倨堂。"疏:"倨,踞也。"

第一行是注音。第二行起是釋義。第一個義項"傲慢"是本義,用《戰國策·秦策一》中的"嫂何前倨而後卑也"一句爲這個義項的源頭例證。第二個義項"微曲"是引申義,用《禮記·樂記》中的"倨中矩,句中鈎"爲例證,並引孔疏:"倨中矩者,言其音聲雅曲感動人心,如中當於矩也"進行解釋。第三個義項"蹲坐"是假借義,"通'踞'",是說"倨"可以是"踞"的通假字,本字當是"踞",並引用《莊子·天運》中的例句作爲例證。

在解釋了單音詞條"倨"後,下面又按筆畫列出了以"倨"爲第一個語素的雙音詞:倨牙、倨句、倨倨、倨傲、倨慢,並依次進行了釋義。

《辭源》是一部較大規模的語文工具書,文言文閱讀中遇到的常用詞語都有收錄。編排體例成熟,引證資料比較完備,釋義比較準確,並且爲了閱讀古籍的需要,仍用繁體字印刷,是古代漢語詞彙釋義類的重要工具書。尤其是力求源頭例證,爲瞭解古代漢語複音詞形成的歷史及詞義的演變提供了方便。但由於書成衆手,修訂時主要參與者就達百人以上,難免水平參差,書中存有詞語或義位失收、例證材料並非源頭用例、引用材料訛誤脱漏等不足之處,使用時也需留意。

(二) 虛詞類工具書

1.《文言虛字》

在學習文言文時,要想掌握文言虛字的一般知識,可以閱讀《文言虛字》一書。

《文言虛字》由當代學者呂叔湘著。1944 年 3 月開明書店初版。1952 年和 1978 年上海教育出版社重版。這是一部比較適合初學者使用的虛字專書。在附錄的"虛詞"部分,作者特別論述了"虛字"的範圍:"文言的句法雖然跟現代語大致相同,所用的虛字可是大多數全不相同。……這裏所説的虛字範圍較廣,不但是代詞,介詞,連詞,語助詞,還包括好幾個副詞;換句話説,除了名詞,動詞,形容詞。"這就非常明確地告訴讀者,"文言虛字"和語法學概念中不能充當句子主要成分的虛詞是不同的概念,提醒讀者在閱讀本書理解時有所分別。

第十九課　古代文獻的閱讀

全書分爲正文和附錄兩部分。在前面的正文部分,作者選擇了最常見的二十五個文言虛字"之""其""者""所""何""孰""於(于)""與""以""爲""則""而""雖""然""且""乃""也""矣""焉""耳""乎""哉(附歟、耶)"加以介紹。在編排上,把用法相同或相關的虛字成組介紹,共編爲十二組。例如,"之""其"都有代詞用法,因此編爲一組;"者""所"都有特殊代詞的用法,因此編爲一組;"以"有連詞用法,因此與"而"同組,"以"又有介詞用法,因此又與"爲"同組,等等。

對於所收的每一個虛字,該書都條分縷析,詳細舉例,説明它們的意義和語法功能,並盡可能和現代漢語比較。除了介紹其語法上的虛詞用法以外,也介紹用作實詞的代詞乃至動詞的用法。例如對虛字"之",介紹了連詞和代詞的用法;對虛字"爲",介紹了介詞和動詞的用法。在對虛字的解釋方面,《文言虛字》具有釋義簡明通俗、引例豐富的特點,還以對比的方法,分析虛字的不同用法,使讀者更便於理解。例如對"之"的解釋,首先羅列出"之"的兩種用法:

  "之"字的用法有二:一是稱代,一是連接。

然後以通俗的白話加以解釋:

  我們竟不妨説有兩個"之"字,一個和白話的"他"字相當,一個和白話的"的"字相當。

在每一種用法下,該書廣舉例句,然後詳加分析。例如"之"的代詞用法,在舉例後,該書指出:

  我們説這個"之"字和白話的"他"字相當,並不是説所有"他"字都可以換成"之"。如"我正要去找他,他就來了",第一個"他"字可翻"之",第二個"他"字就不可翻"之"。在白話,句子裏任何位置,可用名詞,也就可以用"他"字;但文言的"之"衹限於做動詞或介詞的賓語。

這裏通過"之"和"他"的用法對比,強調了文言文裏的代詞"之"衹能作賓語,而不能充當主語的特點。又如"之"作連詞,一種用法是用在主語和謂語之間,通常稱爲取消主謂結構的獨立性。對於這個用法,《文言虛字》在列舉"大道之行也,天下爲公"等若干用例後指出:

  這裏的"之"字的作用可説是化句子形式爲主謂短語。……但是這種短語和一般的短語有些不同,所以特稱爲"主謂短語"。句子形式有主語有謂語,本來具備句子的資格,包含在別的句子裏面時,暫時失去這個資格,加一個"之"字就是在形式上確定它的地位,因爲短語不能獨立成句,至少是尋常的句子不取短語的形式。

接着分析"大道之行也,天下爲公"中"之"的作用:

  "大道行",可以斷句。雖然接着説"則天下爲公",我們就知道"大道行"並不獨立,不如加一"之"字,讓我們從頭就知道句子未完,就期待下文。這樣,句子更覺緊湊。

類似這樣的分析,使讀者更容易理解主謂結構間加"之"取消成句獨立性的特點。因此,使用《文言虛字》,不僅可以瞭解虛字的用法,還可以在語法知識方面也有所收穫。

在附錄部分,作者附上了《"開明文言讀本"導言》(朱自清、呂叔湘、葉聖陶,1948 年開明書店出版)。《導言》綜述了文言文的性質,文言與現代詞語在語音、辭彙、語法上的異同情況,還以筆畫序排列介紹了文言文常見的近二百個虛詞的主要用法,其作用相當於一本方便實用的虛字小字典。

《文言虛字》除了對虛字用法作細緻講解外,又在每組虛字後設有練習題,以便讀者在學習後舉一反三,消化所學的內容。這也是這本虛字工具書方便讀者的地方。1949 年以後,《文言虛字》一書由中國青年出版社印了十三次,新知識出版社印了四次,上海教育出版社印了十三次,由此可見其受到讀者歡迎的程度。

2.《經傳釋詞》

在閱讀古書時,如果需要查找文言虛詞的特殊用法,可以查閱《經傳釋詞》一書。

《經傳釋詞》十卷,清王引之著,成書於嘉慶三年(1798)。該書由中華書局 1956 年新版,1982 年岳麓書社以中華書局版本為底本重新校點出版。這是一部著重研究先秦和漢代經傳中虛詞特殊用法的著作,全書共收虛字(詞)一百六十組,每組把音同義近的虛字歸在一起,共收二百六十四字頭。

《經傳釋詞》在《自序》裏先交代了著作本書的宗旨:"自漢以來,說經者宗尚雅訓,凡實義所在,既明著之矣,而語詞之例,則略而不究;或即以實義釋之,遂使其文扞格,而意亦不明"。正是因為人們讀古書常誤虛為實,或是對虛詞的用法理解不確,因此王引之"自九經、三傳及周秦西漢之書,凡助語之文,徧為搜討,分字編次,以為《經傳釋詞》十卷","前人所未及者補之,誤解者正之,其易曉者則略而不論"。正是為瞭解釋古書閱讀中人們容易誤解的虛詞,所以著作了這部虛詞專書。

《經傳釋詞》所收虛字按照中古聲母喉、牙、舌、齒、唇排序。對所收字,先簡括地解釋用法,然後徵引古籍用例來逐一證明。一個虛詞如有不止一個用法,則分為若干條解釋,每條解釋都能博引例證,推源溯本。《經傳釋詞》注重解決古書閱讀中疑難的虛詞用法,對於虛詞人所共知的常見用法,衹是列出義項,指明是"常語";對於人們忽略或誤解的虛詞用法,則應用聲韻訓詁方法加以考證。

如"與"的連詞用法是人們所熟知的。《經傳釋詞》卷一"與"下:

  鄭注《禮記·檀弓》曰:"與,及也。"常語也。

"將"作時間副詞,也是人們熟知的用法。卷八"將"下:

  《論衡·知實》篇曰:"將者,且也。"常語也。

有時雖然都是"常語",但用法不止一個,則舉少量例子加以分別。如"之"有代詞、連詞用法,代詞用法又有充當賓語和充當定語的用法,則舉例加以分別。下面是《經傳釋詞》卷九"之"下的例子:

  之,言之閒也。若"在河之洲"之屬是也。常語也。

第十九課　古代文獻的閱讀

之,指事之詞也。若"左右流之"之屬是也。亦常語。

之,是也。故《爾雅》曰:"之子者,是子也。"亦常語。

以上該書作者通過舉例對"之"的各種用法加以分別。

對於用法相對少見或容易造成誤解的虛詞,《經傳釋詞》則以大量實際用例對該用法加以證明。例如"思"在先秦古書裏常有虛詞用法,而讀者比較容易忽略,《經傳釋詞·卷八》"思"下分別列出"思"作爲句尾、句首、句中語氣詞的三種用法:

思,語已詞也。《詩·廣漢》曰:"南有喬木,不可休思。"毛傳曰:"思,辭也。"他皆放此。

思,發語詞也。《車舝》曰:"思孌季女逝兮。"《文王》曰"思皇多士。"又曰:"思媚周姜。"《公劉》曰:"思輯用光。"《思文》曰:"思文后稷。"《載見》曰:"思皇多祜。"《良耜》曰:"思媚其婦。"《泮水》曰:"思樂泮水。"思字皆發語詞。

思,句中語助也。《關雎》曰:"寤寐思服。"《桑扈》曰:"旨酒思柔。"《文王有聲》曰:"自西自東,自南自北,無思不服。"《閔予小子》曰:"於乎皇王!繼序思不忘。"思皆句中語助。

爲了幫助讀者進一步瞭解所列虛詞的用法,王引之還經常在正文中附加小注,或補充例證,或對前人舊注的誤釋加以糾正。例如在上例"思,語已詞也"舉例後插入小注説明:

案:宣十二年《左傳》引《詩》"鋪時繹思",杜注:"思,辭也。"是也。《詩箋》以思爲思念之思,云:"陳繹而思行之。"則累於詞矣。

這是指出《左傳》杜注把語氣詞"思"當作實詞思念的不妥。再如在"思,發語詞也。《車舝》曰:'思孌季女逝兮。'"後面插入小注:

思,詞也。"思孌季女""思齊大任""思媚周姜",句法相同。《箋》曰:"思得孌然美好之少女。"失之。

這是指出《詩經箋》把語氣詞"思"誤虛爲實的誤釋。

《經傳釋詞》對虛詞的研究在方法上有自己的獨到之處,許多結論都是發前人所未發,因此具有很高的學術價值。但是由於當時還沒有成系統的漢語語法學,該書虛詞研究的成果有不少還不能用語法學的精確術語來表述,而祇能用訓詁上的同義爲訓方法解釋虛詞。例如"之,是也",指的是"之"充當指示代詞時與"是"同義;"將,且也",指的是"將"充當時間副詞時與"且"同義。有時用來解釋的詞本身多義,而未加區分,如卷二"爲,猶與也",既有"與"作連詞的用法,也包括"與"作介詞的用法,等等。這些都體現了傳統語法研究依附於訓詁學的特點,也給使用者帶來難解之處。此外,該書所收虛詞按照中古聲母的順序排列,固然是從訓詁因聲求義的需要出發,但因爲書後未附其他檢索方法,使一般讀者使用不便。

3.《詞詮》

查找文言虛詞的一般用法,而且涉及較多文言虛詞的話,《詞詮》是一部有針對性的

工具書。

《詞詮》十卷,近人楊樹達著,1929年商務印書館初版,1958年中華書局再版。這是近代很有影響的一部古漢語虛詞研究專著。全書收集古書中常見的介詞、連詞、助詞、嘆詞及一部分代詞、動詞、副詞等,共五百多字頭,是同類著作中收字頭最多的一部。

關於本書的著作宗旨,作者在書前的《序例》裏作了交代。他首先強調文法對讀書的重要性:"凡讀書者有二事焉:一曰明訓詁,二曰通文法。訓詁治其實,文法求其虛。"關於文法的研究,他十分推崇清代學者的成果,也重視《馬氏文通》建立成系統的漢語語法學的作用。爲綜合前人研究的成果,也爲了給初學者提供一部虛詞工具書,因此撰著《詞詮》一書。

較之《經傳釋詞》,《詞詮》的編纂有以下改進之處。首先,對所收之詞"首別其詞類,次說明其義訓,終舉例以明之"。這種對每詞都分別詞類的做法,顯然比《經傳釋詞》以同義互訓的辦法解釋虛詞要清晰明確得多。其次,"王氏《經傳釋詞》於詞之通常用法略而不說。此編意在便於初學,不問用法爲常爲偶,一一詳說"。相比《經傳釋詞》對常用詞僅注明"常語"的做法,《詞詮》確實更便於初學者使用。

《詞詮》還特別說明了該書收詞有時涉及語法上實詞用法的原因。《序例》交代説:"慣用之詞,亦偶及其實義:如則訓法,乃名詞;如訓往,乃動詞。本書以治虛爲主,而復及此類實義者,蓋欲示學者以詞無定義,虛實隨其所用,不可執著耳。"正是爲了幫助學習者瞭解漢字一字多用的情況,所以作者還是沿用傳統"虛字"的收字範圍,但作了語法學的說明。

《詞詮》解釋詞義,體例完善謹嚴,所舉例證都詳細注明原文書名篇名,便於查尋。例如卷六"茲"下,介紹了"茲"的六個用法(以下例句引用時較原書有所刪節):

(一)指示代名詞 此也。◎好生之德,洽于民心,茲用不犯於有司。《書·大禹謨》按"茲用"爲"用茲"之倒文。◎念茲在茲!《書·大禹謨》◎文王既没,文不在茲乎!《論語·子罕》

(二)指示形容詞 此也。◎帝曰:皋陶!惟茲臣庶,罔或干予正。《書·大禹謨》◎惟茲佩之可貴兮,委厥美而歷茲。《離騷》◎堂堂其胤,爲世之良,于其令母,受茲義方。蔡邕《濟北相崔君夫人誄》

(三)副詞 《說文》云:茲,草木益多也。此茲字本義,今通用滋字。◎怙其俊才而不以茂德,茲益罪也。《左傳》宣十五年 ◎今余命女環茲率舅氏之典。又襄十四年 ◎君富於季氏而大於魯國,茲陽虎所欲傾覆也。又定九年

(四)承接連詞 斯也,則也。◎朝夕曰:祀茲酒。《書·酒誥》按王引之云:言朝夕戒之曰:惟祭祀斯用酒也。故下文曰:飲惟祀。◎若可,師有濟也,君而繼之,茲無敵矣。《左傳》昭二十六年

(五)承接連詞 王引之云:承下起上之詞,猶今人言致令如此也。樹達按:茲,此也;本代名詞。此種用法,乃是"茲用"之省略。介詞"用"字省去,故獨存茲字,而其作用乃如王氏所云矣。◎勿使有所壅閉湫底以露其體,茲心不爽而昏亂百度。《左

傳》昭元年 ◎君若驩焉好逆使臣，茲敝邑休怠而忘其死，亡無日矣。又昭五年

（六）語末助詞　與哉同。◎周公曰：嗚呼！休茲！《書·立政》◎昭茲來許，繩其祖武。《詩·大雅·下武》◎美矣岑君，嗚呼休茲！《後漢書·岑彭傳贊》

綜上所述，可以看出《詞詮》不僅博採以往訓詁釋義的成果，一一訓釋虛詞的各個義項，而且充分利用了語法學的理論，結合虛詞在語句中的功能作語法和詞性的描寫，這使該書成爲一部既有助於專門研究者也便於初學者的虛詞辭典。

《詞詮》書前設有按注音字母編排的音序目錄和按部首、筆畫編排的部首目錄，書後還附有中文拼音檢索，因此查檢也較爲方便。

文　選

送孟東野序①

韓　愈

大凡物不得其平則鳴②。草木之無聲，風撓之鳴③。水之無聲，風蕩之鳴④。其躍也，或激之⑤；其趨也，或梗之⑥；其沸也，或炙之⑦。金石之無聲，或擊之鳴。人之於言也亦然⑧，有不得已者而後言，其謌也有思⑨，其哭也有懷⑩。凡出乎口而爲聲者，其皆有弗平者乎！

---

① 本文是韓愈爲孟郊就任溧陽縣尉而作的一篇贈序。文章從物不平則鳴寫到人不平則鳴，指斥當時社會不重用人才的現實。韓愈（768—824）：唐鄧州南陽（今河南南陽）人，字退之。唐代文學家，古文運動的首倡者。孟東野（751—814）：即孟郊，字東野，唐代文學家。

② 大凡：副詞，用在句首表示總括，可譯作"凡是"。平：均衡、穩定。則：連詞，就。

③ 撓：攪擾、吹拂。鳴：動詞使動用法，使……鳴。下文"風蕩之鳴""或擊之鳴"中的"鳴"同。前一"之"，連詞，用在主謂結構之間，取消句子獨立性。後一"之"，代詞，代指草木。下同。

④ 蕩：搖動，搖蕩。

⑤ 其：指示代詞，指代水。也：句中語氣詞，表延宕語氣。或：肯定性無定代詞，有什麼東西。激：阻遏。

⑥ 趨：指水流順勢而下奔騰起伏的樣子。梗：阻塞。這句話的大意是水的奔騰起伏是有什麼在下面阻塞它。

⑦ 炙：燒。這句話的大意是水的沸騰是有什麼東西燒煮它。

⑧ 然：代詞，這樣，指代上文"物不平則鳴"的情況。

⑨ 謌："歌"的異體字，唱歌。思：憂思。

⑩ 懷：愁緒。

樂也者①，鬱於中而泄於外者也②，擇其善鳴者而假之鳴③。金、石、絲、竹、匏、土、革、木④，八者，物之善鳴者也⑤。維天之於時也亦然⑥。擇其善鳴者而假之鳴。是故以鳥鳴春⑦，以雷鳴夏⑧，以蟲鳴秋⑨，以風鳴冬⑩。四時之相推敓⑪，其必有不得其平者乎⑫！

其於人也亦然。人聲之精者爲言⑬，文辭之於言，又其精也⑭，尤擇其善鳴者而假之鳴。其在唐虞、咎陶、禹⑮，其善鳴者也，而假以鳴。夔弗能以文辭鳴⑯，又自假於《韶》以鳴⑰。夏之時，五子以其歌鳴⑱，伊尹鳴殷⑲，周公鳴周⑳，

---

① 樂(yuè)：音樂。也者：語氣詞連用，"也"字表示延宕，"者"字表示提示。

② 鬱：鬱積。泄：發洩。

③ 善鳴者：善於鳴響的東西。者，特殊代詞，指代"……的東西"。假：借。之，代詞，指代"善鳴者"。

④ 金、石、絲、竹、匏(páo)、土、革、木：八種製作樂器的材料，也指用這八種材料製成的樂器。金，指編鐘；石，指磬；絲，指琴瑟；竹，指簫管；匏，指笙；土，指塤(xūn)；革，指鼓；木，指柷敔(zhù yǔ)。

⑤ 八者，物之善鳴者也：這八樣樂器，是萬物中善於鳴響的東西。

⑥ 維：語氣詞，無實義。時：四時。也：句中語氣詞，表提頓。然：這樣，指代善鳴者善於借外物而鳴。之：連詞，連接主語和介詞結構，組成名詞性的偏正結構。

⑦ 以鳥鳴春：上天借鳥為春天奏響樂曲。以，介詞，引進動作行為的憑藉物，下文三個"以"字用法相同。

⑧ 以雷鳴夏：上天借雷電為夏天奏響樂曲。

⑨ 以蟲鳴秋：上天借蟬等蟲豸為秋天奏響樂曲。

⑩ 以風鳴冬：上天借寒風為冬天奏響樂曲。

⑪ 之：連詞，用在主謂結構之間，取消句子獨立性。推敓(duó)：推移替代，這裏指春去秋來的季節變換。

⑫ 第一個"其"：語氣詞，表推測語氣，可譯作"恐怕，大概"。者：特殊代詞，指代"……的東西"。

⑬ 精：精華。言：語言，這裏指口語。

⑭ 文辭之於言，又其精也：文辭(作為書面語)與口語相比較，更加精細華美。文辭，文章辭句。

⑮ 唐：唐堯。虞：虞舜。咎陶(gāo yáo)：一作皋陶，舜時掌管司法之官。

⑯ 夔(kuí)：舜時的樂官，精通樂律。

⑰ 韶：樂曲名，相傳由夔製作。

⑱ 五子：太康的五個兄弟。啟的兒子夏王太康，荒淫暴虐，他的五個兄弟作歌以規勸他，世稱《五子之歌》。

⑲ 伊尹：殷時賢相。

⑳ 周公：姬旦，武王弟，武王死時，成王年幼，由他攝理王政。

第十九課　古代文獻的閱讀

凡載於《詩》、《書》六藝①，皆鳴之善者也。周之衰，孔子之徒鳴之，其聲大而遠。《傳》曰："天將以夫子爲木鐸。"②其弗信矣乎？其末也，莊周以其荒唐之辭鳴③。楚，大國也，其亡也，以屈原鳴④。臧孫辰、孟軻、荀卿⑤，以道鳴者也。楊朱、墨翟、管夷吾、晏嬰、老聃、申不害、韓非、慎到、田駢、鄒衍、尸佼、孫武、張儀、蘇秦之屬⑥，皆以其術鳴。秦之興，李斯鳴之⑦。漢之時，司馬遷、相如、揚雄⑧，最其善鳴者也。其下魏、晉氏，鳴者不及於古⑨，然亦未嘗絕也⑩。

---

① 六藝：指《詩》《書》《易》《禮》《樂》《春秋》六部儒家所推崇的經典。

② 傳（zhuàn）：書傳，指《論語》。天將以夫子爲木鐸：大意是上天將命孔子製作法度，號令天下。木鐸（duó），以木爲舌的鈴鐺。古代施政布令，振盪木鐸以召集百姓。

③ 莊周：莊子，戰國時思想家，老莊哲學的創始人之一。荒唐：浩瀚而無邊際。

④ 屈原：名平，楚國大夫，楚辭的代表作家，其代表作是長篇楚辭《離騷》。

⑤ 臧孫辰：臧文仲，春秋時魯國大夫。孟軻：即孟子，戰國時儒家學派的代表。荀卿：即荀子，戰國時思想家。

⑥ 楊朱：戰國時衛國人，主張"爲我"。《孟子·盡心上》："楊子取爲我，拔一毛而利天下，不爲也。"墨翟：墨子，春秋時思想家，主張兼愛、非攻。管夷吾：管子，春秋時齊桓公的賢相。晏嬰：晏子，春秋時齊景公的卿相，以節儉力行，聲名顯於諸侯。老聃（dān）：姓李，名耳，字伯陽。春秋時思想家，老莊哲學的創始人。申不害：戰國時鄭人，主刑名之學。韓非：戰國時韓國公子，主張變法。慎（shèn）到：一作"慎到"，戰國時趙人，主張以勢（權術）治天下。田駢：戰國時齊人，其學術主張與慎到同。鄒衍：戰國時齊人，爲陰陽學派的代表。尸佼：戰國時魯人，商鞅的老師。孫武：戰國時齊人，著《兵法》十三篇。張儀：戰國時魏人，與蘇秦同拜鬼谷子爲師，以連橫之説助秦統一天下。蘇秦：戰國時東周洛陽人，最初勸説秦王統一天下，不被任用，後遊説燕、趙、韓、魏、齊、楚六國合縱以抗强秦。

⑦ 李斯：戰國末楚上蔡人，拜荀卿爲師，説秦王並六國，拜爲客卿，秦統一天下以後爲丞相。

⑧ 司馬遷：西漢夏陽人，著名的史學家。相如：司馬相如，西漢成都人，漢賦的代表作家。揚雄：西漢蜀郡成都人，字子雲，長於辭賦。

⑨ 不及於古：趕不上上古（指春秋戰國秦漢）。及，趕上。《説文·又部》："及，逮也。從又從人。"以又（手）抓住人，會意爲"趕上"的意思。

⑩ 然：連詞，表示轉折。未嘗：不曾。

進學解①

韓　愈

　　國子先生晨入太學②，招諸生立館下③，誨之曰："業精於勤，荒於嬉④；行成於思，毀於隨⑤。方今聖賢相逢，治具畢張⑥，拔去凶邪，登崇俊良⑦。占小善者率以錄⑧，名一藝者無不庸⑨。爬羅剔抉，刮垢磨光⑩。蓋有幸而獲選，孰云多而不揚⑪。諸生業患不能精，無患有司之不明；行患不能成，無患有司之不公⑫。"

---

① 本文是韓愈任國子博士時所作，以此來激勵學生勤奮學習提高道德修養。

② 國子先生：韓愈自稱，當時他任國子博士。唐代的國子監是設在京城的最高學府。國子監統轄國子、太學、四門等。各學的教官稱博士。

③ 諸生：各位學生。館：教舍。

④ 業精於勤，荒於嬉(xī)：學業精進，在於勤奮；學業荒疏，在於貪玩。業，學業。嬉，遊戲，玩耍。

⑤ 行(xìng)：品行，品德。行成於思，毀於隨：品德的成就，在於思慮策劃；品德的墮落，在於隨波逐流。

⑥ 治具：治國的棟樑之材。畢：全部。張：這裏是得到使用的意思。

⑦ 登崇：提拔、擢昇。俊：《辨名記》云："倍人曰茂，十人曰選，倍選曰俊。"

⑧ 占小善者率以錄：大意是說祇要有一技之長的人都會得到錄用。

⑨ 名一藝：以一藝而聞名於世。名，聞名。藝，指儒家的經典，儒家六經稱爲"六藝"。庸：《說文·用部》："庸，用也。从用从庚。"此處用本義，義爲用。

⑩ 爬羅：整理搜取。剔抉：選擇。刮垢磨光：刮去污垢，打磨得閃閃發光。比喻造就人才。

⑪ 蓋：語氣詞，相當於"大概"。有幸：指以色藝才智而獲得最高統治者——皇帝的賞識。揚：與上文"張"同義，也是得到錄用的意思。

⑫ 患：擔心。有司：官吏。之：連詞，用在主謂結構之間，取消句子獨立性。

第十九課　古代文獻的閱讀

潮州韓文公廟碑①

蘇　軾

　　匹夫而爲百世師②，一言而爲天下法③，是皆有以參天地之化④，關盛衰之運⑤。其生也有自來⑥，其逝也有所爲⑦。故申、吕自嶽降⑧，傅説爲列星⑨，古今所傳，不可誣也⑩。孟子曰："我善養吾浩然之氣⑪。"是氣也⑫，寓於尋常之中，而塞乎天地之間⑬。卒然遇之⑭，則王公失其貴⑮，晉、楚失其富⑯，良、平失

----

　　①　本文是蘇東坡爲潮州韓文公廟碑撰寫的碑文的一部分。韓愈的仕途極爲坎坷，屢受挫敗。然而，他一生行事爲文，能秉承浩然正氣，生不苟生，死不苟死，以一介書生之綿力振救國家，復興唐室。故能取信於民，廟食百世，名垂萬古。韓文公：即韓愈，"文"是他的諡號。

　　②　匹夫：庶民，百姓。世：代。

　　③　一言而爲天下法：一句話却可以成爲天下人效法的標本。

　　④　參：加入。天地之化：天地的化育。

　　⑤　關盛衰之運：影響到國家昌盛還是衰亡的命運。關，影響，關係到。

　　⑥　其生也有自來：他的出生呀是有來歷的。即"生不苟生"。也，句中語氣詞，表延宕（句中的停頓），下同。

　　⑦　其逝也有所爲：他的辭世呀是有所作爲的。即"死不苟死"。

　　⑧　見《詩經·大雅·崧高》"維嶽降神，生甫及申"。吕，吕侯，即《詩》中的甫，也稱甫侯，曾作《吕刑》（載《尚書》中）。申，申伯，本姜姓，炎帝之後，吕侯、申伯都是周王室的大臣。自，介詞，可譯作"從"。嶽：古有四嶽之稱，東嶽泰山，西嶽華山，南嶽衡山，北嶽恒山。

　　⑨　傅説（yuè）：殷商武丁王時賢相，因得自於傅岩，賜姓爲傅。傅説爲列星，化用《莊子》傅説"乘東維，騎箕尾，而比於列星"的典故。

　　⑩　誣：虛妄不實。

　　⑪　我善養吾浩然之氣：見《孟子·公孫丑上》。浩然之氣，正大剛直之氣。

　　⑫　是：指代詞，這。

　　⑬　寓：寄寓。於：介詞，引進行爲的處所。尋常：平常。塞：充塞。

　　⑭　卒（cù）然：忽然。卒，"猝"的借字。之：代詞，指浩然之氣。

　　⑮　王公失其貴：（使）王公失掉他的尊貴。

　　⑯　晉、楚失其富：（使）晉、楚這樣的大國失掉它們的富足。

317

其智①，賁、育失其勇②，儀、秦失其辯③。是孰使之然哉④？其必有不依形而立，不恃力而行，不待生而存，不隨死而亡者矣⑤。故在天爲星辰⑥，在地爲河嶽⑦，幽則爲鬼神⑧，而明則復爲人⑨。此理之常，無足怪者。

自東漢以來，道喪文弊，異端並起⑩，歷唐貞觀、開元之盛⑪，輔以房、杜、姚、宋而不能救⑫。獨韓文公起布衣⑬，談笑而麾之⑭，天下靡然從公，復歸於

————

① 良、平失其智：(使)張良、陳平這樣的智囊失掉他們的智慧。良，張良，劉邦謀士，輔佐漢王滅秦楚，封爲留侯。平，陳平，秦末從項羽起事，後投劉邦，有謀略，輔佐漢王統一天下，後封曲逆侯。

② 賁(bēn)、育失其勇：(使)孟賁、夏育這樣的力士失去勇猛。賁，孟賁，戰國時齊人，有勇力。育，夏育，周時衛國人，傳說力能拔牛尾。二人是古代勇力之士的代稱。

③ 儀、秦失其辯：(使)張儀、蘇秦這樣的說客失去辯才。儀，張儀，戰國時魏人，以連橫之說助秦統一天下。秦，蘇秦，戰國時東周洛陽人，最初勸說秦王統一天下，不被任用，後遊說燕、趙、韓、魏、齊、楚六國合縱以抗強秦。

④ 是：指示代詞，這。之：代詞，代指浩然之氣。然：指示代詞，這樣。哉：表疑問的語氣詞。

⑤ 其：語氣詞，表推測，可譯作"恐怕、大概"。"其必有"句：大意是說一定會有一種永恒的力量在支配着它。依，依靠。恃，憑藉。

⑥ 在天爲星辰：大意是說古聖賢具備浩然正氣，即便是死後也會昇上天，列爲星辰。

⑦ 在地爲河嶽：大意是說聖賢們死後的魂魄下地，也會成爲河神、山神。

⑧ 幽則爲鬼神：大意是說聖賢們死後的魂魄處在冥冥之中，也是鬼中的豪傑。

⑨ 而明則復爲人：大意是說要是他們重新轉世，會再入人道。這是古人的一種迷信說法。

⑩ 道：先王古道。文：文風。弊：敗壞。異端：邪說。

⑪ 貞觀：公元627年，唐太宗李世民即位，改年號爲貞觀。開元：公元713年，唐玄宗李隆基即位，改年號爲開元。貞觀、開元被認爲是唐代鼎盛期。

⑫ 房：房玄齡，唐齊州臨淄人。曾隨李世民起兵征伐，太宗即位，爲中書令。與杜如晦共執朝政，有"房謀杜斷"之稱。杜：杜如晦。曾爲秦王李世民兵曹參軍，參與機密。太宗即位，爲尚書僕射。姚：姚崇。睿宗時爲相，爲奏太平公主出居東都事被貶，玄宗時復爲相，其主政時期史稱開元之治。宋：宋璟。玄宗時與姚崇相繼執政。爲人剛正，善守文，與姚崇齊名，並稱"姚宋"。

⑬ 獨：副詞，祇有。起布衣：韓愈早年父母雙亡，靠兄嫂撫養成人，故云"起布衣"。

⑭ 麾(huī)：古代的令旗，這裏是指揮的意思。

第十九課　古代文獻的閱讀

正①,蓋三百年於此矣。文起八代之衰②,而道濟天下之溺③,忠犯人主之怒④,而勇奪三軍之帥⑤。此豈非參天地、關盛衰、浩然而獨存者乎⑥!蓋嘗論天人之辨⑦,以謂人無所不至,惟天不容偽⑧。智可以欺王公,不可以欺豚魚⑨,力可以得天下,不可以得匹夫匹婦之心⑩。故公之精誠,能開衡山之雲⑪,而不能回憲宗之惑⑫;能馴鱷魚之暴⑬,而不能弭皇甫鎛、李逢吉之謗⑭;能信於南海之民,廟食百世⑮,而不能使其身一日安於朝廷之上⑯。蓋公之所能者天也,其所不能者人也⑰。

---

① 靡然:本指草木隨風而倒的樣子,這裏是望風響應的意思。復:副詞,又。
② 八代:指東漢、魏、晉、(劉)宋、齊、梁、陳、隋。六朝興駢麗之風,對漢代文風是一大衝擊,故以之爲衰。
③ 而:表示並列關係的連詞。道濟天下之溺:大意是説韓愈的《原道》有振救人心及時弊之功。濟,振救。溺,沉溺。
④ 忠犯人主之怒:指憲宗元和十二年,韓愈時任刑部侍郎,因上書諫阻遣使往鳳翔迎佛骨一事,被貶爲潮州刺史。
⑤ 而勇奪三軍之帥:指韓愈奉詔平定鎮州之亂,斬亂黨黨魁王廷湊之首一事。
⑥ 豈:情態副詞,難道。者:特殊代詞,表示"……的東西"。
⑦ 天人之辨:探究天道與人事的相互關係的學問。
⑧ 以謂人無所不至:認爲人(的智慧和力量)沒有不能達到的地方。
⑨ 智可以欺王公,不可以欺豚魚:大意是説對天地自然,不可以智慧力量去強取,衹能以精誠之心來應對。
⑩ 匹夫匹婦:平民男女。
⑪ 衡山:山名,古爲南嶽。
⑫ 回:挽回。
⑬ 能馴鱷魚之暴:清人吳楚材、吳調侯《古文觀止》注:"潮州鱷魚爲患,公爲文投水中,是夕暴風震電起溪中,數日水盡涸,西徙六十里。"按:《韓昌黎文集》有《祭鱷魚文》,可證此説。
⑭ 弭(mǐ):止。皇甫鎛:憲宗時寵臣,推薦方士爲憲宗製"長生藥",以求寵信。李逢吉:唐憲宗時佞臣。韓愈被貶潮州,曾上謝表給憲宗,憲宗覽後有悔意,想重新啟用他,皇甫鎛忌恨韓愈,奏改袁州。李逢吉曾挑起韓愈與李紳的交鬥,使韓愈被免兵部侍郎之職。謗:誹謗。
⑮ 能信於南海之民,廟食百世:指潮州人在韓愈死後立廟祭祀一事。
⑯ 而不能使其身一日安於朝廷之上:指韓愈自從以觀察推官的身份入仕,先後被貶至山陽、潮州,移徙袁州,行軍蔡州,宣撫鎮州,沒有一天是在朝廷供職。
⑰ 所:特殊代詞,表示"……的事"。者:特殊代詞,表示"……的事"。

一、中國文獻目錄分類的形成、發展與成熟的過程是怎樣的？
二、語言文字類的典籍在清人編纂的《四庫全書》中是放到哪一部哪一類的？
三、古注的類別有哪些？注和疏有什麼不同？
四、給下面短文加標點，並翻譯成現代漢語。

  戎夷違齊如魯天大寒而後門與弟子一人宿於郭外寒愈甚謂其弟子曰子與我衣我活也我與子衣子活也我國士也爲天下惜死子不肖人也不足愛也子與我子之衣弟子曰夫不肖人也又惡能與國士之衣哉戎夷太息歎曰嗟乎道其不濟夫解衣與弟子夜半而死弟子遂活（《呂氏春秋·恃君覽》）

  注：戎夷，人名。

第二十課　古書的特殊表達方式

古書中有各種特殊表達方式，也稱作"特殊辭例"。這些表達方式因爲是對正常的表達方式有所變通，因此一不注意，便會引起對古書內容的誤解。因此有必要對這些表達方式加以説明，清人俞樾編著的《古書疑義舉例》就是一部搜集古書特殊表達方式的專書。這裹選擇幾種古書中常見的辭例加以介紹。

一、婉曲

中國古代社會重禮儀，講修身，尤其在專制的王權制度下，説話不便、不宜或願過於直白，時常用迂曲的表達來陳述己意。例如：

① 明主不曉。（司馬遷《報任安書》）

本意是想説武帝被佞臣蒙蔽，因言及當今皇上，有所顧忌，祇好用"不曉"來委婉表達對"今上"的不滿。

有時作者因心境、情意不便直接説出而使用婉轉表達的方式。例如：

② 新來瘦，非關病酒，不是悲秋。（李清照《鳳凰臺上憶吹簫》）

本想抒發對丈夫的相思之苦，不直説。但否定是因病、酒、悲秋之因而瘦，也就婉轉表達出這種因相思而引起的苦悶愁緒。

有時是爲了避免説出粗俗的話而使用曲語。例如：

③ 荒侯市人病，不能爲人。（《史記·樊酈滕灌列傳》）

荒侯市人爲漢將樊噲的庶子，名市人，封爲荒侯。"爲人"是男女性事的委婉説法。又如：

④ 即陽爲病狂，卧便利。（《後漢書·韋賢傳》）

便利是大小便的委婉説法。

二、互文

互文，又叫"互辭""互言"，一般是指前後文句或詞語在意義上互相補充，參互見義。其中又分單句互文見義。例如：

① 燕歌趙舞爲君開。（盧照鄰《長安古意》）

指燕趙的歌、燕趙的舞,而不是分指燕國的歌,趙地的舞,歌、舞在一句中互相補充。又如:

② 秦時明月漢時關。(王昌齡《出塞》)

意爲:秦漢的明月,秦漢的關。明月、關在一句之中互相補充。

還有對句互文的,即上下文兩句結合表達一個完整的意思,不能拆開來孤立地理解其中的一句話。例如:

③ 事出於沉思,義歸乎翰藻。(蕭統《文選·序》)

指事和義都出於沉思和翰藻(文采、辭藻)。又如:

④ 大城鐵不如,小城萬丈餘。(杜甫《潼關吏》)

意爲:大大小小的城池都堅固且高大雄偉,而不是祇有大城纔堅固,小城纔高大。

三、變文

變文,是指有變化地使用同義詞,以避免用詞的重複囉嗦、單調乏味。例如:

① 雷霆不作,風雨不興。(《淮南子·覽冥》)

作、興都有興起之意,這裏上下都言"作",或都言"興",肯定會讓人覺得枯燥乏味,故變"作"爲"興"。這是爲了避免重複。

有時變文是爲求協韻。例如:

② 母也天祇,不諒人祇。(《詩經·鄘風·柏舟》)

毛《傳》:"諒,信也,母也天也,尚不信我。天謂父也。"毛亨的《傳》指明《詩經》作者變父爲天,其實這是押韻的需要。《詩經》句末是語氣詞的,韻腳出現在倒數第二字上。天、人在上古是疊韻關係,都是真部[-en]的字。如果換成"父",就不押韻了。父爲魚部[-a]的字。

有時變文是爲了顯示同義詞之間的細微差異。例如:

③ 解狐得舉,祁午得位,伯華得官。建一官而三物成,能舉善也。(《左傳·襄公三年》)

解狐、祁午和伯華都得到了舉薦,但解狐未赴任就死了,祇有祁午和伯華二人得到舉薦之後任了官職,所以,解狐以"得舉"稱,而不可稱"得位"或"得官"。

四、連類而及

連類而及:也省稱爲"連及",清代俞樾稱爲兩事連類而並稱例(見《古書疑義舉例》卷一之七),是指兩事物同類或相關,行文取用一事物時,將另一事物也連帶提出,連帶提及的事物在文中並無實際表意作用,這種辭例,就稱爲連類而及。例如:

① 禹稷當平世,三過其門而不入。(《孟子·離婁下》)

據《尚書》記載,夏禹在外治水,多次經過自己的家門都不進去,聽到小兒啼哭,問别人:"是誰家的小孩在哭?"别人説:"是你的兒子在哭啊!"禹回答説:"我哪有兒子?!"説完又去疏通河道去了。三過家門而不入本是大禹的事件,這裏却把周的始祖后稷扯進來,后稷教老百姓種莊稼,也是舜時的賢臣,這是屬於同類事物的連及。又如:

② 繡黼丹朱中衣。(《禮記·郊特牲》)

此句意思是説做中衣的領子,或用五色皆備的刺繡,或用白黑相間的黼文,或染成淺紅色,或染成大紅色。是二者選其一,這也是同類事物的連及。

而有時並不是同類事物的連及,而是相關事物的連及。例如:

③ 大夫不得造車馬。(《禮記·玉藻》)

意思是説大夫這個級别的人是不能私自打造車輛的。車可以造,但馬是不能造的,祇能養殖。但車無馬不能運行,故説到車,也就連及馬。

還有因詞義相反而連及的。例如:

④ 無毛羽以禦寒暑。(《列子·楊朱》)

羽毛可禦寒冷,但不能禦暑熱。這裏是因寒而連及暑,"暑"在這裏無義,祇作陪襯。這種連及在詞彙學上又稱爲"偏義複詞"。

五、用典

所謂典故,是指舊典故實爲後代襲用而具有典面之外的內在涵義的典例故實。它包括這樣幾個要件:一是來源於舊有的書面典籍,並且典源應是經典記敍的故事;二是後人又將故事化作簡略的典面來應用;三是舊典和後來襲用都有它內在的涵義。典面可用詞、短語、句子充當,例如:"噲伍""焦尾琴""刻舟求劍"等。故實成典以後,應用的次數必然較多,典面也會隨之改變,例如:"噲伍"的典面有可能是"羞與爲伍","刻舟求劍"也會被引用成"契船求劍"。但是不管典面怎麼變,也改變不了故實。"噲伍"和"羞與爲伍"説的就是漢代的淮陰侯韓信,幫助劉邦打下天下以後,居功自傲,與樊噲一起喝酒以後都覺得可恥,其涵義是"恥於跟自己看不起的人在一起"。"刻舟求劍"和"契船求劍"説的都是《吕氏春秋·察今》裏記載的那個楚國的笨蛋。其涵義是"拘泥成法,不知變通"。因此典故要以故實爲單位,不能以典面爲單位。

典故有可能發展爲成語,例如:"門可羅雀""曲高和寡""網開一面""滄海桑田"等,這些成語是典故,同時也是成語。但典故和成語不能等同,就像中國人不能等同於黃種人一樣,因爲成語中有的是不屬於典故的。像"輾轉反側"就祇能是成語,因它的背後找不出故實,故實的有無,纔是確定典故的關鍵。成語是從詞彙學角度着眼,以四字格爲常式,有的成語背後沒有故實,所以不能與典故等同。但是有故實的成語既是典故也是成語,就像有中國國籍的黄種人,那就既是黄種人也是中國人一樣。

有的故實在當時也許就祇是一個笑話,例如,《舊唐書·李林甫傳》記載宰相李林甫祝賀他的妻兄姜度得子,寫的書信有"聞有弄麞之慶"一句,把美玉的"璋"錯寫成了野獸的"麞",使在場的文人學士掩口而笑。這祇是一個笑柄。

① 甚欲去爲湯餅①客,惟愁錯寫弄麞書。(蘇軾《賀陳述古弟章生子》)
② 弄麞宰相,不聞有詩文傳世。(清·洪亮吉《北江詩話》卷三)

"弄獐宰相"就成了嘲諷不通文墨的權貴的一個典故。由於中華文明源遠流長,因此,典故特別豐富。中華民族自古就有仰鑽往哲、追慕先達的文化心態和傳統,因此,運用和承傳前賢典故,就成了文人學士的一種風尚。典故的妙用有着啟迪讀者靈智的作用。

古人用典有明用和暗用兩種。明用就是一看就知道用的什麽典故。例如:

③ 葉上雨聲枝上月,何須焦尾始相知。(宋·黄裳《雙梧堂》)

"焦尾"顯然是用的《後漢書·蔡邕傳》中的一個典故。蔡邕是東漢的文學家、書法家,同時也精通音律。吴人用桐木燒火煮飯,邕聽火的爆裂聲很奇特,知爲做琴的好材料,便把燒了一半的桐木制做成琴,因琴尾燒焦,故稱"焦尾琴"。後以"焦尾琴""焦尾"指稱珍藏的名貴樂器。這是明用。

暗用就是典面不直接出現,將故實融於文中的一種用典方式。例如:

④ 夫上世之士,或解縛而相,或釋褐而傅,或倚夷門而笑,或横江潭而漁,或七十説而不遇,或立談間而封侯,或杖千乘於陋巷,或擁彗而先驅。(揚雄《解嘲》)

這裏暗用了管仲、傅説、侯嬴、漁父、孔子、虞卿、齊桓公、燕昭王等人的故實。暗用較爲隱僻,使人難知難解,用得過濫易使人生厭。

熟悉古人用典,與閱讀古書有直接關係,而要真正搞清古書中哪些是用典,用的什麽樣的典故,就需要多讀古書。

知道典故,對於文意的理解非常重要。今人讀書有限,就應該瞭解有關典故解釋的工具書。古人編纂的類書像唐代徐堅《初學記》、虞世南《北堂書鈔》、歐陽詢《藝文類聚》、宋代李昉《太平御覽》等可作爲查找典故的參考,但卷帙浩繁,不易查尋。今人編的《辭源》《辭海》裏收録了很多典故,也不便初學。今有馬君驊、于石等編著,漢語大詞典出版社1998年12月出版的《漢語典故詞典》適合初學,特作介紹。該書收常用典故近1000

---

① 湯餅也是用典,用的是晉代裴啟《語林》中記載的三國時魏國何晏的一個故實。何晏一表人材,面龐白晰,被魏文帝招爲駙馬,娶金鄉公主爲妻。魏文帝懷疑晏之臉白是搽了粉的,故意讓他在大熱天吃熱湯麵條,何晏吃得滿頭大汗,用衣袖擦臉,臉仍潔白。這個故實的典面有"湯餅試郎"和"傅粉何郎"。此以"湯餅客"代指駙馬,蘇軾此句的意思是好友得了一個寶貝兒子(駙馬爺的候選人),想去祝賀。

第二十課　古書的特殊表達方式

個,設立詞目(典面)約 3700 條,選收詞目嚴格按照一要有典型故事,二要濃縮成固定形式,三要有發人深省的意義這樣三條標準,故能把成語與典故區別開來,這是該詞典的一大特色。爲了便於初學,該書很少引用典故來源的原文,改寫成通俗易懂的現代白話文,這是該書的另一特色。典故的典面變化歧出,有的典故能演化成幾十個不同的詞形,該書爲了幫助讀者辨識,把相同故實的不同典面作了以下技術處理:在衆多典面中選用一個典面作爲主條,主條下敍述典源,而其他典面不再出典源,其他的用"事見某條""亦作某某"等處理,這樣既節省篇幅,又能幫助讀者認知不同典面的同一典故,是該書的又一大特色。

文　選

《古書疑義舉例》三則①
一字誤爲二字例

《禮記·緇衣》篇②:"信以結之,則民不倍③;恭以涖之,則民有孫心④。"惠氏棟《九經古義》謂⑤:""孫心"當作"愻"。⑥《說文》:"愻,順也。《書》⑦云:'五品不愻。'"今文《尚書》作"訓"⑧,古文《尚書》作"愻"⑨,今孔氏本作"孫"⑩,衛

---

① 《古書疑義舉例》是一部古書校讀的名著,作者爲清代俞樾。俞樾,"晚清三先生"之一,學識淵博,著述頗豐。他的《古書疑義舉例》雖爲小冊子,却在學界產生過很大的影響。在讀書過程中要有自己的思考和判斷,不能被古人和時人牽着鼻子走,是該書給我們最大的啟迪。俞氏的這三條考證,都還沒有同書其他版本不訛的佐證,故還不能當作定論,但他講的古代典籍中有"一字誤分爲兩字"或"兩字誤合爲一字"的現象的確是存在的。如《戰國策·趙策》"左師觸龍言願見太后","龍言"二字誤合爲"䗪"字就是一例。

② 《禮記·緇(zī)衣》:這裏爲小戴《禮記》四十九篇本。《緇衣》爲第三十三篇。

③ 信:誠信。倍:背叛。

④ 涖(lì):臨,到,後作"蒞"。

⑤ 惠氏棟:惠棟(1697—1758),清代江蘇吳縣人,乾嘉學派代表人物。

⑥ 當作:校勘學術語,用來指出文獻中誤字的正字。

⑦ 書:《尚書》,是現存最早的關於上古典章制度的文獻彙編。

⑧ 今文尚書:秦時《尚書》作爲儒家經典被禁,漢初秦時博士伏生口授二十九篇,文帝時鼂錯用漢隸寫定,稱"今文尚書"。

⑨ 古文尚書:漢武帝時魯恭王劉餘破壞孔子舊宅以擴充王宮,從孔子舊宅牆壁中發現用先秦蝌蚪文寫成的《尚書》,稱"古文尚書"。比"今文尚書"多出十六篇,共四十五篇。

⑩ 孔氏本:指《尚書孔安國傳》。

包又改作"遂"①,古字亡矣,《緇衣》猶存古字耳②。

《尚書·多方》篇:"我有周惟其大介賚爾③。"按:枚氏因"大介"連文④,而以"大大賜汝"釋之,不詞甚矣⑤。《說文·大部》:"夰,大也。從大,介聲。讀若蓋。"⑥凡經傳訓大之介,皆其叚字也⑦。此經疑用本字。其文曰:"我有周惟其夰賚爾。"⑧"夰賚",即"大賚"也。後人罕見"夰"字,遂誤分爲"大介"二字。⑨

《國語·晉語》:"吾觀晉公子,賢人也。其從者,皆國相也。以相一人,必得晉國。"⑩按:僖二十三年《左傳》曰:"吾觀晉公子之從者,皆足以相國⑪;若以相,夫子必反其國。⑫疑此文"一人"二字乃"夫"字之誤⑬。"以相"絶句,即《左

---

① 衛包:唐天寶年間人,據《新唐書·藝文志》載:"天寶三載詔集賢學士衛包改古文從今文。古文由此而絕跡。"衛包改"遬"爲"遂"。

② 猶:副詞,用於動詞之前,表示既成事實的持續,可譯作"還"。古字:古本文字,即反映版本原貌的文字。

③ 有:詞頭,用於名詞前,無實義,可不譯。賚(lài):賜予。

④ 連文:指兩字相連成義的情況。"大介"兩字相連,介又有大義,古人稱大圭爲介圭(長一尺二寸),故枚氏以爲大介連文是同義連文,故釋大介爲"大大"。

⑤ 不詞:不成詞義,也就是平時口語和書面語中都沒有這種說法。

⑥ 夰(jiè):俞氏引《說文》旨在證明"大介"有可能是"夰"字之誤拆。"夰"字除了見於《說文》以外,西漢揚雄《方言》卷一亦云:"夰,大也。東齊海岱之間曰夰。"

⑦ 凡經傳訓大之介,皆其叚字也:大意是說經典文獻中若是用作"大"這一詞義的"介"字,都是"夰"的借字,本字當作"夰"。介,本義爲身披鎧甲的人,甲骨文作 ,由這個意義可引申出疆界等義,但不能引申出大義,用作大義,當如俞氏所說是"夰"的借字。

⑧ 其文曰:"我有周惟其夰賚爾":是說《尚書·多方》原本應作"我有周惟其賚夰爾",今本《十三經注疏》仍作"我有周惟其大介賚爾",是承前人分夰字爲大介二字之誤。

⑨ "'夰賚',即'大賚'也"句:這裏是俞氏的考辨結論。大意是說,夰賚是大賚(大賜)的意思,"大介"是"夰"字之誤拆,誤拆的原因是傳抄者很少見過"夰"字,於是就把"夰"拆分爲"大介"二字。注釋家不明其誤,跟着把"大介"講爲"大大",則是錯上加錯。

⑩ 這段文字見《國語·晉語四》。

⑪ 皆足以相國:都可以成爲國相。

⑫ 若以相,夫子必反其國:假如讓(其中一人)成爲國相,那人一定會背叛他的祖國。若,假設連詞,假如。以,介詞,省略賓語"之"。

⑬ 這句話是說《國語》的"一人"是"夫"字拆分成的。

傳》所謂"若以相"也①。"夫必得晉國"絶句,即《左傳》所謂"夫子必反其國"也②。"夫"者指目其人之辭③,説詳襄二十三年《左傳正義》。今誤作"一人"二字,義不可通矣④。

二字誤爲一字例

《禮記·檀弓》篇⑤:"從母之夫⑥,舅之妻,二夫人相爲服。"按:"夫"字衍文也⑦。"二人"兩字誤合爲"夫"字⑧,學者旁識"二人"兩字以正其誤⑨,而傳寫誤合之⑩,遂成"二夫人"矣。《國語》"夫"字誤分爲"一人"二字,《檀弓》"二人"字誤合爲"夫"字,甚矣古書之難讀也⑪。

---

① 絶句:就是句子在這裏點斷。《國語》的"以相"就相當於《左傳》所説"若以相",因此,句讀的時候,要在"相"字後斷句。

② 《國語》的"夫必得晉國"就相當於《左傳》所説"夫子必反其國",因此,要在"夫必得其國"這裏斷句。

③ "夫"者指目其人之辭:"夫"是用來指稱特定人的詞。

④ 今誤作"一人"二字,義不可通矣:今行本《國語》把"夫"字誤拆成"一人",意思上就講不通了。"夫"字誤拆成"一人",而不是"二人",當還有脱落致誤的原因,"二"字脱落一横,就成"一"字。

⑤ 《禮記·檀弓》篇是孔子和弟子討論古代喪葬禮儀等的言行記錄。俞氏此段文字考察了其中一段文字的訛誤,指出"二夫人相爲服"中的"二夫人"爲"二人"之訛。

⑥ 從母:姨母。從母之夫,指的是姨父。

⑦ 衍文:校勘學術語,指典籍傳抄過程中誤增的字,這裏是説"夫"字不當有,是多餘的文字。

⑧ "二人"兩字誤合爲"夫"字:是説由於古書豎排的關係,"二"和"人"上下相連,就容易誤合成"夫"字。

⑨ "學者旁識(zhì)"句:是説有學識淵博的讀書人,知此"夫"字爲"二人"誤合,就在旁邊批註"二人"兩字以糾正版本的文字訛誤,引起別人的注意。學者,讀書的人。旁識,在旁邊加批註。識,作標記。

⑩ 而傳寫誤合之:傳寫的人却將批註性文字和誤合的"夫"字一起刻入到版本中。

⑪ 甚矣古書之難讀也:古書難讀是很顯然的了。這是倒裝句,謂語"甚矣"前置。矣,句尾語氣詞,這裏由於倒裝,放到了句中。之,連詞,用在主謂結構之間,取消句子獨立性。

以大名冠小名例①

《荀子·正名》篇曰："物也者,大共名也②;鳥獸也者,大別名也③。"是正名百物④,有共名別名之殊⑤。乃古人之文,則有舉大名而合之於小名,使二字成文者⑥。如《禮記》言"魚鮪",魚其大名,鮪其小名也⑦。《左傳》言"鳥烏",鳥其大名,烏其小名也⑧。《孟子》言"草芥",草其大名,芥其小名也⑨。《荀子》言"禽犢",禽其大名,犢其小名也⑩。皆其例也⑪。

《禮記·月令》篇:"孟夏行春令⑫,則蝗蟲爲災⑬;仲冬行春令,則蝗蟲爲敗⑭。"王氏引之曰⑮:"'蝗蟲'皆當爲'蟲蝗'⑯。此言'蟲蝗',猶上言'蟲螟',

---

① 俞氏這幾段文字揭示了古人大名冠(加於)小名的行文條例。

② 《荀子·正名》篇是論述名稱與實物關係的一篇文章,主張名定而實辨,制名以指實,接觸到語言的起源問題,有些觀點如"約定俗成"論對今人影響很大。大共名:相當於今天說的總稱。

③ 大別名:相當於今天所說的大類概念,也就是表示事物大類的名稱。

④ 正名百物:爲萬物制定好的名稱。

⑤ 共名:相當於種概念。別名:相當於屬概念。

⑥ "乃古人之文"句:古人行文有把表示事物大類的名稱放到表示事物小類的名稱前,以成一個組合單位的情況。

⑦ "如《禮記》言'魚鮪'"句:例如《禮記》中的"魚鮪",其中的"魚"是表示大類的名稱,"鮪"是表示小類的名稱。

⑧ "《左傳》言"句:《左傳》說的"鳥烏","鳥"是表示大類的名稱,"烏"是表示小類的名稱。

⑨ "《孟子》言"句:《孟子》說的"草芥","草"是表示大類的名稱,"芥"是表示小類的名稱。

⑩ "《荀子》言"句:《荀子》說的"禽犢","禽"是表示大類的名稱,"犢"是表示小類的名稱。上古禽可指走獸,不單是指飛禽。禽,動物的總稱,包括飛禽走獸。

⑪ 皆其例也:都是大名冠小名的例子。其,指示代詞,指大名冠小名。

⑫ 孟夏:指夏季的第一月,古以孟、仲、季表示一個季節三個月的順序,孟夏則是指農曆的四月。行春令:是說到了初夏還出現春季的物候現象。

⑬ "蝗蟲爲災"與下文"蝗蟲爲敗"意思相同,都是指在當年出現蝗蟲肆虐成災的自然災害。

⑭ 仲冬:冬季的第二月,即農曆十一月。

⑮ 王氏引之:即王念孫之子王引之,王氏父子爲乾嘉學派的領軍人物。

⑯ "蝗蟲"皆當爲"蟲蝗":是說《禮記·月令》篇中的"蝗蟲"都應該是"蟲蝗"。當爲,校勘術語,專用於糾正版本文字錯訛現象。

第二十課　古書的特殊表達方式

後人不知而改爲'蝗蟲',謬矣。①"按②:上言"蟲"而下言"蝗",上言"蟲"而下言"螟"③;蟲,其大名也;蝗、螟,其小名也。④

《中孚》傳⑤曰:"乘木舟虛也。"⑥按《正義》引鄭《注》曰⑦:"空大木爲之曰虛⑧,總名皆曰舟。"然則舟、虛並言,舟其大名,虛其小名也⑨。王注曰⑩:"乘木於用舟之虛⑪。"此説殊不了⑫,輔嗣徒習清言,未達古義也⑬。

思考與練習

一、古文的特殊表達方式指的是什麽,本教材講到了哪幾種特殊表達方式?

二、分析下列句子所用的特殊表達方式。

1. 葉上雨聲枝上月,何須焦尾始相知。(宋·黃裳《雙梧堂》)
2. 煙籠寒水月籠沙,夜泊秦淮近酒家。(杜牧《泊秦淮》)
3. 母也天祇,不諒人祇。(《詩經·鄘風·柏舟》)
4. 無羽毛以禦寒暑。(《列子·楊朱》)

---

① "此言'蟲蝗'"句:大意是説,上文講"蟲螟",是大名冠於小名之例,這是古人行文的正常格式,而這裏改變了這種格式變成了"蝗蟲",則是今人行文的正常格式。今行本"蝗蟲"是後來的人不知古人有大名冠小名的行文格式而亂改的。這種改動是錯誤的。

② 按:這是訓釋用語,表示下面的話是俞樾的分析。

③ 俞氏贊同王氏的説法,並作了分析。

④ "蟲,其大名也"句:蟲是表示物體大類的名稱,蝗、螟是表示物體小類的名稱。

⑤ 《中孚》:《易經》六十四卦的卦名。傳:指《彖(tuàn)》傳。

⑥ 乘木舟虛也:這是《彖》傳解釋《中孚》卦辭"利涉大川"的一句話。

⑦ 《正義》:指唐代孔穎達等奉詔撰定的《周易正義》。

⑧ 空大木爲之曰虛:挖空整棵大樹做成的船就叫虛。空,動詞,挖空。爲,動詞,做。之,代詞,指船。

⑨ "然則舟、虛並言"句:這樣的話,那麽舟虛一起出現,舟是表示大類的名稱,虛是表示小類的名稱。

⑩ 王:指王弼(226—249),三國時魏國玄學家,字輔嗣。著有《周易注》《周易略例》等。

⑪ 用:介詞,相當於"以"。之:連詞,用在主謂結構之間,取消句子獨立性。

⑫ 殊:程度副詞,很。了:明瞭。

⑬ 徒:範圍副詞,祇。清言:玄言。達:到達,這裏指明瞭。

三、給下面短文加標點,並翻譯成現代漢語。

公疾病求醫于秦秦伯使醫緩爲之未至公夢疾爲二豎子曰彼良醫也懼傷我焉逃之其一曰居肓之上膏之下若我何醫至曰疾不可爲也在肓之上膏之下攻之不可達之不及藥不至焉不可爲也公曰良醫也厚爲之禮而歸之(《左傳·成公十年》)

注:肓,心臟和隔膜之間。膏,心尖上的脂肪。

第二十一課　古代文化常識

在閱讀古代文獻的時候,常常會遇到一些關於古代習俗、制度、天文、地理、時令、職官等問題,我們稱之爲古代文化常識,這些問題對理解古書的作用很大,有些古書難以理解不是因爲詞句不懂,而是因爲不了解當時的文化狀況而產生的閱讀障礙。下面就比較容易理解的幾個方面加以介紹。

一、古代的祭祀文化

祭祀是古代社會非常重要的一件大事,是維繫宗法社會的一種手段,與制度有直接的關係。

在古代漢語中,有很多名詞是與祭祀有關的。例如:

① 故晝遊乎江河,夕調乎鼎鼐。(《戰國策·楚策》)
② 鳥獸之肉不登於俎,皮革、齒牙、骨角、毛羽不登於器,則公不射,古之制也。(《左傳·隱公五年》)
③ 虎兕出於柙,龜玉毀於櫝中,是誰之過與?(《季氏將伐顓臾》)

例①中的鼎和鼐都是用來烹煮牲肉的祭器。古代祭祀大多都要殺牲,以牛、羊和豬作爲犧牲較爲普遍。祭祀完了以後就地煮食牲肉,鼎和鼐就是用來煮食牲肉的。鼎與鼐有大小的區別,鼐爲大鼎。例②中的俎是用來放置牲肉的,相當於帶有四條腿的案板,用青銅澆鑄而成,不是一般的盛肉器,而是祭器。例③中的龜,不是活着的烏龜,而是龜版。

古人把祭祀看得十分神聖,祭祀之前都要進行占卜。殷商時,人們占卜的主要工具是龜版,把經過鑽鑿的龜版放在火上燒,看其上面的裂紋,即兆象,視其兆象來判定卦象,由卦象來推測祭祀的日子、犧牲的品類數量等。周人改用千年蓍草,由五十根蓍草的分配組合推出陽爻陰爻之數,據此得到卦象,再根據卦象來占斷吉凶。

龜版爲什麼要藏在精美的匣子裏,還要派專人看守呢?一是因爲龜版在祭祀昊天上帝、先王先公的重大活動中有着不可替代的重要作用;二是因爲龜版的得來也不易。根據《周禮·春官·龜人》職事的記載,古代一般是在秋天選取龜,取萬物皆成的意思。而在春天殺龜,殺龜時以上等的龜祭祀卜人的先師,殺龜的時候還要爲被殺的龜舉行隆重的祭祀活動,有時殺一隻龜,卻用三條牛來作它的犧牲品。殺龜之後,剔盡其肉,留下背殼和腹甲,然後將背殼和腹甲拋光打磨,刮治整潔之後,有規則地鑽鑿一些坑窩(如圖一所示)。

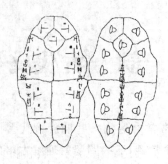

圖一　鑽鑿過的龜版

這樣就可藏於櫝中,以供占卜時使用。所以,直到春秋時期,人們都還把龜版和瑞玉看得同等寶貴。

④ 未卜禘不視學,遊其志也。(《雖有佳肴》)
⑤ 當其爲尸,則弗臣也。(《禮記·學記》)

例④中的卜,就是占卜,占卜是與祭祀活動緊密聯繫在一起的,殷商時人們遇事必祭,每祀必卜。因此,有專門從事占卜這一職業的人,在甲骨卜辭中稱爲"貞"的這類人,就是專司此職的。《周禮·春官》中"大卜""龜人""卜師""菙氏""簭人"等也是從事這一職業的職官。他們以灼龜(實際燒的是刮治好的龜版)的方式來判斷吉凶,雖是巫卜之類的職事,却擁有較高的社會地位。

禘,是一種祭名。《禮記·王制》:"天子諸侯宗廟之祭,春曰礿,夏曰禘,秋曰嘗,冬曰烝。"那麼,禘就是在夏季舉行的宗廟之祭。先秦時代的宗廟是祖廟,太(始)祖居中,然後以左昭右穆順序排列。祖廟的多少都有嚴格的等級規定,一般是天子七廟,諸侯五廟,大夫三廟,士一廟①。祭祀先王先公,則應有尸,尸指的是代替死者接受祭拜的人,即死者的替身。死者的替身不是誰都能做的,如果是男性死者,衹有同姓同昭穆的子孫纔能做。比如說,爺爺這一輩是昭,父親這一輩就是穆,到己身又是昭,到兒子這一輩就是穆。如果要祭祀死去的爺爺,那就是自己這一輩纔有資格充當他的替身,受到包括父親這一輩人的拜祭。如果是祭祀死去的父親,那就衹有兒子這一輩纔有資格充當父親的替身,受到包括己身的祭拜。作爲死者替身的,就稱爲尸,其甲文字形作𡰣,象端拱而坐之形。既有莊重的形象義,同時也有崇高的形象義,因此,例⑤講"當其爲尸,則弗臣也",也就是說,當某人在作爲死者替身受祭的時候,天子諸侯就不能把他當作臣僚看待,也不能把他當作奴僕來指使,體現了"死者爲大"的觀念。而女性死者却規定異性同昭同穆的人纔可以充當其替身,也就是孫輩的配偶纔可以做她受祭時的替身。這一文化習俗後來由於有了用俑(木偶人)和神主牌位來替代死者而消失,但其文化心理却還完整地保存在今人的心中。今天有一種奇怪的社會現象——"隔代親",也就是爺爺奶奶疼愛孫子遠遠超過父母

---

① 此說根據《禮記·王制》,天子有三昭三穆再加上太(始)祖廟,合爲七廟;諸侯二昭二穆再加太祖廟,合爲五廟;大夫一昭一穆加始祖廟,合爲三廟。

疼愛兒子,要解釋這種社會現象的成因,當追溯到這一文化淵源。

⑥ 大學始教,皮弁祭菜,示敬道也。(《雖有佳肴》)

對死去的先人要祭祀,對死去的老師同樣也要服喪祭祀。《孟子·滕文公上》記載孔子死了之後,他的弟子們為他守墓三年,三年服滿,要舉行除服之祭,子夏、子張等人見有若長得很像孔子,就建議讓他來做先師的替身,大家就有行禮的對象了,結果遭到曾子的強烈反對。可見以活人為死者受祭時的替身,在孔子那個時代還有遺傳,祇不過是可有可無的形式了。但一般對老師是行"釋菜"之祭禮,也就是例⑥所説的"祭菜"。兒童發蒙,要向先師行"釋菜"之禮。先師,就是死去的老師,或指某一門派的祖師爺。"菜"指蘋藻(又作蘩,字亦作繁),蘋是水草,蘩是艾蒿之類的植物。"釋菜"除了寫成"祭菜"以外,還有"舍采"的詞形。

⑦ 昔者仲尼與於蜡賓,事畢,出遊於觀之上,喟然而歎。(《大同與小康》)

古代中國人以爲萬物都有靈氣,因此,他們除了祭祀與自己有血緣親情的鬼(死去的人)以外,還要祭祀各種各樣的神靈。例⑦中的蜡,就是古代天子或諸侯年終舉行的祭祀八種神靈的儀式。其中有發明種莊稼的人、以及冥冥中司農業作物的神,還有祭貓和老虎的,祭貓神是爲了減少鼠害,祭老虎是爲了減少豕(野豬)害。貓吃老鼠,虎食百獸,其中也包括禍害莊稼、傷害人民的野豬,所以成爲古人年終祭祀的對象。甚至昆蟲也成了受祭的對象,這體現了人類與自然界的密切關係。蜡祭其實在民間還保留這種習俗,就是臘月初八,南方的人們要吃臘八飯,北方的人們要喝臘八粥,就是蜡祭的遺存。《禮記·郊特牲》說蜡祭是"歲十二月,合聚萬物而索饗之也",臘八飯以八種乾臘食物合在一起,與米共煮一鍋,正有合聚萬物之意。所以,吃臘八飯正是蜡祭的保留,祇不過是由宫廷走向了民間。例⑦中的賓指助祭的人。這個意義其實是"儐"的借字。《說文》有儐字,解釋爲"引導賓客的人",就相當於今天説的司儀。也就是在祭祀時,爲諸侯導引賓客。而"賓"字本身沒有這個意義。

⑧ 哀公問社於宰我。宰我對曰:"夏后氏以松,殷人以柏,周人以栗。"(《哀公問社》)

古人祭祀還有一個重要的對象就是社,例⑧中的"社"就是指作爲土地神的社。"夏后氏以松,殷人以柏,周人以栗"是説夏商周三代社神所在地栽種的樹木是不一樣的。社字在甲文中作△,就是在地上放置一土塊,來表示土地神位,供人們頂禮膜拜。郭沫若《甲骨文字研究》指出"土"就是社字。土塊容易風化,後來人們就在土臺上種植一棵樹,作爲土地的神主。《禮記·郊特牲》:"二十五家以上則得立社……所置社者皆以上地所宜之木。"二十五家也就是一個自然的村落,每一個村落都有社,社爲土臺上種植樹木這個文化習俗在友鄰韓國還完整地保留下來,韓國的每一村落都有這種形式的社。

⑨ 宗祝執祀。(《國語·周語》)

祭祀是上古人們政治生活中的大事,可以從司掌此職事的部門官員之多看出一斑,

《周禮》六官中的春官 70 個職官有三分之二的職位都與祭祀占卜有關。例⑨中的宗、祝就是執掌祭祀之禮的職官。宗是宗伯，分大宗伯和小宗伯，都是掌管宗廟祭祀等事。大宗伯是掌管場面比較宏大的祭祀，而小宗伯掌管小範圍的祭祀，在大的祭祀場面上，小宗伯是大宗伯的助手。祝也是掌管祭祀祈禱之事的職官，主要的職責是祭祀時向神靈作禱告。也有大（一作泰）祝和小祝之分。大祝又稱祝史，也省稱"祝"。他的職責是掌平常祭祀的禱辭。同時有了災變時，也掌管祈神求福之辭。因是掌文辭的官員，故又可稱史。小祝是掌小祭祀時的祝號，同時也做大祝的助手。

有關祭祀的內容是十分豐富的，我們祇就古書閱讀中會遇到的一些問題講一下，結合相關內容給大家作了以上的提示。

二、古代的軍事文化

古文中與戰爭有關的內容很多，"季氏將有事於顓臾"（《季氏將伐顓臾》）中的"事"就是特指戰事。這句話的意思就是季氏將要對顓臾這個附庸小國動武。古代把祭祀和戰爭稱爲"國之大事"。《左傳·成公三年》："國之大事，在祀與戎。"戎就是戰爭。但是古代打仗所用的兵器却與今天很不同，進攻性的武器有斧、斤、戈、弓、矢、劍、戟等，防禦性的武器有盾、鎧。盾又有干、革、藩盾等異稱，干又有用犀牛革作成的，也有用金屬澆鑄的。把盾稱作革，與製作的質材有關。藩盾是排列衆多的盾在一起，以成遮攔的盾牆。古文中的兵，多是指的兵器，有時也稱作器。例如：

① 鳥獸之肉不登於俎，皮革、齒牙、骨角、毛羽不登於器。（《左傳·隱公五年》）

句中的"器"指的就是兵器。"登"是附着在上面的意思。古代打仗最常用的進攻性的兵器是弓箭，這是因爲古代是以車戰爲主。在戰車上殺敵，多爲遠距離，故弓箭的使用就比較頻繁。皮革、齒牙、骨角、毛羽都與製作弓箭有關，《周禮·弓人》裏列舉的製作弓的材料有六種：幹、角、筋、膠、絲、漆，幹是指作弓體的木材，附在幹之外的就是野獸肉中的筋，附在幹之內的就是牛羊的角刮製成的骨片，這樣纔能增強弓的彈性和張力。如果我們不懂得古代弓箭的製作形制，就不好理解例①中的齒牙、骨角與製作兵器有關。

古代打仗是以車戰爲主，明白這一點很重要。正由於是車戰，所以纔有"千乘""百乘"的説法。例如：

② 千乘之國，不信其盟，而信子之言，子何辱焉？（《左傳·哀公十四年》）

③ 過三百乘，其不能以入矣。（《子文治兵》）

所謂"千乘之國"是指能出得起一千輛戰車的大國。故衡量一個諸侯國的軍事實力，就是以能出多少兵車作爲標準。春秋時期，齊、晉兩個大國，都能出兵車千乘以上，故號稱千乘之國。戰國時，一輛兵車配甲士三人，步卒七十二人，千乘之國的軍事力量除了擁有千輛以上戰車，還有三千以上的甲士，七萬二千以上的步卒。《左傳·隱公元年》記載鄭莊公爲打敗他的弟弟叔段動用的部隊是"二百乘"，我們就可以計算出實際的兵員是：甲士六百人,步卒一萬四千四百人。

能完整地體現古代打仗車戰特點的是《左傳·成公二年》記載的齊軍和晉軍在鞌這個地方打的一場惡戰。開頭兩句介紹兩軍將領是:"邴夏御齊侯,逢丑父爲右。晉解張御郤克,鄭丘緩爲右。"也就是說齊軍的領兵統帥是齊頃公本人,爲他駕車的是齊國大夫邴夏,爲他作保鑣的是逢丑父。晉軍的領兵統帥是跛腳將軍郤克,爲他駕車的是晉國大夫解張,做保鑣的是鄭丘緩。這就交代了兩軍主戰車上的三位甲士。

求勝心切的齊頃公"不介馬而馳",介馬是什麽樣的動作,前人說法不一,有說是不給馬披上鎧甲,有說不給馬尾打結。給馬尾打結這種說法是合乎上古文化背景的。古代車戰就怕馬被絆住,馬尾打結就能避免這種意外。齊侯不給馬尾打結,直接的後果是"驂絓於木而止",驂是在外邊拉車的馬,外邊拉車,尾又沒有打結,就很容易被路邊的樹枝糾纏住。

晉軍的領兵統帥郤克一交戰就受了箭傷,他的御手解張也受了箭傷,解張受箭傷據他自己描述的狀態是"矢貫余手及肘;余折以御,左輪朱殷",對"矢貫余手及肘"我們也要結合車戰的特定環境來理解。解張是御手,兩手持轡繩,敵軍的箭是對面射過來的,那就很有可能是從解張的手部進入,一直射入到他的肘部。故"及"就不能講爲"和",而是"到",這句就應理解爲:射到我的手,一直貫穿到胳膊肘。下文纔講"余折以御",由於射得深,不能拔出箭,就把露在外面妨礙駕車的箭尾折斷,繼續駕車。"左輪朱殷",點明了解張所處的位置是在戰車的左邊。古代車戰,上面的甲士三人的位置是有規定的。如果是主將的車,主將居中,御手居左,右邊站立的是做保鑣的甲士。如果不是主將的戰車,御手居中,攻擊手居左,保鑣仍在右。晉國大夫韓厥在這次戰爭中擔任司馬,不是領兵統帥,按說應該在左邊的位置上,但他死去的父親給他託夢,讓他第二天避開左右的位置,所以他與御手交換了位置,站在車的中間,躲過了齊頃公射來的箭。

作爲軍事進攻的戰術名詞,伐、侵、襲在古文中是有區別的,例如:

④ 百官荒亂,諸侯並侵,國且危亡,在於旦暮,左右莫敢諫。(《一鳴驚人》)

⑤ 是社稷之臣也。何以伐爲?(《季氏將伐顓臾》)

⑥ 勞師以襲遠,非所聞也。(《左傳·僖公三十二年》)

完整保留春秋時期各諸侯國征戰史料的《左傳·莊公二十九年》中指出:"凡師有鐘鼓曰伐,無曰侵,輕曰襲。"可見,伐是大張旗鼓地去攻打別國,還要找一些"爾貢包茅不入,寡人是徵"這樣一些冠冕堂皇的理由。而侵却是偃旗息鼓地進攻別國。襲就帶有偷襲的味道,不僅不能擊鐘鼓,甚至爲了防止士兵講話,還要用一根近似筷子的木棍讓士兵銜在口中。例如:

⑦ 五千人因銜枚擊之。(《即墨之戰》)

"銜枚"這一軍事術語是指在行軍中爲了儘量隱蔽地行動,怕士兵說話而採取的一項軍事措施。

古代作爲戰鬥單位的編制單位有伍、兩(又稱行)、卒、旅、師、軍,《周禮·地官·小司

徒》記載:"五人爲伍,五伍爲兩,四兩爲卒,五卒爲旅,五旅爲師,五師爲軍。"伍是最小的戰鬥單位,軍是最大的作戰單位。"兩"有時也作"行"。例如:

⑧ 妻妾編於行伍之間。(《即墨之戰》)

行就是由二十五人組成的一個小隊伍,相當於今天一個排的編制。行伍連用又泛指軍隊。按《周禮》的記載,卒是 100 人的軍事編制單位,相當於今天的一個連,旅是 500 人的軍事編制單位,師是 2500 人的單位,軍是 12500 人的單位。

閱讀古文我們還應知道古代的軍隊編制往往又是與民間的行政單位相應的,按《周禮·地官·小司徒》記載:"九夫爲井,四井爲邑,四邑爲丘,四丘爲甸,四甸爲縣,四縣爲都。"一夫耕田百畝(折合今三十餘畝),一井的土地有九百畝,農夫有九家,《漢書·食貨志》載,成年男子二十歲受田,六十歲歸田。這裏的"歸田"不是成語"解甲歸田"中"歸田"的意思,而是注銷其土地的耕種權,將其百畝另行分配。按《周禮》的記載,36 家爲一邑,144 家爲一丘,576 家爲一甸,《司馬法》有乘馬之法,則規定一甸就需出兵車一乘,也就是車一輛,馬四匹,甲士三人,步卒七十二人。而這些甲士和步卒都是在農間之時訓練出來的,因此古代有以打獵來習武的制度。例如:

⑨ 故春蒐、夏苗、秋獮、冬狩,皆於農隙以講事也。(《左傳·隱公五年》)

其中的蒐是天子春天打獵習武的儀式;苗是天子夏天打獵習武的儀式;獮是天子秋天打獵習武的儀式;狩是天子冬天打獵習武的儀式。打獵習武,一般都是在農事不忙的時候進行。

三、古代的生活習俗

閱讀古文我們還要對古代的特殊的名號制度、禮儀風俗有所瞭解,這樣纔能更加深入地體會文章的涵義。

古人以爲女子要到別人家以後纔能真正成人,女子在沒有出嫁之前是沒有家的,祇不過是暫時寄放在娘家。祇有出嫁了,纔算有了真正的家,故古文中把女子出嫁稱爲歸。例如:

① 男有分,女有歸。(《大同與小康》)

其中的"歸"就是指女子出嫁。"女有歸"是説女子都能找到一個好的歸屬,也就是找到一個稱心如意的婆家。因此,女子在出嫁的時候,就要由婆家給她準備一雙新鞋,好"回家"時穿。不懂這一禮俗,我們就難理解下面這個句子:

② 持其踵爲之泣。(《觸龍説趙太后》)

爲什麽趙太后在女兒遠嫁到燕國去的時候要握着她的腳後跟哭泣?有人解釋説是燕后已上車,趙太后祇能夠握到她的腳後跟。這個解釋是靠不住的,古代的車廂離地面不到一米,趙太后怎麼會祇能握住她女兒的腳後跟?正確的解釋應該是燕國在娶妻的時

第二十一課　古代文化常識

候備有新鞋,這雙鞋由燕后的親生母親趙太后給她穿上,在穿鞋時,一邊握着她的腳後跟,一邊哭泣。

古代特別是上古貴族之間的通婚有一些特殊的規定,今人也是不容易理解的。例如,貴族之間通婚有"同姓不娶"的規定,這裏的同姓和今天的概念完全不一樣,是指一個諸侯國舉國之姓,比如:齊國貴族爲姜姓,魯國貴族爲姬姓。齊國可以到魯國去娶妻,也可以到鄭國去娶妻,但是不能到申國去娶妻。因申國也是姜姓。明白這一點,我們就能理解下面的這一句話:

③ 鄭武公娶于申。(《左傳·隱公元年》)

按今人的想法,鄭武公爲什麼要到申國去娶妻,難道鄭國就沒有漂亮女子嗎?實際上鄭國是有很多美女的,但由於鄭國舉國都是姬姓,鄭國的貴族就不能在鄭國的女子中挑選正妻,也不能到魯國去選妻,魯國也是姬姓。這就是受到了"同姓不娶"的禮制約束。爲什麼要定出這樣的規定?還是爲了子孫的繁衍,《左傳·僖公二十三年》有"男女同姓,其生不蕃"的説法。

在人際交往中,古人也有一些特殊的禮儀規定。例如:

④ 陽貨欲見孔子,孔子不見,歸孔子豚。孔子時其亡也,而往拜之,遇諸塗。(《陽貨欲見孔子》)

這段文字就涉及上古人際交往中的特殊禮儀規定:原來貴族之間互贈禮物,一定要到送禮者家去回拜。孔子本來看不起像陽貨這種依仗主子的權勢作威作福的人,但又不能違背禮儀規定,因此等到陽貨不在家時去回拜,沒想到卻在半路上遇見了。如果不考慮回拜致謝的禮儀,孔子完全可以不理會他的。

古人崇尚孝道,在尊敬並贍養自己年邁父母方面比今天的人做得更加到位,反映在禮俗中,就是受到別人的飯食饋贈或宴請時總會想到帶點好吃的給家裏的父母親。明白這一點,我們就不會誤解下面這個句子中的"舍":

⑤ 食之,舍其半。(《晉靈公不君》)

這裏的"舍其半"準確地講應該是"把其中的一半留下來不吃",爲什麼這一半不吃要留下來,文中給了我們答案:

⑥ 問之。曰:"宦三年矣,未知母之存否。今近焉,請以遺之。"(《晉靈公不君》)

原來是家有老母,要把這一半食物帶回給她吃。因此,這裏的"舍其半"就不能講爲"捨棄",更不能講爲"拋棄於地"。《左傳·隱公元年》記載潁考叔在接受鄭莊公的食物饋贈時,也是"食舍肉",吃的時候把肉放在一邊,不吃。問爲什麼要這樣做,回答也是:"小人有母,皆嘗小人之食矣。未嘗君之羹,請以遺之。"這種禮俗其實在今天的一些偏遠地區還有保存,就是赴宴的時候,把成塊的肉用筷子夾到一邊,吃完飯以後把放在一邊的肉用芭蕉葉包起來,帶回家給年邁的父母吃。

四、古代的名號稱謂

古人的名號稱謂也是閱讀古書中經常遇到的問題。古人有名有字,還有號。上古時期,嬰兒出生三個月後由父親親自命名。男子二十歲,女子十五歲舉行成人禮,結髮加冠(笄),這時取字。名和字往往有意義上的聯繫。比如宰予字子我,予、我都爲第一人稱代詞。有了名和字以後,在人事交往中就定下了一些不成文的規矩,如自稱以名表謙遜,稱人以字表尊敬。古代祇有父母和老師纔有此資格直呼其名,一般人稱對方都祇能稱其字,作者在行文中也往往是稱字的。例如:

⑦ 臧僖伯諫曰:"凡物不足以講大事,其材不足以備器用,則君不舉焉。"(《左傳·隱公五年》)

臧僖伯名彄,字子臧,謚號"僖",魯孝公之子,隱公叔父,魯國大夫。像這種情況,如果我們不懂得古人的稱謂方式,會誤認爲該人物是姓臧名僖伯。有時作者也會直接道出名,那是對一些不配人們尊重的人才這樣稱呼。例如:

⑧ 僖公之母弟曰夷仲年,生公孫無知。(《左傳·莊公八年》)

句中的公孫無知是齊莊公之孫,所以稱爲"公孫",他的名字就是"無知"。是他造成了齊國的一場政治動亂,作者對此人反感,故直書其名。直書其名的,在《左傳》還有鄭莊公的同母弟叔段。都是犯上作亂者。

古文中對女性的稱呼也很特別,一般是稱某氏,例如:

⑨ 民將築臺于夏氏。(《國語·周語》)

夏氏是陳國大夫夏徵舒的母親夏姬。她原是鄭穆公的女兒,嫁給陳國大夫御叔,生有兒子夏徵舒。按說不應稱夏氏,這裏是跟着兒子的姓氏走,是很特別的一例。一般是以女子娘家的姓加氏,如《左傳·隱公元年》中的姜氏就是這樣的稱呼,或把丈夫的謚號加上娘家的姓合稱,故姜氏又稱武姜。

謚號是朝廷根據死者的生平擬定的,有褒獎的,有貶斥的,還有表示同情的。春秋十二公的名稱都是他們死後的謚號。

古人除了有字外,還有別號,別號是自己取的,字數不限,多半以居處爲號,例如:李白號青蓮居士,白居易號香山居士、黃庭堅號山谷等即是。

與閱讀古書有關的另一個需要瞭解的常識是古帝王名諱的問題。

古人對帝王尤其是當今皇上不能直接寫他的名字,要避諱。例如,劉邦那個時代凡遇到邦字就要改成國字。甚至還因避諱而改山地之名,例如,漢文帝時的恒山就不叫恒山,而叫常山,因漢文帝名恒。書名也跟着改,隋代曹憲作《博雅音》,實際是爲魏時張揖的《廣雅》注音,爲什麼要叫成"博雅"呢?就是因爲隋煬帝這個暴君叫楊廣,犯諱可就有掉腦袋的危險。

對父母名也避諱,《紅樓夢》寫林黛玉纔三歲的時候,凡遇到"敏"字都寫成"敏",總是要缺最後那一捺,原來林黛玉的母親叫賈敏,以缺筆避其名諱是清代的一種時尚,我們讀清代刻印的綫裝書,常常會遇到一些怪頭怪腦的字,就是因要避康熙和雍正這兩個皇帝的名諱而造的字。

綜上,閱讀古文必須瞭解古代的名物典章制度,甚至對一些特殊的民風習俗、禮儀制度我們都要盡可能多地去瞭解,纔能從閱讀古文中感受到樂趣,接受到得到傳統文化的熏染。

五、古代的天文知識

清人顧炎武《日知錄》卷三十指出,夏商周三代人人都知天文。舉到《詩經·豳風·七月》中的"七月流火",實際上是當時農夫的口頭禪,《詩經·唐風·綢繆》中的"三星在天"是當時家庭主婦掛在嘴邊的一句話。《詩經·小雅·漸漸之石》中的"月離於畢",是戍邊士卒之語。《左傳·僖公五年》中的"龍尾伏辰(指日月交會,即太陽和月亮同時出現在天空)",不過是小兒唱的歌謠。可到後來,這些語句連文人學士都不知所云了。因此,要真正讀懂古書,就得對古代的天文知識,諸如二十八宿、七政和北斗七星等知識有一定的瞭解。

二十八宿是一個很重要的古代天文術語,在古文中可說是俯拾即是。例如:

① 故申、吕自嶽降,傳説爲列星,古今所傳,不可誣也。(《潮州韓文公廟碑》)

其中的"傅説爲列星"就涉及二十八宿的知識。傅説相傳是殷商武丁王時賢相,初爲隱士,築室於傅巖,武丁在睡夢中見到了他,讓畫工畫出他的形貌然後四處訪尋,最後在傅巖找到了他,幫助武丁中興殷朝。因得自於傅巖,故賜姓爲傅。《尚書·説命》篇就是他的言行記錄。傅説爲列星,化用《莊子》傅説"乘東維,騎箕尾,而比於列星"的典故,箕尾就是二十八宿中的東方蒼龍七宿中的箕宿和尾宿。二十八宿顧名思義,就是日月五星運行到某一位置的歇息處。古人根據對星象的觀察,區分出行星和恒星兩大類,以恒星爲座標來觀察行星的運動。古人想像出行星運行的軌道是黃道,黃道是從地球上觀察太陽,太陽在天球上投下的倒影。地球赤道在天球上的投影,就是天球的零緯度,圍繞它正負20緯度有一個橢圓形軌道,就是黃道。二十八宿就是在黃道和赤道附近的恒星聚集的二十八個分區。按照二十八個分區所在的方位,歸納爲四組:

東方蒼龍七宿:角亢氐房心尾箕

北方玄武七宿:斗牛女虛危室壁

西方白虎七宿:奎婁胃昴畢觜參

南方朱雀七宿:井鬼柳星張翼軫

古人把這些恒星聚合的星象與某種動物聯繫在一起的,得出蒼龍、玄武、白虎、朱雀四象:東方七宿整個看來就像是一條龍,故稱蒼龍;北方七宿整個看來就像一匍匐前行的大龜,故稱玄武;西方七宿整個看來就像一條張開大口的白虎,故稱白虎;南方七宿整個看來就像一隻拖着長尾、展開雙翅的大鳥,故稱"朱雀"。

二十八宿是古人用來觀察解釋天象,也就是用來觀察七大行星運行規律及其變化,以及解釋由此而帶給地上或人事間的變遷的。例如：

②　火朝覿矣，道茀不可行。（《國語·周語》）

句中的"火"指的是東方蒼龍七宿中的第五宿即心宿，由三顆星組成，又稱三星。
"火朝覿矣"，是說心宿在早晨出現了。這在古人看來是一個不好的兆頭。故下句講道路被雜草堵塞。心宿在二十八宿中位置很重要，古文中也多次提到。例如：

③　七月流火，九月授衣。（《詩經·豳風·七月》）

毛《傳》云："火，大火也。"這裏大火並不是指的火很大，而是指的與二十八宿直接相關的一個星宿的名稱，即心宿的第二顆星。古人觀察星象以計時，最重視的就是大火這顆星，因爲根據這顆星的隱沒出現，可以定出仲春、仲夏、仲秋、仲冬等每季最盛的這四個月。七月爲孟秋之月，此時大火這顆星西流，至十月伏藏，故稱流火。

與閱讀古文密切相關的另一天文常識就是七政。《尚書·舜典》："在璿、璣、玉衡，以齊七政。"古人是把日（太陽）、月（月亮）加上金、木、水、火、土五個行星稱作"七政"，或稱"七曜"。金、木、水、火、土五個行星都各有自己的一些別稱，對這些別稱不瞭解，我們也會遇到閱讀的障礙。例如：

④　子興視夜，明星有爛。（《詩經·鄭風·女曰雞鳴》）
⑤　察日行以處位太白。（《史記·天官書》）
⑥　東有啟明，西有長庚。（《詩經·小雅·大東》）

上面三例中的"明星""太白""啟明""長庚"都是指的金星。按唐代司馬貞《史記索隱》："太白晨出東方，曰啟明。"則金星（又稱"太白"）出現在東方就稱"啟明"；出現在西方就稱爲"長庚"。又如：

⑦　辰星不出，太白爲客。其出，太白爲主。（《史記·天官書》）

這裏的"辰星"就是水星的別稱，是距離太陽最近的一顆行星。又如：

⑧　熒惑守心。（王充《論衡·變虛》）

這裏的"熒惑"是火星的別名。我們如果不知道它是一個天文名詞就會望文生訓。又如：

⑨　太歲在甲寅，鎮星在東壁。（《史記·天官書》）
⑩　歷斗之會以定填星之位。（《史記·天官書》）

"鎮星"（又作"填星"），其實都是土星的別稱。據天文學家推算，土星要29.45年纔能繞太陽運行一周，約與二十八宿的數目相當，大體上是每年移行一宿，像輪流坐鎮一地一樣，故把土星稱爲鎮星（字作"填"，仍應讀爲"zhèn"）。又如：

⑪　於是歲在降婁。（《左傳·襄公三十年》）

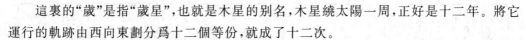

這裏的"歲"是指"歲星",也就是木星的別名,木星繞太陽一周,正好是十二年。將它運行的軌跡由西向東劃分爲十二個等份,就成了十二次。

日、月、金、木、水、火、土號爲七政。日是太陽,月是月亮。金木水火土是天上的五大行星(與恒星相對)。金星有"明星""太白""啟明""長庚"等別稱,木星有"歲星"的別稱,水星有"辰星"的別稱,火星有"熒惑"的別稱,土星有"鎮星"(又作"填星")的別稱。

北斗七星也是古書常常提到的。屈原《九歌·東君》:"操余弧兮反淪降,援北斗兮酌桂漿。"其中提到的"北斗"是古人很看重的一個星座,因爲通過它可以求得天球的北極的極點——北極星,以此來判定方位、定四時。《史記·天官書》云:"北斗七星,所謂旋、璣、玉衡以齊七政。……斗爲帝車,運于中央,臨制四鄉。分陰陽,建四時,均五行,移節度,定諸紀,皆繫於斗。"北斗七星是指天樞、天璿、天璣、天權、玉衡、開陽、搖光等,它們構成一勺狀圖形,故稱斗(見圖二)。

圖二　北斗七星

又由於處於天球之北方,故稱"北斗"。

古人非常重視觀察北斗七星的運轉規律,並由此得出確定季節變化的一些規律性的認識,人們根據初昏(天剛黑的時候)斗柄所向,可以得知已進入到什麼樣的季節了。斗柄指東,天下皆春;斗柄指南,天下皆夏;斗柄指西,天下皆秋;斗柄指北,天下皆冬。北斗七星是以天樞爲軸點,以天璿爲軸柄,帶動其餘五星——天璣、天權、玉衡、開陽、搖光向四方旋轉的。在晚間行路的時候,還可以根據北斗七星來確定方向。

此外我們還應該瞭解一下有關分野的知識。

《史記·天官書》云:"天有五星,地有五行。天則有列宿,地則有州域。"古人把天上的星宿與地上的州域聯繫起來得到的一種對應關係就是分野。分野的概念在春秋時就已有了,到戰國時,人們把鄭、宋、燕、越、吳、齊、衛、魯、魏、趙、秦、周、楚等諸侯國、王畿之地與星宿聯繫起來,得出這樣一個對應表:

星宿	角亢	氐房心	尾箕	斗牛	女	虛危	室壁	奎婁	胃昴畢	觜參	井鬼	柳星張	翼軫
國	鄭	宋	燕	越	吳	齊	衛	魯	魏	趙	秦	周	楚

漢代的分野與戰國時分野不同,是以州地之名與星宿對應的,列表如下:

星宿	角亢氐	房心	尾箕	斗	牛女	虛危	室壁	奎婁胃	昴畢	觜參	井鬼	柳星張	翼軫
州	兗州	豫州	幽州	江湖	揚州	青州	并州	徐州	冀州	益州	雍州	三河	荊州

古人建立分野，主要是星象家們占天以測地上的人事變化的，並不是一種無目的的設想或聯繫。有了分野的常識，我們在閱讀古代詩文時，遇到像庾信《哀江南賦》"以鶉首而賜秦①，天何爲而此醉"、王勃《滕王閣序》"星分翼軫"和李白《蜀道難》"捫參歷井②"就不會感到茫然了。

六、古代的曆法知識

《史記·曆書》云："王者易姓受命，必慎始初，改正朔，易服色，推本天元，順承厥意。"意思是說，異姓奪取天下統一大權之後，要改動一年和一月之始。"正"是指一年之始，"朔"是指一月之始。這樣表示新的統治者推翻前朝統治者是順承天意的，新朝建立以後就要從我開始，改用新曆。歷史上夏、商、周三代一年之始都有所不同，夏以正月爲一年之始，殷商以十二月（臘月）爲一年之始，周以十一月（冬月）爲一年之始，秦統一天下之後又以十月爲一年之始，漢武帝時重新以正月爲一年之始，以後各朝沿襲至今，不再改動。可見，歷朝歷代的統治者都把紀時之法即曆法看成是與鞏固統治地位息息相關的一件大事，因此，都十分重視。古書閱讀中會遇到很多古代的曆法問題，對此沒有一定的瞭解，也會造成理解上的障礙。

古代的曆法，簡單地說就是計時的方法。它起於商代，經天文學家祖沖之、僧一行、郭守敬等人的研究，到清代就已十分完善了。曆法是與天文聯繫在一起的。古人計年月日時的依據來自於對天象直觀而具體的觀察。例如：

① 曆象日月星辰，敬授人時。（《尚書·堯典》）

也就是說古人通過觀察日、月、星辰來確定年、月、日、時以及春夏秋冬四季，展開農業生產。由於中國古代是農耕社會，故曆法是與農業勞作緊密聯繫到一起的。例如：

② 春耕、夏耘、秋收、冬藏，四者不失時，故五穀不絕，而百姓有餘食也。（《聖王之制也》）

也就是說春天耕種，夏天做好田間管理，秋天收穫農作物，冬天保管好五穀。這樣就能有充足的糧食保障。在曆法裏農曆的二十四節氣就尤其顯得重要。這二十四節氣可

---

① 鶉首是以十二次配十二諸侯國，秦的分野就在鶉首（即井鬼二宿）。
② 參、井二宿分屬益、雍州的分野，亦古蜀之地。

第二十一課 古代文化常識

編成順口溜來記:
　　春雨驚春清穀天(立春、雨水、驚蟄、春分、清明、穀雨)
　　夏滿芒夏兩暑連(立夏、小滿、芒種、夏至、小暑、大暑)
　　秋處露秋寒霜降(立秋、處暑、白露、秋分、寒露、霜降)
　　立雪雪冬小大寒(立冬、小雪、大雪、冬至、小寒、大寒)
　　每月兩節不變更,最多祇差一兩天。
　　上半年來六、廿一,下半年是八、廿三。
　　古人還以農作物成熟期來指時節,例如:

　　③ 齊侯使連稱、管至父戍葵丘。瓜時而往。(《左傳·莊公八年》)

　瓜時,即瓜成熟之時,也就大致在夏曆七月,這個時候正是瓜成熟的季節。
　　古人用圭表來測日影,以確定冬至(一年中正午時分日影最長的那一天)、夏至(一年中正午時分日影最短的那一天),再配合一定的計算,就可以知道一個回歸年(又叫太陽年)的時間了。例如:

　　④ 朞三百有六旬有六日。(《尚書·堯典》)

　也就是說一個太陽回歸年大約是 366 天。古人有地球中心的觀念,以爲是太陽圍繞地球在轉,所謂一個回歸年,也就是太陽中心連續兩次經過春分點所需的時間。現代天文學纔知道不是太陽在繞着地球轉,而是正相反,地球繞着太陽在轉。"日"又稱太陽,故觀日獲得的計時方法稱"陽曆"。
　　古人對月象的觀察,產生了一些固定的說法,例如:

　　⑤ 朝菌不知晦朔,蟪蛄不知春秋。(《北冥有魚》)

　要理解前一句就要知道古人對月象觀察以後所作的定稱。古人很早就注意到月象的變化,由缺到圓,又由圓到缺這樣一個變化週期約爲二十九又二分之一天,也就是一個月的時間,爲了計算方便,以 30 日爲大月,以 29 日爲小月,全年六個大月,六個小月,合計爲 354 天。晦朔就是古人對月相的固定稱呼。朔,指每月的初一日;晦,指每月的最後一日。朝菌(本當作"蜠")是一種短命的昆蟲,朝生暮死,當然不會知道一月開頭一天爲朔,最後一天爲晦了。此外還有:朏,指每月的初三日。望,指每月的十五日。既望,每月的十六日。月亮古稱"太陰",故觀月獲得的計時方法就稱"陰曆"。
　　陽曆和陰曆之間有十餘天的差距,古人採取置閏的辦法來解決這一矛盾。《易·繫辭上》:"五歲再閏"。置閏是我國古代曆法中非常重視的一項內容。我國古代是將陽曆和陰曆這兩種曆法合起來使用的,稱"陰陽合曆"。這樣就克服了陽曆沒有照顧到月相的變化,陰曆又與地球圍繞太陽一周的週期不吻合的缺點。陽曆每年是 365 又 1/4 天,陰曆每年是 354 天,兩者相差 11 又 1/4 天,古人採用置閏的辦法來解決這一矛盾。即把這 11 又 1/4 天暫時不管它,等到夠一個月的時候,再置閏月。閏月一般是二十九日,也有三十日的,湊夠一月,就加到某一年中去,加了閏月的年份,稱閏年,沒有加的稱平年。閏年一年有三百八十三日的,也有三百八十四日的。三個平年以後就要置閏,而置閏以後還剩四又四分之三日,所以到第五年又要置閏,這就是所謂"五歲再閏"。

古人紀年的方法有三種:歲星紀年法、太歲紀年法、干支紀年法。這裏祇介紹沿用時間最長的干支紀年法。

干支紀年法就是用十天干和十二地支配合紀年,是實行較晚的一種紀年法。十天干:甲、乙、丙、丁、戊、己、庚、辛、壬、癸;天干與地支的配合,見下表:

1. 甲|乙|丙|丁|戊|己|庚|辛|壬|癸
　 子|丑|寅|卯|辰|巳|午|未|申|酉
2. 甲|乙|丙|丁|戊|己|庚|辛|壬|癸
　 戌|亥|子|丑|寅|卯|辰|巳|午|未
3. 甲|乙|丙|丁|戊|己|庚|辛|壬|癸
　 申|酉|戌|亥|子|丑|寅|卯|辰|巳
4. 甲|乙|丙|丁|戊|己|庚|辛|壬|癸
　 午|未|申|酉|戌|亥|子|丑|寅|卯
5. 甲|乙|丙|丁|戊|己|庚|辛|壬|癸
　 辰|巳|午|未|申|酉|戌|亥|子|丑
6. 甲|乙|丙|丁|戊|己|庚|辛|壬|癸
　 寅|卯|辰|巳|午|未|申|酉|戌|亥

這樣經過六十年後又重新回到起點甲子年,稱爲六十年一轉甲子。故年上六十的人又稱爲年逾花甲。干支紀年法興於東漢,東漢章帝元和二年下詔頒行干支紀年法,當然最早使用這種紀年法是在西漢,祇是沒有廣泛使用。那末,東漢以前的年代也有用干支紀年法的,可能是後人逆推的結果。

古人紀月有兩種方式:以數字和以地支紀月,值得注意的是以地支紀月,其順序是:

寅|卯|辰|巳|午|未|申|酉|戌|亥|子|丑
正|二|三|四|五|六|七|八|九|十|冬|臘

以哪一個月作爲第一月在夏、商、周三代有所不同。稱爲月建。例如:

⑥ 夏正以正月,殷正以十二月,周正以十一月。(《史記·曆書》)

夏以寅爲正月,故稱夏建寅,殷(商)以丑爲正月,故稱殷建丑,周以子爲正月,故稱周建子。寅:正,丑:臘,子:冬。《詩經·豳風·七月》是夏曆和周曆並用,其中所謂四月、七月等是指夏曆,所謂一之日(即一月),二之日(二月)是用的周曆,周曆比夏曆要相差兩個月,周的正月相當於夏的冬月。

古人紀日也有兩種方式,一是以數字紀日,這和今天是一樣的,二是以干支紀日,以干支紀日打破月與月之間的界限,用六十天一個輪回這樣來連續紀日。例如:

⑦ 五月辛丑,大叔出奔共。(《左傳·隱公元年》)

辛丑即是用干支紀日。古代文獻中多用干支紀日,祇有像一些特殊的日子纔以數字紀日,像"文以五月五日生",就是因爲民間認爲這一天出生的人有剋父之嫌,比較特殊,纔以數字紀日。

古人紀時也用干支。將一天二十四小時劃分爲十二等份,每一等份是一個時辰,用十二地支固定地指稱這十二個時辰。晚上十一點至凌晨一點爲子時,依此按兩個小時一個時辰類推,最後,晚九點到十一點是亥時。但是時辰的天干却要通過計算纔能得知。其方法是以日天干來决定時辰的天干,例如:日天干爲甲或己,子時配甲爲天干成甲子,然後依次推出餘下的十一個時辰的天干。

七、古代的地理知識

我們在閱讀古文中經常會遇到一些陌生的地名和術語,例如:

① 君處北海,寡人處南海,唯是風馬牛不相及也。(《齊桓公伐楚》)

句中的北海,就不是今天廣西的北海,而是指渤海。齊國位於渤海之畔。南海也不是指的今海南的海域,楚國國境還到不了南海,這裏北海、南海並非實指,祇是泛指兩國距離很遠,故下文言"風馬牛不相及"。又如:

② 决汝漢、排淮泗,而注之江。(《孟子·滕文公上》)

一句話中就出現了五個地理名詞。汝水在今河南境内,今河南仍有汝河。漢,漢水,在湖北北部。淮,淮河,在河南與安徽兩省境内。泗,泗水,源出山東,今山東仍有泗河,還有泗水縣,在曲阜附近。泗水是向西南反流入淮。泗水流入淮水,淮水古代在揚州一帶進入長江。

古文中説到的江、河、海一般都是特指。例如:

③ 賜我先君履:東至于海,西至于河,南至于穆陵,北至于無棣。(《齊桓公伐楚》)

句中的海特指渤海,河,特指黄河。穆陵:楚國地名,指今湖北麻城縣北之穆陵關。無棣:齊國地名,在今山東無棣縣一帶。又如:

④ 河内凶,則移其民於河東,移其粟於河内。河東凶亦然。(《寡人之於國也》)

句中的河指黄河。河内:指黄河北岸魏地,今河南濟源一帶。河東:指黄河以東魏地,今河南延津、開封一帶。黄河古道在今滎陽市轉向北流,延津至開封一帶在黄河以東。

古人還認爲華夏族所居之地處於大地的中心,故稱該地爲"中原""中華""中夏"等。以爲四周都是大海,所以有"四海"之稱。"中原"有狹義和廣義之稱,狹義指今河南一帶。廣義指黄河中下游地區,或指整個黄河流域。中原又稱中土、中州,是古代中國政治、經濟和文化中心。以中原爲中心,長江以南就稱作"江表""江外",今廣東、廣西地處五嶺山地區,又稱"嶺表""嶺外",或稱"嶺南"。安徽境内的長江向北斜流,直達江蘇鎮江。其北岸淮河以南稱"江西"(也包括淮河流域),又稱"江左";南岸南京鎮江一帶稱"江東",又稱

"江右"。

古人還有天圓地方的概念。例如：

⑤ 戴員履方。(《淮南子·本經》)

古人認爲天是圓的,地是方的。"戴圓履方"就是頂天立地的意思。

我們閱讀古書特別要注意古今同名異實的地理概念。古代的山東一般是指崤山(在今河南洛寧縣北)、華山以東的廣大地區(包括中原和長江流域),有時也指太行山以東(包括今河北、河南、山東),與今天所說的山東(衹包括古代的齊魯二地)不同。古代的山西一般是指崤山、華山以西,有時也指太行山以西,與今天的山西所指範圍也有所不同。例如：

⑥ 東有肴、函之固。(《蘇秦以連横説秦》)

肴,也作"崤""殽",就是崤山,座落在今河南省洛寧縣西北。函：函谷關,位於今河南省靈寶縣。古籍中常有"關"這一稱謂,秦、漢、唐等王朝在陝西長安(今西安)建都,那時所謂的"關"是指函谷關(秦時在今河南靈寶縣南,漢時在今河南新安縣東北),或是潼關(今陝西、河南、山西交界處)。於是,古人將函谷關或潼關以西王畿附近的地方叫關內,將兩關以東的地區稱爲關外。明清時則不同,"關"指的山海關(在今河北秦皇島),關內指山海關以西以南的地區,關外則指山海關以東以北的地區。

古稱爲"北京"的,有西晉時的洛陽,南朝劉宋時的京口(今江蘇鎮江),北魏時的平城(今山西大同),唐及五代唐、晉、漢的太原。北宋時的大名府(今河北大名縣)等等,明清時的北京纔與今天的北京同。

也有古今同地異稱的,例如,南京,戰國時稱"金陵(屬楚國)",秦改稱"秣陵",三國時改稱"建業(係吳國都城)",晉改稱"建康",隋改置爲"丹陽郡",唐始置"江寧郡",後改置"昇州",明代始置"應天府",後纔稱"南京"。

上古有九州説法。例如：

⑦ 禹別九州,隨山濬川,任土作貢。(《尚書·禹貢》)

相傳堯遭洪水,大禹平治水土,分天下爲九州：冀州、兗州、青州、徐州、揚州、荆州、豫州、梁州、雍州。舜時又分爲十二州,從九州中的冀州分出并州和幽州,從青州分出營州。漢代又增一交州,一個朔方,後朔方歸到并州,改雍州爲涼州,改梁州爲益州,東漢有十三州：司隸(即直轄州)、豫州、兗州、徐州、青州、涼州、并州、冀州、幽州、揚州、益州、荆州、交州。州下轄郡,郡下轄縣。唐代,大州稱府,明清時改州爲府。

八、古代的職官科舉制度

由於社會的發展,時代的進步,制度在不斷變革,因而古代的職官科舉制度没有沿襲下來,相應的職官稱謂也經久不用而遭廢棄。如果不瞭解這一點,同樣也會造成閱讀古書的障礙。

第二十一課　古代文化常識

　　遠古就有設官分職，傳說伏羲氏以龍紀（因神龍負圖而得祥瑞），以龍命官（春官爲青龍，夏官爲赤龍，秋官爲白龍，冬官爲黑龍，中官爲黃龍）。共工氏以水紀（受水瑞），故以水命官。神龍氏以火紀（受火德），故以火命官（春官爲大火，夏官爲鶉火，秋官爲西火，冬官爲北火，中官爲中火）。黃帝受雲瑞，故以雲命官（春官爲青雲，夏官爲赤雲，秋官爲白雲，冬官爲黑雲，中官爲黃雲）。

　　夏商周三代沿襲古制，至周爲最完備。《周禮》保存了完整的西周設官分職的制度。分天、地、春、夏、秋、冬六官，六官分掌邦治（天官）、邦教（地官）、邦禮（春官）、邦政（夏官）、邦禁（秋官）、邦土（冬官）。唐時中央各部就有仿《周禮》六官的味道。

　　秦漢以後，對三代官制有所沿襲，也有所更革。

　　古代的中央即朝廷，最高統治者是皇帝（秦以前爲王），但皇帝不是官，《説文》對"官"字的解釋是："史（吏字之誤）事君也。"官是侍奉君上的人，帝王是被侍奉的對象，故不算官之列。古代的官是由皇帝任命的，中央機構的官員更是如此。中央機構分首腦機構、行政部門、監察彈劾機構、文史機構、內務機構等。

　　秦代以丞相府、太尉府、御史大夫寺組成首腦（中樞）機構，丞相分左右二丞相，古人尚右，故右丞相尊於左丞相。尊爲相國，通稱宰相。秦代丞相佐理國政，太尉掌管軍事，御史大夫掌管內務與監察。

　　西漢將丞相改爲大司徒，太尉改爲大司馬，御史大夫改爲大司空，號稱"三司"（或"三公"）。這樣就使丞相的權力有所削弱。到了東漢，雖置三公，而事歸臺閣，臺閣成了實際首腦機構。東漢的臺閣就是後來尚書省的前身。

　　魏晉南北朝時的尚書省，權力很大，其首腦爲尚書令，副職爲尚書僕射。至唐宋時，左右僕射實爲宰相之職，宋以後廢置。

　　宋代的實際首腦機構是中書省和樞密院。中書省相當於秦時的丞相府，樞密院相當於秦時的太尉府。

　　元代廢三省，祇設中書省，其首領中書令往往由皇太子充任，不立官品，其副職是左右丞相，正一品。

　　明代廢中書省，六部直接向皇帝負責，後以"內閣大學士"任皇帝私人顧問兼秘書，成了實際的宰相。

　　清代沿襲明制，但後來設立軍機處，其首長爲軍機大臣，實爲宰相之職。

　　秦漢三公之下有九卿，掌管具體的行政事務。有奉常、郎中令、衛尉、太僕、廷尉、典客、宗正、治粟內史、少府。

　　秦漢的少府到隋唐發展成六曹治事的"尚書臺"，本爲行政部門，上昇爲首腦機關之後，在其內部又設六部，分曹治事，每曹設尚書一人，有吏、民（爲避李世民的名諱改爲戶）、禮、兵、刑、工六部。吏部管官吏的任免、銓敘（根據官員資歷和政績，確定其昇降等級）、考績、昇降等，民（戶）部掌管土地、戶口、賦稅、財政。禮部掌典禮、科舉、學校等。兵部掌軍政大事。刑部掌刑法、獄訟，工部掌工程營造、水利設施等。這是後世中央各部的前身，祇是現在越分越細。其實，六部的設置是摹仿《周禮》的六官。

　　戰國時的"御史"實際上就是監察官，西漢時成立了御史府，爲中央監察機構。東漢

稱爲"御史臺",其長官爲"御史大夫"或"御史中丞"。明代的監察機構改稱"都察院",長官爲左右都御史。清代沿襲明制。"御史臺""都察院"的職責是對百官(從中央到地方的所有官員)進行糾察彈劾。

史官的設立可以上溯到黃帝的時代,傳說漢字就是由黃帝的史官蒼頡創制的。周有太史,掌文史星曆以及國家的典册秘笈。秦漢時的奉常之屬官有太祝、太卜,都屬於文史之官。西漢有蘭臺令史是專司校訂國家圖書館的秘笈的。東漢的秘書監也屬文史機構。從事文史工作的官員有學士、直學士、修撰、校理、校書郎、正字等稱謂,魏晉南北朝的著作郎,也屬史官之列。唐宋還設有史館。元、明、清將史館併入翰林院。古代還有博士、助教等官銜。漢武帝時設五經博士,其弟子叫做博士弟子,古代的博士雖有學術頭銜的含義在其中,但更多的是一種官職,是九卿之一的奉(太)常的屬官。魏晉以後博士纔漸漸地變成了教官,與今天從教的博士有些類似,故有"助教""教授"等稱呼。

《周禮》有六鄉,是對遠離京畿的地方進行較大的行政區劃,設六卿掌之。春秋時有邑縣,其長官不同的侯國有不同的稱呼,魯衛稱爲"邑宰",晉國稱爲"大夫",楚國稱爲"令尹"。戰國時有郡有縣,郡長爲守,縣長爲令。後來以郡領縣,形成縣屬於郡的體制。

秦時設有三十六郡,其郡長爲郡守,這是沿用戰國的稱謂。下設郡丞,郡之次長。還有都尉,專掌一郡的軍政。每郡還設有郡監,掌對地方官員的監察。郡下設縣,其長官滿萬户以上的大縣爲令,不滿萬户以上的小縣爲長。縣令(長)下設縣丞和縣尉。

漢承秦制,祇不過有"國"這一行政單位,是皇親的封地,是漢朝的特別行政區。吳楚七國之亂後加以裁削,由中央派"相"處理行政。郡國之相食二千石(月俸120斛,一斗二升爲一斛)。另外加强了地方監察,在全國設立了十幾個監察區。稱爲州或部,每州設刺史一人,負責糾察該州(部)的地方官員。京城所在的州,設"司隸校尉",也是監察的行政首長。東漢以後的刺史實際掌握了該州(部)的兵權。

隋初廢郡設州,州的長官或叫"州牧",或叫"刺史"。唐代州、郡並行,州之長官爲"刺史",郡之長官爲"太守"。

宋代縣以上的行政單位爲州,州政由朝廷直接派員前往治理,故稱"知××州軍州事",簡稱"知州"。元代地方最高行政機構是"行中書省",設"丞相""參知政事"等官。明改行中書省爲"承宣佈政司",簡稱"布政司",但習慣上仍稱"省"。長官爲"左右布政使",掌一省之政事。清代,"巡撫"成了各省的最高長官,通稱"撫臺"。總督一省或數省的軍務要政的官,通稱"制臺"。

西晉時李密上給晉武帝的《陳情表》中有"逮奉聖朝,沐浴清化。前太守臣逵,察臣孝廉;後刺史臣榮,舉臣秀才。"這裏的"察""舉"與後來實行的科舉相對,察舉是依靠地方官員舉薦而獲得官職,而科舉是通過考試獲得任職資格。因此,李密文中的"秀才"就不同於科舉制度實行之後的"秀才"。宋代沈括的《夢溪筆談》曾談到北宋科舉考試的一件軼事:

① 嘉祐中,進士奏名訖,未御試,京師妄傳王俊民爲狀元,不知言之所起,人亦莫知俊民爲何人。(《夢溪筆談·故事》)

第二十一課　古代文化常識

宋仁宗嘉祐六年（公元1061年）科舉考試祇是舉行了省（會）試，還沒舉行殿試，坊間盛傳今科狀元就是王俊民，傳的人也不知王俊民是何人，到最後開科放榜，果然就是王俊民。

古代的科舉制度比起任命或世襲，應該是一種社會進步。但祇以八股取士，限制了讀書人聰明才智的任意發揮，有落後保守的一面。科舉取士肇始於隋代，唐代盛行，而至清代光緒時，纔被廢除，延續了一千多年。與魏晉時講門閥閥第的九品中正制的選拔制度比起來，是一種用人制度的進步。

魏晉時實行九品中正制，中央在各州郡設中正官（州爲大中正，郡爲小中正），以考察所在州的人才，主要是對士族階層的人進行考察，把他們分爲上上、上中、上下、中上、中中、中下、下上、下中、下下九品，再舉薦到朝廷中來，以資任用。這種舉薦制度弊端很多，一是考察的範圍狹窄，祇限於著姓士族，而庶族地主階層都與此無緣，更何況一般的寒門之士。二是很容易被姦人用來結黨營私。

到東晉後期，這種選拔制度實際上被豪門貴族所掌控，出現"上品無寒門，下品無勢族"的不正常現象。隋代廢除九品中正制，設進士、明經二科取士，開科舉制度之先。到唐朝就正式啟用這種考試選拔制度，將讀書、考試與做官聯繫到一起，一方面給積極進取的讀書人以進身的希望，同時也從根本上克服了九品中正制選拔人才的大權落在地方豪族手中的弊病。科舉考試在唐代名目繁多，有秀才、明經、進士（另有博學宏詞科，爲吏部主持）等十多種，但人們最重視的是進士科，它注重文辭，以考詩賦爲主，這樣促成了唐代近體詩作的繁榮。

宋代的科舉制在唐代科舉制的基礎上有所變革，將唐代的一級考試變爲地方與中央的二級考試。先在各個地方組織一次選拔考試，稱爲"取解試"，合格的纔送到京師再考一次，稱爲"省試"，亦即皇室中央政府組織的考試。取上的士子最後還要參加由皇帝親自主持的"殿試"。殿試及第者，就稱爲"天子門生"。

元代是科舉考試的中衰時期，明清兩代纔是科舉制的最後完善時期。

明清實行三級考試：

第一級是"鄉試"，屬地方一級的考試。能參加鄉試的人是經過童子試（或通過捐納）這一考試取得資格的，稱生員（俗稱秀才、庠生）。鄉試每三年考一次，也就是逢年柱地支爲子、卯、午、酉的年份就有這樣的考試。一般是定在八月初九至八月十七，因此時正是秋高氣爽之時，故稱"秋闈"。鄉試及第稱爲"舉人"，高中榜首的第一名稱"解元"，第二名叫"亞元"，第三、四、五名稱"經魁"，第六名叫"亞魁"，七名以後所有中了舉的人都稱"文魁"。除有資格參加更高一級的考試——會試外，還有就是可以直接授官，擺脫窮困潦倒的處境。

第二級是"會試"。這是由中央禮部主持的一次考試。會試是在鄉試的第二年（即逢丑、辰、未、戌的年份）二月在京師舉行。因爲是在陽春二月舉行的，故又稱"春闈"。由於是由禮部主持的，故又稱"禮闈"。會試也要考三場，每場三天，內容單調乏味得很，是與四書五經緊密相關的，文體要寫成八股文的文體。八股文要求講排偶，又稱八比文、時文、時藝、制藝。它使得科舉科試進入一套僵化的固定程式，既是科舉考試成熟的表

現,又是科舉考試最終要衰落甚至被一種新型的考試取代的一個內在因素。會試中榜者,稱爲貢士。第一名稱"會元"。凡取得貢士資格的都有資格參加最高級別的考試——"殿試"。

第三級是"殿試"。這是由皇帝親自主持的最高級別的考試。當然不一定是由皇帝親自出題,一般是由內閣擬定,皇帝批准。祇考一天,早上進考場,晚上交卷。第三天就可放榜。按三甲分等張榜,一甲祇取前三名,第一名稱"狀元"(唐代還有稱"狀頭"的),第二名爲"榜眼",第三名爲"探花"(有"探採名花"之意)。合稱"三鼎甲"。第二甲就不再分名次,叫進士出身。三甲也不再分名次,叫"同進士出身"。

科舉考試的最後廢除是在 1904 年以後。光緒皇帝採納了維新志士的建議,廢除八股文,開考中國歷史、中國政治、世界政治、專門技藝。後來慈禧太后還開設經濟特科,派遣留學生,使中國的教育走上了與世界接軌的方向。

以上我們從八個方面談了古文閱讀與古代文化之間的關係。這些文化常識直接影響到我們對古人文章的理解,對這些文化知識的瞭解越多,我們對古代語言和古代社會以及古人的思想也就瞭解得更深一些。但是,古代文化知識不必死記硬背,祇要通過讀古書時遇到這類問題時加以留意,慢慢積累,有了具體事例纔能逐漸達到全面系統的理解。本課是提供給大家查閱的。

文　選

王子坊①

自退酤以西②,張方溝以東③,南臨洛水④,北達芒山⑤,其間東西二里⑥,南

---

① 本篇選自《洛陽伽藍記》。題目爲後加。《洛陽伽藍記》是我國歷史上一部有名的遊記題材的文學作品,與《水經注》《齊民要術》並稱爲北魏時三部傑作。"伽(qié)藍"是梵語"僧伽藍摩"的省稱,意爲"佛寺"。作者爲北魏·楊衒之。本篇描述了洛陽城外北魏皇族王公聚居地——"王子坊"的繁華景象。王子坊(fāng):王公子弟聚居地。坊,街道里巷的別稱。
② 退酤:北魏洛陽城西里弄名。
③ 張方溝:地名,也在洛陽城西。
④ 洛水:河水名,在今河南洛河。
⑤ 芒山:山名,在今河南洛陽城北面。芒,又作"邙"。
⑥ 間:中間。

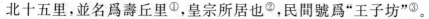

第二十一課　古代文化常識

北十五里,並名爲壽丘里①,皇宗所居也②,民間號爲"王子坊"③。

當時四海晏清④,八荒率職⑤,縹囊紀慶⑥,玉燭調辰⑦,百姓殷阜⑧,年登俗樂⑨。鰥寡不聞犬豕之食,煢獨不見牛馬之衣⑩,於是帝族王侯⑪,外戚公主⑫,擅山海之富⑬,居川林之饒⑭。爭修園宅,互相誇競⑮。崇門豐室⑯,洞戶連房⑰,飛館生風,重樓起霧⑱。高臺芳榭⑲,家家而築;花林曲池,園園而有⑳。莫不桃李夏綠,竹柏冬青㉑。

---

① 壽丘里:文中"王子坊"所在地名,南與洛水接壤,北與芒山接壤,由東至西長二里,由南至北長十五里的一塊長方形地帶。

② 皇宗:這裏特指北魏拓跋氏的宗親。所居:居住的地方。

③ 號:稱。

④ 當時:指公元495年北魏遷都洛陽之後到公元528年北方部落酋長爾朱榮起兵攻陷洛陽之前這一段時間。四海:指全國。晏清:日出無雲,這裏指天下太平。

⑤ 八荒:八方荒遠之地,一般是少數民族聚居的地方。率職:臣服朝貢。這兩句是說,北魏統一中原大地的初期,天下太平,八方蠻夷都來臣服朝貢。

⑥ 縹(piǎo)囊:用淡青色的帛做成的書袋,這裏代指典籍。紀:記錄。慶:國家慶典。

⑦ 玉燭:指四季氣候調和。《爾雅·釋天》:"四時和謂之玉燭。"辰:季節。

⑧ 殷:盛。阜:富足。

⑨ 年登俗樂:年歲豐盈,民俗歡樂。登,豐收。

⑩ "鰥寡不聞"句:大意是說貧苦無依的人不會去吃豬狗剩餘的食物,孤獨無依的人不會去穿披在牛馬身上的粗衣。鰥(guān),老而無妻。寡,老而無夫。煢(qióng)獨,孤獨無依的人。

⑪ 於是:在這個時候。於,介詞,在。是,代詞,這個時候。帝族:皇帝的宗親。

⑫ 外戚:太后、皇后的娘家親人。

⑬ 擅:佔有。山海之富:山嶺海域出產的財富。

⑭ 居川林之饒:擁有川流林帶的富饒。

⑮ 誇競:誇耀競技。

⑯ 崇:高。豐:大。

⑰ 洞:深。戶:本義是半扇門,這裏指有半扇門的內宅。房:《說文·戶部》:"房,室在旁也。"此處用本義,指正廳兩邊的房屋,又叫廂房。洞戶連房:內宅深幽,廂房連連。

⑱ 飛館:是指館舍高聳,翹檐如飛,故稱飛館。重樓:層層疊疊的高樓。

⑲ 芳榭:芳香、幽雅的亭閣。榭,高臺上建的房子。

⑳ 花林曲池,園園而有:意思是說每家每戶都有花園水池的佈置。

㉑ 莫:否定性無定代詞,可譯作"没有什麼",這裏指没有哪間門戶。

351

而河間王琛最爲豪首①,常與高陽爭衡②。造文柏堂,形如徽音殿③。置玉井金罐,以金五色績爲繩④。妓女三百人,盡皆國色⑤。有婢朝雲,善吹箎⑥,能爲團扇歌、隴上聲⑦。琛爲秦州刺史,諸羌外叛⑧,屢討之⑨,不降。琛令朝雲假爲貧嫗⑩,吹箎而乞。諸羌聞之,悉皆流涕,迭相謂曰⑪:"何爲棄墳井⑫,在山谷爲寇也?"即相率歸降⑬。秦民語曰:"快馬健兒⑭,不如老嫗吹箎。"

白馬寺⑮

白馬寺,漢明帝所立也⑯,佛入中國之始⑰。寺在西陽門外三里御道南⑱。帝夢金神⑲,長丈六,項背日月光明,金神號曰佛⑳。遣使向西域求之,乃得經

---

① 河間王琛(chēn):北魏皇族,本姓拓跋,後改姓元,叫元琛,被封爲河間王。
② 高陽:高陽王元雍,亦爲北魏皇族,封爲高陽王。孝明帝時爲丞相。
③ 徽音殿:北魏宮中殿名,"徽音"有美德之義。
④ 玉井:玉石砌的水井。金罐:黃金做的水罐。績:搓。
⑤ 妓女:從事歌舞表演的女子。國色:指在全國都數得上的漂亮女子。
⑥ 朝雲:人名。善:擅長。箎(chí):用竹管製成的樂器,形如笛,有七孔。
⑦ 團扇歌:南朝樂府民歌吳聲歌曲的一種。隴上聲:北朝樂府民歌之一。
⑧ 秦州:北魏置,治所在今甘肅天水附近。刺史:州的最高長官。諸羌外叛:北魏孝明帝時,被北魏統治者殘酷壓迫的西部少數民族紛紛起事。
⑨ 屢:多次。
⑩ 假爲:裝扮。嫗(yù):老婦人。
⑪ 悉:副詞,全,都。迭:輪流,更替。
⑫ 何爲:賓語前置,疑問代詞"何"作介詞賓語,置於介詞"爲"前。棄墳井:意思是背井離鄉。墳,祖墳。井,鄉井。
⑬ 即:副詞,就。相率:一個領着一個。
⑭ 快馬健兒:這裏指軍隊。上文言河間王多次派兵圍剿起義的諸羌叛軍,都没成功。
⑮ 本篇選自《洛陽伽藍記》。題目爲後加。本篇記載了洛陽白馬寺一名的由來,描述了白馬寺的壯麗景象,特別描寫了寺中果樹的奇特及其果實的珍貴。白馬寺:佛教傳入中國最早的寺院。在今河南洛陽市東郊。東漢明帝時攝摩騰竺法蘭初自西域以白馬馱經而來,舍於鴻臚寺。永平十一年,創建白馬寺。
⑯ 漢明帝:即劉莊(6—75),漢光武帝劉秀之子,在位時法令分明,重儒學。
⑰ 佛入中國之始:印度佛教傳入中國是從這裏開始的。
⑱ 西陽門:是當時洛陽由南數起的第二道城門。御道:皇上所走的道路。
⑲ 帝夢金神:明帝做夢見到全身爲金色的神。
⑳ 項:脖子的後部。佛:梵文 Buddha(佛陀)音譯的簡稱,也作"浮屠""浮圖""没馱""勃馱"等,意譯爲覺者。這裏指佛教的創始人釋迦牟尼。

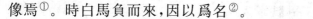

像焉①。時白馬負而來,因以爲名②。

明帝崩③,起祇洹於陵上④。自此以後,百姓塚上⑤,或作浮圖焉⑥。寺上經函至今猶存⑦。常燒香供養之。經函時放光明,耀於堂宇⑧,是以道俗禮敬之⑨,如仰真容。

浮屠前⑩,柰林、蒲萄異於餘處⑪。枝葉繁衍,子實甚大。柰林實重七斤,蒲萄實偉於棗⑫,味並殊美,冠於中京。帝至熟時,常詣取之⑬,或復賜宮人。宮人得之,轉餉親戚⑭,以爲奇味。得者不敢輒食⑮,乃歷數家。京師語曰:"白馬甜榴,一實直牛。⑯"

----

① 遣使:派遣使者。乃得經像焉:於是就得到釋迦牟尼佛像。
② 負:馱。以:介詞,省略賓語"之",指代白馬。爲:作爲。
③ 崩:天子死的諱稱。
④ 起:建造。祇洹(qíhuán):佛教僧徒修習佛法的場所。陵:帝王的墳墓。
⑤ 塚(zhǒng):墳墓。
⑥ 浮圖:與下文的浮屠都是指佛塔。
⑦ 函:匣子。
⑧ 堂:殿堂。宇:屋檐。
⑨ 道俗:僧人和俗人。
⑩ 浮屠:佛塔。
⑪ 柰:果名,又稱花紅、沙果。蒲萄:即葡萄。
⑫ 於:介詞,引進比較的對象。
⑬ 詣(yì):到。
⑭ 餉(xiǎng):指用食物招待別人。
⑮ 輒:副詞,即,就。
⑯ 一實直牛:一個果子價值相當於一頭牛。直,價值等同於,後作"值"。

御試舉人①

嘉祐中②,進士奏名迄③,未御試,京師妄傳王俊民爲狀元④,不知言之所起,人亦莫知俊民爲何人⑤。及御試,王荆公時爲知制誥⑥,與天章閣待制楊樂道二人爲詳定官⑦。舊制:御試舉人,設初考官⑧,先定等第⑨,復彌之⑩,以送覆考官⑪,再定等第,乃付詳定官⑫,發初考官所定等,以對覆考之等⑬。如同即已,不同,則詳其程文⑭,當從初考,或從覆考爲定,即不得別立等⑮。是時王

---

① 本篇選自宋代沈括《夢溪筆談·故事》。題目爲後加。《夢溪筆談》共二十六卷,內容分故事、辨證、樂律等十七類,總結了他多年來對科學技術、歷史、考古和文學藝術等方面的研究成果,具有較高的史料價值。本篇記述了北宋嘉祐六年發生在科舉考試中的一件奇事。通過這件事的描述我們看出古代以科舉選拔人才的制度設計還是比較嚴格的,若沒有勵志圖新改革的宋仁宗的支持,王安石想改革科舉中的不合理的制度設計是很難的。御試:殿試,由皇帝主考的考試。舉:選拔。

② 嘉祐中:即嘉祐六年。嘉祐(1056—1063),宋仁宗趙禎在位年號。

③ 進士:本指可以進授爵祿之士,從隋大業中開科取士以來,至唐凡試於禮部,放榜合格者皆稱進士。奏:上報。迄:完畢。

④ 京師:京城。北宋建都東京,在今河南開封市。妄傳:虛傳。

⑤ 言之所起:這一流言的出處。莫:否定性無定代詞,沒有什麼人。

⑥ 及:等到。王荆公:即王安石(1021—1086),北宋臨川人,字介甫,號半山。仁宗嘉祐中上萬言書主張變法,神宗熙寧二年參知政事(爲副相),實行新法。遭到舊黨的抵制反對,熙寧九年罷相。因元豐中封荆國公,世稱王荆公。知制誥:官名,唐初以中舍人或前行正郎擔任,掌外制。開元末改翰林供奉爲學士院,入院一年,就昇爲知制誥。掌內命,典司詔誥文書等。宋初沿襲這一官職,無實職。

⑦ 天章閣:宋宮殿名,主要是收藏皇帝的著作,設學士、直學士、待制、待講等官。楊樂道:楊畋,北宋新泰人,字樂道。爲人廉潔奉公,性耿直謹畏。詳定官:審核敲定一甲進士名次的朝廷命官。

⑧ 舊制:這裏指隋唐開科取士以來形成的選拔考核制度。

⑨ 先定等第:大意是説先由初考官定出先後名次。

⑩ 彌:封存。

⑪ 覆考官:專門負責審核試卷,再定等第名次的考官。

⑫ 乃:副詞,纔。付:交給。

⑬ 發:打開。對:比對。

⑭ 詳其程文:詳察定爲頭等狀元所寫的文章。程文,本是頭名狀元候選人的試卷,到遼代專指科舉考試的範文。

⑮ 當:應當。定:確定。別立等:另外確立頭名狀元人選的等弟名次。

荆公以初、覆考所定第一人皆未允當①，於行間別取一人爲狀首②。楊樂道守法以爲不可③。議論未決，太常少卿朱從道時爲封彌官④，聞之，謂同舍曰⑤：二公何用力爭，從道十日前已聞王俊民爲狀元，事必前定⑥，二公恨自苦耳⑦。既而二人各以己意進稟⑧，而詔從荆公之請⑨。及發封，乃王俊民也⑩。詳定官得別立等自此始，遂爲定制⑪。

正陽之月⑫

先儒以日食正陽之月止謂四月⑬，不然也⑭。正陽乃兩事⑮。正謂四月，陽謂十月⑯。"歲月陽止"是也⑰。《詩》有"正月繁霜"⑱，"十月之交，朔日辛

---

① 是時：這個時候。允當：合適。
② 行間：同輩的人，這裏指同等的人。
③ 守法：遵守舊制。以爲：動詞，認爲。
④ 太常：古代中央行政機構，秦時和漢初稱奉常，後來改稱爲太常，專管宗廟禮儀。少卿：北魏始置的官名，是正卿的副職、助手。封彌：古代科舉考試爲防止考官徇私舞弊，專設一官，將應試者的姓名籍貫等進行密封，並加印、編號。
⑤ 同舍：同僚。
⑥ 何：疑問代詞作狀語。事必前定：大意是說，這可能是上天早已安排好了的，當科狀元就是王俊民。
⑦ 恨：後悔。自苦：自找苦吃。
⑧ 既而：不久。進稟：進呈上報（給皇帝）。稟，古代指下對上的報告。
⑨ 詔：詔書。從：贊同。
⑩ 及：等到。發封：放榜公佈。
⑪ 定制：正規的制度。遂：副詞，最終。
⑫ 本篇選自《夢溪筆談·辨證》。題目爲後加。本篇屬於讀書劄記一類，沈氏認爲正陽應是指兩件事物，正是指四月，陽是十月。
⑬ 日食：一種自然現象，月球運行到地球與太陽之間使人們形成太陽被某物吃掉了的視覺。正陽之月止謂四月：意思是說，把文獻中的"正陽之月"，祇看成是指四月。
⑭ 然：形容詞，正確、對的。
⑮ 乃：副詞，用來加強判斷和肯定。
⑯ 正謂四月，陽謂十月：正說的是四月，陽說的是十月。沈氏的這一觀點在宋代就遭到學者的質疑。
⑰ 歲月陽止：《詩經·小雅·杕杜》文，鄭玄箋云："十月爲陽。"此爲沈氏"陽爲十月"之說的依據。
⑱ 正月繁霜：《詩經·小雅·正月》文，毛傳云："正月，夏之四月。"此爲沈氏"正謂四月"之說的依據。

卯,日有食之,亦孔之醜"①二者,此先王所惡也②。蓋四月純陽,不欲爲陰所侵③,十月純陰,不欲過而干陽也④。

濟 水⑤

古説濟水伏流地中⑥,今歷下凡發地皆是水⑦,世傳濟水經過其下。東阿亦濟水所經⑧,取井水煮膠,謂之阿膠⑨。用攪濁水則清⑩,人服之,下膈疏痰止吐⑪,皆取濟水性趨下清而重⑫。故以治淤濁及逆上之疾⑬,今醫方不載此意。

---

① 十月之交,朔日辛卯,日有食之,亦孔之醜:《詩經·小雅·十月之交》文,鄭玄箋云:"周之十月,夏之八月也。八月朔日,日月交會而日食,陰侵陽、臣侵君之象。日辰之義:日爲君,辰爲臣,辛,金也,卯,木也。又以卯侵辛,故甚惡也。"意思是説,夏曆八月初一,是日月交會的日子,而這一天却發生了日食,是陰攻陽、臣害君的兆象,所以君子深惡之。沈氏引此詩句仍是要證明他的正陽之陽爲十月之説。

② 二者:指《詩經》"正月繁霜"和"十月之交,日有食之"。此先王所惡(wù)也:這是古代聖王厭惡的事呀。

③ 蓋四月純陽,不欲爲陰所侵:大概是四月爲純陽之月,不想讓它被陰氣侵襲。蓋,語氣副詞,表推測,可譯爲"大概"。

④ 十月純陰,不欲過而干陽也:十月是純陰之月,不想讓它太盛而干犯陽氣。干,犯。

⑤ 本篇選自《夢溪筆談·辨證》。題目爲後加。沈括以爲東阿阿膠具有下膈疏痰止吐的功效,可治淤血胸悶和腹內脹氣等疾病,都與當地阿井之水有澄清濁水的功能有關。濟水:河流名。

⑥ 伏流地中:是説從地下穿過。

⑦ 歷下:古城名,春秋時屬齊地之邑。故址在今山東歷城縣西。發:挖掘。

⑧ 東阿(ē):縣名,春秋時爲齊國柯邑,此地盛產驢膠。在今山東陽穀縣東北。

⑨ 謂之阿膠:雙賓語。膠,這裏指用驢皮熬制的膠。

⑩ 用攪濁水則清:用(它)攪拌在濁水中,濁水就會變成清水。用,介詞,後省略賓語。

⑪ 膈:指胸腔與腹腔之間的隔膜。

⑫ 皆取濟水性趨下清而重:都是取濟水有趨下澄清而重的品性(所獲得的療效)。

⑬ 故以治淤濁及逆上之疾:因此,用它來治淤血重濁以及腹內脹氣等疾病。

第二十一課　古代文化常識

種　穀①

　　凡穀②，成熟有早晚，苗稈有高下③，收實有多少④，質性有强弱⑤，米味有美惡⑥，粒實有息耗⑦。地勢有良薄⑧，山澤有異宜⑨。順天時⑩，量地利⑪，則用力少而成功多。任情返道⑫，勞而無獲。

　　凡穀田，綠豆、小豆底爲上⑬，麻、黍、胡麻次之⑭，蕪菁、大豆爲下⑮。

　　良地一畝，用子五升，薄地三升⑯。

　　穀田必須歲易⑰。

　　二月、三月種者爲稙禾⑱，四月、五月種者爲穉禾⑲。二月上旬及麻菩、楊

---

①　本篇選自《齊民要術》卷一《種穀》。題目爲後加。《齊民要術》是中國現存最早最完整的古代農學名著，作者爲後魏·賈思勰。"齊民"，就是平民；"要術"是指謀生的手段、方法。因此，該書介紹的是古代民衆從事生産的技能技術。本篇介紹種穀的經驗和方法，有的原則和技巧在今天還有現實借鑒意義。
②　凡：副詞，表總括，凡是。
③　下：低，矮。
④　收實：收穫量。
⑤　質性：指莖桿的軟硬度。
⑥　惡：不好，這裏指味道不美。
⑦　粒實有息耗：（穀類品種）煮成飯有的折耗少，有的折耗高。息耗，指出飯率。
⑧　良：好，這裏指土地肥沃。薄：薄弱，這裏指土地貧瘠。
⑨　山澤有異宜：山田濕地各有所宜。
⑩　順天時：順應上天的時令節氣。
⑪　量地利：斟酌地利（所宜）。
⑫　任情返道：任憑主觀意志却不遵循客觀規律。
⑬　凡穀田，綠豆、小豆底爲上：大意是説，種穀的田地，若能先種一茬綠豆、小豆以增其肥力是最好的。底，打底。南方農村種水稻之前，先種胡豆等作物，春季收種時將其株桿踩入田中以增其肥力，這是古法的遺存。
⑭　麻：大麻。黍：北方對黃米子這類類黏性農作物的稱呼，又稱"黍子"。胡麻：芝麻。
⑮　蕪菁（wújīng）、大豆爲下：大意是説，用大頭菜和大豆爲穀田打底是最差的。蕪菁，又名蔓菁，俗稱大頭菜。塊根可作醃菜。
⑯　良地一畝，用子五升，薄地三升：肥沃的土地一畝要用五升種子。貧瘠：土地一畝用三升種子。
⑰　歲易：每年輪換休耕。歲，時間名詞作狀語，每年。易，指輪換休耕。
⑱　稙（zhī）禾：指早稻。
⑲　穉禾：指晚穀。

生種者爲上時①，三月上旬及清明節、桃始花爲中時，四月上旬及棗葉生、桑花落爲下時。歲道宜晚者，五月、六月初亦得②。

凡春種欲深③，宜曳重撻④。夏種欲淺⑤，直置自生⑥。

凡種穀，雨後爲佳。遇小雨，宜接濕種⑦；遇大雨，待薉生⑧。春若遇旱，秋耕之地，得仰壟待雨⑨。夏若仰壟，非直蕩汰不生⑩，兼與草薉俱出⑪。

凡田欲早晚相雜⑫。有閏之歲，節氣近後，宜晚田⑬。然大率欲早，早田倍多於晚⑭。

水　稻⑮

稻，無所緣⑯，唯歲易爲良⑰。選地欲近上流⑱。

三月種者爲上時，四月上旬爲中時，中旬爲下時。

---

① 二月上旬及麻菩(bó)、楊生種者爲上時：二月上旬及大麻子發芽、楊樹抽枝時是最好的下種時機。及，等到。菩，種子發芽。楊生，楊樹抽枝。上時，最好的(下種)時機。

② 歲道宜晚者，五月、六月初亦得：適宜晚種的年歲，五月、六月初下種也是可以的。

③ 深：這裏指深種。

④ 宜曳重撻(tà)：種後還應該拖重撻(鎮壓)。曳，拖。撻，一種用來鎮壓虛土和覆土的農具。

⑤ 淺：這裏指淺種。

⑥ 直置自生：直接放在土中讓它自己生長。

⑦ 宜接濕種：應該趁濕下種。

⑧ 待薉生：要等雜草發芽後纔下種。薉，雜草。

⑨ 秋耕之地：去年秋天耕好的地。仰壟：敞開壟溝。

⑩ 非直蕩汰不生：不祇種子會被雨水冲走長不出苗。直，範圍副詞，祇。

⑪ 兼與草薉(huì)俱出：(零星而出的)苗與雜草一起長出。

⑫ 早晚相雜：早種晚種兼施。

⑬ 有閏之歲，節氣近後，宜晚田：有閏的年份，節氣就會推後，適宜晚些種。

⑭ 大率：總體。倍多：多出一倍。於：介詞，引進比較的對象。

⑮ 本篇選自《齊民要術》卷一《水稻》。題目爲後加。本篇介紹了水稻的種植方法。

⑯ 無所緣：沒有什麼特殊的要求。緣，投緣，引申爲需要非常特殊的條件或要求。所，特殊代詞，表示"……的東西"。

⑰ 歲：時間名詞作狀語，每年。唯：表限止的範圍副詞，祇要。易：輪換休耕。

⑱ 上流：河水的上游。

第二十一課　古代文化常識

先放水,十日後,曳陸軸十遍①。地既熟,淨淘種子②,漬經五宿,漉出③,內草篅中反裹之④。復經三宿,牙生,長二分,一畝三升擲⑤。三日之中,令人驅鳥⑥。

稻苗長七八寸,陳草復起⑦,以鎌侵水芟之⑧,草悉膿死⑨。稻苗漸長,復須薅⑩。薅訖,決去水,曝根令堅⑪。量時水旱而溉之⑫。將熟,又去水。

霜降穫之⑬。

北土高原,本無陂澤⑭。隨逐隈曲而田者⑮,二月,冰解地乾⑯,燒而耕之,仍即下水⑰。十日,塊既散液⑱,持木斫平之⑲。納種如前法⑳。既生七八寸,拔而栽之㉑。溉灌,收刈,一如前法㉒。

---

① 先放水,十日後,曳陸軸十遍:先放水到田裏,十天以後,拖碌碡(liùzhóu)滾碾十遍。曳,拖。陸軸,即碌軸,一種類似石碾的農具,用來平整土地。此爲平整秧田的工序,要用石碾滾碾平整,秧苗發育纔正常,秧田忌凹凸不平。

② 地既熟,淨淘種子:田地平整完後,洗淘乾淨穀種。既,已經。

③ 漬(zì):浸泡。漉(lù):用筲箕一類工具把帶水的東西瀝乾。

④ 內草篅(chuán)中反裹(yì)之:放入草編的筐裏捂着。內,納入,後作"納"。草篅,用草編的筐子,有保溫的功能,用來捂稻種使之發芽。裹,把東西裝入封閉的容器內,保留其水分和熱量讓其發芽發酵,也就是"捂着"的意思。

⑤ 一畝三升擲:一畝田撒三升發了芽的穀種。

⑥ 驅鳥:驅趕雀鳥。防止牠們糟蹋穀種。

⑦ 陳草:(田中)以前的雜草。復:副詞,又。

⑧ 侵水:侵入水底。芟(shān):割。

⑨ 悉:範圍副詞,全。膿:這裏指漚爛。

⑩ 復須薅(hāo):要再薅草。

⑪ 訖:完結,終了。決:打開缺口。去水:放乾水。曝:晒。

⑫ 量時水旱而溉之:(曬過以後)看當時水旱的情況,再灌水。

⑬ 穫:收穫。

⑭ 本無陂(bēi)澤:本來沒有陂塘沼澤。陂,不平坦。

⑮ 隨逐隈(wēi)曲而田者:隨着溪流彎曲之處截流而造成水田的地方。隈,山水等彎曲的地方。

⑯ 解:融化。乾:晾乾。

⑰ 燒而耕之,仍即下水:放火燒過後再耕翻,隨即灌水。

⑱ 散液:泡散化開。

⑲ 持:拿着。斫(zhuó)平:斫打錘平。

⑳ 納種:播種。

㉑ 拔而栽之:就可以拔去插栽到水田裏。

㉒ 收刈(yì):收穫。一:副詞,完全。

畦埒大小無定①,須量地宜,取水均而已②。

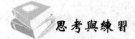
思考與練習

一、二十八宿是指的什麽?

二、結合古代中國的文化背景,解釋下列句中劃綫的詞語。
1. 當其爲尸,則弗臣也。(《禮記·學記》)
2. 千乘之國,不信其盟,而信子之言,子何辱焉?(《左傳·哀公十四年》)
3. 哀公問社於宰我。宰我對曰:"夏后氏以松,殷人以柏,周人以栗。"(《哀公問社》)
4. 男女同姓,其生不蕃。(《左傳·僖公二十三年》)

三、給下面短文加標點,並翻譯成現代漢語。
　　星墜木鳴國人皆恐曰是何也曰無何也是天地之變陰陽之化物之罕至者也怪之可也而畏之非也夫日月之有蝕風雨之不時怪星之黨見是無世而不常有之上明而政平則是雖並世起無傷也上闇而政險則是雖無一至者無益也夫星之墜木之鳴是天地之變陰陽之化物之罕至者也怪之可也而畏之非也(《荀子·天論》)

　　注:黨(tǎng),偶然。見,現。

----

① 畦(qí):田中的分區。埒(liè):田壟。
② 須量地宜,取水均而已:需要根據當地的實際情況,用水層深淺的平均值(來決定它們的大小)。

后 记

《古代汉语》是根据全国高等教育自学考试汉语言文学专业（本科）考试计划的要求，由全国高等教育自学考试文史类专业委员会组织编写。

本教材由北京师范大学王宁教授主编。参加编写的有华东师范大学徐莉莉教授、大连大学李索教授、鲁东大学陈淑梅教授、广西师范大学刘兴均教授、北京师范大学齐元涛副教授、卜师霞讲师、凌丽君讲师。

其中，通论部分编写人员为：王宁（绪论）；陈淑梅（第一课、第二课、第四课）；齐元涛（第三课）；李索（第五课至第七课）；卜师霞、凌丽君（第八课至第十二课）；徐莉莉（第十三课至第十八课）；刘兴均（第十九课至第二十一课）。文选部分编写人员为王宁、徐莉莉、李索、陈淑梅、刘兴均、齐元涛、卜师霞、凌丽君。

2008年11月，自学考试文史类专业委员会组织本教材的审定工作，审定会由文史类专业委员会秘书长谭帆教授主持。中国社会科学院王海棻研究员担任主审，参加审稿的还有北京师范大学李运富教授和黄易青教授。

本教材的编审人员付出了辛勤劳动，在此一并表示感谢。

全国高等教育自学考试指导委员会
文史类专业委员会
2009 年 1 月

全国高等教育自学考试汉语言文学专业(本科)

古代汉语自学考试大纲

(含考核目标)

全国高等教育自学考试指导委员会制定

古代汉语自学考试大纲前言

　　为了适应社会主义现代化建设事业的需要,鼓励自学成才,我国在20世纪80年代初建立了高等教育自学考试制度。高等教育自学考试是个人自学,社会助学和国家考试相结合的一种高等教育形式。应考者通过规定的专业考试课程并经思想品德鉴定达到毕业要求的,可获得毕业证书;国家承认学历并按照规定享有与普通高等学校毕业生同等的有关待遇。经过近30年的发展,高等教育自学考试为国家培养造就了大批专门人才。

　　课程自学考试大纲是国家规范自学者学习范围,要求和考试标准的文件。它是按照专业考试计划的要求,具体指导个人自学、社会助学、国家考试、编写教材、编写自学辅导书的依据。

　　随着经济社会的快速发展,新的法律法规不断出台,科技成果不断涌现,原大纲中有些内容过时、知识陈旧。为更新教育观念,深化教学内容方式、考试制度、质量评价制度改革,使自学考试更好地提高人才培养的质量,各专业委员会按照专业考试计划的要求,对原课程自学考试大纲组织了修订或重编。

　　修订后的大纲,在层次上,专科参照一般普通高校专科或高职院校的水平,本科参照一般普通高校本科水平;在内容上,力图反映学科的发展变化,增补了自然科学和社会科学近年来研究的成果,对明显陈旧的内容进行了删减。

　　全国考委文史类专业委员会组织制定了《古代汉语自学考试大纲》,经教育部批准,现颁发施行。各地教育部门、考试机构应认真贯彻执行。

全国高等教育自学考试指导委员会
2009年1月

古代汉语

Ⅰ 课程性质与设置目的

古代汉语课是汉语言文学专业的基础课,也是阅读古书的工具课。

本课程注重基础知识同应用能力的结合。自学应考者要结合一定数量的文言文阅读和背诵,通过文字、词汇、语法等知识的学习和应用,较系统地掌握古代汉语基础知识,并具有运用所学古代汉语知识阅读一般文言文的能力。

Ⅱ 课程内容与考核目标

本课程的考试要求为全日制普通高等学校汉语言文学专业古代汉语课程本科的结业水平。古代汉语课程的自学内容和考核目标是根据本课程的性质、学习目的以及自学考试特点编制而成的。自学内容共分两大部分,即基础知识及其应用和古文阅读实践。基础知识方面包括绪论、文字、词汇、语法、古代文献阅读的基本知识等部分,古文阅读实践方面包括古文阅读、古文句读、古文今译、古文背诵等部分。除绪论部分外,其他各部分均一一列出知识点,并提出具体的考核要求。其中,凡要求"识记"的内容,应考者应能做到在理解的基础上准确识记。凡要求"理解"的内容,所涉及的知识和理论都与考核点直接相关,应考者应熟知其概念和有关知识,理解其原理,并能在语言环境中予以辨认。凡要求"应用"的内容,必须做到在了解有关知识和理论的基础上使之转换为能力,即能运用有关知识和理论来分析解决古代汉语书面语中的相关问题,并指导对古书的阅读。

壹 基础知识及其应用

基本要求:能较系统地掌握大纲所列出的各种基础知识,并能运用这些知识来分析说明同文字、词汇、语法等内容有关的语言现象。

一、文字部分

(一) 基本要求

了解汉字的结构类型和字体演变常识。重点掌握象形、指事、会意、形声四种汉字结构的特点,并能通过结构分析来辨认或理解常用汉字的本义。理解并掌握古书用字中字与字关系的各种常见现象。

(二) 考核目标和考核要求

1. 汉字的形体结构

（1）识记：许慎提出的"六书"中象形、指意、会意、形声、转注、假借的概念。
（2）理解：象形、指事、会意、形声四种汉字结构的特点。
（3）应用：掌握指定教材中分析过的所有例字的形体结构类型，并能举一反三，对与教材所举例字形体结构相似的汉字予以正确分析。
（4）应用：了解义符、声符等概念，并能分辨它们的相互关系。

2．汉字本义与形体结构的关系
（1）理解：指定教材分析过的象形字、指事字、会意字的本义及其同形体结构的关系。
（2）应用：掌握形声字的本义同义符的关系。

3．古书用字中字与字关系的情况
（1）理解：了解通假字、异体字、分化字等概念，并能分辨这三种用字现象的区别。
（2）应用：了解本字、后出本字、通假字、本义与假借义等概念，对于指定教材中所举的通假字例及文选中曾注明的常见通假字能够正确辨识。
（3）应用：了解分化字的类型，对于指定教材中所举的分化字例及文选中已注明的分化字能够正确辨识。
（4）应用：了解异体字的类型，对于指定教材中所举的异体字例及文选中已注明的异体字能够正确辨识。

二、词汇部分

（一）基本要求

了解古代汉语词汇的特点。了解古今词义的差异与沟通情况。掌握多义词的义项分析方法及句中词义的辨认方法。识记指定教材中通论和文选注释部分所举的词例。

（二）考核目标和考核要求

1．古代汉语词汇的构词特点
（1）理解：理解单音词、复音词、联绵词、单纯词、复合词等概念，并能指出它们的区别。
（2）应用：能辨认古代汉语文句中的单纯词、复合词、词组，准确理解文意。

2．古今词义的变化
（1）应用：了解古今词义差异的几种情况：古代汉语词汇义项的消失、古今义项的意义微殊。
（2）应用：掌握指定教材中所涉及的古今词义有差异的常用实词词例，能说出它们在古书中的意义和用法。
（3）应用：掌握古今词义的沟通。

3．一词多义现象
（1）识记：古代汉语多义词及义项的概念。
（2）理解：多义词中本义、引申义、假借义等概念及其相互关系。
（3）应用：对于指定教材中所举的探求本义的例字和分析引申义的例字能够正确

分析。

(4) 应用:能辨认常用多义词在具体文句中用的是本义、引申义还是假借义。

4. 同义词及其辨析

(1) 理解:古代汉语同义词的特点及其辨析方法。

(2) 应用:掌握指定教材同义词分析举例中所涉及的同义词,能简要说明其意义的异同,并能在具体文句中区分其用法。

5. 应用:对于指定教材中提示的单音词在古书中的常用意义、古今意义的差别及其在现代汉语中存留的情况能够正确辨识。

三、语法部分

(一) 基本要求

在系统掌握现代汉语语法知识的基础上,比较全面地了解古代汉语的语法规则,重点掌握古代汉语比较特殊的语法现象和语法规则。

(二) 考核目标和考核要求

1. 古代汉语实词的语法特点

(1) 理解:古代汉语实词的分类。

(2) 理解:什么是词类活用,以及词类活用和词的兼类的差异。

(3) 动词、形容词、名词

① 应用:掌握形容词、名词用作一般动词的用法,能结合具体语境予以准确辨认,并能够说明其语法特点及意义。

② 应用:掌握动词、形容词、名词的使动用法,能结合具体语境予以准确辨认,并能够说明其语法特点及意义。

③ 应用:掌握形容词、名词的意动用法,能结合具体语境予以准确辨认,并能够说明其语法特点及意义。

④ 应用:掌握名词充当状语的各种类型及其作用,能在具体语境中予以辨析,并能够说明其语法作用及意义。

⑤ 应用:掌握古代汉语动宾关系的意义类型及双宾语,并能够结合具体语境予以准确辨认。

(4) 副词

① 理解:副词的类型。

② 应用:掌握指定教材中所举的词例,能在古文阅读中准确辨认并说明其意义和用法。

(5) 代词

① 应用:掌握人称代词"吾""我""余""予""女(汝)""尔""若""而""乃""之""其""厥"所指代的人称及其语法功能,能在具体语境中予以辨认并准确释义。掌握用在第一人称和第二人称代词后的"侪""属""曹"等词的意义并能准确

翻译。

② 应用:掌握指示代词"是""此""斯""兹""之""其""彼""夫""焉""诸"的语法功能和意义,能在古文阅读中准确辨认并说明其意义和用法。

③ 应用:掌握疑问代词"谁""孰""何""曷""奚""胡""恶""安""焉"的语法功能和意义,能在古文阅读中准确辨认并说明其意义和用法。

④ 应用:掌握无定代词"或""莫"的语法功能和意义,能在古文阅读中准确辨认并说明其意义和用法。

⑤ 应用:掌握特殊代词"者""所"的语法功能和意义,能在古文阅读中准确辨认并说明其意义和用法。

(6) 数词

① 理解:古代汉语称数法的特点。

② 应用:掌握名量和动量的特殊表示法以及约数的特殊表示法,能在古文阅读中理解有关称数的内容并作准确翻译。

2．常用文言虚词及其语法功能

(1) 介词

应用:掌握介词"于(於、乎)""以""为""与"的语法功能和意义,能在古文阅读中准确辨认并说明其意义和用法。

(2) 连词

应用:掌握连词"而""以""与""则""之""虽然、然而、然则"的语法功能和意义,能在古文阅读中准确辨认并说明其意义和用法。

(3) 语气词

应用:掌握语气词"也""矣""焉""耳""尔""乎""与(欤)""邪(耶)""哉""夫""惟(维、唯)""盖""其""也"的语法功能和意义,能在古文阅读中准确辨认并说明其意义和用法。

上述常用文言虚词,要求掌握它们各自的用法和特点,在古文阅读中能根据语境予以辨认,并说明其词性及意义(或语法作用)。此外,上述虚词有的用字还兼表实词,对此也应能加以分辨。

3．语序和省略

(1) 应用:掌握古代汉语宾语前置的各种格式及前置的条件:否定句中代词充当宾语时前置;疑问代词充当动词(或介词)宾语时前置;宾语用代词"之""是"复指而前置;介词"以"的宾语前置等。在古文阅读时能利用语境的提示作用,辨认前置宾语,并能准确翻译。

(2) 应用:了解古代汉语句子省略句子成分的特点(主语的省略,动词宾语的省略,介词宾语的省略,等等),在阅读古文时,能按照现代汉语的表达习惯补出省略的成分,以准确地理解和翻译有关文句。

4．古代汉语特殊句式的特点及常见格式

(1) 判断句的特点及常见格式

① 理解:古代汉语判断句一般不用判断词而用名词性谓语直接表示判断的特点。

②应用：在古文阅读中能准确辨认各种形式的判断句,尤其是省略主语的判断句、"是"充当主语的判断句等。

③应用：掌握古代汉语肯定和否定判断句的表达功能,能正确理解和翻译有关文句。

(2) 被动表示法的特点及常见格式

①应用：了解古代汉语的被动表示法：没有表示被动的形式标志而仅通过主语同谓语动词的施受关系表示的被动句(语义上表示被动的句子);具有表示被动关系的形式标志的被动句式。

②应用：能指出被动句式的几种类型：在谓语动词后用介词"于"引进行为主动者的被动句式；在谓语动词前用介词"为"引进行为主动者的被动句式和"为……所……"句式；在谓语动词前出现表被动的助动词"见"的被动句式和"见……于……"句式；"被"放在谓语动词前构成的被动句式和用介词"被"引进行为主动者构成的被动句式。能分析说明以上被动句式的构成特点,在古文阅读中能准确辨认和翻译。

四、古代文献阅读的基本知识部分

(一) 基本要求

了解古书旧注的类型、古注与今注的不同以及古代的注音方法。在阅读带旧注的古文时,能读懂注文,并根据注文理解相关的语言现象和文意。了解与阅读古书直接相关的几种特殊表达方式的主要特点,提高阅读古书的能力。

(二) 考核目标和考核要求

1. 识记：古书旧注的类型。

2. 应用：掌握古书的注音方法：读若、譬况、直音和反切,在阅读带旧注的古书或查阅传统语文工具书时,能利用这些知识读懂古书。

3. 应用：了解古代汉语行文中各种特殊表达方式：婉曲、互文、变文、连类而及、用典,以便准确理解文意。

贰 古文阅读

古文阅读旨在考核自学应考者全面系统地运用所学古代汉语基础知识分析、阅读和理解一般文言文的能力。一般文言文指难易度跟《论语》《孟子》中比较浅近的篇章相当的文言散文。

基本要求：在熟读或背诵指定教材文选获得一定语感的基础上,运用所学古代汉语各方面的基础知识正确地理解一般文言文。

一、语言现象的分析解释

(一) 基本要求

不论是整篇整段的语言材料,还是单个句子的语言材料,凡文言材料中出现的关系到理解文意的各种语言现象,包括文字、词汇、语法等,都要求能运用已学过的各方面基础知识予以正确的理解和解释。所谓已经学过的各种基础知识,指的是指定教材的常识和词义分析举例中已阐述过的各种知识,以及文选注释中所涉及的基础知识。

(二) 考核目标和考核要求

1. 应用:能认识文言材料中的所有已学过的繁体字及其异体字,能准确辨别异体字对应的正体字,并能解释其意义。

2. 应用:能辨识文言材料中已学过的分化字和通假字,正确地写出与源字相对应的分化字和与通假字相对应的本字,能根据语言环境确定其读音(用汉语拼音标出读音),并能解释其意义。

3. 应用:对于文言材料中已学过的一般实词(重点是古今意义不同的常用词),能了解其古义,并根据语言环境确定其义项。对于指定教材中作过辨析的常见同义词,能根据语言环境辨析它们的细微差别或不同用法。

4. 应用:对于文言材料中出现的双音节词语形式(重点是与现代汉语双音词字面形式相同而实际结构并不相同或意义并不相同的词语形式),能辨析其性质是单纯词还是复合词或词组,并能解释其意义。

5. 应用:对于文言材料中出现的词类活用现象(如:名词或形容词用作一般动词、名词或形容词的使动用法、名词或形容词的意动用法等)、动词的使动用法以及名词充当状语等现象,均能加以分析,并能把有关句子正确地译成现代文。

6. 应用:能辨认文言材料中出现的各类代词,包括人称代词、指示代词、疑问代词、无定代词和其他一些较特殊的代词,正确说明其意义和语法功能,并能把有关句子正确地译成现代文。

7. 应用:能辨认文言材料中出现的各种称数法,尤其是"三""九"一类非实指的称数法,并能把有关句子正确地译成现代文。

8. 应用:能辨认文言材料中出现的各类副词,包括程度副词、范围副词、时间副词、否定副词、情态副词、谦敬副词,正确说明其意义和语法功能,并能把有关句子正确地译成现代文。

9. 应用:对于文言材料中出现的各类常用虚词,包括介词、连词、语气词等,能根据语言环境说明其语法功能,并能把有关句子正确地译成现代文。

10. 应用:能辨认和分析文言材料中与现代汉语语序不同的常见结构(如宾语前置结构等)以及一些特殊词组结构("所"字结构、"者"字结构等)和一些特殊的习惯格式(如"唯……是(之)……""何以……为""何……为""无乃……乎""得无(毋、微)……乎""不亦……乎"等),并能把有关句子正确地译成现代文。

11. 应用:能辨认和分析文言材料中的常见句式,如判断句、被动句等,并能把有关句子正确地译成现代文。

12. 应用:对于附有古注的文言材料,能理解已学过的注音术语(如"音""如字"'读如""读若""……反""……切"等),并能通过注文的帮助读懂正文。

13. 应用:能理解文言材料中出现的已学过的常见特殊表达方式,如婉曲、互文、变

文、连类而及、用典等,并能正确地反映在译文中。

二、文选背诵

(一)基本要求

在熟读指定教材的基础上,背诵其中的指定段落。

(二)考核目标和考核要求

1．识记:能够背诵指定教材中指定要求背诵的段落。

2．识记:能够用繁体字默写段落。

3．应用:对指定教材中指定要求背诵的文章或段落,能够运用已学的基础知识予以正确的分析和解释。

三、古文标点

(一)基本要求

掌握有关古文句读的常识和方法,对一般的文言书面语,能够在理解其整体意思的基础上正确地加上现代标点符号。

(二)考核目标和考核要求

1．应用:能正确地断句,根据句子内容和语气正确使用句末标点符号(句号、问句、叹号)。

2．应用:能正确地使用句中标点符号(顿号、逗号、冒号)。

3．应用:能够正确辨别引用语和对话的起始,并能正确地使用引号。

4．应用:能正确地辨认出书名、篇名,并能正确地使用书名号。

四、古文今译

(一)基本要求

在正确理解一般文言文的基础上,能将文言文材料的指定句子、段落乃至篇章正确地译成通顺规范的现代文。

(二)考核目标和考核要求

1．应用:每句文言材料中的各个字词的意义都必须在译文中得到落实。

2．应用:每句文言材料的语气如疑问、反问、感叹、委婉、推测、祈使等,都必须在译文中得到反映。

3．应用:凡古今不同的表达方法,如古代汉语中的使动、意动、名词作状语、否定句代词宾语前置、疑问代词宾语前置等等,在译文中都必须转换为恰当的现代汉语表达方式。

4．应用:对于文言材料中被省略的成分如主语(尤其是转移了的主语)、介词宾语等,在译文中必须按现代汉语的习惯适当补出,并用括号把补出的成分括上。

5．应用:对于文言材料中的某些修辞表达方式,如婉曲、用典等,在译文中必须作尽可能保留原意的表述。

6. 应用：对于文言材料中出现的后世被当作成语的句子或词组（如《论语》中的"如切如磋"，《庄子》中的"运斤成风"，《列子》中的"余音绕梁"等），译文中通常应按其固有意义译成白话。

7. 应用：译文必须在整体上准确地表达文言材料的原意。在无法直译的情况下，应能进行意译。

8. 应用：准确翻译文言材料中的一些专用语，如人名、地名、国名、谥号、庙号、职官、时间表述法、度量表述法等等，不能随意用现代说法加以曲解。

9. 应用：译文必须用规范汉字正确书写，不得使用不规范的俗字，更不能出现错别字。

10. 应用：译文必须语句通顺，符合现代汉语规范。

III 指定教材与参考书

指定教材：

全国高等教育自学考试教材《古代汉语》（2009 年版），王宁主编，北京大学出版社，2009 年。

参考书：

全国高等教育自学考试教材《古代汉语》（1999 年修订版上、下册），郭锡良、李玲璞主编，语文出版社，2000 年。

全国高等教育自学考试辅导书《古代汉语学习指导》（2009 年版），王宁主编，北京大学出版社，2009 年。

IV 本大纲使用说明

本大纲是本课程个人自学和社会助学的依据，也是本课程考试命题的依据。凡指定的考试用书和参考书内容同本大纲有出入的，应以本大纲为依据，作适当的增减。

一、关于自学应考者使用本大纲的说明

（一）自学应考者应根据本大纲所规定的自学内容和考核目标，认真学习指定教材和参考书。

1. 要结合古代汉语知识的学习，在此基础上扩大指定教材文选的阅读面，还应特别重视对背诵篇目进行反复诵读，做到熟读成诵，以培养语感。

2.要对照自学内容和考核目标,全面理解掌握指定教材常识各章节的知识内容,不仅要知其然,而且要知其所以然。

（二）自学应考者使用本大纲过程中,除应认真学习指定教材外,还应密切结合现代汉语知识和中国古代文学作品选知识进行学习。

（三）自学应考者应依据本大纲要求,正确处理基础知识和应用能力的关系。

1.掌握知识要全面系统,力求融会贯通。

2.要多做练习,力求熟练地掌握语言现象分析的基本方法,努力把古代汉语基础知识转化为分析古代语言现象和阅读古书的应用能力。

3.要结合古文阅读勤查有关工具书,锻炼自己独立解决问题的能力。

二、关于社会助学者使用本大纲的说明

（一）社会助学者应根据本大纲规定的课程性质与教学目的,参照本课程考试的参考样卷,把本课程的知识系统与能力层次有机地结合起来,并以此体现本课程社会助学的导向性。

（二）社会助学者应根据本大纲规定的考试要求和考核目标,认真钻研全国高等教育自学考试教材《古代汉语》,正确处理以下几个关系。

1.文选部分同知识系统的关系。文选阅读要紧密结合各种语言现象的分析,知识系统的学习要紧密结合文选所提供的实际语言材料进行分析,二者不可偏废。

2.文选部分中指定段落必须熟读成诵,以增进文言文阅读的语感。

3.知识系统部分的点与面的关系。要在全面辅导的基础上,重点突出文字、词汇和语法部分的辅导。

（三）社会助学者在助学中应根据本大纲规定的考试内容和考核目标,把助学重点放在能力的培养上。

1.要重视古代语言现象分析方法的指导。

2.要结合本课程的实际,划分能力层次,重视综合应用的示范与指导。

3.要重视将古代汉语基础知识转化为古书阅读能力的指导。

三、关于考试命题者使用本大纲的说明

1.本课程的考试命题以本大纲为依据,如指定教材的内容同本大纲规定的考试内容和考核目标不一致,应以本大纲为准。

2.本课程的考试命题以本大纲规定的考核目标为依据来确定命题的内容范围、能力层次要求和考试重点。

（1）本课程的命题范围包括基础知识和阅读实践两个方面。基础知识包括绪论、文字、词汇、语法、古代文献阅读的基本知识几个部分,阅读实践包括古文阅读、古文标点、古文今译、古文背诵几个部分。

（2）本课程的考试重点,不论是基础知识还是阅读实践,均应放在文字、词汇、语法部分,以有效地检验自学应考者运用古代汉语知识阅读文言文的能力。

(3)试题所采用的语言材料,应兼顾指定教材以内和指定教材以外两个方面。古文标点和带附文的古文阅读题所用的语言材料,均应采用指定教材以外的文言文材料。在句意明确、不需要依赖上下文语言环境提示的前提下,简单应用题和古文今译题也宜适当采用指定教材以外的文言文材料,但其比重不宜超过20%。

3. 试卷覆盖面、能力层次和难易度的比例如下:

(1)覆盖面

本课程试卷的配置在考核内容上必须包含本大纲所要求的各部分基础知识(以文字、词汇、语法为重点)和对文言材料的阅读理解两方面内容,其中后者所占比例不少于整卷的60%。

(2)能力层次

能力层次分为识记、理解、应用三个层次。每份试卷中,各能力层次试题的分数比例一般是:识记占10%左右,理解占20%左右,应用(包括简单应用和综合应用)占70%。各部分比例可酌情有5%的浮动。

(3)难易度

试题的难易度分为易、较易、较难、难四种。每份试卷中,各种难度试题的分数比例一般以2:3:3:2为宜。这种分布,也应尽量反映在基础知识和阅读实践的每一种题型中。

4. 适合本课程考试的试题类型有:单项选择题、古文背诵题、释词题(含语法现象解释)、简答题、古文翻译题、古文标点题和带有附文的古文阅读题等。各种题型的具体样式参看本大纲(附录二)适合本课程考试的参考样卷。

5. 本课程考试的试题总量原则上一般为55小题左右。考试时间为150分钟。

附录一 背诵段落

1. 吾十有五而志于學
2. 季氏將伐顓臾(有國有家者……則安之)
3. 寡人之於國也(不違農時……王道之始也)
4. 雖有佳肴(雖有佳肴……其此之謂乎)
5. 晏嬰論和(先王之濟五味……心平,德和)
6. 宋人獻玉(宋人或得玉……不若人有其寶)
7. 北冥有魚(北冥有魚……天池也)
8. 其政閔閔
9. 上兵伐謀(凡用兵之法……非善之善者也)

10. 觸龍說趙太后(父母之愛子……相繼爲王也哉)

附錄二　本課程考試參考樣卷

一、单项选择题(本大题共 20 小题,每小题 1 分,共 20 分)

每小题列出的四个备选项中祇有一个是符合题目要求的,请将其代码填写在题后的括号内。错选、多选或未选均无分。

1. 下列各组字,象形、指事、会意、形声四种结构类型都具备的一组是　【　】
   A. 眉馬星息　　　　　　B. 目刃徒牧
   C. 茅孟上亦　　　　　　D. 月雞春耳

2. 下列各组形声字,形符居于一角的一组是　【　】
   A. 贏隨頸錢　　　　　　B. 聞蝕茅徒
   C. 戚恭匪哀　　　　　　D. 穎疆賴脩

3. 下列句中,加着重号的词用本字的一句是　【　】
   A. 爲叢歐爵者,鸇也。
   B. 若夫乘天地之正,而御六氣之辯,以遊無窮者,彼且惡乎待哉?
   C. 古當是時,雖在於厚祿尊位之臣,莫不敬懼而施。
   D. 男有分,女有歸,貨惡其棄於地也,不必藏於己。

4. 下列各组字,属于变换构件而形成异体字的一组是　【　】
   A. 錫——賜　　　　　　B. 災——灾
   C. 赴——訃　　　　　　D. 彫——凋

5. 下列句中,加着重号的词古今词义相同的一句是　【　】
   A. 公輸盤爲楚造雲梯之械,成,將以攻宋。
   B. 弟自愛不愛兄,故虧兄而自利。
   C. 赦之,以勸事君者。
   D. 雖有高城深池,嚴法重刑,猶不能禁也。

6. 下列句中,加着重号的词感情色彩属于贬义的一句是　【　】
   A. 以爾車來,以我賄遷。　　B. 厲王虐,國人謗王。
   C. 將軍者,國之爪牙也。　　D. 臣聞:亡人無黨,有黨必有讎。

7. 下列句中,加着重号的词语属于联绵词的一句是　【　】
   A. 國有饑饉,卿出告糴,古之制也。
   B. 陟彼高崗,我馬玄黄。
   C. 非梧桐不止,非練實不食,非醴泉不飲。
   D. 大人世及以爲禮,城郭溝池以爲固,禮儀以爲紀。

8. 下列句中,加着重号的词语不属于同义连用的一句是 【 】
   A. 宋元君聞之,召匠石曰:"嘗試爲寡人爲之。"
   B. 單于愈益欲降之。
   C. 戰車萬乘,奮擊百萬。
   D. 邦分崩離析而不能守也。

9. 下列句中,加着重号的词用引申义的一句是 【 】
   A. 防民之口,甚於防川。
   B. 宣子驟諫,公患之,使鉏麑賊之。
   C. 夫子之病革矣,不可以變,幸而至於旦,請敬易之。
   D. 升彼虛矣,以望楚矣。

10. 下列句中,加着重号的词意义解释不正确的一句是 【 】
    A. 兩涘諸岸之間,不辯牛馬。(岸)
    B. 博學之,審問之,慎思之,明辨之,篤行之。(審查)
    C. 田單知士卒之可用,乃身操版插,與士卒分功。(拿着)
    D. 管仲貧困,常欺鮑叔。(欺騙)

11. "飢"和"餓"两词意义的不同之处主要表现在 【 】
    A. 语法功能不同:"飢"除了做谓语外,还可以做定语;"餓"则祇能做谓语。
    B. 程度深浅不同:"飢"是一般的饿,即感到肚子空,想吃东西;"餓"是严重的饿,指根本没有饭吃或长时间未进食而受到死亡的威胁。
    C. 范围广狭不同:"飢"可以用于一切有生命的东西;"餓"祇能用于人。
    D. 侧重的方面不同:"飢"侧重于内在感受;"餓"侧重于外在表现。

12. 下列句子,含有不及物动词使动用法的一句是 【 】
    A. 欲辟土地,朝秦楚,莅中國而撫四夷也。
    B. 焉用亡鄭以倍鄰。
    C. 然後卑事夫差,宦士三百人於吳,其身親爲夫差前馬。
    D. 沛公旦欲從百餘騎來見項王。

13. 下列句子,含有意动用法的一句是 【 】
    A. 莊公寤生,驚姜氏。   B. 晉靈公不君。
    C. 左右以君賤之也,食以草具。   D. 上順乎主心以顯賢者,其唯翟黃乎!

14. 下列句中,有名词作状语表示比喻的一句是 【 】
    A. 良庖歲更刀,割也;族庖月更刀,折也。
    B. 項莊拔劍起舞,項伯亦拔劍起舞,常以身翼蔽沛公,莊不得擊。
    C. 劍斬虞常已。
    D. 長驅到齊,晨而求見。

15. 下列句子不属于判断句的一句是 【 】
    A. 南冥者,天池也。   B. 是社稷之臣也。
    C. 梁北有黎丘部,有奇鬼焉。   D. 梁父即楚將項燕。

16. 下列句中,"之"为连词,用于主谓结构之间,具有取消句子独立性功能的一句是 （　）

　　A. 小大之獄,雖不能察,必以情。

　　B. 子之哭也,壹似重有憂者?

　　C. 夫晉何厭之有?

　　D. 七十者衣帛食肉,黎民不飢不寒,然而不王者,未之有也。

17. 下列句中,代词"是"复指前置宾语的一句是 （　）

　　A. 國馬足以行軍,公馬足以稱賦,不是過也。

　　B. 豈不穀是爲?

　　C. 昭王南征而不復,寡人是問。

　　D. 在位者恤民之患,是以國家無違。

18. 下列句中,疑问代词作动词宾语前置的一句是 （　）

　　A. 狗猛則酒何故而不售?　　B. 前世不同教,何古之法?

　　C. 吾誰欺,欺天乎?　　　　D. 何爲紛紛然與百工交易?

19. 下列句中,不属于互文这一表达方式的一句是 （　）

　　A. 秦時明月漢時關。　　　　B. 夫爲四鄰之援,結諸侯之信。

　　C. 大城鐵不如,小城萬丈餘。　D. 母也天祇,不諒人祇。

20. 下列古注,注释类型不属于义疏类的是 （　）

　　A.《毛詩故訓傳》　　　　　B.《論語義疏》

　　C.《周禮疏》　　　　　　　D.《五經正義》

二、古文背诵题(本大题共6小题,每小题1分,共6分)

将下列文句空缺的句子补充完整。

21. 吾十有五而志于學,三十而立,四十而不惑,五十而知天命,(　　　　),不踰矩。

22. 有國有家者,(　　　　)。蓋均無貧,和無寡,安無傾。

23. 斧斤以時入山林,材木不可勝用也。(　　　　),是使民養生喪死無憾也。

24. 雖有佳肴,(　　　　)。雖有至道,弗學不知其善也。

25. 鵬之背,不知其幾千里也;(　　　　)。是鳥也,海運則將徙於南冥。

26. 媪之送燕后也,持其踵爲之泣,(　　　　)。已行,非弗思也,祭祀必祝之。

三、释词题(本大题共10小题,每小题1分,共10分)

(一)解释下列句中加着重号的词。

27. 子適衛,冉有僕。

　　僕:

28. 陽貨欲見孔子,孔子不見,歸孔子豚。

　　歸:

29. 靡不有初,鮮克有終。

　　克:

30. 齊諧者,志怪者也。
    志：

31. 老臣竊以爲媪之愛燕后賢於長安君。
    賢：

（二）说明下列句中加着重号词的词性和作用。

32. 姜與子犯謀,醉而遣之。醒,以戈逐子犯。
    以：

33. 積水成淵,蛟龍生焉。
    焉：

34. 晉靈公不君,厚斂以彫牆。從臺上彈人,而觀其辟丸也。
    而：

35. 竭力以事大國,則不得免焉。
    則：

36. 庸人曰："楚不足與戰矣。"
    與：

四、简答题（本大题共3小题,共20分）

37. 辨析下列句中加着重号的字与括号中的字是分化字、异体字还是假借字,并说明理由。（8分）

    (1) 曾子寢疾,病,樂正子春坐於牀(床)下。
    (2) 誰謂河廣,曾不崇(終)朝。
    (3) 明日,徐公來。孰(熟)視之,自以爲不如。
    (4) 食桃而甘,不盡,以其半啗(啖)君。
    (5) 雖有槁暴(曝)不復挺者。
    (6) 齊人追亡逐北,所過城邑皆畔(叛)燕而歸。

38. 解释下列句中"節"的意义,并分析其中的本义和引申义。（6分）

    (1) 竹之始生,一寸之萌耳,而節葉具焉。
    (2) 强本而節用,則天不能貧。
    (3) 杖漢節牧羊,卧起操持,節旄盡落。
    (4) 有閏之歲,節氣近後,宜晚田。

39. 分析下列句子,总结被动句式的类型。（6分）

    (1) 吾聞用夏變夷者,未聞變於夷者也。
    (2) 禰衡被魏武謫爲鼓吏。
    (3) 吾長見笑於大方之家。
    (4) 奪項王天下者,必沛公也,吾屬今爲之虜矣。
    (5) 吾聞先即制人,後則爲人所制。
    (6) 萬嘗與莊公戰,獲乎莊公。

五、古文翻译题(本大题共6小题,每小题2分,共12分)

把下段文章中画线的句子译成现代汉语。

　　荆人欲襲宋,使人先表澭水。澭水暴益,荆人弗知,循表而夜涉,溺死者千有餘人,軍驚而壞都舍。嚮其先表之時可導也,今水已變而益多矣,荆人尚猶循表而導之,此其所以敗也。今世之主法先王之法也,有似於此。其時已與先王之法虧矣,而曰"此先王之法也"而法之。以此爲治,豈不悲哉!

40. 澭水暴益
41. 循表而夜涉
42. 軍驚而壞都舍
43. 嚮其先表之時可導也
44. 此其所以敗也
45. 以此爲治,豈不悲哉

六、古文标点题(12分)

46. 用现代标点符号标点下面的文言短文。

　　先生王斗造門而欲見齊宣王宣王使謁者延入王斗曰斗趨見王爲好勢王趨見斗爲好士於王何如使者復還報王曰先生徐之寡人請從宣王因趨而迎之於門與人曰寡人奉先君之宗廟守社稷聞先生直言正諫不諱王斗對曰王聞之過斗生於亂世事亂君焉敢直言正諫宣王忿然作色不說

七、古文阅读题(本大题共8小题,20分)

阅读下面一段古文,解答文后提出的问题。

　　桓公田,至於麥丘,見麥丘邑人,問之:"子何爲者也?"對曰:"麥丘邑人也。"公曰:"年幾何?"對曰:"八十有三矣。"公曰:"美哉壽乎!子其以子壽祝寡人!"麥丘邑人曰:"祝主君,使主君甚壽,金玉是賤,人爲寶。"桓公曰:"善哉!至德不孤,善言必再,吾子其復之。"麥丘邑人曰:"祝主君,使主君無羞學,無惡下問,賢者在傍,諫者得人。"桓公曰:"善哉,至德不孤,善言必三,吾子其復之。"麥丘邑人曰:"祝主君,使主君無得罪於群臣百姓。"桓公怫然作色曰:"吾聞之,子得罪於父,臣得罪於君,未嘗聞君得罪於臣者也。此一言者,非夫二言者之匹也。子更之。"麥丘邑人坐拜而起曰:"此一言者,夫二言之長也。子得罪於父,可以因姑姊叔父而解之,父能赦;臣得罪於君,可以因便辟左右而謝之,君能赦之。昔桀得罪於湯,紂得罪於武王,此則君之得罪於其臣者也,莫爲謝,至今不赦。"公曰:"善。賴國家之福,社稷之靈,使寡人得吾子於此。"扶而載之,自御以歸,禮之於朝,封之以麥丘而斷政焉。

(一)解释文中加着重号词语的意义(6分)

47. 田
48. 再
49. 下問
50. 怫然
51. 匹

52. 御

(二)53. 麦丘邑人通过"臣得罪於君""子得罪於父"向桓公陈述"君得罪於臣"的严重后果,请将这一部分中加下画线的句子译成现代汉语。(7分)

(三)54. 请用现代汉语陈述麦丘邑人的三次祝愿。(7分)

后　　记

　　《古代汉语自学考试大纲》是根据全国高等教育自学考试汉语言文学专业(本科)考试计划的要求,由全国高等教育自学考试文史类专业委员会组织修订。

　　本大纲的修订工作由北京师范大学王宁教授主持,参加修订的有华东师范大学徐莉莉教授、大连大学李索教授、鲁东大学陈淑梅教授、广西师范大学刘兴均教授、北京师范大学齐元涛副教授、卜师霞讲师和凌丽君讲师。

　　2008年11月,自学考试文史类专业委员会组织了本大纲的审定工作,审定会由文史类专业委员会秘书长谭帆教授主持。中国社会科学院王海棻研究员担任主审,参加审稿的还有北京师范大学李运富教授和黄易青教授。

　　本大纲的编审人员付出了辛勤劳动,在此一并表示感谢。

全国高等教育自学考试指导委员会
文史类专业委员会
2009年1月